U0361946

企业网络化成长中的关系资本
构建与关系资源整合

蔡双立　著

南开大学出版社

天津

图书在版编目(CIP)数据

企业网络化成长中的关系资本构建与关系资源整合 /
蔡双立著. —天津：南开大学出版社，2020.12
ISBN 978-7-310-06041-2

Ⅰ.①企… Ⅱ.①蔡… Ⅲ.①中小企业－资本结构－
研究－中国 Ⅳ.①F279.243

中国版本图书馆 CIP 数据核字(2020)第 272585 号

企业网络化成长中的关系资本构建与关系资源整合
QIYE WANGLUOHUA CHENGZHANGZHONG DE
GUANXI ZIBEN GOUJIAN YU GUANXI ZIYUAN ZHENGHE

南开大学出版社出版发行

出版人：陈　敬

地址：天津市南开区卫津路 94 号　　邮政编码：300071
营销部电话：(022)23508339　营销部传真：(022)23508542
http://www.nkup.com.cn

北京虎彩文化传播有限公司印刷　全国各地新华书店经销
2020 年 12 月第 1 版　2020 年 12 月第 1 次印刷
260×185 毫米　16 开本　17.625 印张　2 插页　354 千字
定价：59.00 元

如遇图书印装质量问题，请与本社营销部联系调换，电话：(022)23508339

目　　录

第一章 绪论

企业间合作网络在中小企业发展中的重要作用日益凸显。中小企业的成长不仅依赖于企业自身的发展能力，在很大程度上还受企业间关系网络的影响。因为中小企业战略网络成员间的网络关系决定着成员企业获取资源的数量和质量及企业的成长能力，从而影响着企业的网络化成长进程。构建高效率、高效力的合作关系网络，是中小企业构建良好的关系资本，促进异质性资源整合，并谋求发展的重要战略途径之一。

第一节 研究的背景及意义

中小企业是我国经济发展的基石，其发展不仅直接影响着社会稳定、就业空间，还直接影响着我国企业的创新发展能力。据全国工商联发布的《我国中小企业发展调查报告》披露，截至 2011 年，中小企业创造的 GDP 占全国的 60%，提供的税收占 50%，外贸出口占 68%，提供了 75% 以上的城镇就业岗位，为各级地方财政提供了 80% 左右的收入来源。同时，70% 的发明专利、82% 以上的新产品开发都是由中小企业开发完成。中小企业为什么有这么强的创新动力？在处于资源和能力劣势的条件下，中小企业是如何在困境中获得成长和发展？社会网络关系是如何影响中小企业的创业和成长？企业关系合作的本质和逻辑是什么？

带着这一系列困惑的问题，课题组以成长性中小企业为研究样本，研究在战略网络演化中中小企业如何利用关系资本和关系资源整合能力获得企业的持续成长。并以网络为背景，研究中小企业如何在战略合作网络中实现关系的再生产、关系租金的获取以及关系资本价值的转换。

传统战略理论认为，企业的成长空间可以沿着纵向、横向和多元化三个方向拓展自己的发展空间。成长方式可以选择内生式、并购式和网络式三种模式。内生式成长在动态多变的市场环境下可能会错失良机；并购式发展需要一定的实力，不符合中小企业的现实能力；唯有网络化发展成为中小企业现实的选择。通过战略网络，中小企业与其他企业构建积极的合作关系借以获取成长必需的资源和能力。同时，在成长过程中，还应该随着发展阶段、资源需求、战略意图的改变适时地、动态地构建自己的强关系网络和弱关系网络，保证可靠的隐性知识与异质性价值资源的同时获取，为企业未来发展奠定成长基础。

目前针对基于关系资本的企业网络化成长已经成为各领域学者研究的热点。其研究思想和研究逻辑如图 1 - 1 所示。

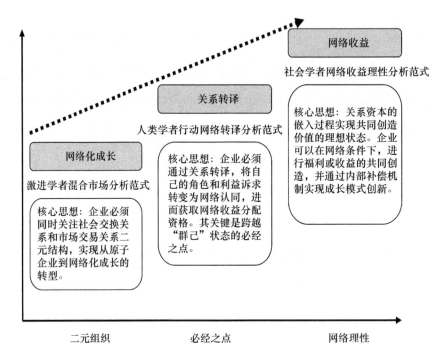

图 1 - 1　战略网络关系资本建构理论脉络及代表性观点

资料来源：笔者整理。

中小企业面对的既不是只有一个"玩家"的理想境地，可以毫无顾忌地从周围环境中获得想要的资源，又不可能在现有的关系网络中获得企业成长和发展所需的全部要素。这种关系和资源的混合约束迫使中小企业选择拓展自己的关系网络，实现网络化生存。另外，所谓的市场也是虚幻的存在，中小企业不可能去控制整个市场，弱小的实力迫使它们只能是市场的被动接受者。真正的中小企业竞争空间将是在局部战略网络空间中的合作式发展收益模式。为此，相关学者对网络化成长开展了批判性的继承与发展，提出了相关的观点分歧，推动了中小企业战略网络化生存，以及关系资本对企业发展的直接影响。

一　企业网络：激进学者对混合市场空间的分析范式

企业网络是指由一组自主独立而且相互关联的企业及各类机构为了共同的目标，依据专业化分工和协作建立的、一种长期性的企业间的联合体（谢富胜，2004）。"第三意大利"的皮制品中小企业集群、日本的汽车厂商组织、美国的"硅谷"产业园区和我国的台湾新竹高科技园，都见证了中小企业利用"战略性网络组织"平台实现企业成长的重要性。经济学界也再一次验证"企业网络是企业和市场之间的中间性组织，是企业之间的分工协作形成的联合体"（李新春，2000）。战略网络是一种立足于现代信息社会的市场价格机制和内部权力机制的综合体，预示了合作性竞争的新兴关系建构思想。

20 世纪 90 年代以前，在主流的经济学者的学术研究中，纵向发展一体化是关注的重点，企业网络被作为例外现象而被放在脚注中一笔带过。而此时，一批激进学者从 20 世纪 80 年代以来就一直关注着该种现象，相继提出了"柔性专业化""新竞争模式"和"系统集成"等理论分析范式，从不同角度研究企业网络发展现象，并与发达国家的企业网络发展实践表现出高度的一致性。如代表学者威廉姆森就利用交易成本经济学分析纵向企业纵向发展的困境。他从技术层面的资产专用性、人性层面的有限理性和行为假设层面的机会主义三个维度研究纵向相关企业之间的交易困难，并解释了链条式的纵向一体化组织的形成诱因。但是战略网络中的中小企业成长体现的是非纵向一体化趋势。它们的成长不再依靠其产权边界的扩张，而是依靠企业的关系网络和外部冗余资源的扩充来发展自己的能力。威廉姆森的纵向一体化核心要素依旧，但是企业成长的动力不再是合并和扩大，而是尽量缩小自己的产权边界，在价值链上延伸自己的关系放大效应和调控能力，退回到拥有网络核心能力的网络福利创造机制中，实现帕累托福利改进过程。正如朱彤（2003）所言，作为一种研究方法，网络分析在经济学相关领域中经历了很长的历史。

中小企业成长所依存的网络环境包含两个层面，一是从"关系联结"的角度凸显了人际互动的重要性，立足于社会网络思想，对人与人之间基于特定目的开展的信息交流和资源利用所建构的关系网进行分析，重点考察个体和组织间的社会关系形成的复杂系统。此方面，科尔曼（Coleman J.）和普特南（Putnan R.）强调了其社会属性及价值；罗纳德·伯特（Burt R.）建构了中小企业通过操控网络结构和卡位实现网络收益的获取机制；格兰诺维特（Granovetter Mark）则借由关系强度形成对资源和机会的调节能力。二是从"网络福利"的角度考察网络总体关系互动的价值剩余及其分配权，立足于总体福利的最大化，实现双边市场条件下的累积福利最优和内部价值补偿机制。Adrian Slywotzky（1998）在《利润区》一书中首次提出价值网络的概念，大卫·波维特（2001）则对打破供应链挖掘战略网络中的隐利润进行了探讨，为中小企业深挖网络价值，进行共同价值创造提供了理论指引。中小企业参与战略网络的核心是实现价值共同创造和网络化成长目标。Richard Larsson（1993）建议用市场、企业网络等组织间协调和科层的三级制度框架替代传统的市场与科层两级制度框架，并遵循 Adam Smith 和 Chandler 把市场和企业科层分别称为"看不见的手"和"看得见的手"

之隐喻，形象地把组织间协调称作"握手"，指出这种握手具有竞争优势。

但是中国文化背景下，中小企业在战略网络中的关系并不是严格的公平市场契约关系，而是体现为社会交换关系和市场交易关系的二元混合状态。中国网络组织以扩大的血缘、姻缘、地缘、业缘、友缘、趣缘等人伦关系为基础构建，具有一定的封闭性。这种以人伦关系为基础的网络关系具有耐久性和人力资源关联性（Bourdieu，1986），并且与组织发展及企业战略紧密绑定（Nahapiet，Ghoshal，1998）。网络关系资本的研究大部分都是基于西方文化的个人主义和自由主义假设，缺少中国文化背景下的实证数据检验。网络组织更关注社会交换关系对市场交易关系的影响，即"先交友，后交易；先做人，后做事"，体现了早期的沉没成本相对较高，后期的投资成本相对较小。但是这种网络进化机制的有效性存在衰减的趋势，随着社会进步和人员活动范围的扩大，先赋性成分有缩小的趋势，而后天投资的因素正在逐渐增加（罗珉、高强，2011）。

中国网络组织环境对关系资本建构的影响存在如下四个假设命题。

第一是获取机制假设，即社会网络如何促进信息、资源和机会的获取（Granovetter，1992；Linetal，1981；Burt，1992）。比如，对于初创性企业来说，信息准确性和及时性、交易的可靠性比信息的异质性更重要，人伦关系可以降低信息索取成本。再比如，在中国情景下的网络组织中，拟似家人联系中的保证关系，熟人联系中的人情交换，以及弱联系中的互利信任，可以形成网络成员的相互信任，让人感觉被尊重，并愿意将本身的知识、信息、经验和技能转移给对方。

第二是互动约束假设。研究表明，网络可以促进行为人之间的相互依赖，克服是合作还是"搭便车"的两难选择（Gulati，Gargiulo，1999）；高凝聚力和强关系有助于合作性规范的产生，信息流动起到中介调节作用。另外，在网络中任何个体都是与多个可能的关系节点开展合作的，通常会存在一定的共同第三方状态，共同第三方为合作行为提供了安全保障，促进信任，强化合作愿景，并防范和降低机会主义行为（Granovetter，1992；Gulati，1995；Burt，Knez，1995）。

第三是福利增进假设。该假设认为，为了使交易顺利进行下去，改善交易条件，降低交易成本，或减少交易风险与增进共同福利，比较有效的方法就是把人伦关系引进经济交易中。组织间"相同"主体之间存在对偶合作关系，长期的重复交易关系要优于一次性个别的交易关系（Gulati，1995），高凝聚力联结可以促进合作规范的形成，便于行为人之间互信和合作。驱动人际经济活动关系建立的动机不仅可以获得物质利益，也可以获得友谊、亲情、感情、尊严和认同等精神需要（Fukuyama，1995）。

第四是路径依赖假设，即企业间的弱联系不存在封闭网络的组织"合作压力"，为行为人带来全新有价值的信息。但是，一个行业的企业创建一个稳定的网络结构，而这种结构的基础取决于行业历史更早的一个时点的关系状态，企业早期的网络伙伴选择对未来的合作过程有着重要的影响。

二 行动转译与网络关系主体角色的实现

社会资本的价值根源于人们通过社会关系网络可以获取必要的资源（Granovetter，1992），已被证明的是企业最耐久的优势来源（Moran，Ghoshal，1999；Burt，2000；Kogut，2000；Adler，Kwon，2002）。但是这一过程并不简单，而是中小企业在战略网络中不断将自己的关系诉求向整个网络转译，并且其利益角色为大家所接受才能予以实现。借鉴巴黎学派的转译社会学的思想，中小企业的成长是在一种广阔的社会"与境"中通过行动者间的"转译"得以实现的。"转译"是行动者的一种活动，而行动者是网络中的异质性实体（这里特指不同类型的企业），每一个中小企业作为一个行动单元，都通过将自己的问题、利益诉求和语言行为模式等转换出来，通过影响其他网络成员，对自身的角色加以界定，产生认同，成为"群己"利益综合体，实现关系资本的建构。在中小企业行动者看来，"群己"网络的稳定性和闭合性是其成功和持续地摄入网络的结果。这一思想给出了中小企业网络关系资本建构的合理性解释，具有重要的价值。

由中小企业组成的战略网络是如何连接的，以及它作为行动者如何开展与网络成员的关系互动，实现对自己角色的界定和关系的资本化过程的呢？行动者网络理论（ANT）以三个概念为核心，即行动者（Actor）、异质性网络（Heterogeneous Network）和转译（Translation），以此来建构中小企业在战略网络中的关系资本固化机制问题。行动者不仅仅是中小企业本身，还包括了战略网络成员、关系固化的环境、技术等异质性要素，遵循一般对等原则。异质性网络是战略网络中的各个行动者都有自己的行动能力与各自利益诉求，在共同创造网络整体福利时，每个行动者的利益都会被尊重。转译是使被转译者满意嵌入战略网络后的角色转变，通过各个行动者利益的不断协调，实现网络的稳定性。

一般而言，这个关系资本化的过程需要经过"四个过程，一个跨越"。转译过程包括问题呈现（Problematization）、利益共享（Profitsharing）、摄入（Enrollment）和动员（Mobilization）四个基本环节。第一，问题呈现。中小企业立足于自我网络中心思想，被视为关键行动者，它通过界定所有网络成员（其他行动者）的问题和特性，提出符合其他行动者的利益诉求，使自己和新加入的其他成员结成稳固的关系联盟。例如，中国地方经济发展中的"中庸扩展网络"，就是以宗族为核心的"扩散家庭"（Extended Family）为物质载体，亲属集团（Kinship Group）、宗亲（Lineage）、氏族（Clan）、朋友、同窗、熟人、乡亲等各种关系构成组织内的基本人际关系。第二，利益共享。关键行动者（中小企业）通过共享和协调其他行动者的利益诉求，锁定其他行动者的特定角色（该角色在问题呈现阶段已被提出），破坏所有潜在的竞争联系和机会主义行为，构建一种稳固的关系联盟。例如，我国的"宗族商业网络"自组织过程就是以共同祖先为纽带、以宗族组织为平台、以广大族众为基础，在"族"内动员各种社会资源和力量，形成互助合作网络，经营各种商业活动。第三，摄入。中小企业协调与其他行动者的利益诉求，并把自身的利益主张转译给其他网络成员，从而将战略网络打造成创造网络福利的技术稳定化手段。成功的摄入过程，即中小企业较好地在传递自身的利益诉求和价值主张，对网络企业进行利益赋予，能够充分界定各自的角色并促进与特定成员之间的关系深化。例如，社会关系交换优先假设提出：任何一次交易中，关于交易对手的"人的了解"都是经济活动的必要条件。晋商在几百年的历史中一直都保持着一种十分庞大的"相与网络"，地缘、姻缘加上宗亲成为中国商业活动中组织能力的基础（梁小民，2007），并且较好地界定了行动者的长期互动角色和利益共享机制。第四，动员。中小企业行动者成为整个网络的积极影响者，并对该网络中的联盟者行使"影响力"和"权力"，也可以理解为关键行动者所使用的一系列方法。例如，强联系网络的利益交换并非只被当作交易的副产品，而是以交易成本节约为目的的（中国经济生活常见现象）。"广布人脉"的机制就是中小企业发挥这样的关系投资影响力。对于人伦关系的先赋性成分是由个人的遗传、血缘、宗亲、同宗、同族、同乡、地缘等先天决定的资本；后天投资主要是由结拜、同学、战友、同事或同侪等形成的，并借鉴儒家文化的"传帮带"思想。这种动员机制，可以保证中小企业或其他行动者能够严格地遵循为网络成员共同创造价值，并对损失方进行协同补偿的思想，而不是对其他成员利益的背叛。

中小企业在战略网络中的关系转译到底如何才能被确定为成功呢？卡龙（1986）用"必经之点"（obligatory points of passage）这一隐喻解释了这一问题，认为中小企业关系转译所界定的角色作为必经之点，表明的是这种角色是被转译网络成员的必然选择。也就是说，要获得成功的转译，实现关系资本的固化，就要使被转译者（网络成员）满意于嵌入网络后的利益分享机制和中小企业关系影响力的发挥。正如卡龙所说，"我们想你们所想，你们就应该与我们结盟，支持我的角色。而这样你们就更可能得到你们想要的东西"。我们使用类似拉图尔的一个标题，"给我一个角色，我能举起世界"，来强调中小企业积极在战略网络中发挥自己的关系角色和影响力，并最终被其他成员视为"群己"，也就真正跨越了"必经之点"，开始集聚在战略网络中的各种足以改变世界的力量或资源，发挥出关系的资本属性，即从网络中获取"个己"成长所没有的网络收益。

三 机会探寻与中小企业结构洞的关系收益

结构洞是中小企业在战略网络成长过程中的非冗余关系断裂。Burt 的"结构洞"理论指出，一个人占据了资源交换的良好位置，具有较高的网络嵌入性，就能拥有较多、较高质量的资源从而形成"洞效应"。结构洞隐含假设是企业家可以通过在弱联结中探索结构洞的途径进行网络扩张，占据中介位置，获取信息福利剩余。但是，有学者认为，高承诺的中国网络组织中，个人占据结构洞会产生负收益（Xiao，Tsui，2007）。罗珉、高强（2011）认为，由于网络的高密度性，封闭性网络组织不存在结构洞，企业家只能在网络之外寻求结构洞建立联结。中国网络组织的长期导向消除了信息盲点和阴影，企业家探寻结构洞的行为在中国网络组织中并不适用。他们给出的解释是：结构洞行为会遭遇原封闭性网络成员抵制和集体制裁行为；探索结构洞并占据中介位置会造成原封闭网络成员的信息剩余损失；依赖的弱联结不能提供合格的行为人保证；跨关系区域合作的安全性较低；占据中介位置的成本过高，人伦关系建构的关系成本最低；稳定封闭网络刚性使得企业主很难重新占据结构洞之间的重要中介位置。持有相反观点的文化权变性理论（Cultural Contingency）认为：管理研究人员探求一种封闭网络比结构洞更能起作用的环境，但鲜有成效（Gargiulo，Benassi，2000）。我们认为，中小企业立足战略网络实现的关系资本建构和机会获取的结构洞行为应该是在企业的创新环节和短期产生作用的，对于任何事情都有开始的探求阶段，结构洞理论本身也在于对此做出解释。而罗珉等人的观点更侧重于在长期中解释结构洞有消失的动机，战略网络的发展将归结于高凝聚力、高承诺的封闭性网络状态，这种对于问题在不同时间视域内的解释，本质上并不冲突。为此，结构洞理论仍然对中小企业的关系资本建构和网络形象建构机制，具有重要的指导意义，企业家的角色也转变为积极的结构洞探寻者。

中小企业在战略网络中的卡位和结构洞探寻机制，能够实现其关系资本固化后的网络收益。企业家结构洞的内外部网络关系决定着其决策对企业价值提升的有效性，影响决策效率和企业价值（王福胜、王摄琰，2012）。企业家结构洞对网络中各种现实和潜在资源以及资产的动员能力，推动企业间的协同行为和创造企业价值。企业家结构洞作为公司无数信息的交汇点，有利于获取稀缺资源。第三方战略角色使得中小企业成为"从他人的争执中获利的个体"。它既可以在需求一样的利益冲突各方之间扮演解决矛盾的"第三方"角色，也可以在彼此需求不一样的利益冲突各方之间扮演"第三方"角色。第一种战略相对简单，经常在买卖双方的经济性议价过程中出现。当有两个或更多的买家想买同一件商品时，卖方可以通过抬高竞价获得一个更高的价格。在此情况下，很显然企业家之所以能成功地成为获取企业家机会的"第三方"，是因为拥有"议价"的权力。第二种战略，即将同时产生的、相互矛盾的需求清晰地摆放在提出这些需求的人们面前，告诉他们这些需求是彼此冲突的，要满足需求，必须首先把矛盾解决。通过这种方式，即使在原来没有竞争的地方，竞争也被创造出来了，同时还带来了企业家机会。成功运用"第三方战略"至少需要两个条件：紧张状态和信息利益。首先，假设企业家的社会关系网络中，各种社会资源之间不存在任何利益冲突，因而不存在任何形式的"紧张状态"，那就不可能成为协调矛盾的"第三方"，也就不可能获得"控制"，增强谈判地位，也就无法获取企业家机会（姜卫韬，2008）。对于结构洞带来的这两种利益，如果说信息利益可被动享用，Burt 认为控制利益就必须自主者积极主动去获取。不主动利用结构洞带来的利益，控制利益就只能是潜在的，无法变成实际利益。作为处于掌控全局地位的企业家只有积极主动地抓住这种机会，使潜在的利益变为实际利益才会有意义，否则这样一个有效且有效率的社会关系网络不会带来任何效果（梁丹等，2010）。

传统的结构洞理论指出，通过企业家探索结构洞占据中介位置的网络扩张方式，实现跨边界合作和享受网络封闭和结构洞带来的双重福利。而肖知兴等在考察中国高科技企业中"文化因素"对"社会资本"的影响，即从"文化"的角度来研究"社会资本"时指出，中国典型的"集体主义"文化将削弱"结构洞"的效应。实际上，中小企业结构洞效应的发挥，取决于对结构洞行为的"理性计算"过程。"理性的计算"包含两种假设，即匿名假设（Anonymous Hypothesis）缺陷和隔离假设（Isolating Approach）。一种观点来自亚当·斯密（1767），网络组织中"经济人"试图以最小的代价追逐最大的经济利益，一切与已形成和不断变化的人伦关系无关，取决于对交易双方认知能力、经济实力和政治权利的"理性计算"。另一种观点来自罗珉（2011），理性计算应是着眼于长期导向的关系式交换中，"一系列交易"的累积网络福利最大化。"匿名假设"只适合短期间断性的市场式交换，即被罗珉视为现实中不可能存在的状态，"非理性"（有限理性）才是常态。"隔离假设"排除一切干扰因素，塑造了理想类型（Ideal Type）的"孤独人"，脱离了中国网络组织事实。

但是，这些论点并不妨碍中小企业家的理性预期，即开展跨网络的理性计算行为。例如，家族企业创业初期及网络化成长过程中，其建立在血缘、家族基础上的关系在强关系向外部弱关系转变演化的问题上需要对关系传承问题进行权衡和选择。作为家族企业中起关键作用的企业家和继承者，在这种一代代继任的方式中，各自的关系网络重叠或是新的关系渗入带来的关系网的重构，会影响内部资源的重新整合。而从外部引进的经理人等，对于先前的内部网络所带来的信任、信用问题也会产生一定的影响。结构洞给行动者带来的通常是短期优势。换句话而言，结构洞具有周期性，并非一成不变，它的优势会随运用的增加而消失。结构洞之所以有优势，是因为很少有人运用它，一旦有人开始运用它，并从中得益，其他的人也就会随之加入，结构自主者的那种跨越群体之间的优势就会不复存在。

第二节 研究思路及框架内容

中小企业的生存基石必然是对原子企业的放弃和对市场空间的无奈，只有借助二元组织形态，实现局部市场空间的发展才能达成自身的成长目标。为此，绪论部分解释了中小企业构建关系资本的过程离不开对二元战略网络的依赖，同时这种依赖必须通过中小企业的"积极作为"，发挥关系行动者的转译权力，实现自身的角色认同和利益诉求，并最终在"群己"成员资格的许可下，获取在网络中的稀缺资源以及网络福利分配和价值补偿的权利，最终实现战略网络环境下的中小企业关系资本建构、资源整合和网络化成长机制。

第二章文献综述。本部分立足于对课题的核心命题进行解析，在文献评述中指出三种观点：关系背景说，即古典经济状态下，对于组织生产的资源富集状态，关系的交易行为和独立性体现了信息沟通功能，但只是组织系统的外生性力量，并不影响企业成长的实质过程，更像一道"背景"；关系生产说，即关系行为开始适应市场的激烈竞争状态，并完成信任机制的构建，成为市场活动的中介桥梁；关系资本说，对于机会富集的创新竞争环境，关系本身就是内生的生产要素，将推动企业的新型成长机制的建立，关系意味着"收益"。但是，在中国"差序格局"的文化背景下，研究关系的差序感知和公平，以及对中小企业战略网络行为的影响将是本课题研究的重要命题。

第三章中小企业网络关系资本构建：要素、过程与动态匹配。本部分首先对关系资本的概念和内涵进行定义，认为原子主义的关系资本观和单一视角的概念定义难以解释网络化发展时代的企业成长机制，必须以整个合作网络为背景，采用整合研究的方式才能清晰界定网络关系资本的形成要素和运行机制。然后分析了网络关系资本构建过程，认为网络关系资本的构建过程是关系的要素经由资源化、关系化、网络化和规则化四个可操作过程，实现从"要素基础"到"能力打造"之间互动转化，最终实现网络价值创造和福利收益。第三部分探讨了角色差异与关系资本的匹配，认为企业关系资本构成要素的不同导致企业角色选择的不同，关系资本需要与角色选择动态匹配。最后，运用詹姆士网络、沃纳网络和伍兹网络三个典型案例分析了关系资本在这三个典型网络中的不同应用。

第四章战略网络中的关系镶嵌：小微企业家的结构洞效应及优化。在本章首先提出了战略网络中，中小企业成长对结构洞依赖的理论命题。其次，指出了在网络化成长的逻辑下，企业家的主要功能是探寻关系合作机会，优化关系结构，修补破损关系，构建有利于企业可持续发展的关系环境、关系结构和关系治理模式。重点分析了"不重不漏、分而治之"，"二手中介者"机会，平衡规模和多样性等多种企业家结构洞优化方法和机制。最后，在企业家结构洞效应的实证检验中得出结论：企业可以通过加强和重视企业家个体的社会关系网络的优化、关系剔除和关系重构、挖掘并识别潜在新机会、协调企业内外关系、塑造信任和声誉机制等多种方式拓展多样化关系网络。

第五章中小企业网络化成长行为："理性计算"的演变。中小企业在战略网络环境下，体现为原子企业和开放市场的中间性组织形态。其成长过程必须对二元网络组织产生依赖。通过"背景铺垫、一阶抽象及二阶抽象"三步法，本章对网络化成长机制的建构性解析过程加以分析，并且通过六个案例的重复性实验过程，给出案例聚类的收敛性解析，并提出了企业家结构洞探寻、网络生产以及网络福利的网络化成长概念框架。最后，通过对招标模型中，中小企业的理性计算过程，分析了从纯粹理性、集体理性到制度理性的连续理性过程，探讨了中小企业在战略网络中，关系制度建设的自组织化过程机制。

第六章网络关系资本：战略网络累积福利的动态权衡。本部分重点介绍了租金理论的演变，以及网络作为一种介于科层制和市场之间的制度安排。认为网络成员以关系为桥介来调配资源和组织生产，所创造的总利润在抵销了他们单个利润的总和后得到的剩余，会形成网络租金。其次，企业作为"中心签约人"，通过网络信任关系与治理机制、网络权力的争夺、网络商业模式重构等创造网络福利剩余，并拥有对剩余的索取权。最后，探讨了网络关系结构与累积福利生产的互动机制。重点介绍了结构洞、桥型网络、闭合网络、结构性等位、逆向对接五种网络结构与局部网络收益的获取机制。

第七章冗余—匹配：关系压力、状态与响应的逻辑。首先，本章从网络中关系的强度、网络位置和资产专用性等方面探讨了关系资源的投入产出机制，重点解释了关系生产延时、失效、拓展、低效、压力和沉默状态下的关系冗余与匹配机制问题。其次，分析了关系状态迁移问题，介绍了从资源供给到差序嵌入的二阶演化机制，指出了从陌生人社会、熟人社会到"群己"社会的迁移过程。最后，分析了企业网络关系逆向响应的动因，讨论了中小企业在战略网络中从被动到主动的关系响应和逆向建构机制，通过构建结构洞、嵌入多重网络和关系调整，中小企业从被动地接收不对称信息到主动获得多方面信息，从单方面的强关系到构建多维度的强关系弱关系，从卫星型战略网络的边缘移动到核心企业附近的有利位置，实现了反被动为主动。

第八章中小企业关系效能：组织场域与能力评估。首先，借助布迪厄的"场域—惯习"学说，提出中小企业关系网络的联结就像"肽链"一样，在特定的组织环境下进行"组装"，并在特定的场域下发挥独特的关系能量和优势。讨论了场域与惯习非一致性与"关系肽链"的解体问题。其次，通过对天津滨海新区等区域内中小企业关系能力的实证研究，认为关系构建到中小企业网络化成长、关系互动到中小企业网络化成长这两个路径不成立，很大一部分原因在于其战略制定和网络影响力两方面的不足。最后，引入环境不确定性作为调节变量，以关系资源整合能力为自变量，以成长性中小企业的成长绩效为因变量，揭示了关系资源整合能力与成长绩效之间的动态关系。

第九章中小企业关系惯例变迁：流变、异动及断裂。企业间关系并不是一成不变的，由于关系管理等因素的影响造成企业间关系质量逐渐衰变，从而导致其关系弱化、异化和断裂。对大环境的适应能力和必然性的关系流变机制，成为决定企业生存和发展的主导力量。其次，从关系异化视角研究家族企业代际传承中关系网络的异化对代际传承的影响，提出在网络结构视角下关系网络在代际传承过程中异化的影响因素概念模型和理论分析架构。最后，从关系质量评价衰减的视角下，对影响企业间关系网络解体的影响因素进行分析。实证研究认为：企业网络成员之间利益与价值观的一致性对于关系网络的解体行为具有显著的正向影响；网络成员之间的信任与满意程度与关系网络的解体之间具有显著的负向影响；成员之间的机会主义对于关系网络的解体具有显著的正向影响；网络结构对关系网络解体具有显著的负向影响；企业网络内网络成员压力对关系网络解体行为具有显著的正向影响。

第十章差序情景下中小企业网络关系资本分布及应用。本章课题组首先从结构属性、投资属性和匹配属性方面探讨了95种产业业态中关系资本的价值重要程度和分布特征，分别以网络规模与关系强度、关系投资与关系多样、依赖程度与关系冗余为分析维度，设计了产业类型—关系资本组合分布图，明晰了关系资本在不同产业中的利用价值。然后对中国传统差序格局的文化情景进行了重点分析，探讨了关系公平预期、差序公平感知、关系稳定性、关系价值补偿与关系资本的演化路径关系，实证检验认为：关系公平预期负向影响网络成员间的合作关系稳定性，差序公平感知正向影响网络成员间的合作关系稳定性，关系稳定性对网络成员间关系资本的构建有显著的正向影响。关系稳定性对关系价值补偿有显著影响，恰当的关系价值补偿能影响网络成员间的关系资本的构建。最后针对研究结论提出了相应的管理指导策略。

第三节 创新点

基于战略网络的中间组织二元性基础，探讨网络环境下中小企业行动者的关系转译过程，并构建固化的关系资本，实现自身的网络福利索取权、提升关系效能和加强关系流变的管理，在关系资本富集的产业中，探讨差序关系格局的有效性是本课题研究的主导思想。本课题的创新点主要体现在以下三点。

第一，依托战略网络的二元性和关系资本的内生性，提出网络关系资本整合研究视角，并创新性地提出了"网络关系资本价值构建整合模型"和"关系资本动态匹配理论"命题。课题组通过文献梳理、案例分析和实证研究，企业网络化发展中的关系资本应该是"以内在关系资本为基础，以战略网络中的关系连接机制为载体，以非正式人际关系资本为调节机制，以结构嵌入为关系优化手段，以关系认知资本为规则约束，通过对战略网络中的内生资源和外生资源整合而形成的一种被网络关系合作者所认同的关系价值转化能力"。该定义的创新之处在于：（1）定义以整个网络环境为背景，从多种关系主体网络关系互动角度考察了关系资本的价值生成过程，修正了原子主义研究范式的不足，认为关系资本是网络中各种主体，多种要素动态互动与博弈形成的结果，基于关系资本的中小企业网络化关系再生产与成长是本定义的核心概念。（2）定义清晰解释了关系资本的资源转换机制、结构嵌入机制、制度约束机制、人际关系调节机制、资本转化机制、价值评价机制与能力生成机制转换路径，对关系资本内在和外在生成机制进行了探索性解释，为本课题后续实证研究提供了理论基础和现实指导。（3）定义提出了基于多因素影响的关系资本整合能力形成逻辑，提出关系资本能力的形成不仅受内在资本、结构资本、认知资本和人际关系资本的影响，而且还受网络关系合作中其他利益相关者对其关系价值创造能力的评价结果的影响，网络关系合作者其他利益相关者对其关系合作价值的贡献水平不仅直接影响关系合作模式，而且影响关系合作质量，企业关系资本的价值实现是一个关系各方互动博弈动态变化的过程。（4）定义清晰描述了企业在关系合作网络中从关系资源，到关系资产，最后到关系资本的形成路径，认为企业关系资本的实现不仅取决于企业自身，更取决于其资源整合能力和网络关系合作者对其价值贡献能力的评价，此观点修正了前人仅仅从企业本体出发，原子式的研究范式，把网络中利益相关者的评价纳入关系资本研究的范畴。

由于关系资本构建环境的复杂性、主体的多样性和要素的多样性导致企业在网络化发展中角色扮演的不同。企业的角色定位需要与其所拥有的关系资本要素动态匹配；环境的不确定性和关系交易中交易模式的多边性要求企业关系资本各构成要素动态调整，互为协同才能保证关系资本效能的最大化和关系价值转化的最大化。

第二，基于企业家结构洞优化、网络理性生产和累积福利动态权衡，提出"结构洞探寻、网络生产和网络福利"的网络化成长机制。课题在第三章、第四章和第五章，运用多案例的二阶抽象收敛模型，论证了企业网络化成长机制的理论演变过程。并在企业家结构洞分析中，提出通过加强和重视企业家个体的社会关系网络的优化、关系剔除和关系重构等多种方式拓展多样化关系网络、挖掘并识别潜在新机会、协调企业内外关系人、塑造信任和声誉机制的网络化建构机制，以及结构洞、桥型网络、闭合网络、结构性等位、逆向对接五种网络结构与局部网络收益的获取机制。

第三，着重探讨关系冗余、场域效能和关系流变问题，探讨了关系质量、逆向建构和关系治理机制。课题在第七章、第八章和第九章，探讨了战略网络中关系资本状态响应、场域效能和关系流变解题问题。研究发现，从资源供给到差序嵌入的关系过程实现了"群己"网络，并可达到变被动为主动的地位转化效果；关系场域与惯习非一致性导致"关系肽链"断裂和关系效能的衰减；网络成员间利益与价值观的一致性、机会主义和群内成员压力对关系网络解体行为具有显著的正向影响。最后，突出差序格局文化背景的网络关系资本产业应用研究，提出差序公平和价值补偿机制对网络关系资本具有正影响。

第二章　文献综述

围绕本课题"成长性中小企业战略网络中的关系资本构建与关系资源整合"和核心研究内容，本章将重点对中小企业的网络化成长、关系资本构建与关系资源整合能力相关研究文献进行述评，吸收其合理思想，评述其不足，为本课题研究提供理论和现实指导。

企业成长理论一直是理论学界关注的热点，从古典经济学亚当·斯密的分工理论、马歇尔内部成长理论，到新古典经济学的 SCP 框架、产业生命周期理论、新制度经济学的交易成本理论、管理学的资源与能力理论等，都从不同视角提出影响企业成长的核心影响因素和企业成长模式。本书将围绕企业成长影响因素和成长模式两个视角进行文献和理论梳理，为本课题提出的企业网络化成长提供理论引导和现实指引。

第一节　传统企业成长理论：原子主义的独立经济交易关系与资源获取

企业为什么存在？企业存在的本质是什么？影响企业成长的关键因素是什么？围绕这三个基本问题，不同学派给出不同的答案。传统企业成长理论把企业看成一个自治的主体，其成长绩效取决于分工与规模利益[①]、外部经济与内部经济[②]、交易成本、资产专用性[③]、五力影响模型[④]等，原子主义的独立经济交易关系与资源获取，企业基于理性计算的内生式成长是传统学派的主要特点，其代表人物和核心思想如下。

古典经济学"鼻祖"亚当·斯密把企业看成一个分工的组织，其存在是为了获取规模经济利益，分工可以提高产量，降低成本，进而实现规模经济。[⑤] 企业成长取决于内部分工、规模经济和外部市场范围的互动影响。马歇尔沿着斯密的分工理论，进一

---

① ［英］亚当·斯密著. 郭大力，王亚南译. 国富论［M］. 上海：上海三联书店，2009.

② ［英］阿尔弗雷德·马歇尔著. 彭逸林，王成辉，高金艳译. 经济学原理［M］. 北京：人民日报出版社，2009.

③ Williamson, O. E. The Economic Institutions of Capitalism: Firms, Markets, Relational Contracting［M］. New York：TheFree Press, 1985.

④ ［美］迈克尔·波特著. 陈小悦译. 竞争优势［M］. 北京：华夏出版社，2005.

⑤ ［英］亚当·斯密著. 郭大力，王亚南译. 国富论［M］. 上海：上海三联书店，2009.

步分析了分工与合作之间的互动对企业成长的影响，认为内部经济和外部经济是影响企业成长的两个重要影响因素。① 在他的概念中，外部经济可以理解为企业成长的市场空间，内部经济则可以理解为企业良好的管理所带来的超出行业的平均收益。古典经济学认为，企业的成长需取决于内部分工所带来的效率提升与分工之间所带来的协调成本之间的权衡。

新古典经济学认为企业成长论就是企业规模调整理论。企业成长的动力和原因就在于对规模经济和范围经济的追求，面对企业所面临的成本压力和需求曲线变动，企业会通过扩大产能规模予以应对，企业成长过程实际上就是调整产量达到最优规模水平的过程。②

新制度经济学从交易成本和委托代理角度研究企业交易成本边界与企业成长的关系。科斯认为，企业的成长边界取决于企业家对交易成本的权衡，企业成长的动因在于节约市场交易费用，当市场交易成本大于内部交易成本时，企业就会选择内部市场替代外部市场，市场交易成本越大，企业规模就越大。③④ 张五常（1983）认为企业存在的原因是劳动力市场契约对产品市场契约的替代。⑤ 威廉姆森从交易费用的概念出发对企业的边界做出了经典的解释，他认为企业的纵向边界由有限理性、机会主义和资本的专用性三个维度的交易费用来决定，企业的纵向整合就是利用权威关系取代市场关系，避免交易的不确定性和不信任，企业的成长就表现为企业纵向边界的扩展。⑥⑦

钱德勒从制度变迁角度分析了现在企业制度变迁对企业成长的影响，认为随着现代通信、运输和信息管理技术的出现，企业的经营和管理模式发生巨大变化，企业规模的扩张和经营的复杂化导致所有权与管理权分离，企业管理边界的扩张形成内部科层制管理结构的出现。⑧⑨ 企业的成长是外部市场内部化与内部专业化互为增长的结果。

① ［英］阿尔弗雷德·马歇尔著. 彭逸林，王成辉，高金艳译. 经济学原理［M］. 北京：人民日报出版社，2009.

② Nelson，R. R.，Winter，S. G. An Evolutionary Theory of Economics Change［M］. Cambridge：Belknap Press，1982.

③ Coase，R. H. The Nature of the Firm［A］. 1937. In：Williamson，O. E.，Winter S. G.（ed.）The Nature of the Firm［C］. New York：Oxford University Press，1993：18 - 33.

④ Coase. R. H. The Problem of Social Cost［J］. Journal of Law and Economics，1960，（3）：1 - 44.

⑤ 张五常. 企业的契约性质［A］. 1983. 载于经济解释——张五常经济论文选［M］. 北京：商务印书馆，2000.

⑥ Williamson，O. E. Markets and Hierarchies：Analysis and Antitturst Implications［M］. New York：Macmillan Publishing，1975.

⑦ Williamson，O. E. The Economic Institutions of Capitalism：Firms，Markets，Relational Contracting［M］. New York：The Free Press，1985.

⑧ ［美］小艾尔弗雷德·D. 钱德勒著. 张逸人等译. 企业规模经济与范围经济：工业资本主义的原动力［M］. 北京：中国社会科学出版社，1992.

⑨ ［美］小艾尔弗雷德·D. 钱德勒著. 重武译. 看得见的手——美国企业的管理革命［M］. 北京：商务印书馆，1997.

彭罗斯以单个企业作为研究对象，构建了一个企业资源—能力—成长绩效理论分析框架，从企业行为、组织机构及管理问题方面探讨了资源与能力对企业成长的影响。[①] 她突破规模经济的认识局限，认为"企业的成长主要取决于更有效地利用现有资源"。企业能力决定着企业成长速度、方式与边界，管理能力是企业成长的约束条件，企业成长的重要一环是发现潜在成长机会与创新能力。

沿着彭罗斯的企业内生式成长逻辑，20 世纪 80 年代以后，出现了企业成长的资源观、能力观和知识观理论。Wernerfelt[②]、Barney[③]、Amit 和 Shoemaker[④]等资源观代表学者认为，企业的竞争优势的关键取决于企业所拥有的稀缺的、不可复制的、有价值的资源，这些资源为企业带来可持续的租金，这些资源是不可能通过市场交易的，企业成长的动力与战略的重点是培育、控制和协调这些资源，为企业带来持续的资源租金。Prahalad 与 Hamel 提出核心能力理论，认为企业的成长取决于驾驭企业独特的资源和动态应对外部复杂环境的能力，企业所拥有独特的、竞争对手难以复制的资源和能力是企业成长的持续动力。[⑤] Kogut 和 Zander 提出知识的基础观，认为企业的本质是集体知识，企业知识和经验的不断积累对企业成长具有促进作用，是企业可依赖的内部成长要素。企业员工所拥有的知识和能力是企业成长的保障，战略的重心是培育企业的知识和能力，以应对复杂多变的外部环境。[⑥] 波特的战略定位与 SCP 分析框架，把企业战略的中心定位于企业的竞争优势，企业成长的关键是"创造一个唯一的、有价值的、涉及不同系列经营活动的地位"[⑦]。他认为，一个行业的竞争结构和盈利水平由五种竞争力量决定，企业的竞争战略要么选择规模发展的成本领先战略，要么选择独特市场定位的差异化战略，两者不可兼得。

传统企业成长理论对企业成长发展理论研究做出了杰出的贡献，但理论的不足是普遍采用原子主义的思维范式，把企业看成一个自治的、低度社会化和非网络嵌入的经济实体。它们虽然也注意到了外部环境对企业的影响，但更多地认为外部环境是独立于企业而存在的，是给定的，企业选择差异化的战略定位和运用异质性的资源和能

---

① Penrose, E. T. The Theory of the Growth of the Firm [M]. New York: John Wiley, 1959.

② Wernerfelt, B. The Resource-Based View of the Firm [J]. Strategic Management Journal, 1984, (2): 171 – 180.

③ Barney, J. B. Strategic Factor Markets: Expectations, Luck and Business Strategy [J]. Management Science, 1986, (10): 1231 – 1241.

④ Amit, R., Schoemaker, P. J. H. Strategic Assets and Organizational Rent [J]. Strategic Management Journal, 1993, (1): 33 – 46.

⑤ Prahalad, C. K., Hamel, G. Core Competence of the Corporation [J]. Harvard Business Review, 1990, (66): 79 – 91.

⑥ Kogut, B., Zander, U. Knowledge of the Firm, Combinative Capabilities, and the Replication of Technology [J]. Organization Science, 1992, (3): 383 – 397.

⑦ [美]迈克尔·波特著. 陈小悦译. 竞争优势 [M]. 北京: 华夏出版社, 2005.

力就可以予以应对。企业的战略制定和实施过程是企业内部的事情，是企业根据外部环境的变化而不断调整企业生产与供给的过程。寻求自己企业自身资源与能力匹配的可持续竞争优势是企业成长的关键。以竞争思维、低度社会化、非网络嵌入为核心要素的独立交易关系和资源获取是传统企业成长理论的主要特征。

原子主义的研究范式遭到学术界不少批评。他们认为这些理论把企业视为一个"黑箱"存在，内部的秘密依然没有被分析和解释，只看到一个追求理论最大化的抽象企业，没有看到社会化规范对企业的影响，忽视了社会化对企业的影响，社会网络的嵌入对企业成长的影响。这些理论为本课题研究中小企业提供了不少启示和借鉴，但是基于规模和外部经济性的抽象的经济学研究范式难以解析活生生的中小企业成长奥秘，基于资源主导与特异能力的战略定位不能符合中小企业的现实条件。如资源学派认为中小企业的竞争能力来源于灵活的经营模式和独特的资源禀赋；产业学派认为中小企业的独特的竞争能力受其竞争环境的影响；而制度学派认为企业的可持续竞争优势来源于其正式的和非正式的制度激励和约束。这些研究倾向于把企业当作一个独立的个体来分析，这种分析范式根本看不到中小企业的特质以及其力量之所在。①② 国内外学者认为，中小企业特殊的关系合作网络是其得以生存和发展的关键，其独特的竞争能力来源于其生存的关系合作网络之中。③④。在今天信息经济、知识经济和全球化时代，协同、合作与价值共享已经成为主流。战略联盟、伙伴关系管理、关系营销、集群理论、战略外包、价值链协同管理等理论的出现，说明研究界和管理界正在转变一种视角。它们不再是单独考虑企业的问题，而是从企业所镶嵌的社会网络角度重新思考企业成长问题。企业的价值创造不仅来自企业本身，也受其嵌入的发展网络的影响；企业不仅仅是竞争的关系，更多的是竞合关系；企业的专业化劳动分工不仅仅是企业本身的事情，更是价值合作伙伴的网络化生产。研究中小企业的网络化生存与成长、网络化关系再生产、网络化租金获取与价值补偿具有理论和现实意义。

第二节　中小企业成长模式选择：从内生式成长到战略化网络化成长

企业成长模式的选择可分为内生式成长、并购式成长和网络化成长三条路径。

---

① 刘仁杰，谢章志. 台湾机械产业网络的类型与特质 [J]. 机械工业杂志, 1997, (6): 180 – 185.

② Burt, R. S. Structural Holes: The Social Structure of Competition [M]. Cambridge: Harvard University Press, 1992.

③ Hamilton, Gary G. Asian Business Networks [M]. New York: De Gruyter, 1996.

④ 陈介玄. 协力网络与生活结构——台湾中小企业的社会经济分析 [M]. 台北: 联经出版社, 1994.

内生式成长取决于企业内部资源拥有状况，企业未被利用的资源条件是企业成长的基础条件，管理能力是企业成长的约束条件。[①] 企业成长路径的选择是通过管理能力的提升创造新的资源和创造新的机会。Nelson 和 Winter 提出基于"惯例"和"路径依赖"的企业演化理论，认为优秀的企业"惯例"可以帮助企业富有效率地完成任务，路径依赖强调了企业惯例形成的独特性，从而实现企业的成长。[②] 内生式成长模式强调了企业内部成长要素的自我积累过程，但是内部资源的刚性和路径依赖难以应对外部环境的变化。在动态变化的竞争环境和客户需求情况下，资源可能被边缘化，路径依赖影响了企业动态适应外部发展环境的柔性。

与内生式积累成长模式不同，并购式成长通过纵向整合和横向并购实现企业的成长。通过并购，企业可以达到迅速控制战略资源，提升市场竞争实力，消除竞争的目的，可以弥补内生积累式成长所必需的时间。20 世纪 90 年代并购式成长成为跨国公司和大企业成长的首选路径。但近年来，研究发现，基于产权和物质资源并购容易，但基于文化、人力资源、客户关系等软性并购难。软性资源的整合成为企业并购成长的挑战。所以，20 世纪 90 年代后出现的归核管理、战略联盟、战略性外包、柔性合约管理等都是对并购式成长缺陷的不同的修补。当然，对于中小企业来说，内生式成长会丧失企业发展良机，难以获取规模经济收益，而受资源、实力和控制能力的约束，并购式成长也不可能成为中小企业成长模式的优选，嵌入大企业合作网络，成为其价值链生产中的一个环节，可能是最现实的选择。

20 世纪 90 年代以来，经济全球化程度不断提高，信息通信技术日新月异，商业环境日益复杂多变。随着外部环境不确定性因素日益增多，客户需求的不断动态迁徙，企业发现科层式的管理越来越难以适应动态变化的环境，并购后文化整合和边界扩张所带来的交易成本提高，规模不经济问题直接影响着企业的灵活性、效率和学习能力的提升。很多企业选择收缩企业边界，同时纵向反向一体化及生产模块化为其提供一种新的战略选择，呈现出多维度、多角度的企业关系合作模式，[③] 网络作为稳定的产业组织成为企业获取资源以及实现企业成长的重要形式，企业间的合作由过去的竞争思维转向竞合思维，单一企业的价值创造模式被网络企业的价值共同创造所替代，网络化的生产与协同成为企业管理的重心。

网络化成长成为企业成长理论研究的重要理论分支。传统企业成长理论也在扩展自己的研究领域，开始关注网络组织对企业资源获取方式的影响。阿尔钦曾指出交易成本经济学对企业内的交易和市场交易区分过于简单，事实上，许多长期合同关系模

① Penrose, E. T. The Theory of the Growth of the Firm [M]. Oxford：Oxford University Press, 1997.
② ［美］理查德·R. 纳尔逊，［美］悉尼·G. 温特著. 胡世凯译. 经济变迁的演化理论 [M]. 北京：商务印书馆, 1997.
③ Best M. The New Competition [M]. Massachusetts：Harvard University Press, 1990.

糊了市场与企业间的界限。① Thorelli 最早对网络组织的内涵和性质进行全面分析,认为网络是市场与单个企业之间的媒介,是两个或多个企业之间基于频繁交易而形成的子市场。② Powell 从规制基础、调节手段、冲突解决方式等多个维度对市场、网络和科层制进行了区分,认为网络是一种稳定的产业组织,具有自身区别于市场与科层制的独特含义。③ Uzzi 认为企业间的关系是企业获得外部有价值信息的渠道。④ Dyer 和 Singh 认为企业与外部构建的关系为企业提供了关系租金,有利于企业获得竞争优势。⑤ 交易成本经济学和资源基础理论的发展表明,企业网络已经成为介于市场科层制之间的交易治理模式,是企业识别、获取和利用外部互补性资源的有效渠道。

Gulati、Nohria 和 Zaheer 在其发表的《战略网络》一文中认为,网络关系为企业提供了潜在的信息、资源、技术和市场,通过网络成员规模经济和范围经济,相互间的学习、资源外包,企业可以获得自己的竞争优势。⑥ 他们把战略网络定义为组织间相对持久和具有战略意义的关系所形成的网络体系。这些关系既包括股权契约合作式关系,如合资企业,也包括非股权合作的其他合作形式,如战略联盟、长期合约等。他们认为传统战略模式仅仅从规模、市场竞争地位、产品的差异化和品牌商誉角度解释企业间盈利的差异性,忽略了企业所处的战略网络对于企业的影响。本研究通过对 Gulati 战略网络相关理论与经典社会网络理论的核心概念交叉对比,发现战略网络理论极大地丰富了传统企业理论内容,拓宽了企业对成长模式的选择,使企业网络化成长更具有可操作性。

传统产业组织学派认为,市场集中度和市场力量对企业的利润影响具有相关性。较高的市场集中度和相对上下游的市场控制力有利于企业竞争绩效的提升。企业应该选择提高进入壁垒保持自己的持续竞争优势。⑦ 战略网络理论则认为,企业在考察市场结构时,还需要关注产业中的企业网络结构,因为网络的密度、结构洞富集程度、结构的中心度和外部性影响产业的利润水平,进而影响企业获利能力。⑧

---

① [美] R. 科斯, A. 阿尔钦等著. 刘守英译. 财产权利与制度变迁——产权经济学与新制度经济学派译文集 [M]. 上海三联书店, 上海: 上海人民出版社, 1994.

② Thorelli, Hans B. Networks: Between Markets and Hierarchies [J]. Strategic Management Journal, 1986, (1): 37 – 51.

③ Powell. W. W. Neither Market Nor Hierarchy: Network Forms of Organization [A] 0. Staw R Cummings. L. L. Research in Organizational Behavior [C]. Greenwich, CT: JA I Press, 1990.

④ Uzzi B. Social Structure and Competition in Interfirm Networks: The Paradox of Embeddings [J]. Administrative Science Quarterly, 1997, (1): 35 – 67.

⑤ Dyer, J. H., Harbir S. The Relational View: Cooperative Strategy and Sources of Inter Organizational Competitive Advantage [J]. Academy of Management Review, 1998, (4): 660 – 679.

⑥ Gulati, R., Nohria, N., Zaheer, A. Strategic Networks [J]. Strategic Management Journal, 2000, (21): 203 – 215.

⑦ [美] 迈克尔·波特著. 陈小悦译. 竞争优势 [M]. 北京: 华夏出版社, 2005.

⑧ Burt, R. S. Structural Holes: The Social Structure of Competition [M]. Cambridge: Harvard University Press, 1992.

传统战略模式提出产业内的非均质性，可以把战略、资源和市场相似的企业划为同一战略群组，可按产品、价格、技术、客户细分维度上的相似性加以识别。群组的界限由于移动壁垒的存在对企业而言难以逾越，并由此解释产业内企业行为与绩效之间的差异。战略网络理论则通过对企业在战略网络关系的相似性划分战略群组，即使处于不同产业，但是具有关系联盟的企业也应划入战略群组范围。企业在联盟中的地位导致企业盈利的差异，成员认同、网络关系进入通道本身就构成了群组间的移动壁垒。

传统资源基础理论认为稀缺的、难以替代的和难以复制的资源是企业独特竞争优势的来源。企业需要通过培育、整合和协调这些战略性资源，只有构建控制资源的能力才能保持持续的竞争优势。战略网络理论则认为，战略网络本身就是一种异质的、稀缺的、有价值的、难以复制的资源。强关系带来的信任和交易成本降低，弱关系多带来异质性的信息和资源，结构洞富集的企业获得信息和资源的先机，都是网络企业获取资源和竞争优势的渠道，战略网络中的资源越丰富，协同能力越强，则关系企业拥有难以模仿的有价资源就越多。

传统交易成本理论把交易成本作为选择内部市场化和外部交易的决策和交易治理依据。战略网络理论则认为，企业战略网络内部控制成本低于科层制组织内部控制成本，外部交易成本低于外部市场交易成本。这是因为网络的重复博弈的历史和嵌入的社会关系增强了成员的信任度，减少了信息的不对称。网络成员的集体惩罚机制有利于防止机会主义的产生，网络中共同的价值追求和共识的规则有利于共同的目标和共同的行为的选择，减少了冲突和信息不对称而产生的交易成本提高。

第三节 网络化成长环境下的关系资本构建研究述评

关系的外部性、动态性、过程性和主观性的属性特征，以及研究者多维度的研究视角、多元化的研究对象、差异化的研究背景，使得关系资本的概念和内涵众说纷纭，各不相同。Parkhe 等人认为，只有研究人员重新审视理论假定，重新界定概念并加强概念、现实问题和管理问题之间的链接，与管理研究其他视角更好地整合，形成统一的概念界定，相关的研究理论才能得到进一步发展。[①] 为把握关系资本的本质属性，本课题组在对国内外关系资本相关研究进行文献搜索、分析和研读的基础上，依据时间、关键词、研究分类、语义辨析和研究脉络五个维度对关系资本的概念和内涵进行了梳

---

① Parkhe, A., Wasserman, S., Ralston, D. A. New Frontiers in Network Theory Development [J]. Academy of Management Review, 2006, 31 (3): 560 – 568.

理，共找到目前国内外关系资本的 57 种定义。在对引文的相关性和权威性进行甄别后，按其核心词进行分析归纳，发现目前关系资本有六种代表性的观点和说法，分别是：资源说、契约规则说、关系说、价值说、能力说和结构说。本书在对各种学说的核心思想与发展逻辑进行评述的基础上，对网络环境下的企业关系资本进行定义，界定其内涵、外延、结构特征，为课题后续研究提供理论和实践指导。

一　资源说

关系资本的资源说认为，关系资本是现实或潜在资源的集合体，这些资源与关系网络有关，与该群体中的成员身份有关，[①] 只有具备成员资格的人才具备资源的获取机会。关系资本嵌入关系网络中，在有目的之行动中可以获得或动用的一种资源，是参与者可以经由网络成员或关系结构来取得利益的一种能力。[②] 关系资本以个人关系的信任、友好、承诺为基础，为盟员专有的独特性关系资源。[③] 企业可以通过战略联盟而拥有独特的伙伴关系资源，并使其成为自己的关系资本，借以获取关系性租金。对于关系网络中的联盟成员来说，关系资本是一种专有的独特性关系资源，能够为企业带来无法复制和模仿的竞争优势，是创造关系性租金的核心。[④]

综合上述观点，我们可以发现关系资本的资源学派赋予关系资本如下特征：（1）异质性。资源学派认为公司可持续竞争优势来自其有价值的、稀缺的、难以模仿和不可替代的异质资源，[⑤][⑥][⑦] 公司间的关系合作具有特质性，因而所获取资源也具有异质特征，能够作为一种关系租金为企业创造竞争优势[⑧]。（2）排他性。只有具备合作资格的成员，才有获取这种资源的机会。（3）情感性。信任、友谊、价值观认同对关系质量和关系资源具有重大影响。（4）获利性。良好的关系资源能为企业带来持续的关系租金。

本书赞同资源学派关于关系资源异质性可以为企业获取租金，创造竞争优势的观

① Bourdieu, P. Le Capital Social: Notes Provisoires [J]. Actes De La Rechereheen Sciences Sociales, 1980, (31): 2 – 3.

② Lin, N. Social Networks and Status Attainment [J]. Review of Sociology, 1999, (25): 467 – 487.

③ 常荔，李顺才，邹珊刚. 论基于战略联盟的关系资本的形成 [J]. 外国经济与管理，2002，(7)：29 – 33.

④ 宝贡敏，余红剑. 网络关系与创业互动机制研究 [J]. 研究与发展管理，2005，(3)：46 – 51.

⑤ Barney, J. Firm Resources and Sustained Competitive Advantage [J]. Journal of Management, 1991, (17): 99 – 120.

⑥ Dierickx, I., Cool, K. Asset Stock Accumulation and Sustainability of Competitive Advantage [J]. Manage Science, 1989, (35): 1504 – 1511.

⑦ Rumelt, R. P. Towards a Strategic Theory of the Firm [A]. 1984. In: Foss (ed.) A Reader in the Resource-Based Perspective [C]. Oxford: Oxford University Press, 1997.

⑧ Dyer, J., Singh, H. The Relational View: Cooperative Strategy and Sources of Inter Organizational Competitive Strategy [J]. Acadamic Management Review, 1998, (23): 660 – 679.

点，但同时认为，关系网络中存在着诸多资源，但不一定所有的资源都能给企业创造关系租金，任何资源的获取和转换都需要与其匹配的独特能力，只有那些符合企业发展目标，能为企业带来关系收益，同时企业又具有转化能力的关系资源才是可利用的、有价值的关系资源。

二　关系说

关系说把企业所拥有的各种能为企业带来价值收益的关系定义为关系资本。Edvinsson 把关系资本定义为"组织与其他组织或顾客往来之间的关系，又称外部关系，除了传统的客户范围外，还包括厂商上下游及相关环境之间的关系"[①]。Taylor 和 Francis 将关系资本定义为"企业与其他企业、组织、研究中心互动的关系存量"[②]。Bontis 认为，"关系资本是指与公司供应商、渠道、客户及伙伴之间的客户忠诚、善意及信任等的关系总和"[③]。Johnson 认为"关系资本不仅包括企业与供应商、顾客等外部主体的关系，也包括组织所在网络成员之间的关系，同时将文化资本列入关系资本的范畴"[④]。更有些学者认为关系资本是以人际间的联系为出发点，认为关系资本应建立在个人层次上，体现的是盟友间的相互信任、友好、尊敬和相互谅解的关系。[⑤] 而 Nahapiet 和 Ghoshal 也认为关系资本维度是指人们经过一段时间互动而发展出来的人际关系，如尊重与友谊关系，其包括信任、关系承诺、义务等内容。[⑥] Capello 和 Faggian 的观点则是企业、机构和个人基于高度认同与归属感具备相同的文化和合作能力所建立的各种关系。[⑦]

关系资本因为关系而存在，关系资本是因为网络中各方的关系合作而产生超出单方行动的剩余价值，因此，（1）具有合作关系的网络才具备产生关系资本的条件，网络是关系资本存在的载体，有关系才有产生关系资本的可能；（2）资本不仅本身具有价值，而且能通过交换带来剩余价值，剩余价值的分享不仅是关系合作各方开展关系

①　Edvinsson，J.，Roos，L. G. Intellectual Capital：Navigating in the New Business Landscape［M］. New York：New York University Press，1998.

②　Taylor，Francis. Spatial and Sectoral Characteristics of Relational Capital in Innovation Activity［J］. European Planning Studies，2002，10（2）.

③　Bontis，N. Managing Organizational Knowledge by Diagnosing Intellectual Capital：Framing and Advancing the State of the Field［J］. International Journal of Technology Management，1996，（18）：433 - 462.

④　Johnson，J. L. Strategic Integration in Industrial Distributionchannels：Managing Theinter-Firm Relationship as a Strategic Asset［J］. Journal of Academy of Marketing Science，1999，27（1）：4 - 18.

⑤　常荔，李顺才，邹珊刚. 论基于战略联盟的关系资本的形成［J］. 外国经济与管理，2002，（7）：29—33.

⑥　Nahapiet，J.，Ghoshal，S. Social Capital，Intellectual Capital，and the Organizational Advantage［J］. Academy of Management Review，1998，23（2）：242 - 266.

⑦　Capello R.，Faggian，A. Collective Learning and Relational Capital in Local Innovation Processes［J］. Regional Studies，2005，（39）：75 - 87.

合作的经济动因，而且关系资本特殊的社会属性还能为合作者带来社会属性的价值；（3）关系资本所讲的关系不是一次性交易关系，而是长期导向，具有多次博弈、重复交易的过程特征；（4）关系的交往有其规则，这种规则不仅影响关系预期、关系评价，而且影响关系行为；（5）由于关系的长期导向和彼此信任，所以不需要第三方的担保就可以正常交易。

本书认为，关系资本赋存于关系之中，关系资本并不等同于关系，有关系未必能产生价值，只有当理性行动主体有意识地展开关系的运作（占有、分配、使用等关系行为），并通过关系运作产生相应的价值回报时，关系的资本价值才得以体现，关系才具备成为关系资本的资格。关系不是单方的一厢情愿，而是合作双方对关系的一种认可与认同，没有认同的关系难以形成关系资本。无论是存量的关系，还是新开发的关系，关系只是提供了探索新机会，获取异质资源的可能，但关系本身不会产生价值。人际关系对关系合作具有影响，但是真正的长期关系合作要求具备实力、能力和资格，只有那些具备关系合作资格的关系才有创造关系价值的可能。

三 价值说

价值说把关系合作为企业带来价值附加的收益作为关系资本，认为这些价值既可以是可计算的有形价值，也可以是无形价值。Bond 认为，企业关系资本是依靠关系作用而带来增值的价值，对于企业来说，其关系资本主要包括客户资本、雇员资本，此外还包括企业与同一价值网络的供应商、股东、政府和盟友等所有利益相关者形成的有利于提高企业价值的互动关系。[①] 关系资本是组织维持与其生存环境中不同主体之间的各种关系的价值存量，是企业与利益相关者为实现其目标而建立、维持和发展关系并对此进行投资而形成的有价值的资产。[②] 关系资本是企业与内部、外部的对象（包括组织和个人）之间经过长期交往、合作的互利行为所结成的一系列认同关系进行投资和运营，使之持续增值并给企业带来新竞争优势的一种无形资本；企业为建立和发展关系资本而投入的人力、物力及财力等资源构成了关系资本的成本，而企业利用关系资本取得的收益，则主要是通过基于良好关系的其他成员进行资源交换获得其他企业无法复制和模仿的竞争优势，而取得的关系网等利益。关系资本具有专属性和稀缺性，且能为企业带来价值增值，是企业可控的，拥有者以客户资源形态投入企业生产经营所形成的资本。[③]

---

① Bond, N. Intellectual Capital: An Exploratory Study that Develops Methods and Models [J]. Management Decision, 1998, 3 (2): 63 - 76.

② Gregorio Martin de Castro, Pedro LópezSáez, José Emilio Navas López. The Role of Corporate Reputation in Developing Relational Capital [J]. Journal of Intellectual Capital, 2004, 5 (4): 575 - 585.

③ 徐国君，韩斌. 客户关系资本出资研究 [J]. 财会通讯, 2011, (1): 23 - 25.

企业存在的目的是能够创造价值，而关系合作为企业带来稀缺的、难以独立创造的有价值的资源，价值创造是关系资本的核心属性。但关系资本是否具有价值不仅取决于关系行为人自身的价值，更取决于网络关系合作各方对其价值的感知和体验，没有合作方的价值认同、价值交换，关系资本的价值属性也难以体现。同时从长期来说，关系价值是一个互惠互利的对等交换，关系资本的价值取决于其长期价值创造能力和关系合作方对其价值创造能力的评价。

四 能力说

能力学派认为关系资源本身并不能创造价值，资源的转换必须通过与其匹配的能力才能实现资源的价值转换，这些能力包括关系的建构能力、机会的探寻能力、资源的整合能力、价值的创新能力以及风险的规避能力。Portes 把网络中的资源获取能力作为关系资本，将其定义为"个体利用其在关系网络或更广泛的社会中的成员资格获取稀缺资源的能力"[①]。William H. A. Johnson 则把关系资本看作知识资本的第三个要素，认为关系资本是企业与商界成员通过增强人力和结构资本彼此相互影响激发财富创造潜力的能力。[②] Morgan 和 Shelby 认为关系是一项新的资本，将关系资本定义为蕴含在公司与其顾客、合作伙伴、员工等所有关系中创造财富的潜力和能力。[③] Dunning 则将关系资本定义为使一个主体能够形成和支配与其他主体关系的一种能力，企业可以通过其关系资本获得其他主体资产的进入权，并与关系伙伴共享其资源。[④] 而我国学者姚海琳在对我国民营企业关系资本进行研究时把关系资本定义为民营企业主从其亲戚、朋友等人的关系中获得机会与资源的能力。黄江泉等认为企业的内、外人际关系开发、管理能力，即企业的关系资本。[⑤] 该关系资本的价值，一方面体现在通过良好的关系网络，可以快速获得别的企业难以企及的资源；另一方面体现在通过有序的内、外人际关系开发、利用与管理，可以促使处于网络中的各资源要素尤其是人力资源要素潜力得以充分挖掘，推动企业的发展。

综上所述，我们发现，从关系资源向关系资本转换需要的不是一种能力，而是一种能力体系。这些能力对内表现为三个层面：其一，资格、资信、资源与资本，是企业对外合作的一种实力与承诺，是网络关系赖以维持的基础；其二，机会把握与资源

---

① Portes, A., Senbrenner, J. Embededdedness and Immigration: Notes on the Social Determinants of Economics Action [J]. American Journal of Sociology, 1993, 98 (6): 1320 – 1350.

② William H. A. Johnson, Strategic Integration in Industrial Distributionchannels: Managing Theinter-Firm Relationship as a Strategic Asset [J]. Journal of Academy of Marketing Science, 1999, 27 (1): 4 – 18.

③ Morgan, R. M., Shelby, D. H. The Commitment-Trust Theory of Relationship Marketing [J]. Journal of Marketing, 1994, 58 (3): 20 – 38.

④ Dunning, J. H. The Selected Essays of John Dunning [M]. Edward Elgar, 2002.

⑤ 黄江泉. 企业内部人际关系价值管理 [M]. 北京：经济科学出版社，2010.

整合，机会把握反映的是对外部环境的反应能力，而资源整合能力则反映的是企业将资源转化为企业竞争优势的能力；其三，价值创造与创新能力则体现的是企业的资源转换效率。对外则呈现为机会探寻、网络资源获取、关系协同生产、网络福利贡献和人际关系协调五种能力。机会探寻体现的是企业在关系网络中信息搜寻、评价与利用能力；网络资源整合则表现为企业在网络中资源的协调、调配与组合创新能力；关系协调生产彰显的是企业在网络中关系协同与合作能力；网络福利贡献则直接影响着网络关系合作者对企业关系价值创造能力的评价，该评价结果对关系行为和关系合作模式选择具有重大影响。企业的关系合作表面上是企业之间的合作，更多的反映的是企业合作者人际之间的关系，这种基于非正式人际关系建立的信任、忠诚与承诺对企业的正式关系合作具有直接的影响。如果说关系是一种纽带，网络是一个背景，资源是基础，关系能力则是催动关系资源转换为关系资本的转换器，是企业获取关系租金，构建可持续竞争优势的具体实现路径。

五　契约规则说

关系是在交易中形成的人和人之间的联系，它是由交易而引起，由契约而连接。契约是界定交易过程中人们权利义务的一项制度安排，具体包括交易前的契约谈判、承诺、签约后的执行和监督、违约或中止的惩罚等。关系的契约与规则学派认为，关系是一种契约，无论是正式的、非正式的、显性的、还是隐性的，都是交易各方根据契约安排而进行的一系列活动安排。这些契约安排受交易各方事先约定的、心理预期、过程体验、事后评价的影响，是交易各方重复博弈的结果。从契约与规则角度，关系资本呈现如下特征。（1）规则化特征。Macneil 认为，关系资本是指特定的社会过程和社会规则，因交换双方的关系而存在，且影响着参与者的行为，使得不需要第三方的干涉就能保证交易的顺利进行。[①] 由关系规则而形成的关系契约广泛存在于企业内部和企业之间，它往往以非正式规则形式出现，约束着人们的行为。（2）文化性特征。关系资本是企业在人们共同遵守的行为准则、情感等背景下长期培养和沉淀而成的，这种背景是社会大众或绝大多数人认可的价值观体系和文化资源，为关系伙伴所共同拥有，这种文化特征影响人们对关系质量的评价，进而影响关系合作和行为模式选择，信任是关系资本得以实现的基础。Dyer 和 Singh 指出，关系资本是关系型合作的基础，被各种言明的或未言明的假设、信任和计划所支持。[②]（3）治理特征。关系契约是以人们长期交往而积累的关系资本为基础而所形成的一系列惩罚与激励机制。关系治理除

①　Macneil, I. R. The New Social Contract: An Inquiry into Modern Contractual Relations [M]. London: Yale University Press, 1980.

②　Dyer, J., Singh, H. The Relational View: Cooperative Strategy and Sources of Inter Organizational Competitive Strategy [J]. Acadamic Management Review, 1998, (23): 660 - 679.

交易各方按照治理规则自我实施外，网络第三方的担保、监督与制裁直接影响着关系资本的交易质量。（4）动态变化与互惠互利特征。关系资本的形成是一个持续动态的过程。关系资本形成之后，需要成员的不断频繁作用，投入特定资产和学习，提高组织间适应性去维持与增值，而且要通过动态的办法对关系资本进行维护。同时互惠互利是关系合作的基本原则，缺乏互惠互利的关系长期来说难以维系。

关系规则化过程所形成的规则有显性规则和隐性规则。显性规则通过合作双方共同认可的制度规则、行为规范和利益分享机制发挥其控制、协调和激励的功能。在网络关系资本构建之初，合作成员之间缺乏足够的信任和了解，规则化过程能够降低信息不对称对合作的影响，使网络中的关系方行为变得可预测，是网络关系资本构建的制度性基础。[①] 而通过制度嵌入和文化融合形成的合作伙伴共有的一系列隐性规则或规范则可以协调双方的活动并对合作进行管理，促进目标偏好趋同，提升网络价值共享。这些游离于组织规章制度之外的不成文的又可获得广泛认可的隐性规则，是在长期实践中形成的行为准则和规范，由于得到网络组织中大多数成员的默许和遵守，而成为约束网络成员行为的主要力量。[②]

综上所述，我们可以发现，关系契约与规则是关系资本构建和运行的制度保障。关系契约的治理机制不仅影响着组织合作模式和行为的选择，也影响着人际关系合作质量。正是因为显性和隐性关系契约和关系规则的存在，才保障了关系交易的顺利进行，促进了关系资本的价值化转化。

六　结构说

关系结构学派认为，人们的一切经济行为都镶嵌在人际关系网络中，交易行为在社会互动中进行。[③] Nahapiet 和 Ghoshal 在对社会资本进行研究中，把社会资本分为结构性、关系性和认知性三个维度。[④] 结构性社会资本是指由企业在关系网络中的结构特性，主要指社会网络的联结数量与联结规模、联结密度等，这些因素影响企业网络关系租金的获得。Uzzi 将企业理论与社会网络理论结合起来，以嵌入性的思想为基本出发点，认为企业间的社会纽带通过独特的机会而影响着企业的经济行为。[⑤]

① 薛卫，雷家骕，易难. 关系资本、组织学习与研发联盟绩效关系的实证研究 [J]. 中国工业经济，2010，(4)：89 – 99.

② 罗珉，高强. 中国网络组织：网络封闭和结构洞的悖论 [J]. 中国工业经济，2011，(11)：90 – 99.

③ Granovetter, M. Economic Institutions as Social Constructions: A Framework for Analysis [J]. Acta Sociologica, 1992, (35)：3 – 11.

④ Nahapiet, J., Ghoshal, S. Social Capital, Intellectual Capital, and the Organizational Advantage [J]. Academy of Management Review, 1998, 23 (2)：242 – 266.

⑤ Uzzi, B. The Sources and Consequences of Embeddedness for the Economic Performance of Organizations: The Network Effect [J]. American Sociological Review, 1996, (61)：674 – 698.

关系嵌入性强调企业间联系的紧密度对信息的获取质量的影响，而结构性嵌入不是关注企业直接的获取优质信息的联结关系，而是强调关系联系节点在网络中的结构对信息价值的影响。从结构来说，企业在网络中所处的位置对企业信息、资源、创新机会和关系资本的收益率的获取具有直接的影响。处于网络中心度的企业关系联结比较多，关系场域大，结构洞也比较富集，信息搜集优势比较明显，因此，更容易获取异质信息和资源，获得较高知识转移价值溢出和创新机会。邱鹏远认为网络中处于核心位置的节点具有较大的人际关系影响力，这样的企业通常会通过这种较大的人际关系影响力优化资源配置，协调资源平衡性。[①] 正如 Benjamin Gomes-Casseres 所言，"你在网络中的什么样的位置决定着你获得什么样的收益"[②]。

根据以上对关系资本相关内涵、外延和研究视角综合述评，本书认为，以往研究尽管也揭示了关系资本的一些独特属性，但都是研究者站在自己的视角对关系资本的一种诠释。关系具有外部性、动态性、主观性、网络性和过程性多重属性，从单一属性角度很难解释关系资本的本质属性，需要用整合研究的视角全面揭示关系资本的构建要素，构建过程和价值转换机制才能对关系资本的组成要素、理论边界和本质属性做出比较合理的解释。

从关系资本的整合分析视角，本书认为，关系内在资本是关系资本价值转换的内在资源和能力基础；关系结构资本通过结构嵌入影响着关系整合能力与关系资本的实现；关系认知资本通过文化和制度嵌入机制影响着关系交易各方的关系合作模式和行为选择，进而影响关系资本剩余价值的实现；人际关系资本通过非正式人际关系的培育机制影响关系资本的配置方式；而网络关系合作利益相关者对关系主体关系价值创造的程度会直接影响关系能力的发挥和关系合作的顺利进行。按照此逻辑本书把战略网络视角下的组织关系资本的定义为："企业以内在关系资本为基础，以战略网络中的关系联结机制为载体，以非正式人际关系资本为调节机制，以结构嵌入为关系优化手段，以关系认知资本为规则约束，通过对战略网络中的内生资源和外生资源整合而形成的一种被网络关系合作者所认同的关系价值转化能力。"

以上网络环境下组织关系资本的概念内涵对于我国中小企业网络化成长具有以下启示意义。（1）在信息化、知识化和全球化发展的时代，企业的成长已经不再依靠要素积累和企业边界扩张简单内生式的成长，而是嵌入产业合作网络，通过联盟合作，价值共享实现企业的快速成长，联盟成员的资源禀赋、合作模式和行为选择决定着企业的成长绩效。很多中小企业通过资本市场、风险投资、技术联盟和服务联盟实现了

---

① 邱鹏远. 嵌入性与企业网络影响力的关系研究［D］. 西安理工大学，2008.
② Benjamin Gomes-Casseres. Group Versus Group：How Alliance Networks Compete［J］. Harvard Business Review，1994，72（4）：62－74.

企业的快速发展就是很好的例证。（2）在复杂动态的环境下，中小企业由于资金、实力和管理经验的限制，并购式快速成长战略不是自己的现实选择。通过与其他组织建立正式或非正式的合作关系，借助网络关系，依靠网络资源和能力，在特定的市场或地区实现快速发展和成长，实现网络化成长已经成为中小企业成长的有效战略选择。（3）在中国关系文化环境下，人际关系固然重要，但只能作为企业成长的促进条件，不是绝对条件，没有良好的企业内生资本，缺乏关系资源的整合能力，不能创造关系价值，人际关系不可能长久维持。许多企业发展实践证明，非正式人际关系在企业实力不足需要帮助的情况下，人际间的信任关系有助于企业依靠关系网络资源实现企业的成长，但是到企业成长到一定阶段，制度性信任才是维持企业可持续发展的保障。（3）关系认知资本对网络成员关系合作行为和合作绩效具有实质性的影响。增加文化认同，遵守合作规则，坚守承诺，提高企业信誉和信任是中小企业保持持续成长的必备条件。（4）结构资本对企业信息获取、资源整合和提升影响力具有重大影响。中小企业需要精选自己的市场定位，利用各种机会，以独特的资源、技术和能力嵌入合作网络，把结构资本化为企业成长的平台。（5）关系存在的价值是因为能创造价值，任何失去价值创造能力的关系也只是暂时维持。因此，在网络关系合作中，需要特别关注关系合作方的价值收益，通过增强感知价值，提升体验价值，创造长期合作价值保持网络关系的持续合作，提升关系资本的效用和价值转换能力。

由于历史文化背景的原因和我国从计划经济向市场经济转轨期间社会的不规范行为，人们往往提到"关系"一词，通常会和"走后门""拉关系"等贬义概念相连。"关系资本"的概念一经提出，就遭到了一些学者的反对，他们认为在转型期的市场经济条件下，基于工具理性营建的"关系资本"往往是对公共资源的掠夺，带有一定的"非法性"。[1][2]"关系资本"只是"内群体"中的互惠互利，而对于"外人"基本上是一种排斥的态度，这种小群体所分享的"关系资本"不仅没有像社会资本那样弥补物质资本、人力资本的不足，进一步完善市场机制、提供一种"公共产品"；相反，"关系资本"很有可能造成对原本属于公共资源的信息、资源的阻隔、分割。[3]彭星间、龙怒却认为，中国长期没有形成商业社会中的市场信用文化传统的背景下，关系资本是企业与利益相关者为实现其目标而建立、维持和发展关系并对此进行投资而形成的资本，因此是具有时代意义的。[4]

本课题所研究的关系资本，既不是人们常常联想的"拉关系"，也不是基于工具理性算计性的关系，更不是排他性的"小群体"互惠，而是在信息经济和知识经济时代

①　彭庆恩. 关系资本和地位获得 [J]. 社会学研究，1996，（4）：53 – 63.
②　杨光飞. "关系资本"升格之合法性质疑 [J]. 人文杂志，2006，（2）：147 – 151.
③　孙立平. 关系、社会关系与社会结构 [J]. 社会学研究，1999，（5）：22 – 32.
④　彭星间，龙怒. 关系资本——构建企业新的竞争优势 [J]. 财贸经济，2004，（5）：49 – 54.

对中国关系的一个反思，一种基于网络化成长与发展的积极的关系建构。因为关系合作形式已经从单边时代、双边时代转变为多边合作的网络时代；关系性质也从最初的外生的关系背景、中介的关系桥接演化为企业内生性的生产要素时代。关系已经成为一种生产力，直接参与企业的生产。企业的竞争已经不是单个企业的竞争，而是基于战略联盟的关系集群与集群之间的竞争。通过网络关系合作关系不仅能为企业带来异质的信息和资源，还会帮助创造商机和新的商业模式。在社会生产分工更加细化的今天，单个企业很难实现价值链的全环节控制，网络关系合作生产成为当今产业发展的主流。

在网络化发展的今天，关系资本研究对于中小企业成长具有很重要的理论价值和现实价值。这是因为：（1）鉴于资源和能力劣势，中小企业仅仅依靠内生性资源和能力难以获得企业的快速成长，唯有嵌入关系合作网络，通过网络化生产才能在产业某一节点中实现规模经济和范围经济；（2）中小企业是天生的关系创造者，中小企业战略网络的扩展过程是企业按照自己的战略目标利用关系捕捉机会、利用机会促进企业发展的过程；（3）中小企业是天生的网络结构构建者，因为网络结构不断优化的过程也是企业不断获得发展的过程；（4）中小企业最具备知识内化的动力，以为通过嵌入合作网络，通过对新的知识的引入、吸纳、内化和转译，中小企业只有实现了战略性知识的内化，才能增强竞争优势，实现企业的成长；（5）中小企业是跨界结网的偏好者，只有通过弱关系不断地扩展网络，中小企业才能实现企业的跨界发展，规避企业生命周期和行业经济周期波动的影响。

企业网络化成长对于我国中小企业具有重要的理论和现实意义。我国大量的中小民营企业从创业初期到企业发展到一定规模，基本选择了网络化成长这条道路。创业初期，在资源和能力缺乏的条件下，它们依靠血缘、友缘、地缘非正式人际关系的信任和支持，实现了企业的创业梦想；在成长阶级，它们又是利用创业期间所积累的关系人脉，利用趣缘、业缘、信缘等非正式和正式的关系帮助企业跨过成长陷阱；到企业成长到一定阶段，它们会以内化的企业资本为基础，非人际关系为润滑剂，结构资本为平台，正式制度资本为规则，不仅实现了纵向的一体化发展，而且通过战略联盟实现了横向发展，同时网络关系又帮助企业实现了跨行业、跨区域的多元化发展之路。

需要注意的是，受中国儒家文化的影响，中国式的基于人际社会关系的网络化发展模式与西方基于关系契约的网络化发展模式有着不同的特征、内涵和行为方式。[①] 中国的"差序格局"不同于西方的"团体格局"，是数千年文化积淀的企业根植的土壤，其中孕育的关系资本，其构建机制及路径有着鲜明的"差序"特色。国内外学术界对

---

① Biggart，Hamilton. On the Limit of a Firm-Based Theory to Explain Business Networks：The Western Bias of New Classical Economics ［M］. New York：Harvard Business Press，1992.

关系资本的研究多直接套用格兰诺维特的镶嵌理论[①]、伯特的结构洞理论[②]以及科尔曼的封闭网络理论[③]等，缺乏对理论适用情境的研究，也难以对中国基于儒家文化的中小企业网络化成长发展特征，发展路径和发展机制做出全面的解释。本课题以中国文化为背景，以中国中小企业的发展现实为基础，通过文献梳理、实地调研、典型案例分析和实证研究，期望对成长性中小企业战略网络中的关系资本构建与关系资源整合模式做出解释，对成长规模和成长行为演变趋势进行探析，为我国中小企业通过网络化成长模式实现跨区发展和全球发展提供理论和现实指引。

---

① Granovetter, M. Economic Action and Social Structure: The Problem of Embeddedness [J]. American Journal of Sociology, 1985, 91 (3): 481-510.

② Burt, R. S. Structural Holes: The Social Structure of Competition [M]. Cambridge: Harvard University Press, 1992.

③ Coleman, J. S. Social Capital in the Creation of Human Capital [J]. American Journal of Sociology, 1988, 94 (S1): 95-120.

第三章　中小企业网络关系资本
构建与动态匹配

网络关系资本的建构逻辑是企业利用网络中非匀质散布的要素，通过关系化、网络化、规则化和资源化等过程打造实现企业网络价值的能力。不同的中小企业基于能力的差异，在网络中扮演的角色各异，而不同的角色定位所需匹配的关系资本也有所不同，这就导致企业在获取成长机会和实现不同状态下网络关系资本建构具有动态性。角色的突变和成长的渐变都促使网络关系资本在动态漂移过程中实现与完成。本章首先探讨中小企业网络化成长中的关系资本内涵、要素和构建过程；其次，探讨中小企业网络化成长中的角色定位与关系资本匹配；最后，借用典型网络分析关系资本在不同网络中的应用。

第一节　网络关系资本建构的内涵、
价值要素和构建过程

一　网络关系资本的概念内涵

随着个体企业间的竞争行为日益演变为基于网络成员共同努力的网络组织间的竞争活动，① 企业的营利模式和发展范式发生了很大的变化：竞争模式由传统的竞争零和博弈转变为竞合正和博弈；② 资源整合与能力构建模式从传统的内部资源与价值链条线式整合与培育模式转变为网络资源和价值网整合模式；③④ 营利模式由原子企业"投入—产品—

---

① Holm, D. B., Eriksson, K., Johanson, J. Business Networks and Cooperation in International Business Relationships [J]. Journal of International Business Studies, 1999, 27 (5): 1033 – 1054. Moor James, F. The Death of Competition: Leadership and Strategy in the Age of Business Ecosystems [M]. New York: Harper Business, 1996.

② Dyer, J., Singly, H. Relational View: Cooperative Strategy and sources of The Inter-Organizational Competitive advantage [J]. Academy of Management Review, 1998, 23 (4): 880 – 879.

③ Watson, J. Modeling the Relationship between Networking and Firm Performance [J]. Journal of Business Venturing, 2007, 22 (6): 852 – 874.

④ Park, S. O., Ungson, G. R. Interfirm Rivalry and Managerial Complexity: A Conceptual Framework of Alliance Failure [J]. Organization Science, 2001, 12 (1): 7 – 53.

消费者剩余"的关注自身营利模式转变为网络企业"投入—平台—网络价值补偿"的关注网络福利模式。[1] 企业网络化成长成为当今学术研究和产业界关注的热点，企业的网络资源整合能力和价值创造能力成为企业可持续发展的关键。[2][3]

在企业的网络化成长背景下，对企业关系资本的研究也由原子企业视角转变为网络视角，如何打造网络化成长背景下企业的关系资本也就成为具有重要学术意义和现实意义的研究课题。然而，对于什么是企业的关系资本，目前学术界仍然众说纷纭，莫衷一是。有的把关系资本看作"能力集"，[4][5][6] 也有的把关系资本看作"价值集"[7]，还有的把关系资本看作"资源集"[8] 等。但是，如果对关系资本的内涵认识模糊不清，那么打造关系资本将会无的放矢，在网络关系资本的研究上可能要多走许多弯路。根据 Parkhe 等人（2006）的观点，只要研究人员重新审视理论假定，重新界定概念并加强概念、现实问题和管理问题之间的链接，与管理研究其他视角更好地整合，形成统一的概念体系，相关的研究理论必将得到进一步发展。因此本节拟在整合关系资本相关研究成果的基础上，构建企业网络化成长背景下的网络关系资本的逻辑架构，并推演网络关系资本的"动态漂移成长假说"。

为了厘清网络关系资本的概念，本书系统梳理了国内外关系资本的 57 种定义，对引文的权威性甄别后对其核心词进行分析归纳，将关系资本的定义划分为如表 3 - 1 所示七种观点。

表 3 - 1 关系资本定义梳理

观点	提出者	代表性概念
规则集	Macneil（1980）	关系资本是指因交换双方的关系而存在的"特定的社会过程和社会规则"，使得"不需要第三方的干涉就能保证交易的顺利进行"

① Rogers, E., Kincaid, D. L. Communication Networks: Toward a New Paradigm for Research [M]. New York: Free Press, 1981.

② Burt, R. Structural Holes: The Social Structure of Competition [M]. Cambridge, MA: Harvard University Press, 1992.

③ Ulaga, W., Eggert, A. Value-based Differentiation in Business Relationships: Gaining and Sustaining key Supplier Status [J]. Journal of Marketing 70, 2006, (1): 119 - 136.

④ Portes, A. Senbrenner, J. Embededdedness and Immigration: Notes on the Social Determinants of Economics Action [J]. American Journal of Sociology, 1993, 98 (6): 1320 - 1350.

⑤ Dunning, J. H. Relational Assets, Networks and International Business Activity [A]. Entrepreneurial Cooperation in Knowledge-Based Economies, 2003.

⑥ 王修猛. 企业关系资本对企业绩效的作用机理研究 [D]. 东北师范大学, 2008.

⑦ Gregorio Martín de Castro, Pedro López Sáez, José Emilio Navas López. The Role of Corporate Reputation in Developing Relational Capital [J]. Journal of Intellectual Capital, 2004, 5 (4): 575 - 585.

⑧ Paloma Sánchez, Cristina Chaminade, Marta olea, Management of Intangibles: An Attempt to Build a Theory [J]. Journal of Intellectual Capital, 2000, 1 (4): 312 - 327.

续表

观点	提出者	代表性概念
关系集	Bontis（1999）	Taylor，Francis（2002，2005）将关系资本定义为"企业与其他企业、组织、研究中心互动的关系存量"
能力集	Portes（1995）	主要观点有：资源获取能力；财富创造的潜力（William H. A. Johnson，1999）；关系构建与支配能力（Dunning，2002）；机会获取能力（王增、姚海琳，2003）等
资源集	Dyer 和 Singh（2000）	独特的、可利用的关系资源（Paloma Sánchez 等，2000；林莉，周鹏飞，2004；周黎明，樊治平，2012）
要素集	Kale 等（2000）	关系资本是指"存在于联盟伙伴间个体层面的紧密互动中的相互信任、尊重、友谊"等要素
价值集	Gregorio Martínde Castro 等（2004）	关系资本指组织维持与其生存环境中不同主体之间的各种关系的价值
网络集	丁胜红，盛泉（2008）	有益的关系网络

资料来源：笔者整理。

本书认为，以上关系资本的定义都是不同研究者针对不同的影响对象、研究背景提出的仅能代表关系资本个别属性的定义，不能揭示关系资本的整体内涵。正如明茨伯格在《战略历程》中所说的那样，形形色色的战略定义根源于企业战略制定过程高度的复杂性和不同认知视角对其本质理解的歧义性。不同的关系资本定义也是因为关系网络要素的复杂性和不同研究者对关系本质理解的不同。在此，需要弄清的问题是关系和资本有什么关系？

本书认为关系资本因为关系而存在，关系资本因为网络中各方的关系合作而产生剩余价值的分享而存在，因此，（1）具有合作关系的网络才具备产生关系资本的条件，网络是关系资本存在的载体，有关系才有产生关系资本的可能。（2）资本不仅本身是有价的，而且需要通过交换实现剩余价值，剩余价值的分享不仅是关系合作各方开展关系合作的经济动因，而且关系资本特殊的社会属性还能为合作者带来社会属性的价值。（3）关系资本所讲的关系不是一次性交易关系，而是长期导向，具有多次博弈，重复交易的过程特征。（4）关系的交往有其规则（relational normal），这种规则不仅影响关系预期，关系评价，而且影响关系行为。（5）由于关系的长期导向和彼此信任，所以不需要第三方的担保就可以正常交易。（6）关系只代表着一种联系，能带来资源关系才能称为关系资源，能把关系资源转化为企业竞争优势的关系才算得上是关系资产。具备把关系资产转化为企业现实和潜在收益的能力才能称为关系资本。根据本书第二章研究综述和以上的逻辑推演，本书把关系资本定义为：企业以内在关系资本为基础，以战略网络中的关系连接机制为载体，以非正式人际关系资本为调节机制，以结构嵌入为关系优化手段，以关系认知资本为规则约束，通过对战略网络中的内生资源和外生资源整合而形成的一种被网络关系合作者所认同的关系价值转化能力。

以上关系资本定义对前人研究理论的修正和创新在于：（1）概念以整个网络环境为背景，从多种关系主体网络关系互动角度考察了关系资本的价值生成过程，修正了原子主义研究范式的不足，认为关系资本是网络中各种主体、多种要素动态互动与博弈形成的结果，基于关系资本的中小企业网络化关系再生产与成长是本定义的核心概念。（2）概念提出了关系资本的资源转换机制、结构嵌入机制、制度约束机制、人际关系调节机制、资本转化机制、价值评价机制与能力生成机制转换路径，对于关系资本内在和外在生成机制进行了探索性解释，为本课题后续实证研究提供了理论基础和现实指导。（3）概念提出了基于多因素影响的关系资本整合能力形成逻辑，提出关系资本能力的形成不仅受内在资本、结构资本、认知资本和人际关系资本的影响，而且还受网络关系合作中其他利益相关者对其关系价值创造能力的评价结果的影响，网络关系合作者其他利益相关者对其关系合作价值的贡献水平不仅直接影响关系合作模式，而且影响关系合作质量，企业关系资本的价值实现是一个关系各方互动博弈动态变化的过程。（4）定义清晰描述了企业在关系合作网络中从关系资源，到关系资产，最后到关系资本的形成路径，认为企业关系资本的实现不仅取决于企业自身，还取决于其资源整合能力和网络关系合作者对其价值贡献能力的评价，此观点修正了前人仅仅从企业本体出发，原子式的研究范式，把网络中利益相关者的评价纳入关系资本研究的范畴。

二　网络关系资本价值实现模型

关系仅仅代表着人与人之间，组织与组织之间一种关系联结，关系的背后所反映的则是一系列显性和隐性的契约安排，关系资本所反映的则是关系的价值实现过程。以往研究尽管也揭示了关系资本的一些独特属性，但都是研究者站在自己的视角对关系资本的一种诠释。关系具有外部性、动态性、主观性、网络性和过程性多重属性，从单一属性角度很难解释关系资本的本质属性，本书认为需要用整合研究的视角全面揭示关系资本的构建要素，构建过程和价值转换机制，才能对网络关系资本与企业成长机会的选择进行清晰的解释。基于以上所提出的关系资本的定义，本书对关系资本的价值实现过程如图 3－1 所示。

以上中小企业网络化关系资本价值实现的逻辑是：关系内在资本是关系资本价值转换的内在资源和能力基础；关系结构资本通过结构嵌入影响着关系整合能力与关系资本的实现；关系认知资本通过文化和制度嵌入机制影响着关系交易各方的关系合作模式和行为选择，进而影响关系资本剩余价值的实现；人际关系资本通过非正式人际关系的培育机制影响关系资本的配置方式；而网络关系合作利益相关者对关系主体关系价值创造的程度会直接影响关系能力的发挥和关系合作的顺利进行。具体要素内容

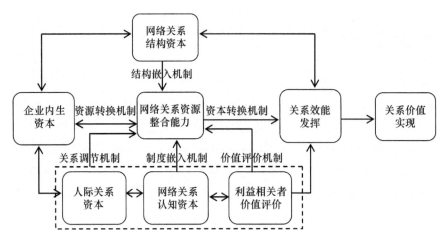

图 3 - 1 成长性中小企业网络关系资本价值实现模型

资料来源：笔者整理。

详解如下。

（一）关系内生资本

企业内生资本是企业关系资本价值转换的内在资源基础和能力保障。企业内生资本包括关系主体企业资源禀赋、资本实力、资历资格、资信等级四个内在资本要素。

企业资源理论认为企业的竞争优势主要取决于企业的资源禀赋与其资源控制能力，[①] 企业所拥有的稀缺的、独特的、不可替代的、难以模仿的资源是企业创造可持续竞争优势的关键。关系资源是企业所拥有的竞争对手难以替代和模仿的资源，所以这就解释了中小企业尽管物质资源和商誉资源有限，但是能够依靠所依托的关系网络在有限的资源和技术条件下获得生存空间，推动战略目标实现。[②] 企业资源禀赋是网络关系合作者可感知的资源基础，其异质性与不可复制性影响网络关系合作模式，进而影响关系资本的价值实现。

资产规模、资本结构、融资渠道、市场份额和产品市场竞争力是网络关系合作者评价一个企业资本与实力的主要指标，与网络中处于中心位置的大企业相比，中小企业在以上指标中不会占优，无法相比，但中小企业快捷灵活的经验机制、快速的市场反应价值、独特的产品定位和客户细分、互补性的技术能力、正式金融之外的非正式资金融通渠道和基于非正式人际关系的正式关系嵌入机制弥补了中小企业资源与能力

---

① Barney, J. B. Organisational Culture: Can it be a Source of Sustained Competitive Advantage? ［J］. Academy of Management Review, 1986, 11（3）: 656 - 665.

② Coleman, James. Foundations of Social Theory ［M］. Cambridge, MA: Belknap Press of Harvard University Press, 1990.

先天不足，使中小企业在某个细分市场、产业网络互补市场和独特技术领域获得生存利基和成长空间。本书把中小企业的资本实力纳入内在关系资本要素组成部分，不仅关注中小企业现存的自有资本实力，还关注其外部关系资源的资本整合实力，更关注网络关系合作中其他利益相关者对其资本与实力的综合感知与评价，因为关系合作是需要实力和本钱的，对中小企业来说，其独特的市场竞争能力、出众的关系资源整合能力和网络关系中互补的异质资源与能力是网络关系合作者对其资本实力最重要的评价指标。

关系内在资本中的企业资历与资格不仅包括企业的发展资历与网络关系合作者对其资格的认定，也包括企业家的资历和资格。在中国现实环境下，企业家的资历和资格影响着企业决策内容和行为选择，更是网络其他关系主体评价合作企业资格的重要因素。Kundu 和 Katz（2003）通过研究发现企业家特征（包括教育背景、经验、专家技术、资源和意图）对企业成长绩效具有直接影响。研究表明，企业家的资历与行业经验累积与管理能力具有相关性，直接影响企业的市场机会把握和战略性决策，也影响着网络关系合作者关系行为和关系合作模式的选择（边燕杰，丘海雄，2000；李新春，2005）。企业家行业经验越多，资历越深，资格越高，也有利于网络资源的整合和创新机会的发现，越有利于关系资本价值转换的实现。①

企业资信指的是一个企业履行自身承诺的能力与意愿。前者可以通过考察企业的历史记录，看其是否具有良好的履行承诺的意愿；后者可以通过评估机构的评估结果，看企业是否具备履行承诺的能力。而在本模型中提出的企业资信等级，指的是关系合作者对目标合作企业守信声誉、关系承诺、偿债能力、违约概率和第三方担保认同度的一个综合评价。守信声誉考察的是企业守信历史，关系承诺考察的则是企业关系履约的行为和态度，两项反映的是关系合作人对目标企业资信的一种主观感知。偿债能力与违约概率体现则侧重于财务与风险角度的评价，是关系合作方对风险的预期，而最后一项指标第三方担保认同指标所反映的是网络关系合作方对风险补偿的心理预期。以上指标的整体评价结果不仅影响着目标企业关系价值的感知，而且影响着网络关系合作利益相关者的关系合作模式和关系行为的选择，不同的感知与评价对关系资本效能发挥起着不同的作用，目标企业资信等级越高，关系资本效能发挥就越高，关系价值收益就越高。

（二）网络关系结构资本

网络关系结构资本表面上体现的是企业在所在合作网络中的关系联结节点的数量、位置、结构洞富集程度、关系联结方式以及网络关系的资源结构特征，深层则反映的

①　Colombo, M., Grilli, L. Founders' Human Capital and the Growth of New Technology – based Firms: A Competence-based View［J］. Research Policy, 2005, 34（6）：795 – 816.

是企业在战略网络中通过结构嵌入机制获取关系资本效用的能力。企业在关系合作网络中不同的结构特征不仅影响着企业关系合作模式的选择，而且影响着企业关系价值的转换方式。在关系网络结构中所处的中心度越高，联结的企业就越多，资源和信息就越具有多样性，企业通过结构控制所获得的控制收益和中介收益就越高，企业关系资本效能发挥的水平就越高，关系资本的价值转换程度就越高。与大企业相比，中小企业在关系网络结构中未必占优，但也未必没有优化空间，可以通过非正式人际关系嵌入、第三方推荐结构等位嵌入、改变结构规则破坏性嵌入、渐进式迂回嵌入、关系依附联盟式嵌入、技术和商业模式创新性嵌入等结构嵌入方式优化自己的关系结构，获取成长空间。对中小企业来说，关系结构资本效能的发挥不在于该企业目前处于什么样的结构位置，重要的是如何通过结构嵌入机制优化自己的关系结构，提升关系资本的价值转换效率。

（三）网络关系认知资本

Nahapiet 和 Ghoshal 在对社会资本组成要素的研究中，把关系认知资本定义为"社会网络行为者为网络内不同主体提供共同理解的表达、解释与意义系统的那些资源，例如语言、符号和文化习惯等。认知资本的两个重要方面是：网络成员间共享的目标和共享的文化。共享的目标反映了网络成员对网络目标的共同理解，并在实现网络任务和结果的方法方面达成一致"[①]。针对中小企业网络化成长的发展环境，本书把网络环境下的关系认知资本定义为"企业在网络环境下通过关系互动、文化融合和制度嵌入而形成的关系预期、过程体验、规则约束和信任机制"。关系认知资本对于关系资本效能的发挥具有三种作用。其一，交易成本节约与价值创造功能。网络成员文化的融合有助于共同价值观、共同心理和行为预期的形成，可以帮助网络合作企业消除误解，降低交易成本，提高沟通效率，促进组织战略目标的实现。其二，治理功能。网络成员共享的价值观和目标愿景增强了关系合作的透明度，规范了关系交易行为，从而在一定程度上降低了机会主义的发生概率，提升了网络关系治理的效果。其三，影响人际信任机制的建立。人际间的信任对关系资本效能的发挥具有直接影响作用，是网络成员在长期合作中通过对关系承诺、关系体验和关系行为结果不断验证的结果。信任是对交易伙伴的一种信心，相信另一方会按照规则行事，不会选择有损关系合作的异化行为（Morgan，Hunt，1994）。信任是一种无形的契约，规范着关系交易各方的行为预期。无论是认同性信任、知晓性信任还是算计性信任，评价的基础都是基于一种规则下的主观预期。如果说关系认知资本更多侧重于价值观、目标共享和规则治理，是关系资本价值转换的激励与约束机制，信任则是关系资本效能实现的前提。缺乏价值

① Nahapiet, J., Ghoshal, S. Social Capital, Intellectual Capital, and the Organizational Advantage [J]. Academy of Management Review, 1998, 23 (2): 242 - 266.

观和目标认同，缺乏信任基础的关系交易，不可能形成互益的关系网络，也就失去了关系资本存在的土壤。

（四）人际关系资本

本模型中人际关系资本指的是关系网络成员非正式的人际关系，该维度强调网络合作关系人格化的一面，表现的是具体的、关系互动中的人际关系。不同的关系强度、关系密度、感情深度与关系距离不仅影响着关系资源的整合模式，关系资本的效能转换，也对人际间的信任产生不同的差序性信任格局。

从功能来说，人际关系资本对中小企业组织关系资本的促进表现在以下几个方面：（1）关系嵌入功能。在组织正式关系无法嵌入的情况下，中小企业网络通过非正式的人际关系实现结构嵌入的目的。（2）关系影响功能。在组织正式关系无法达成目标的情况下，中小企业会利用具有良好关系影响的第三方影响或者担保推动关系交易的正常进行。（3）信息搜集与证实功能。在网络关系复杂，信息不明，预期难以确定的情况下，中小企业会利用人际关系搜寻和证实所需要的信息，提升复杂环境下的信息识别、商机发现和风险印证能力。（4）资源整合功能。利用非正式人际关系整合强关系中的集成资源，弱关系中的异质资源是中小企业开展资源整合最有效的途径。（5）交易成本降低功能。基于人际关系的感情嵌入和人际间的信任提高了交易效率，降低了交易成本。

从人际关系资本构成维度来说，Marsden 和 Hurlbert 提出信息在人际流动的可能性与其之间关系强度成对比，[1] 不同的关系强度所表现的接触频率、沟通深度和情感维度各不相同，不同的关系纽带与关系距离呈现出不同的关系差序格局，而关系的差序格局直接影响着行为人的信息交流、信任程度、风险感知和资源交易模式。[2] 从人际关系资本对组织关系资本价值转换角度，本书把其定义为"关系行为人所拥有人际关系的资源数量与结构质量和利用这种非正式人际关系促进组织关系资本价值转换的能力"。

（五）网络关系合作利益相关者的价值评价

新古典经济学强调股东价值最大的企业经营价值取向，认为"在法律未反对的情况下，企业可以做任何事情，唯一的责任就是增加其利润，实现股东利益最大化"（Friedman，1963）。这些研究通常将企业看作一个自治的组织，从原子主义的鼓励个体来分析，但是在这个由社会关系构成的网络社会中，任何一个个体（或组织）都不可能独立存在，企业是嵌入社会或经济网络中的一个主体，其交易行为是在社会互动中实现，既受社会文化的制约，也受网络关系合作的其他利益相关者的约束。这种分析

---

① Marsden, P., Hurlbert, J. Social Resources and Mobility Outcomes：A Replication and Extension ［J］. Social Forces, 1988, 67：1038 – 1059.

② Fukuyama, F. Trust：The Social Virtues and the Creation of Prosperity ［M］. New York：Free Press, 1995.

范式根本看不到中小企业的特质以及其力量之所在（R. Burt，2001）。[1] 国内外学者认为，中小企业特殊的关系合作网络是其得以生存和发展的关键，其独特的竞争能力来源于其生存的关系合作网络。[2][3] 网络关系合作利益相关者的理解、认同、支持与配合不仅影响着中小企业关系资本效能的转换，也影响其合作模式、资源配置方式和关系行为的选择。

利益相关者理论认为，企业是由多种复杂关系组成的一个利益群体。企业的生存与发展取决于处理与利益相关者之间的关系情况，满足利益相关者相关需求情况。而对需求的满足程度则一定程度上影响了网络关系利益相关者的行为选择。本课题所指的利益相关者不仅包括企业内部的投资者、管理者和员工，也包括外部所有影响企业发展的各个网络关系合作成员。在模型中本课题特别提出利益相关者"价值评价"这个维度，是因为利益相关者的价值评价贯穿关系合作的全过程，既包括过程的价值体验，也包括结果的价值验证；是因为关系合作的目的是创造更多的价值，关系合作各方对关系价值创造的预期、体验、感知与权衡会直接影响关系合作人的行为和关系合作模式的选择。在模型中利益相关者价值评价既影响规则（关系认知资本），也影响感情（人际关系资本），还影响关系资源整合能力的发挥，最终影响组织关系资本效能的发挥。中小企业在网络化生存、成长与合作中，关系合作利益相关者的价值评估贯穿整个发展过程，价值贡献能力成为中小企业网络环境下生存与发展的关键。

（六）关系资源整合能力

如果说企业内生关系资本是企业关系资本价值转换的内在基础，结构资本为外在基础，认知资本为规则基础，人际关系资本为感情利益基础，关系网络空间为关系资本实现的大舞台，则关系资源整合能力是以上各种资本要素支持和约束下组织关系资本实力的综合体现。它既是组织关系资本效能与价值的转换者，又是网络关系资源的整合者。从企业网络化成长角度，这种基于组织关系资本的关系资源整合能力包括：信息探索能力、资源调动能力、网络影响力、人际关系协调能力与网络关系价值要素的创新组合能力。各种关系资本与以上五种能力互为影响，互为促进。根据以上分析，本书对关系资本、关系能力和企业的成长互动关系，提出逻辑概念模型如图 3 - 2 所示。

需要说明的是，该模型已经在课题组负责人所带的硕士论文中采用。作者运用结构方程，通过对 100 多份有效问卷的统计分析，认为以上要素之间具有一定的相关性。并据此提出了不少有价值的管理指导建议。

① 刘仁杰，谢章志. 台湾机械产业网络的类型与特质 [J]. 机械工业杂志，1997，(6)：180 - 185.

② Hamilton, G. G. Asian Business Networks [M]. New York: De Gruyter Studies in Organization, 1996.

③ 陈介玄. 协力网络与生活结构：台湾中小企业的社会经济分析 [M]. 台北：联经出版社，1994.

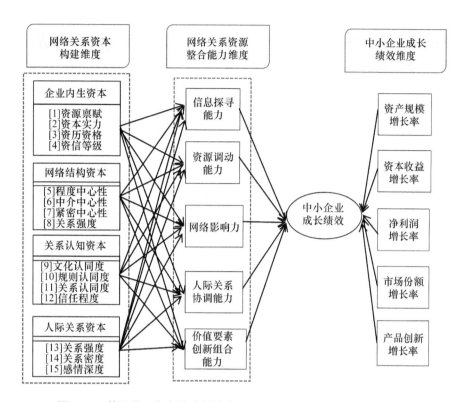

图3-2　基于关系资本的成长性中小企业关系资源整合能力概念模型

资料来源：笔者整理。

三　网络关系资本建构的逻辑过程

企业所处的网络情境中蕴藏着各种各样的情感、知识、机缘等关系要素，这些要素经过某种特殊的"加工"过程可以打造出一种创造价值利益的能力，而这种能力就是网络关系资本。在此，要素是网络关系资本构建的要件，能力是关系资源向关系资本构建的转换器，福利是关系资本转换过程的中介，价值则是关系资本转换的最终结果。

（一）网络关系资本建构的基石：要素集

Martínez-Torres[①]通过价值链的研究分析指出关系资本是组织在与其供应商、客户及组织外部实体的关系中识别的知识。信任、承诺、知识等要素形成的"要素集"，这些要素成为网络关系资本的构建基础，其基本属性是多样性、非匀质性和可用性。

"要素集"的多样性是由网络结构的复杂性造成的。由于网络类型复杂多样（如战

---

①　Martínez-Torres, M. R. A Procedure to Design Structural and Measurement Model of Intellectual Capital: An Exploratory Study [J]. Information & Management, 2006, 43 (5): 617-626.

略联盟、产业集群、企业家族等），网络中的企业类型及企业间的关系错综变幻，因此网络中的要素呈现出多样性。从要素的特征可分为工具性要素、情感性要素和资源性要素三种类型。工具性要素包括成员资格、信誉、互惠、承诺等；情感性要素包括信任、友谊、尊重等；资源性要素包括知识、信息、机缘等。"要素集"的非匀质性主要体现为网络中的要素是有差别地散落于网络中的不同关系人手中的。[①]"要素集"意味着，无论关系资本要素形态如何多变，其最终目的都是要实现要素的资本化，提高企业的网络价值。

网络中的非匀质要素被处于不同网络位置的成员有差别地占有和结构性地分配。企业利用这些要素，通过互动合作提高网络的高效互惠水平，成为企业实现网络化成长的必由之路。但是，"要素集"可用性的发掘并非轻而易举就能实现的，需要经过特定的环境适应、互动过程、镶嵌结构以及冲突治理等转化过程才能充分发挥要素的可用性，形成能力，创造价值。

（二）网络关系资本建构的过程：能力实现的逻辑

Van de Ven[②]总结了过程的三重含义：（1）过程是解释变量间的因果关系的一种逻辑形式；（2）过程可用于测量、跟踪和评估随时间发展的变化，这一概念是可操作化的；（3）用发展的事件序列来描述过程。借助 Van de Ven 的过程含义，本课题从资源化、关系化、网络化和规则化四个维度阐释从"要素基础"到"能力打造"关系资本的打造过程。

1. 关系化

"关系集"意义上的关系资本连接不同的参与者，是情感、信息、知识、机缘等各种要素流动的管道。[③]关系化的过程是如何利用这些情感性要素、工具性要素以及资源性要素建立彼此间的联系，实现关系的延展与扩张，是网络关系资本构建的通路。结合 Thomas Ritter 等人[④]描述的构建单一关系的任务执行过程，本书将关系化过程分为三个阶段：缘聚过程、合作过程和关系治理。

首先，缘聚过程即开始阶段，企业之间通过基于业缘的共同认知、基于趣缘的共同兴趣、基于地缘的共同身份、基于友缘的共同情感、基于血缘的共同家族等关系要素彼此认知，产生联系。这些关系要素往往具有多重性，可抑制网络中的非道德行为（Burt，1992）。缘聚过程具有偶然性，可通过扩大人际圈等方式增加缘聚的概率。其

① 陈莉平，万迪. 嵌入社会网络的中小企业资源整合模式 [J]. 软科学，2006，(6)：133 – 136.

② Van de Ven, A., Poole, M. S. Explaining Development and Change in Organizations [J]. Academy of Management Review, 1995, 20 (3): 510 – 540.

③ Uzzi, B. The Sources and Consequences of Embeddedness for the Economic Performance of Organizations: The Network Effect [J]. American Sociological Review, 1996, (61): 674 – 698.

④ Thomas Ritter, Hans Georg Gemunden. The Mi Pact of a Companys' Business Strategy on its Technological Competence, Network Competence and Innovation Success [J]. Journal of Business Research, 2004, (57): 548 – 556.

次，合作过程伴随着情感的"发酵"过程，具有长期互动和复杂动态的特性，企业应当在关系化过程中防止关系变异，保持其可持续性。众所周知，建立长期关系，无论是形成长期的交易关系，还是形成基于差序格局的人伦关系，都需要情感等关系要素的连续累积，是一个逐步累积的过程，① 关系化是随着对彼此行为的观察、了解和周而复始的评价和预期而逐渐形成的，这意味着这一过程需要长期互动，而不是一蹴而就。另外，在新的环境下，关系不断更替、演化，原有的关系也不断被剔除或边缘化，关系化是一个复杂的动态过程。

关系的长期互动和复杂动态的特性导致了关系化过程中的冲突普遍性，而且，关系的存在只是获取资源、提高竞争优势的必要条件，但不是充分条件。② 有效的关系治理是创造"关系租"的重要因素，③ 有效解决合作冲突成为保证合作成功的关键。④ 只有加强企业关系治理，采取积极合作的态度与网络成员共同解决问题和治理冲突，才能最小化监督成本和控制成本（Gulati，1995），促进技术、知识和资源的交换和创新（Uzzi，1997）以及激发学习的意愿，⑤ 最终实现企业的价值。

2. 网络化

网络化过程是指非匀质散布于复杂网络主体手中的要素经由复杂关系形成复杂镶嵌结构的过程，是网络关系资本的结构性基础。自然界中，相同碳元素的不同组合，分别形成松软的石墨和坚硬的钻石，元素结构决定了物质具有的特性，同样地，网络中企业间的连接方式也会影响整个网络的属性。Christakis，Fowler（2009）在其《联系：社会网络的神奇力量与塑造力》一书中指出，网络的形成并非取决于企业自身的特质，而是取决于与企业相联系的网络成员。Christakis 进一步总结了网络构建的三种机制：群聚机制、转译机制以及"共情"机制。群聚机制即"物以类聚，人以群分"的体现，揭示了网络成员间关系要素偏好的影响；而转译机制是指要素在网络成员间传播和诱导的机制，解释了网络中的情感要素从个体企业转译到整个群体的过程，如第三方嵌入现象；而"共情"机制是指网络成员基于同一聚类中的共同经历（事件或情感）的聚合，可以阐释如"相与""呈会"等基于特定地域或特殊事件的情绪共振从而构建的网络形式。无论是基于情感偏好、转译传染其最终目的在于形成情绪共振的网络，将个体企业的需求转化成为网络群体成员的集体需求，在"群体压力"作用

---

① Ford，D.，Håkansson，H. Some Things Achieved：Much More to Do ［J］. European Journal of Marketing，2006，40（3/4）：248 – 258.

② 陈金梅，赵海山. 高新技术产业集群网络关系治理效应研究[J]. 科学与科学学管理，2011，（6）.

③ Dyer，J.，H.，Harbir，S. The Relational View：Cooperative Strategy and Sources of Interorganizational Competitive advantage，Academy of Management ［J］. The Academy of Management Review，1998，23（4）：660.

④ Möller，Kristian，Arto Rajala，Senja Svahn. Strategic Business Nets：Their Type and Management ［J］. Journal of Business Research，2005，（58）：1274 – 1284.

⑤ Levitt，B.，March，J. Organizational learning ［J］. Annual Review of Sociology，1988，（14）：319 – 338.

下使企业能够围绕其战略目标综合动员网络中各种要素、关系，实现其网络价值。

3. 规则化

规则化即网络秩序的构建过程，网络秩序的构建包括制定价值标准和保证规则实施两个阶段。首先，标准制定过程是指企业在长期互动中，利用关系要素获取特定的成员资格，经过关系治理而达到文化认同、设定规则的过程。网络中的价值标准包括显性或隐性的规范、关系情感的价值认同以及价值补偿机制等。标准制定过程中企业应重视规则主导能力，使自身成为网络中的"意见领袖"，通过主动的网络秩序建构，使网络更好地为企业战略目标服务，换句话说，个体企业的价值标准如何在关系化、网络化过程中成为集体的标准是规则化过程的重点。其次，规则化过程中，需要集体的约束和惩罚机制来保证规则的实施，如关系冲突的协调机制、共同第三方约束的中介调节机制等。这些游离于组织规章制度之外的不成文的又可获得广泛认可的隐性规则，是在长期实践中形成的行为准则和规范，由于得到网络组织中大多数成员的默许和遵守，而成为约束网络成员行为的主要力量。①

规则化的意义在于形成集体认同的"合力"，有利于企业价值的实现。在网络关系资本构建之初，合作成员之间缺乏足够的信任和了解，规则化过程形成的集体认同能够降低信息不对称对合作的影响，使网络中的关系方行为变得可预测，是网络关系资本构建的制度性基础。② 此外，通过制度嵌入和文化融合形成的合作伙伴共有的一系列隐性规则或规范则可以协调双方的活动并对合作进行管理，促进目标偏好趋同，提升网络价值共享。③

4. 资源化

虽然网络中非匀质散布着丰富多样的可用关系要素，但这些要素并不一定能够成为企业的独特资源。大量冗余关系要素仍处于休眠状态，④ 其原因在于这些要素尚未投入网络生产过程。关系要素的资源化是指经过要素培育、识别、重构和整合等成本化过程将要素投入网络生产，进而利用关系、网络和规则进行专业化分工，使之与生产环节匹配，最终将可用要素打造为企业可用的、能带来价值的独特资源，最终实现资本收益、保证企业发展的过程和网络关系资本的价值实现。具体来说，这种资源化划分为两个阶段：成本化过程和整合匹配过程。

① 罗珉，夏文俊. 网络组织下企业经济租金综合范式观[J]. 中国工业经济，2011，（1）.

② 薛卫，雷家骕，易难. 关系资本、组织学习与研发联盟绩效关系的实证研究 [J]. 中国工业经济，2010，（4）：89 – 99.

③ Das, T. K., Teng, B. Between Trust and Control: Developing Confidence in Partner Cooperation in Alliances [J]. Academy of Management Review, 1998, 23 (3): 491 – 512.

④ Johanson, J., Mattsson, L. G. Interorganizational Relations in Industrial Systems: The Network Approach Compared with the Transaction Cost Approach [J]. International Studies of Management and Organization, 1987, 17 (1): 34 – 48.

成本化过程是指唤醒"休眠"的冗余关系要素或通过基于人脉积累过程的要素培育，让要素参与网络生产过程，成为成本要素的过程。如利用专用性投资向合作方释放合作信号，可有效提高其信任水平，而信任是企业网络资源形成和维系的重要基础性要素。① 整合匹配过程是指在将要素投入网络生产时，通过专业化分工，将要素由非匀质无序状态转变为有序可用的状态，使之与生产环节匹配的过程。如企业利用"共同知识集"②，实现解决不同组织间的适配性问题的关系认知，促进关系各方的交流和协调，降低关系伙伴选择过程中的搜寻摩擦，从而形成网络资源。

关系要素经过成本化过程和整合匹配过程之后，在市场中要形成可预期回报。就如蔡禹③所指出的，"只有当理性行动主体有意识地展开关系的运作（占有、分配使用等关系行为），并期望通过运作关系产生相应的价值回报时"，其资本价值才能得到体现。换句话说，实现关系要素的资源化是打造企业创造价值能力的必经之路，是网络关系资本构建的重要过程。

（三）网络关系资本建构的中介：获取网络福利的桥梁

能力学派认为关系资源本身并不能创造价值，资源的转换必须通过与其匹配的能力才能实现资源的价值转换，这些能力包括关系的建构能力、机会的探寻能力、资源的整合能力、价值的创新能力以及风险的规避能力。Porter（1995）把网络中的资源获取能力作为关系资本，将其定义为"个体利用其在关系网络或更广泛的社会界中的成员资格获取稀缺资源的能力"。William（1999）则把关系资本看作知识资本的第三个要素，认为关系资本是企业与商界成员通过增强人力和结构资本彼此相互影响激发财富创造潜力的能力。Mohan（2001）认为关系是一项新的资本，将关系资本定义为蕴含在公司与其顾客、合作伙伴、员工等所有关系中创造财富的潜力和能力。Dunning（2002）则将关系资本定义为使一个主体能够形成和支配与其他主体关系的一种能力，企业可以通过其关系资本获得其他主体资产的进入权，并与关系伙伴共享其资源。而我国学者姚海琳在对我国民营企业关系资本进行研究时把关系资本定义为民营企业主从其亲戚、朋友等人的关系中获得机会与资源的能力。黄江泉④等认为企业的内、外人际关系开发、管理能力，即企业的关系资本。该关系资本的价值，一方面体现在通过良好的关系网络，可以快速获得别的企业难以企及的资源；另一方面体现在通过有序的内、外人际关系开发、利用与管理，可以促使处于网络中的各资源要素尤其是人力

① Susanna, S., Nicole, C. Entrepreneurship Research on Network Processes: A Review and Ways Forward [J]. Entrepreneurship Theory and Practice, 2010, (1): 1042-2587.

② 陈莹. 基于嵌入视角的企业关系资本形成机制研究 [J]. 学术界, 2008, (5): 228-232.

③ 蔡禹. 社会转型期家族与现代性的交互性生长：安徽省宅坦村调查 [J]. 合肥教育学院学报, 2002, (4): 10-14.

④ 黄江泉. 湖南科技创新型企业竞争优势的构建：一个关系资本的分析视角[J]. 湖南工业大学学报（社会科学版），2010, (05).

资源要素潜力得以充分挖掘，推动企业的发展。

管理现实中，从关系资源向关系资本转换需要的不是一种能力，而是一种能力集成。这些能力对内表现为三个层面：第一层面，资格、资信、资源与资本，这是企业对外合作的一种实力与承诺，是网络关系赖以维持的基础；第二层面，机会把握与资源整合，机会把握反映的是对外部环境的反应能力，而资源整合能力则反映的是企业将资源转化为企业竞争优势的能力；第三层面，价值创造与创新能力则体现的是企业的资源转换效率。对外则呈现为机会探寻、网络资源获取、关系协同生产、网络福利贡献和人际关系协调五种能力。机会探寻体现的是企业在关系网络中信息搜寻、评价与利用能力；网络资源整合则表现为企业在网络中资源的协调、调配与组合创新能力；关系协调生产彰显的是企业在网络中关系协同与合作能力；网络福利贡献则直接影响着网络关系合作者对企业关系价值创造能力的评价，该评价结果对关系行为和关系合作模式选择具有重大影响。企业的关系合作表面上是企业之间的合作，更多的反映的是企业合作者人际之间的关系，这种基于非正式人际关系建立的信任、忠诚与承诺对企业的正式关系合作具有直接的影响。如果说关系是一种纽带，网络是一个背景，资源是基础，关系能力则是催动关系资源转换为关系资本的转换器，是企业获取关系租金，构建可持续竞争优势的具体实现路径。

（四）网络关系资本建构的结果：实现网络价值创造

价值学说把关系合作为企业带来价值附加的收益作为关系资本，认为这些价值既可以是可计算的有形价值，也可以是无形价值。Bontis[1]认为，企业关系资本是依靠关系作用而带来增值的价值，对于企业来说，其关系资本主要包括客户资本、雇员资本，此外还包括企业与同一价值网络的供应商、股东、政府和盟友等所有利益相关者形成的有利于提高企业价值的互动关系。[2] 关系资本是组织维持与其生存环境中不同主体之间的各种关系的价值存量，是企业与利益相关者为实现其目标而建立、维持和发展关系并对此进行投资而形成的有价值的资产（Gregorio Martin，2004）。关系资本是企业与内部、外部的对象（包括组织和个人）之间经过长期交往、合作的互利行为所结成的一系列认同关系进行投资和运营，使之持续增值并给企业带来新竞争优势的一种无形资本（田金花，2006）；企业为建立和发展关系资本而投入的人力、物力及财力等资源构成了关系资本的成本，而企业利用关系资本取得的收益，则主要是通过基于良好关系的其他成员进行资源交换获得其他企业无法复制和模仿的竞争优势，而取得的关系

---

① Bontis，N. Managing an Organizational Learning System by Aligning Stocks and Flows of Knowledge: An Empirical Examination of Intellectual Capital，Knowledge Management and Business Performance. Ph. D. Dissertation，Lvey School of Business，University of Western Ontario，London，Canada，1999.

② Bonds，N. Intellectual Capital: An Exploratory Study that Develops Methods and Models［J］. Management Decision，1998，3（2）: 63 – 76.

网等利益（罗娟华，2007）。关系资本具有专属性和稀缺性，且能为企业带来价值增值，是企业可控的，拥有者以客户资源形态投入企业生产经营所形成的资本。[①]

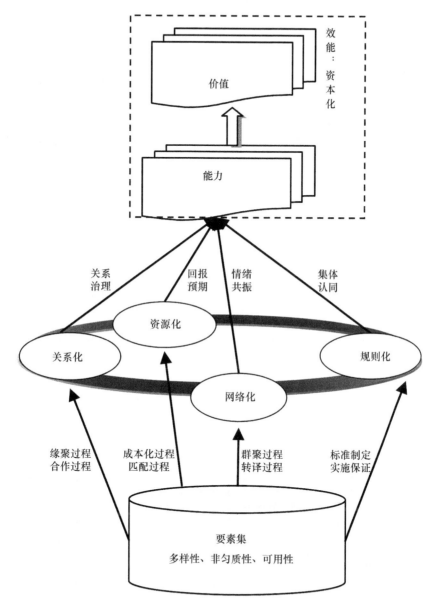

图 3 - 3　网络关系资本逻辑架构模型

资料来源：笔者整理。

企业存在的目的是能够创造价值，而关系合作为企业带来稀缺的、难以独立创造

---

① 徐国君，韩斌. 客户关系资本出资研究［J］. 财会通讯，2011，（01）.

的有价值的资源，价值创造是关系资本的核心属性。但关系资本是否具有价值不仅取决于关系行为人自身的价值，还取决于网络关系合作各方对其价值的感知和体验，没有合作方的价值认同、价值交换，关系资本的价值属性也难以体现。同时从长期来说，关系价值是一个互惠互利的对等交换，关系资本的价值取决于其长期价值创造能力和关系合作方对其价值创造能力的评价。

那么，企业所构建的这种能力是如何创造价值的呢？

首先，企业利用网络中的情感要素形成关系联结通路，继而整合网络结构形成情绪共振的"网络压力"，制定规则实现内部的"集体认同"，这一系列的过程可以有助于企业的形象构建，形成口碑或品牌效应。而企业在网络中的声望和影响力越强，就可以拥有越高的谈判地位，控制资源的流动的能力也就越强，[①] 这有助于企业获取稀缺资源，形成资源优势、位置优势等竞争优势；其次，从对外竞争的角度来看，这种"群体压力"或"集体认同"还可以帮助企业获得成员资格，识取并把握网络机会，甚至以网络整体的力量参与竞争，从而带来价值（租金）或网络福利的实现、获取或创造。此外，网络关系资本还可以提供声誉担保，具有财务价值。

基于上述分析，本节构建网络关系资本的逻辑架构模型，如图 3-3 所示，企业利用网络将网络中非匀质散布的要素，通过资源化、关系化、网络化和规则化等过程打造能实现企业网络价值的能力的过程，即为网络关系资本构造过程。

第二节 中小企业成长网络中的角色差异与关系资本动态匹配

中小企业在形成对网络关系嵌入和资源依存发展的过程中面临两难选择：一方面，在大量大企业网络中，中小企业必须强化自身的独特性优势，以主导企业自身的发展；另一方面，中小企业由于自身资源和能力的缺乏，存在种种的发展局限性，只能依靠大企业生存成长。依附于大企业的发展方式虽然可以在竞争激烈的市场经济中获得生存权，但却难以实现突破性的发展，难以构建核心竞争优势。为实现成长和发展，中小企业需要根据自身在网络中的角色差异，建立独特的关系资本，把关系作为促进企业成长的桥梁和媒介，利用网络中赋存的资源构建自身发展平台。[②] 利用特定的市场定位、技术定位和角色定位，与网络成员企业结成良好的关系，进行互补性资源交换获

① Rowle, H., Baluja, S., Kanade, T. Neural Network-based Face Detection [J]. IEEET Ran's on Pattern Analysis and Machine Intelligence, 1998, 1 (20): 23 - 28.

② 方兴，林元增. 企业联盟中关系资本的形成机制及维护 [J]. 华东经济管理，2006，(3).

得竞争优势，实现关系价值的资本化转换。①

一　中小企业网络化成长中的角色差异

（一）网络关系的主体角色多维性

中小企业网络化成长环境中网络成员关系可分为二维关系主体和三维关系主体两种。

二维关系主体往往是基于利益、供需关系、外部行动、理性决策、契约关系和隶属关系形成的点对点的合作，这是基于共同愿景与利益而形成的合作，是企业的生存和发展提供的一个坚实臂膀。在这些关系中，基于先天性强关系而形成的二维关系主体，关系资源比较稳定，关系的存续会带来终身价值。基于长期的关系累积投资所获得的二维关系主体可以实现收益的折现值，声誉和形象建构所带来的潜在获利能力和影响力。二维关系的主体在网络化成长中，往往由于自身的关系群体稀少，关系资源化有限，在网络中处于被动的地位，如果不能扩展网络联系，增大网络资源赋存量，引入异质性资源，中小企业难以获得可持续发展。

三维关系主体则往往基于生存圈、利益圈、商圈和人际圈形成点对面的合作网络。② 这四个圈子分别为企业带来不同的资源。三维关系主体企业可以从"生存圈"中吸收强、弱关系连带，获取企业生存和发展所需的各种生存资源；从基于交易关系为主的"商圈"中交换独特资源，推动交易有序进行；从基于差序关系的"人际圈"中有秩序（情感秩序、先后秩序）地获得异质性资源；从基于专用投资—回报—共享资源机制构建的"利益圈"中获得共享资源。如果定位有效，基于"四圈"形成的网络成长环境，可以帮助中小企业获得独特的竞争优势，以此摆脱依附着的困境，主导企业自身的发展。

但需要注意的是，关系环境是动态变化的，中小企业的角色也需要不断地调整。在关系定位上，既要根据不同的关系场域确定自己的合理角色定位，又要根据成长的要求，不断调整自己的角色。针对封闭的强关系圈，中小企业开始时，可以利用非正式的人际关系、第三方担保、创新性的技术和能力贡献或者自我专用资产投入信用担保，首先嵌入关系圈内，获得成员资格，此时的关系角色是关系互补者。进入圈子后，则可以通过人脉构建、核心关系人际关系强化、利益让渡和信任度的建立，提升个人关系资本，取得资产获取权，从关系结构的边缘向中心位置移动。此时的角色是资源的提供者。等到在圈子内获得成员充分信任和一定的声誉后，就可以向关系结构洞构

---

① 董雅丽，薛磊. 战略联盟中关系资本管理体系的构建［J］. 科技进步与对策，2009，（9）.

② William H. A. ，Johnson. An Integrative Taxonomy of Intel Lectual Capital：Measuring the Stock and Flow of Intellectual Capital Components in the Firm［J］. International Journal of Technology Management，1999：562－575.

建者角色转变，整合网络中的资源，通过创新性的资源与能力组合，成为网络中的价值创造者，赢得话语权和共同决策权，最终实现把网络关系资源转化为可以促进企业的关系资本。需要注意的是，以强关系形成的封闭关系圈，信息和资源比较容易同质化，不利于企业的进一步发展，此时，中小企业就需要在稳定原有关系的前提前，边缘化冗余关系，利用弱关系开拓新的合作网络，向关系跨界发展的角色转变，做结构洞的探寻者，新的商机的发现者，利用现有网络基础扩张更宽的网络城域，吸收异质性资源和能力，促进企业的可持续成长。

从关系依附到关系主导，中小企业角色的变迁过程实际上是企业不断成长的过程。这种关系角色积极的异化选择，不是说中小企业是天生的机会主义者，而是企业竞争发展的使然。唯有根据企业战略发展意图和环境变化不断地调整自己的角色，中小企业才能不断自我更新，自我超越，才能获得可持续性的成长。

（二）中小企业角色差异的诱导因素

在中小企业网络化成长中，不同的机会获取能力促使其选择不同的角色定位，而不同的角色定位又导致不同的成长绩效。形成这种角色差异的诱导因素，除了内生的能力差异外，外部社会发展环境、资源禀赋、市场竞争结构和技术发展特征也加大了角色分化，形成中小企业不同的角色定位。

第一，基于差异化社会资源禀赋的内生角色分化。中小企业在网络中的成长和角色差异与其所赋有的社会资源密不可分。在社会网络中，资源的分布具有非均质特征，掌握独特资源的企业在网络中往往扮演着主导者角色，而处于资源劣势的企业只能充当依附者角色。这些社会性的资源可以是先天性资源，也可以是后天性资源。先天性资源是指企业的领导者（高层领导者）与生俱有的资源，如血缘、地缘、宗缘等先天性资源。这些资源具有不可替代性，拥有这些资源的企业具有占先优势。后天资源是指企业的领导者（高层领导者）在社会生活基于友缘、业缘、姻缘、同缘等方式积累而获得的资源，这些资源是社会性的时间累计，具有不可复制性。拥有以上不同资源的企业关系差序格局，内外有别，信任程度远近不同，行为方式也各异。这种资源禀赋的不同导致企业关系合作模式不同，行为不同，角色定位也各不相同。对于中小企业来说，不同的社会资源禀赋拥有决定其不同的角色选择。

第二，市场响应能力不同而引致的外部性位势变迁。市场响应速度和应对能力也决定着中小企业不同的角色选择和成长绩效差异。有些中小企业企业善交关系，广结善缘。良好的关系网络为其及时带来各种有价值的异质性信息。借助这些信息其就可以及时发现商机，准确地进行角色定位，快速决策，创造先机，获得先发优势。不同的信任认知决定了不同的角色选择；有些中小企业企业则善于学习，长于吸收。它们对市场保持高度的敏感度，能够针对市场需求的变化、竞争模式的变化，快速反应，及时应对；善于在不确定的环境下发展商机，然后利用其快速灵活的决策机制，迅速调配资源，取得了企业在动态变化的市场环境下的快速成长。不同的学习机制、决策机制决定了企业不同的角色选择和成长绩效；还有些中小企业善于合作，长于资源协调和整合。它们能在资源和能力劣势的不利情况下，通过非正式人际关系或正式契约联盟合作分工、利益分享，针对市场需求，调动合作网络的资源和能力共同创造机会，高效生产，获得企业的快速成长。不同的心态决定了企业不同的行为模式，不同的角色选择，从而导致成长绩效不同的差异，造就了企业不同的位势差异。

第三，技术持续改善所带来的动态性关系异化。通常来说，企业的科技能力决定着企业的盈利能力和发展空间的大小，以及产业内地位的高低，也直接影响着中小企业在战略网络中不同的角色选择。有些中小企业把自己定位于技术的创新者角色。它们紧盯技术发展前沿，关注客户需求变迁，洞察竞争对手的技术缺陷，利用破坏性技术创新，把竞争对手边缘化，实现了自己产业主导的战略构想。有些中小企业则把自己定位于产业技术互补者的角色。它们能及时了解产业网络成员的技术需求，利用互补性技术嵌入大企业主导的产业网络，利用网络的规模化生产实现企业的成长；还有些企业把自己定位于差异化技术定位角色，它们能够在竞争对手忽略或者无暇以顾的市场，需求自己的发展利基，通过专业化的技术开发，在特定市场获取自己的范围经济，从而获得了企业成长；更有些中小企业把自己定位于追随者的角色。它们选择集中化成本领先战略，在某一个特定的成熟市场，通过规模化生产获取自己的规模经济收益，也实现了企业的持续成长。在市场竞争日趋激烈，技术不断更新换代的今天，中小企业具有天然的技术创新热情，因为这直接影响着企业的生存和发展，而不同的技术战略模式选择成就了中小企业不同的角色和不同的企业成长绩效。

二　网络关系资本中的动态匹配

中小企业在网络中的赋存状态不同决定其扮演的角色也将不同，以下从多个角度对中小企业主导者的角色类型进行总结，分析其角色定位、探讨角色选择对关系资本构建和网络化成长的互动影响。

第一，创新行为先导者与关系资本构建。2011 年，我国 70% 的发明专利、82% 以上的新产品开发都是由中小企业完成，中小企业在推动技术创新、加快市场化进程中发挥着日趋重要的作用。[①] 为什么不是大企业，而是中小企业成为技术创新主力？因为在资源、能力、生产规模、渠道占有和品牌方面中小企业都无法和大企业相比，在先天性不占优的情况下，唯有通过技术创新，差异化经营，填补大企业的市场空白，才是中小企业最现实的战略选择。技术创新能力直接影响着中小企业生存，因此，它们必须对市场保持足够的敏感，保持对环境变化最迅速的响应。所以，当这种变化伴随

---

① 中国中小企业 2011 发展年度报告. 中国中小企业促进协会，2011.

的机会出现时，中小企业会马上利用自己快速的决策机制和灵活的经营机制，在市场技术开发方面捷足先登。这些对市场具有敏感度的中小企业往往是网络中的创新领军人物，扮演着"创新先导者"的角色。"创新先导者"是指在技术创新上能率先行动并带动其他成员企业共同行动的中小企业。

这些创新先导型企业抢占市场先机的策略是：首先利用由强关系组成的封闭性内核网络成员集体协作，技术分工，共同行动，经过一定时间的技术试验和磨合，最终形成定型产品，等在市场形成一定认同度和影响力的情况下，又由一级强关系群体带来的二级强关系群体加入合作序列，扩大行动规模和市场影响。最后随着行为群体的增多，企业在网络中形成一定的市场商誉时，又把创新成功扩展到弱关系群体，通过技术的扩散和能力的传导最终成为市场技术主导企业，获取技术扩散和规模经济双重收益。把技术资源转化为关系资产，又利用关系资产，形成能提升企业竞争优势的关系资本。如图3-4所示。

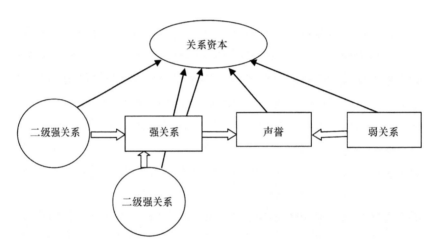

图3-4 创新行为主导者的关系资本构建

资料来源：笔者整理。

第二，技术主导者与关系资本构建。从根本上说，企业自我开发技术的能力决定着企业获利能力和水平、发展空间和机会、产业内地位和稳固情况，并最终决定着中小企业在网络中的角色扮演。[①] 科学技术是企业成功的关键，谁掌握产品核心技术，谁就能成为网络中的主角。技术主导者企业的角色定位以技术研发和专业化技术生产作为公司发展的核心战略，要么以前沿性、破坏性创新技术替代现有市场技术；要么定位于某一项专业技术，利用专业化赢得市场认可；要么开发互补性技术，填补大型企

---

① 陈红琴. 论大企业角色定位及其对中小企业的影响 [J]. 改革探索，2001，(7).

业技术空白，成为产业技术的互补者；要么利用 KNOW - HOW 专有技术获取特定技术市场利基。高素质的人力资本、长期的研发积累、专业化的技术能力、柔性化的技术开发能力是定位于技术主导者企业的特征。

在网络关系合作中，定位于技术主导者中小企业关系合作模式和关系资本价值转化的形式则呈现以下特征：（1）以强关系组成的技术内核和研发队伍是其关系内生资本基础；（2）产业技术发展网络中的创新突破性、互补性或专业化技术能力是其关系结构资本构建的关键；（3）特定专业技术规则制定的话语权或严格的规则执行力是其关系认知资本的特征表现；（4）专业性的技术能力是其赢得合作人信任，构建关系人际资本的基础；（5）价值互补是其参与网络合作的依托；（6）弱关系的扩展为其带来的异质性资源、信息和成长空间。其关系资本转化路径如图 3 - 5 所示：

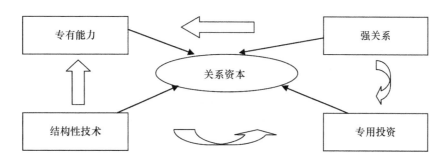

图 3 - 5　技术主导者的关系资本构建

资料来源：笔者整理。

第三，资源供给者与关系资本构建。资源是企业成长和发展的关键，谁拥有或控制稀缺资源，谁就拥有话语权。定位于"资源供给者"角色的中小企业在网络中往往具有其他企业所不具备的独特性资源。这些资源可能是基于血亲、地域或世交形成的先天性资源，也有可能是基于同学、同事和配偶等情感积累获得的后天性资源，还有基于技术开发、渠道占有或个人声誉而形成的继发性资源。如："大唐袜业"基于当地政府、行业协会、金融机构等的良好关系，使众多企业围绕袜业产业链形成了纵横交错的连接关系，实现了企业网络化规模发展的战略构想。大唐袜业属于市场资源的供给者；淘宝网通过网络平台资源免费供应，吸引众多中小企业创业，最终实现了企业网络化成长的梦想；台湾佳和企业通过多年对手机塑料光学镜头的研发，从最初的 10 万像素到今天的 500 万像素，价格只有玻璃光学镜头的几十分之一，最终成功打破被日本光学镜头多年垄断的局面，成为专有技术资源的供给者。

定位于资源供给者角色的中小企业在网络化发展中，关系资本价值实现中往往采用以下策略：（1）控制或掌握稀缺性资源，以此作为关系资本的内生基础。（2）价值让渡，利益分享于网络成员，利用规模经济实现企业关系资本的转化，赢得网络成员信任和长期合作，以此构建人际关系资本和企业声誉。（3）不断创造新资源，利用网络关系结构资本控制资源流向，获取关系持续租金。（4）促进网络成员文化认同、价值认同和规则认同，实现企业关系认知资本的价值转换。（5）利用弱关系连接，不断扩展资源供给量，最终实现资源的规模效应，提升了关系效能的资本转换效率。资源供给者角色认定的关系架构如图 3-6 所示：

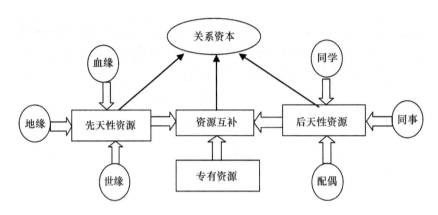

图 3-6　资源主导者的关系资本构建

资料来源：笔者整理。

第四，生产依附者与关系资本构建。模块化生产已经是后工业时代的主要生产特征，任何企业只有嵌入价值链生产才能获得发展机会。中小企业由于自身的资源和能力的局限性，嵌入价值链某一生产环节，成为价值链的生产者是其现实的选择。这种基于生产依存者的中小企业，往往在网络中扮演着"生产依附者"的角色。尽管参与大企业价值链低端生产链会受到大企业成本的挤压，获利水平不会太高，但价值链节点的规模化生产也会帮助中小企业避开市场竞争，获得不低于行业的平均收益。同时在此过程中，中小企业不仅得到知识和能力的帮助，而且借助大企业的信用担保，中小企业的声誉资本得到提高，为中小企业未来发展奠定知识、能力和资源基础，如依托 Dell 公司的几十个供应商围绕计算机这一核心产品，利用各自的专有技术优势同 Dell 公司结成了虚拟企业，各自实现了企业成长。格兰仕企业借助惠而浦和日本松下的微波炉生产线，锻炼了队伍，培育了能力，最终实现了主导微波炉发展的市场地位。

扮演"生产依附者"这一角色的中小企业，企业的内生关系资本一般不高，因而需要依托非正式关系或契约关系嵌入大企业主导的价值网生产过程，获得企业的生产和发展基础。把弱关系变成强关系，增加信任机制，提升学习能力是这类企业的第一步选择，在发展到一定阶段后，可以利用所学到的技术和能力，沿着产业上下游进行拓展，或者利用现有技术，通过弱关系进入其他市场，实现相关性多元化发展，以此获得企业的持续成长。信任机制，学习机制，声誉培育机制是此类中小企业成长的关键。其关系资本的实现路径如图3-7所示：

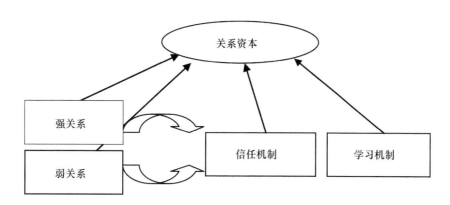

图3-7　生产依附者的关系资本构建路径

资料来源：笔者整理。

第五，关系依附者与关系资本构建。大多数企业的竞争优势是基于企业所拥有的各种关系而获得、发展和维持的。而关系型交易则是以无形的东西为基础，如：信任、承诺等，并与双方的过去活动和未来可能的交易活动有关。在信息透明化的市场经济中，企业的很多竞争优势很容易被其他企业所模仿，甚至超越被模仿企业，而企业所禀赋的各种关系资源往往是难以模仿的。中小企业在网络中的关系资源不够成熟，需要依附着大企业融入关系群体中，往往扮演着"关系依附者"的角色。由于依附的关系存在差异性，因此关系依附者的角色也可概括为"天然关系依附者"和"稀缺关系依附者"。

"天然关系依附者"往往基于血缘、姻缘、友缘、地缘等方式天然地依附其他企业或企业集群的成长，例如：子辈公司对父辈公司的依附、朋友公司间的依附等。在此类关系网络中，信任机制是企业获得关系租金的保障，感情培育机制是合作维护的关键，长期关系投入和福利累计是关系信任机制的基础。"稀缺关系依附者"通常依附于具有某些稀缺关系资源的大企业，例如：政府关系资源、科研机构关系资源、媒体关系资源等，这些稀缺的关系资源可以帮助中小企业获得竞争对手难以获得的资源。在此类关系中，信任机制、资源整合能力、价值创造能力和利益分享是企业关系租金获取的关键。在此类角色定位中，人际关系资本发挥着重要作用，结构洞富集程度决定着企业成长绩效；规则认同是一种基于情感与能力双重结合的结果。此类关系良好运用，企业可以获得稳定的关系租金，快速成长；如果关系依附产生分化、破裂、异变，则企业的关系资本依附则失去条件，企业失去发展原有发展的基础，成长就陷于动荡。关系依附企业的角色定位如图3-8所示。

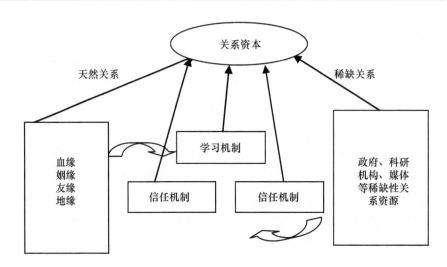

图 3 - 8   关系依附者的关系资本构建路径

资料来源：笔者整理。

关系不是一成不变的，会随着环境的变化和利益格局的变化而动态调整。同样，中小企业的角色扮演与关系资本的价值实现也会处于动态变化之中。关系角色会随着外部竞争环境的变化和企业生命周期的演化不断漂移与迁徙。生存期中小企业鉴于资源和能力的问题，定位关系依附，生产依附，嵌入大企业主导的产业链，或者依靠特定的关系资源，获取资源、能力和经验，不失为现实的战略选择；而对于成长期中小企业来说，仅靠关系和生产依附难以获得企业的成长，此时定位于创新行为主导者、专业技术主导者则是企业突破成长"天花板"有效的战略选择；等到企业具备一定的资源和能力，进入企业快速扩张期，单一产业链成长空间有限，此时，利用已有的资源和能力，选择相关多元化和适度多元化发展才能保证企业可持续成长。对于中小企业来说，网络中没有永恒的关系，只有永恒的利益；没有不变的角色，只有适应生存与发展的角色。角色的变换意味着关系合作模式、关系行为的不同，也意味着关系资本的价值实现模式不同。

第三节   网络关系资本应用的典型网络分析

网络环境是一个动态变化的过程，网络关系结构会随着环境的变迁而改变，企业战略成功的关键是如何适应网络形态的变化，谋取最佳结构占位，构建与此匹配的资源和能力。① 在中小企业网络化成长中，关系资本管理贯穿企业生命周期发展全过程，

---

①   Håkansson, H., Snehota, I. Developing Relationships in Business Networks [M]. London, UK: Routledge, 1995: 24 - 49.

其管理的重心是如何根据企业生命周期不同阶段、网络环境和网络结构的不同变化形态构建与此动态适应的资源支持和能力匹配。以下选择詹姆士网络、沃纳网络和伍兹网络三个网络（见图3-9），运用所提出的组织关系资本概念和模型进行典型分析，观察关系资本在这些网络中的运作机制，分析关系资本的价值转换方式，探讨要素之间的互动关系，为本课题后续实证研究提供理论和现实指导。

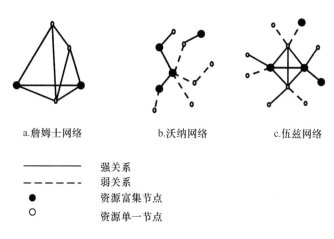

a.詹姆士网络	b.沃纳网络	c.伍兹网络

———————— 强关系

- - - - - - - - 弱关系

● 资源富集节点

○ 资源单一节点

图3-9 三种典型的"自我网络"形态

资料来源：笔者整理。

一 詹姆士网络

詹姆士网络是一种基于直接的、内蕴的人伦关系建立的内聚式的封闭"圈子网络"（曹荣湘，2003）（如图3-9a所示）。内聚式网络封闭、强关系富集、高信任度和高凝聚力是詹姆士网络所表现的结构特征。对中小企业来说，在创业初期或成长阶段，无论在资源、能力与商誉等企业关系内生资本方面，还是网络结构外生结构资本方面都无法和大企业相比，处于竞争劣势。有限的市场信息获取渠道、有限的资源供给和能力匹配约束着中小企业合作机会的达成，也难以获得网络关系合作利益相关者的信任与支持。此时，组织中的人际关系资本成为促进组织获得网络"圈子"内成员资格最有效的工具，通过血缘、亲缘、友缘、地缘等非正式人际关系资本嵌入正式网络是中小企业最可行的路径选择。一旦进入圈子，获得圈子内成员资格，中小企业会利用闭合网络中信息和资源弥补自身内生资本的不足，因为在以强关系构成的高封闭性网络中，企业间良好的信任关系、共享的思想准则和共同的行为模式，有利于网络中信息流动和资源配置（Coleman，1988）。但需要注意的是，进入圈子仅仅为中小企业提供了资源整合的可能，并不代表其具有资源整合的权利，能否在关系互动中与圈子内其他成员形成文化认同，能否形成共享的思想准则，可预期的行为模式成为中小企业获得网络成员信任、支持与配合的关键，关系认知资本成为左右网络关系成员关系互动、行为规范和合作模式选择的规则约束机制。对那些不遵从规则的成员，网络成员会利用网络关系压力和惩罚机制促使其改正，或者将其踢出圈子之外。尽管在封闭性圈子网络中也有关系差序格局之分，中小企业未必占据结构中心位置，但封闭性网络的高凝聚力、高信任度以及特殊的人际关系还是能够帮助中小企业降低信息搜寻成本，提高交易效率，获取所需的资源和能力支持。只是关系的结构位置越靠近中心度越有利于中小企业资源整合和关系价值的实现。

在圈子文化为主的詹姆士网络中，企业关系资本运作的策略是：认清自身内生资本，用好人际关系资本，遵从网络规则约束，提升关系认知资本，整合网络结构性关系资源，通过资源和能力的互补，价值创造，促进关系资本效能的提升和关系价值的转换，实现企业的可持续发展。

二 沃纳网络

詹姆士网络中强调强关系的运用，共同的情感，信任与合作增强了成员关系，而资源共享促成了内聚式网络的形成。然而，关系强连带是一把双刃剑，在贡献收益的同时也存在着如下弊端：（1）缺乏自主性和有限的信息交换并影响企业的自治与自主创新。（2）感情依附与伦理桎梏制约着企业家的行为选择。（3）可能引起企业周围网络的封闭，造成信息的闭塞，影响企业对外界更多信息的把握和对环境变化的敏感性。（4）由于关系特定资产的投入而引起的关系锁定、要挟问题、退出壁垒与损失。（5）为追求关系的稳定性而牺牲成本的节约与效率的提升。[①] 为获取异质性资源及能力，需要跨越人际圈与现实的商圈，在更广范围的生存圈中探寻结构洞，形成由弱关系构成的开放型的沃纳网络（如图3-9b所示）。

沃纳网络是指在与其他利益相关者之间的价值交换、业务合作过程中基于机会富集的发散式弱关系而构建的开放式团体网络。[②] 这种网络交易特征呈现为制度资本强，关系资本弱，嵌入性弱，联系强度弱，交易费用高，信任度低。交易以制度性交易机制为主。开放与发散式弱关系构成的沃纳网络囊括各种层次的网络成员的松散网络规模，一方面，开放促进了信息的流动，使企业获取新信息、发现新资源、捕捉新机会提供了可能；另一方面，弱关系交往频率少，双方之间的义务关系也少，因此维系成本低，有利于企业突破固有的交往圈，吸纳更多的异质资源，获得更多的异质性关系资本增量。

在沃纳网络中，中小企业的关系资本的运作呈现如下特征：（1）企业内生资本是

① 蔡双立，刘杰. 组织合作关系强度的柔性调节：客户关系动态管理的艺术［J］. 中央财经大学学报，2006，（10）：72-73.

② 曹荣湘. 走出囚徒困境：社会资本与制度分析［M］，上海：上海三联书店，2003.

开放性网络成员合作的基础。在这些内生资本中，企业家的知识、阅历和经验对网络环境中的信息探寻，商机把握，价值判断具有直接影响。企业资格与资信是网络潜在合作者合作感知价值与风险判别的主要依据。企业资源的互补性、能力的独特性和资产的专用性对企业开拓网络边界具有实质性的影响。（2）企业人际关系资本效能的发挥需要在关系不断互动，价值不断验证的条件下增强或者减弱。尽管中小企业可以通过第三方人际关系促进或影响关系合作的进行，但在弱关系联结的条件下，制度性信任高于关系信任，关系合作价值是潜在合作人或组织理性的合作决策依据。（3）企业认知资本的效能发挥取决于双方价值观的认同程度、风险偏好以及在规则制定中的讨价还价能力。同时各方在交易过程中对规则的遵守程度与行为选择也会动态影响关系认知资本的感知质量，进而影响关系合作行为。（4）企业在关系网络中的结构资本价值转化取决于其结构洞探寻、构建与控制能力。因为结构洞富集的企业关系连带比较多，可以获得比其他企业更多的资源和信息整合先机。它们可以通过对异质资源和信息的整合，创造新的商机，也可以通过对资源与信息的控制，谋取信息收益和控制收益两种关系租金；还可以通过利用结构洞两侧主体之间的信息或资源的不对称，操纵交易，改变合作行为，创造有利于自身发展的关系合作场域和竞争优势。企业结构洞的富集程度决定着企业关系结构资本的效用和价值。（5）利益相关者价值评价。在企业网络关系拓展过程中，利益相关者的价值评价贯彻关系互动全部过程。评价内容既包括合作前对目标企业的关系合作价值评估，也包括合作中目标企业价值创造的每一个过程，更包括关系合作所带来的最终价值。评估人对关系合作价值的感知利得和感知利失的评价结果会直接影响关系合作的进程和关系行为的选择。对于沃纳网络关系成员来说，关系合作初始，重视现实交易价值大于未来价值，而随着交易的进行，彼此了解的加深，互信机制的建立，长期合作价值会受到双方的重视，关系会从弱关系逐步进化到强关系，关系合作的价值贡献度成为各自关系强度调节的重要考量指标。

对于中小企业来说，沃纳网络的关系资本运作策略是：寻找差异化市场定位，构建独特技术和市场能力，重视非正式人际关系感情的培养，提升结构洞构建与资源整合能力，通过创新性价值创造商业模式，实现企业关系的拓展，异质资源和能力的整合。让弱关系成为企业开拓商机，保持可持续成长的渠道与平台。

三　伍兹网络

伍兹网络是指综合了 Grannorvetter 的弱关系与费孝通的基于差序格局封闭网络的"企业家族"网络。这种网络的基本特点在于"拟似家族团体连带"。如图 3 - 9c 所示，该网络分为企业内部网络和企业外部网络两个层次，内外有别，管理模式各不相同。内网靠强关系、高凝聚力和高信任度运行管理，呈现的特征是关系资本强、信任度高，非正式交易机会多，嵌入性强，网络较为封闭，专业分工细。外网靠制度资本、结构洞嵌入和治理机制控制，制度性信任、制度资本强、正式交易和网络相对开放为其基本特征。在该网络中，强关系（如密友关系及姻亲、血亲关系等）与网络（如近亲家族亲友的共同投资网络及下属子公司的交叉控股网络等）是企业网络关系资本构造的基础。在此基础上，通过关系代理协调与控制的弱关系网成为核心网络的延伸。弱关系网扩大了资源、信息、机会获取的范围，规避了封闭网络信息与资源同质化的弊病，资源在内外部网络中流动、配置并得以转化，规则在长期互动中不断创建与优化。伍兹网络仿佛是一个大家族，它通过高内聚力的内部交换，连接并共享企业家族网络内各成员所拥有的异质性资源，从而节省了各自从网络外部吸收异质资源所产生的整合成本。对外则利用"企业家族"共同实力与形象影响网络关系结构，控制信息与资源的流动，获取内部和外部双重关系租金。

在伍兹网络中，企业关系资本运作呈现如下特征：（1）企业内化关系资本主导关系合作走向。（2）人际关系资本差序格局，内外有别。（3）关系认知资本的规则制定话语权归关系主导企业。内部网络靠非正式契约关系运行，外部网络以正式契约和制度性信任推动关系合作。（4）依靠结构控制获取关系结构资本收益。（5）网络的协同创新价值成为关系主导企业关系战略性布局的重要考虑因素，战略网络的构建过程在兼顾封闭和开放、安全性与弹性之间动态均衡。

中小企业嵌入伍兹网络关系资本的运作策略是：探寻网络需求，培育具有互补性，或者不可替代性的异质资源，构建差异化的能力体系。通过非正式人际关系嵌入、迂回性的战略嵌入、创新性的技术嵌入、互补性的资源嵌入等多重嵌入手段，获取自身短缺的资源、技术和能力，参与网络化生产，逐步由外层网络向内层网络嵌入，推动企业持续成长。

第四节　小结

通过整合多种视角关系资本的研究成果，对网络环境下中小企业关系资本构建的内涵、外延与路径进行了理论总结和经验推演和典型网络应用分析。研究发现，网络关系资本的构建过程是企业将资源转化为能力，又利用能力整合资源，推动关系资本价值转化的过程。企业关系资本的构建不是单一因素所能决定，而是受多种因素的影响；不是单一人际关系资本就能推动关系价值的转化，而是多种资本的协同创造而成。因此，关系资本不等于拥有关系就拥有资本，除了人际关系资本，还应包含关系合作内在支撑的企业内生资本、外生性的结构资本、制度性的关系认知资本以及影响关系合作进程的网络关系合作利益相关者的价值评价。只有这些资本互为兼容，协同创造，才有关系资源整合，关系能力施展的机会和空间，才有关系效能提升，关系资本价值转换的可能。在这些关系资本中，企业内生性资本是关系合作的内在基础，关系结构资本是企业外生的由结构嵌入而带来的资本收益，关系认知资本影响关系交易的规则，人际关系资本对企业的组织关系资本具有促进和调节作用。以上关系资本协同作用才能促进企业的有效成长，但需要注意的是，不同关系资本的拥有量和质量决定着企业不同的角色选择。关系资产需要根据企业角色的变化动态匹配。

第四章　战略网络中的关系镶嵌：中小企业家结构洞依赖及优化

　　中小企业的成长与发展先天被烙上了被控制的印记，其所能够采取的最优战略就是主动融入大企业网络。在关系的镶嵌和融合中，中小企业可以动态性地调节自己的位置，占据结构洞从而获取"卡位收益"。因此，这种先天性的组织场域依赖决定了中小企业的发展动机就是探寻这种结构洞的优势，并不断优化自己在网络中的中心性及战略网络关系的结构。

第一节　中小企业与结构洞依赖

　　结构洞（Structural Holes）理论首先是由社会学家罗纳德·伯特（Ronald S. Burt）1992 年在《结构洞》一书中提出的。他将结构洞刻画为"非冗余联系之间的分割"，认为网络结构中的结构洞占据者具有信息与控制优势。因此为了维持这种优势的持久性，需要极力控制着另外两者之间的信息传递，设置壁垒阻碍联系，即通过网络重构建立以自己为中心的结构洞，从而获得信息优势和控制话语权，并且结构洞理论的拓展使其更具适应性与解释力。伯特所谓的结构洞之"联系中断"容易给人这样的印象：行动主体之间完全不发生关系。而现实生活中，行动者之间可能相互认识，但由于种种原因，相互存在隔阂，甚至矛盾重重，难以开展合作。这种社会关系结构也可以看作"结构洞"的另一种诠释。

　　微观层面上即个人角度上，个人关系网络中拥有丰富结构洞的经理人相对于其他同事具有升迁优势（职业提升）。中观层面上即组织角度上，一个经营组织如果拥有一个结构洞丰富的网络，处于结构自主地位，就能在与供应商、消费者的交易谈判中游刃有余，获得更高投资回报率（网络收益）。结构洞影响也作用于企业外部竞争能力，中介者可以跨越组织间结构洞，从而展现一个未被发现的视野（跨界机会）。宏观层面上，Stohl M. 和 Stohl C. 探讨了国家层面的组织网络，提出了填补结构洞的方式以增强加强网络强健性（网络强健性）。①

结构洞理论的中心命题是：如果一个人能够成功地运用网络，他的生活机遇就会有大大改善。石秀印认为，从社会网络基础论的观点来看，企业家之所以成为企业家在于较他人有更良好的先赋性社会关系，他的社会关系接点（结构洞）的特质保证了其经营的成功。② 对中小企业而言，企业家也就意味着企业的全部主导力量和资源载体，其网络关系应用与企业网络关系发挥作用在某种程度上存在着重叠性，由此可见，企业家结构洞收益的获取程度成为中小企业在战略性伙伴关系中实现自我成长的必然选择。

企业家行政级别的层级递增表现为其社会资本量的增长。企业家先赋性投资对结构洞作用的发挥具有重要影响，具体的投资形式包括社会阅历、社会地位、政府工作背景、行政级别、企业家的教育投资、家庭出身、个性特征、缘聚因素等，这些导致企业家的社会资本更为富足，结构洞资源和寻租机会不断增加。

企业家结构洞有什么特性？第一，企业家结构洞的工具性即创新机会驱动企业家探求新的机会并建立新的结构洞。经济学家熊彼特（Schumpeter J. A.）认为只有发现机会的"第一人"才称得上是企业家，因为每个人只有切实地实现新的组合时，才是企业家；而当他创业并像其他人一样开始经营这个企业时，这一特征就马上消失。第二，企业家结构洞的中介性即发现寻租机会促使企业家通过持续的交易中介活动实现自身结构洞的价值。柯兹纳（Kirzner I. M.）认为，企业家的作用在于发现对交易双方都有利的交易机会，并作为中间人参与其间。③ 第三，企业家结构洞的杠杆性即通过调动关系网的社会资源形成对机会的控制能力成为企业家在关系网络中调动社会资源，以获取企业家机会的能力的动因。第四，企业家结构洞具有投资性：处于拥有丰富结构洞的网络中的企业家，即拥有高度"结构自治"网络的企业家，获悉并实际参与了更多的、有益的投资机会，从而获得了更高的投资回报。因此，企业家的竞争优势即是接近结构洞。

结构洞的竞争优势就是使得人力资本的个体由可以相互替代变为无法替代（Burt, 1992）。企业不是一个自我行动的独立体，而应该将其置于网络中进行研究。企业所嵌入的社会网络代表了一种企业跨越正式边界与外部互动的正式形式。企业网络中互动关系的承载者本质上是网络中的成员，即企业的外界联系人（Boundary Spanner），企业高层管理人员无疑是这其中最重要的一部分。而企业家作为企业内外部的重要节点，需要研究企业结构洞的顶层设计，这是最重要的结构洞。Hambrick 和 Mason 的研究中，将企业

---

① Stohl M., Stohl C. Human Rights, Nation States, and NGOs: Structural Holes and the Emergence of Global Regimes [J]. Communication Monographs, 2005, (4): 442 – 467.

② 石秀印. 中国企业家成功的社会网络基础 [J]. 管理世界, 1998, (6): 62 – 65.

③ 姜卫韬. 基于结构洞理论的企业家社会资本影响机制研究 [J]. 南京农业大学学报（社会科学版）, 2008, (6): 21 – 28.

家看作企业的一种重要资源。① 这不仅仅是因为企业家的个人品质等问题，还因为企业家掌握了结构洞优势。一个人占据了资源交换的良好位置，具有较高的网络嵌入性，就能拥有较多、较高质量的资源从而形成"洞效应"。企业家结构洞效应：（1）政治效应：只有企业家有能力和机会与有资格和权力的赋予者进行沟通。（2）优质资源配置效应：即拥有资源优势和控制优势。（3）信息控制效应。（4）行业影响效应：帮助企业从外部行业、政府和竞争对手那里获取资源。企业家不仅需要建立自益性的结构洞，获得对信息的控制权等，还需要建立共益性的结构洞，通过连续交易的经验累积，帮助建立企业间的信任、形成共同规范，构建网络关系资本。

肖知兴等从"文化"的角度来研究"社会资本"时，透过四家强调合作文化的中国高科技公司中的"结构洞"效应分析，认为在国家文化层面上，中国典型的"集体主义文化"削弱了"结构洞"效应。② 在组织层面上，在鼓励"高度承诺"文化的组织中———一种强调在人们之间"互相投资"（共同获利）的文化——结构洞的"控制利益"与公司的主流精神相悖，组织文化中的"共同分享"的价值观使得结构洞的"信息利益"无法实现。

第二节　企业家结构洞优化：一个利益
均衡与再生产的视角

企业家是企业的行动指南，是新思想、新观念的源泉。企业家角色从坎迪隆（Richard Cantillon）首次引入"企业家"术语，到萨伊（Say）的"生产的协调组织者"、马歇尔（Marshall）的"多重角色和职能"、奈特（Knight）的"不确定性决策者"、熊彼特（Schumpeter J. A.）的"创新者"、卡森（Casson）的"判断性决策人"等，都被不同的学者基于其特定研究视角和企业家角色变迁赋予不同的名称。本研究从 Burt 的结构洞理论出发，赋予企业家另一个新的角色：关系结构洞探寻者，③ 为企业网络化生产与成长提供了一个新的视角。在社会关系网络化、创新合作网络化和企业生存与发展网络化的今天，企业家不仅是网络机会的发现者，更是网络结构优化和网络资源整合者。④ 企业网络化生存与成长成为当今学术界研究的重要课题。在网络化成

① Hambrick D. C., Mason P. A., Upper Echelons. The Organization as a Reflection of its Top Managers [J]. Academy of Management Review, 1984, 9 (2): 193 - 206.

② Xiao Z., Tsui A. S. When Brokers May Network: The Cultural Contingency of Social Capital in Chinese High-tech Firms [J]. Administrative Science Quarterly, 2007, (52): 1 - 31.

③ Burt Ronald S. Structural Holes: The Social Structure of Competition [M]. Harvard University Press, 1992.

④ 王福胜，王摄琰. CEO 网络嵌入性与企业价值 [J] 南开管理评论，2012, (15) 1: 75 - 83.

长的逻辑下，企业家的主要作用是探寻关系合作机会，优化关系结构，修补破损关系，构建有利于企业可持续发展的关系环境、关系结构和关系治理模式。①

一　企业家：关系结构洞的探寻者

企业家角色定位是企业家理论的一个重要研究内容。针对企业家的角色，决策学派强调企业家的决策职能，认为企业家是专门就稀缺资源的配置做出判断性决策的人；风险学派认为企业家是风险和不确定性规避抉择人；创新学派赋予企业家创新的角色，其本质是就是利用其洞察力和领导能力促进企业超常发展；文化学派把企业家的角色定位在精神领袖层面，其作用是通过传递公司价值理念，推动企业文化建设，实现企业差异化发展。协调学派则强调企业家的协调角色，认为企业家的职责就是通过资源和人员的协调推动企业有序发展；科斯则认为企业家是机会主义的发现者，其主要职能是通过非市场的层级制来取代市场交易从而降低交易费用。

本研究发现以上对企业家角色的定位多从传统交易理论和原子企业的角度为逻辑起点，而对网络环境下的企业家角色探究不足，没有全面系统地诠释出企业网络化成长中企业家的职能演化和角色变迁。我们从 Burt 的结构洞理论出发，研究网络环境下企业家的角色选择，赋予企业家网络化生存与发展中新的角色：结构洞探寻者、机会发现者、资源整合者和关系再生产的组织者，为企业家理论研究开辟一个新的研究视角。

通过梳理现有结构洞研究相关文献，本研究发现企业家在企业网络化发展中可以充当和选择如下角色：（1）创新机会识别者。创新始终是学者赋予企业家的本质特征。关系网络中结构洞富集的企业家能发现更多的创新机会和那些未被他人识别的获利机会。②（2）中介机会获取者。企业家具有矛盾关系中的自主选择性，处于中介中心位置的企业家具有独家交流并获取权力的机会，并作为中间人控制参与者信息流动，获取信息租金，赚取关系价值剩余。③（3）缓冲绝缘体。企业家可以通过打造非冗余联系人之间缺口获得累加非重叠网络收益、信息利益和一级控制利益。④（4）优势建构者。企业家结构洞被视为企业的竞争优势，带来产业边际利润增加和产业竞争优势。⑤（5）跨结构洞收益者。获取开放网络中的跨结构洞收益和闭合网络不具备的附加价值——"结构洞吞噬的价值"。⑥（6）跨区位收益者。从 Zaheer（2005）等人通过对结构洞的

①　李景海，陈雪梅．社会资本视角的产业集聚根植性和主动性诠释［J］．现代财经，2010，（06）：40-47.

②　John H. Dunning, Relational Assets, Networks, and International Business Activity［J］. The Academy of Management，2002，（8）.

③　Burt Ronald S. Structural Holes: The Social Structure of Competition［M］. Harvard University Press，1992.

④　李芳．家族企业网络化建构过程与演化传承之经济学解析［J］．现代财经，2009，（4）：68-71.

⑤　Lin, N. and Dumin, M. Access to Occupations Through Social Ties [J]. Social Networks，1986，（8）：365-85.

⑥　Zaheer A., Bell G. G. Benefiting from Network Position: Firm Capabilities. Structural Holes and Performance［J］. Strategic Management Journal，2005，26（9）：809-825.

位置选择和获益的实证研究，发现企业家所具备跨越结构洞的创新能力有助于促进企业绩效提升。[①]

企业家结构洞的角色选择对企业乃至个体具有重要影响：（1）从产业层面看，占据中介位置并从事技术创新，能够降低企业间交易成本，有利于产业链的合作价值创造与价值重构。[②]（2）从公司管理层面看，可利用交易市场上关系不密切的双方创造结构洞，促成利己的协议达成；同时，外部关系网络的扩张为企业家带来更多的新思想、新观点，进而促进组织的创新化和前沿化。（3）从个人层面看，填补结构洞和建构结构洞的企业家占据者有更大的职业机会；[③] 拥有丰富结构洞的经理人更具有地位、声望与组织自主性，同等条件下跨结构洞的经理会获得更高的薪资。[④] 鉴于以上原因，建构、优化和重构结构洞成为企业家在企业网络合作中构建竞争优势的理性选择。

二 企业家结构洞优化的动因

网络结构洞具有动态变迁特征，企业家的角色需要根据环境的变化随之调整。调整诱因来源于企业家信息资源损耗问题、内部非正式组织影响问题、重叠关系的冗余性问题、过度投资引发效率问题，也可能是结构洞的正负效应等问题。企业家结构洞的建构与调整体现出企业家的主观能动性和动态适应性。从结构洞演化与变迁角度出发，本研究分析企业家结构洞调整和优化的动因如下。

（一）信息资源的衰竭与价值递减

企业家所占据的结构洞可以为其带来信息收益和关系租金。异质性信息有利于企业家发现创新机会，从而获得发展先机。然而受信息传递者行为动因、传递环境和传递层级的影响，信息传递不仅会出现扭曲、过滤和噪声等现象，还会出现因共享机制、"搭桥"行为、资源反制等因素引起的信息资源同质化和价值层级递减问题。究其原因在于：其一，网络中结构洞占据者所拥有的信息资源控制优势不是永久的，在信息的传递过程中，经历中间环节和跨越层级必然会带来信息的损耗。其二，共益性结构洞所形成信息的共享机制和"搭桥"行为会引起"搭便车"现象，导致结构洞的中间环节出现资源消耗，最终造成信息的同质化和信息资源的价值递减。[⑤] 其三，企业家关系管理是有边界的，一旦企业家网络中出现过多层级结构洞，很可能会被关系网络中的

① 梁鲁晋. 结构洞理论综述及应用研究探析 [J]. 管理学家（学术版），2011，（4）：52 - 61.

② 谢一风，林明，万君宝. 交易成本、结构洞与产业创新平台的运作机理 [J]. 江西社会科学，2012 （2）.

③ Xiao Z. , Tsui A. S. When Brokers May Network：The Cultural Contingency of Social Capital in Chinese High-tech Firms [J]. Administrative Science Quarterly, 2007, （52）：1 - 31.

④ Burt, R. S. The Network Structure of Social Capital [C] //Sutton, R. I. , Staw, B. M. Research in Organizational Behavior. JAI Press, Greenwich, CT, 2000：345 - 423.

⑤ 盛亚，范栋梁. 结构洞分类理论及其在创新网络中的应用 [J]. 科学学研究，2009，27 （9）：1409 - 1411.

其他关系主体"反制"，导致关系的边缘化，最终削弱了其调动资源的能力和资本优势。最后，从弱关系到强关系的演化会造成结构洞信息的同质化，不利于企业的创新与发展。

（二）关系资源冗余与结构洞收益衰减

Krackhardt 认为，紧密的合作关系有助于增强关系网络的凝聚力与团结性，有助于内部成员之间的互助、合作与协调。[①] 基于强连带建立的关系合作模式，关系质量一般高于弱联带关系，成员间彼此认同、信任、沟通良好，能够提升组织绩效。

然而，关系强连带是一把双刃剑，在贡献收益的同时也存在着如下弊端：（1）缺乏自主性和有限信息交换影响企业的自治与自主创新。（2）感情依附与伦理桎梏制约着企业家的行为选择。（3）企业外部网络的封闭性造成信息的闭塞，影响企业对外界更多信息的把握和对环境变化的敏感性。（4）关系特定资产投入引起关系锁定、要挟问题、退出壁垒与损失等负面效应。（5）关系稳定性的诉求而牺牲成本的节约与效率的提升。[②]

关系强连带的群体和组织所拥有的信息具有重叠性，很难提供非冗余的知识，而跨越结构洞具有"弱联系"的主体能够有效识别、获取和吸收结构洞两端的信息，降低关系的冗余度，提升信息的多元化程度，有利于企业获取异质资源和获取创新机会。同时，凝聚力的增强带来了关系的"冗余"，结构洞也会随之减少，在凝聚力很强（强关系、紧密程度）和结构等位（有共同的联系人）的情况下，结构洞则会消失，由此造成收益递减。"强关系"带来的关系冗余不利于企业资源价值获取最大化。因此，企业家在其社会网络的维系过程中有必要通过挑选并构建合适的结构洞，从冗余的资源中开发新的联系，借以提高资源使用效率，提升企业网络收益。

（三）关系过度投资与路径依赖

企业社会关系的投资和扩展，包括多种先赋性投资在内，造就了企业家的资源通路优势和社会资本累积，然而关系的过度投资则会出现以下问题：第一，成本与收益问题。企业家结构洞探寻与构建不仅需要资金投入，成本与精力投入，还需要一定的维护成本，如果企业家把过多精力和时间花费并投资于拓展和构建关系中，会因为时间和精力的有限以及管理边界过大，导致关系投资收益未必覆盖关系拓展成本，导致规模不经济。第二，过度优化与路径依赖问题。企业家的社会地位、家庭出身、教育程度、政府工作背景、行政级别等先赋性投资因素会影响企业家社会资本的积累量，形成路径依赖，导致企业家努力追求的"结构洞优势"会因为过度投资而带来投资回

---

① Krackhardt, D., L. W. Porter. The Snowball Effect: Turnover Embedded in Communication Networks [J]. Journal of Applied Psychology, 1986, 71: 50 - 55.

② 蔡双立，刘杰. 组织合作关系强度的柔性调节：客户关系动态管理的艺术 [J]. 中央财经大学学报，2006，(10)：72 - 73.

报率低下现象。① 第三，不确定性规避与关系承诺问题。企业家的不确定性规避与关系承诺是企业家不愿意探寻和建构新的关系结构洞，而在原有结构洞上过度投资和优化而引起的边际收益递减或丧失。

据此，在结构洞优化问题上，企业家必须注意探求机会获取所进行的多重多级投资引发的效率问题，通过建构与改进企业家结构洞保障高效投资收益和创新机会的获得。

（四）非正式组织影响与结构洞修补

非正式组织的关系构建具有关系跨越性、知识传递隐匿性、情感维系性等特征，这些特征使非正式组织具备跨越原有组织框架，填补原有结构洞，侵蚀结构洞获益者价值获取能力。就关系跨越性来说，非正式网络可以穿越组织结构的重重壁垒，在网络成员间形成无边界、无约束的自由交流，② 从而削弱了结构洞获益者的信息和资源控制能力；就知识传递来说，非正式组织的信息和知识传递呈现"隐性知识—隐性知识"的传递特征，无须显性知识传播的中间过程，③ 不受结构洞中间人的控制；而情感维系是指在关系联结的背后总是以人际感情为基础的，非正式组织内外基于情感的人际关系的建立会带来更直接、紧密或积极的关系连接和内聚性增强，从而减少原有结构洞占有者收益。④

面对非正式组织的影响，企业家占据结构洞的优势地位逐渐被瓦解，冗余关系增多，甚至在合谋结盟的条件下有被边缘化的危险。此时，修补结构洞，稳固原有的控制优势成为企业家关系管理的优选策略。

（五）不确定性影响与结构洞权衡

结构洞对企业家成长具有权变影响。相比闭合网络结构洞而言，开放网络的结构洞存在着低信息收益、机会主义行为以及"过河拆桥"等负面效应。Podolny 和 Phllips（1996）在对网络组织动态演变中发现，如果关系包含资源和信息，结构洞对企业成长有积极影响；如果关系中包含身份、承诺和期望，结构洞则有负面影响。Ahuja 的研究也表明相对于较少结构洞的闭合网络，结构洞产生的信息收益低于闭合网络知识转移的收益。⑤ 结构洞富集的网络容易滋生机会主义行为，不利于知识的共享。⑥ 关系联系人"过

---

① 边燕杰，丘海雄. 企业的社会资本及其功效 [J]. 中国社会科学，2000，（2）：87 – 98.

② 秦铁辉，孙琳. 试论非正式网络及其在知识共享活动中的作用 [J]. 情报科学，2009，27（1）：1 – 5.

③ 周晓宏，郭文静. 基于社会网络的隐性知识转移研究 [J]. 中国科技论坛，2008，（12）：88 – 90.

④ 殷国鹏，莫云生，陈禹. 利用社会网络分析促进隐性知识管理 [J]. 清华大学学报（自然科学版），2006，46（S1）：964 – 969.

⑤ Ahuja, G. Collaboration Networks, Structural Hole and Innovation: A Longitudinal Study [J]. Administrative Science Quarterly, 2000, 45（3）：425 – 455.

⑥ Coleman, J. S. Social Capital in the Creation of Human Capital [J]. American Journal of Sociology, 1988, 94（51）：95 – 120.

河拆桥"的行为造成结构洞中介人由于时间和精力的投入而形成浪费和负收益。

如何既能获取闭合关系的结构洞收益，又能避免开放式关系的机会主义，不利于知识传播等弊端，避免消极的影响，努力发挥结构洞的正效应，是企业家在结构洞构建中需要思量和权衡的问题。

三　企业家结构洞优化的路径

企业成长和发展离不开广泛的信息、高效的投资回报、多样化的资源，但与此同时，也要防范非正式组织和闭合网络等带来结构洞优势被瓦解的不利状况。针对以上研究所提出的五种问题，企业家可以通过关系优化、关系剔除和关系重构等多种方式拓展多样化关系网络、挖掘并识别潜在新机会、协调企业内外关系人、塑造信任和声誉机制。具体优化原则和策略如下。

（一）"不重不漏、分而治之"

企业家同众多利益群体和成员联系人的关系联结必然会耗费巨大的时间和精力，如何选择最有效的连接，撤出那些不必要的，耗费精力的关系链是企业家在经营中关系优化的首要选择，并实现"不重不漏、分而治之"[①]。"不重不漏"意味着企业家在自己有限的资源占用条件下，提升非重复关系人的开发和自身网络群体的多样性，同时也要避免受制于人、信息受阻的现象。"分而治之"意味着作为结构洞中的第三者可以借由他者之间的竞争情境、冲突和矛盾，使自己占据有利支配地位，最后达到"分而治之"的目的。其关键是"有的放矢"，同时还要做到对核心关键资源的核心控制。优化策略如图4-1所示。

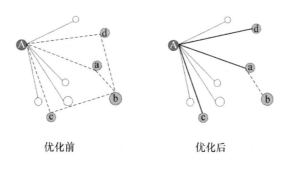

优化前　　　　　　　　优化后

图4-1　"不重不漏、分而治之"

资料来源：笔者整理。

图4-1中，优化前，a、c、d处于结构等位的位置上，A通过a、c、d同时与b

[①] 齐美尔（Simmel Georg）在"三人集体"的相关研究中指出：三者中的任何一人可以充作中间人并利用他人的不和从中渔利；中间人还可以对其余二人采取"分而治之"的策略。

建立联系，在 A-c-b 以及 A-d-b 的关系链上相比 A-a-b 耗费更多的精力和时间，为了获取资源 b，A 通过撤去与 c 和 d 关系人的连接，保留与 A-a-b 最有效的连接，达到资源不重不漏的目的。同时，优化前 A 与 a、c、d 是一种弱关系（虚线），优化后通过加强控制形成强关系（实线），制造一种 a、c、d 三者间相互竞争的状态达到分工并相互牵制的治理目的。

一方面，企业家 A 剔除重复的关系链，保持最核心的关系资源链，创造了有效率的新网络。同时，A 通过加强控制强度，创造下属成员间的竞争关系，占据强有力的支配位置。另一方面，优化前，A 虽然维系了一定的关系资源和利益，但优化后，A 不仅维持了最有利的关系源，也节约了精力投放，享有信息和控制优势之时，借由竞争，刺激了其他成员的创造力，获得并创造既互相牵制又分工明确的管理状态，从而带来了利益重新分配和有效获取，将管理与控制转化为实际的收益。

（二）利用"二手中介者"机会

企业家的社会交往由于诸如管理幅度和自身能力等因素的限制，无法做到"面面俱到""全面撒网"。必须考虑是否通过挑选一些合适的主代理关系人或经理人员队伍，借助他们的能力范围免去自身精力的过多投放，增加机会摄取面。

2002 年 Burt 研究发现，从中介者[①]那里获取资源，分取中介者的部分利益成了作为"二手中介者"[②] 必须考虑的方案。因此，为了更有效地获取机会，企业家通过利用"二手中介者"位置来收取中介收益和资源获利效应。优化前、后的状态如图 4 - 2 所示。

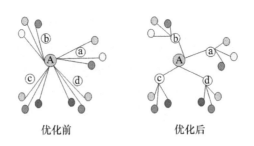

优化前 优化后

图 4 - 2 利用"二手中介者"机会

资料来源：笔者整理。

优化前，a、b、c、d 他们之间并不发生直接联系，A 与他们周围众多异质资源建立联系，形成多方位的关系链条，耗费了相当多的时间与精力。优化后，A 利用 a、b、

---

① 伯特等将经纪人（中间人、中介人、占据者、broker）界定为向一个位置发送资源，却从另外一个位置那里得到资源的行动者。

② Burt 在 2005 年，提出了二手中介（Second-hand brokerage）、二手经纪的概念，即不直接连接的行动者。

c、d 四者均处于中介人和经纪人的位置，A 仅仅通过与他们四者分别建立关系，经由他们分别控制其原有的资源，利用了中介人 a、b、c、d 的能力和作用，使得 A 坐拥二手中介机会，收获了更多的资源效应。

在整个关系的再塑过程中，企业家 A 通过改变关系控制状态促使权力归属和利益分配产生变化。其行为动机可能是扩展人脉关系，掌控资源，事业晋升，也可能跨越异质性群体、建立关系和机会链等。[①] 这些动机促成了企业家改变原有思路，利用中介经纪人来分担自己原有的管理控制，权力被重新分配。此外，企业家 A 考虑其原有管理幅度的制约，会阻碍其占据一个良好位置来获取中介机会和获得优质资源的可能，而通过寻找正确合适的经纪人，在合理的幅度范围内去控制更多的次级结构洞。这样不仅可以带来管理能力的提升，同时也获得了包括优质资源控制效应、信息控制效应和从外部行业获益的多种效应。

企业家通过打造权力范围内有效的管理团队，重新分配控制权，协调调度管理少数"几个人"，开发利用他们个体身上的决策管理能力和沟通组织能力来管理范围更广的关系网和资源，进而达成企业的各项经营目标、拓展行之有效的关系圈。

（三）　网络规模和多样性之间寻求平衡

网络成员的交叉重叠常常带来同质性关系，此时的关系范围被无形地缩小，成员间如果均是"通路"的熟人关系，将不利于企业家开拓网络的新活力。同时，有限的网络成员数目也不利于企业家进行多元化的关系资源开发。Watts 和 Strogatz 基于"小世界"效应，分析了个人网络规模的变化。[②] 他们认为网络中任意两个成员任意联结路径的成员数目超过 6 个人时，企业家网络规模越大，与他建立有效联结的网络成员就越多。此外，Renzulli 和 Aldrich 认为核心网络成员的异质性对创业型企业家来说，职业异质性水平越高，成员越具有多样性，越有助于企业家从网络中获取资源。[③] 从效率角度来看，企业家应该将时间和精力投入拥有非冗余联系人的初级联系人的培育上；从效能方面来看，则应该关注所有初级联系人所接触到的非冗余联系人的总人数，即网络的总产出。探求网络规模和成员多样性的平衡可以优化企业家整体的收益。优化前、后的状态如图 4-3 所示。

优化前，A 通过与初级联系人 a、b、c、d 控制了同质性的资源（图中白色的圆圈），这些关系人相互交叉重叠的联系状态使得 A 所能利用的资源不仅重复而且局限。

① Kalish，Yuval. Bridging in Social Networks：Who are the People in Structural Holes and Why are They There？[J] . Asian Journal of Social Psychology，2008，(11)：53 - 66.

② Watts D. J. ，Strogatz S. H. Collective Dynamics of "Small World" Networks［J］. Nature，1988，(393)：440 - 442.

③ Renzulli，L. A. ，Aldrich，H. ，Moody，J. Family Matters：Gender，Networks，and Entrepreneurial Outcomes［J］. Social Forces，2000，79 (2)：523 - 546.

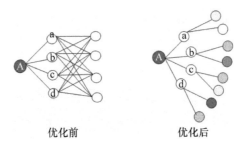

优化前　　　　　　　　优化后

图 4 - 3　平衡网络规模和多样性

资料来源：笔者整理。

通过优化，A 控制 a、b、c、d 的同时，通过他们四者去挖掘原有关系网外的异质性的资源（右图中不同颜色的圆圈），从初级联系人出发获取了更多非冗余的资源，不仅网络成员的规模得到开发，资源也变得多元化，从而提升了整体的网络收益。

企业家 A 打破了原有"重复、交叉"的关系网和相对较小规模的管理范围，通过初级联系人的重点培养，开发了更多方位的关系链条，保持了效率和效能的均衡。此举不仅提升了自身的网络规模，拓展了更多数量的成员，也保证了关系联结的强度。另外，企业家集中对关键的初级联系人的资源控制和维护，既打开了新的、潜在的、多样的关系源泉和渠道，又促进了企业价值的提升。

据此，企业家不能局限于原本稳固的关系网，而应将挖掘潜在的客户、拓展新型的营销渠道、掌控关键客户、横纵向延伸多条通路作为经营策略，寻求网络整体的参与活性和利益均衡作为其网络关系管理的有效路径选择。

（四）"补洞说"

一个成员间各自孤立的小圈子无法形成市场机遇，相互隔离的状态也无法促使企业交易机会和创新机会的产生，企业家需要建立新的关系和商机而不是在封闭的圈子内生存。打造、补充建立新的结构洞，成为被别人寻找的、被信任的"第三人"，占据有效的控制地位，对于企业探寻新的商业模式具有重要意义。

占据一个结构洞的人是与双方关系都很密切的第三人，肖知兴等通过对中国四家科技型企业的数据研究，认为要鼓励员工保持沟通、合作，通过填补原有的"结构洞"，建立联系才能促进企业的绩效。企业家可加入朋友、同行的"圈内"拓展关系，也可以通过构建联盟伙伴、产业同盟的"业内"战略联系拓展企业合作网络，以其在微观和宏观关系层面缔造自己的"结构自主者"① 的地位。依据以上逻辑优化、前后的状态如图 4 - 4 所示。

---

① 让自己这一端没有结构洞，而在另一端有丰富的结构洞，那么占据中心位置的主体即为结构自主者，具有结构自主性的行动者处于获得网络中信息利益和控制利益的最佳位置。

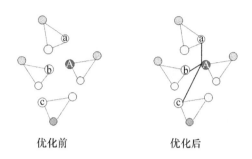

优化前　　　　　　　优化后

图 4 - 4　"补洞说"

资料来源：笔者整理。

优化前，A、a、b、c 各自拥有自己封闭的关系圈，没有发生任何的关联。企业家 A 未能拓展更广泛的人脉。一旦 A 通过构建 a、b、c 之间的联系，使其成为相对于 a、b、c 的"第三人"占据了 a-b、a-c、b-c 之间的结构洞位置，则使得原本封闭的小圈子拓展为一个连接四个小圈子的大的关系圈，优化之后的 A 成为"渔翁得利者"，成为结构自主者，掌控了多方的信息和控制优势，塑造了优质的人际圈。

"补洞"让原本没有联系的关系圈发生了新的联系，企业家 A 重塑了自己的人际网络，保证了关系的质量和效应，这种关系"搭桥"现象为整个关系网带来广泛的联通。企业家通过频繁交往、紧密沟通、业务合作所创造的关系通路带来了收益的大幅提升，把握并处理好过程中可能存在的问题和风险有利于控制利益的重新获取和企业的创新活动。①

从补洞角度来说，企业家不仅需要加强与企业内部各部门的核心联系，还要开拓对外关系，通过开发潜在客户，提供优秀的解决方案，赢得多方位支持、实现交易的顺利完成。此时，企业家需要注意的是，把握并挑选那些合适的连接人，选择正确的途径和通道，在机会识别的同时注意资源整合、创新机会的发现和赢得更多"精密高效"的人际网的建设。

（五）"架桥说"

面对竞争市场上有限的资源和层出不穷的竞争，企业家常常会面临资源枯竭的问题，谁能把握并控制最有利的资源谁就有获取企业竞争的优势。研究表明，在结构洞中"牵线搭桥"的人更具有创造力，更富于组织适应性。他们在组织变革的过程中更容易接受多样化的观点，从而能够对被结构洞区分开的两端的联系人主动施加影响。而处于中介位置的企业家此时担当组织桥梁建构者的角色，具有操纵其他群体资源流动的机会和优势，他能在关系的扩展过程中，加强不可替代性关系的探寻，最终孤立

---

①　姜卫韬. 中小企业自主创新能力提升策略研究——基于企业家社会资本的视角［J］. 中国工业经济，2012，(6)：114 - 116.

竞争对手，而自己获得网络中的社会资本回报。在公关活动中，企业家通过"架桥"能够为企业带来新的信息和资源，也能促使资源在网络结构中流动。基于架桥关系构建逻辑的结构优化前、后的状态如图4-5所示。

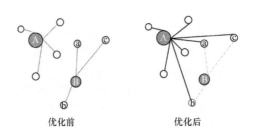

优化前   优化后

图4-5　"架桥说"

资料来源：笔者整理。

A 和 B 处于竞争对手的状态，优化前，各自控制了一定的资源和关系。面对市场中有限的资源，A 通过"架起"与原属于竞争对手 B 的 a、b、c 关系人联系和新资源，拓展了社交面，同时稳固原有自身资源，进而削弱了 B 的竞争优势，使其逐步被孤立。A 的主动"架桥"为其创造了全方位圈外的利益。

企业家不仅需要稳固其原有掌控的各种关系链，也要尽可能成为市场中的"攫取人"。通过扩大社交范围、调动为自己服务的能力和关系，并借助来自不同方的力量和机会，成为不同行业层次领域的"关系架桥人"，帮助提升本企业自己的关系资本，并优化整个网络间关系资本。同时，企业家也要有意识投资于不同行业、背景、层次等领域的关系开发，积极努力地加入社会团体、参与培训深造、参加同学同乡聚会和商会活动等，多层面地采取有效的措施建立起联合内外异质信息和利益的网络。

面对竞争对手，企业家需要"知己知彼"，善于利用竞争，将对手的优势转化为自己的获利点。要做到这一点，不仅需要把握时机做"先行进入者"，还要避免所谓的"强强较量"的局面，可采用"柔道战略"，[①] 依靠灵活性、战略性来获取企业的长久发展。

（六）"资源供给说"

成为众多关系集于一身的强有力的资源供给者，是企业家强化关系、增进信任和推动交流的有效手段。如果仅仅处于一个资源信息封闭的等级位置上，而不去贡献自身有用的信息和机会，则无法动员并整合更多的社会关系资本。只有做一个受青睐的"资源提供者"，把握社会关系网中资源的流动且灵活运用，才能成为调动资源的高手。

Granovetter（1973）指出企业家的职能之一是耦合（coupling）资源流动与流动限

---

① 柔道战略就是避其锋芒、避免硬碰硬的竞争思维模式。其目标不仅是帮助企业在市场中争夺立足之地，而是使企业不断壮大。

制。一方面，企业家要动员潜在的关系，将资源保持在自己的圈子范围内，创造资源的流动性，借以掌握机会，保持横纵向的社会连带；另一方面，也要打破资源的流动限制，将没有人际关系连接的关系人和资源组合起来，并把握创造企业价值的商业机会。一旦洞察到商机，就要立即快速搜寻和调配自身的可控资源。在这个过程中，企业家跨越了壁垒，对接了资本、资源和关系，促生了新的商业机会，也稳固了企业所处的行业地位。基于资源供给逻辑的关系构建优化前、后的状态如图4-6所示。

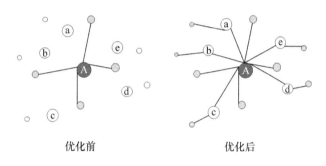

优化前　　　　　　　　　优化后

图4-6　"资源供给说"

资料来源：笔者整理。

优化前，A 没有同诸如政府、行业协会、新闻媒体、其他行业等网络成员建立资源连接，关系链条有限。通过创造连接 a、b、c、d、e 的资源流动，也使得 a、b、c、d、e 更远层级的联系人也能得到 A 源源不断的支持。优化后，A 跨越了关系层级，重构了人脉圈，打造了一个资源流动、持续供给的新局面。

成为被人信任的资源供给者首先需要保证自身具备高效优质的资源和良好的信誉。企业家努力开发横纵向的联系，提供资金、信息资源，树立企业自身形象和建构声誉。在一个弹性的关系圈子中，尤其是创业初期的企业家们，通过贡献自身已有的技术能力、创新思想来建立紧密忠诚的人际圈，才有机会更迅速地收获创业阶段的营销、人力、客户、行业、对手资源。这种关系的层层连带以及资源的持续供给使企业家不仅把握了市场的主导权，也把握了无形资源，也能在外部市场中纵横捭阖。

社会关系网是一种交换机制，在复杂的经营圈中，企业家要动员关系，创造资源流动，跨越壁垒，打破资源限制，建立紧密的人脉圈。

（七）"弱联系说"

关系越强，关系圈的重叠度越大。越是关系亲密的人，提供信息的广度越小。熟人关系往往基于共同的价值和认知一致的前提，因而存在信息重叠和冗余；熟悉的关系人之间也会对信息有意识地进行屏蔽和筛选，从而带来信息传递的缺失。企业家在对强关系进行管理的同时，也需要把注意力集中于如何把握"弱联系"建立不同层次的联系上。

伯特（1972）给出了一个"在类似于亲属关系的强关系中很难产生结构洞"的观

点，即在"弱联系"中寻找结构洞是一种探寻结构洞的方法。这是因为，"弱关系"可以使得传递两端的双方免受所谓道义上的束缚和责任，无须过多考虑结果和风险，可以最大化地传递信息量，这对于企业家获得广泛机会至关重要。此外，基于关系管理大师 Granovetter"弱关系的力量"假设，弱联系可以促进信息的有效传播，可以增强集体间凝聚力，提高应对不确定性的能力。基于弱关系的结构洞探索与开拓也是企业创新发展的必要手段。企业家需要拉近远距离位置和不同行业的关系人并跨越边界。基于弱关系开拓逻辑优化前、后的状态如图 4 - 7 所示。

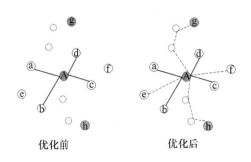

图 4 - 7 "弱联系说"

资料来源：笔者整理。

优化前，A 与原有的强关系（黑实线）联系人 a、b、c、d 的连接会存在关系资源的冗余重复，一方面，A 通过拉近未曾联系过的成员 e 和 f；另一方面，对于远距离的 n 级联系人 g 和 h 的弱连接（虚线表示弱联系）。优化后，A 补足了信息量同时建立了新的联系，拓展了企业的联系边界。弱关系的应用范围很广，它比强关系更能充当跨越其社会结构与阶层的界限，获得信息和其他资源的桥梁，可以将其他群体的重要信息带给不属于这些群体的个体，进而创造出更多的社会流动机会。在企业家的关系社交网中，利用弱关系追求更大的经济利益，利用弱关系作为寻租人结成利益联盟的纽带是企业获取异质信息和资源，战略创新的有效路径选择（于康，宋晓琼，2009）。[1]"弱联系"不仅能够帮助企业家克服冲突，解决矛盾，也能够将多样化的资源优势转变为企业的知识创新和管理质量的提升。

第三节 企业家结构洞与战略性成长的关系

企业家结构洞是一个动态变化过程，企业家结构洞的动态变化伴随着企业的成长，

---

① 于康，宋晓琼. 透过人情看中国的熟人社会和市民社会 [J]. 法制与社会，2009，(4)：229 - 230.

管理、优化和重构结构洞也是企业家关系管理的一个重要职能。结构洞描述了网络中某一个体与部分成员发生直接联结，但与其他成员不发生直接联结，无直接联结或关系间断现象使得从网络整体看就像网络中出现了洞穴的现象。企业家不仅可以通过明确分工、分头治理，挑选合适的管理队伍并合理分权，抓住关键客户，挖掘潜在客户，还可以利用竞争削弱对手，打破限制、供给自身能力和资源，发挥"弱关系"的强力量来全局性统筹性地把握发展先机，创新发展，保持企业可持续的竞争优势。因此，企业家结构洞的丰富性与多样性与企业战略、管理、成长息息相关。

一　理论分析与假设的提出

（一）企业家结构洞的富集程度与多样性

结构洞就是不重复的信息源，即在两个或多个接触成员个体之间的非冗余关系基础上形成的信息传递。结构洞产生的信息优势除了不重复连接带来的知识多样性，还表现为成员个体能够获得信息的可及性；能够更早获得信息的时间性；网络成员会主动为其他成员提供信息的相关性。

结构洞越丰富的企业家网络，由于信息获取渠道比较多，网络成员带来的信息越具有较高的异质性和多样性对企业准确捕捉市场潜在信息的可能性越大。一方面，企业家结构洞数目越多，规模越大，意味着网络成员的数量越多、范围越广以及网络成员掌握的知识量越大，而企业家一旦把握了机遇，就能够降低时间成本，及时为企业储备有利的信息资源。[①] 另一方面，企业家结构洞种类越多，面对差异性成员间所拥有不重复和多样性的信息，异质性更为显著的网络，企业家能够根据企业所面对的各类经营管理问题的复杂现状，把握多样化信息，挑选有用的信息源，从而满足企业家对于不断创新、节约时间成本的需要。

（二）企业家结构洞与企业战略

处于中心位置的企业拥有多重信息渠道，有利于获取新信息和知识分享。Koka 等认为，企业一旦处于网络的中心位置，占据结构洞的优势地位，不仅可以因为与其他众多的企业发生直接的联系而收获战略机会、竞争机会和价值信息机会，而且这种直接的联系帮助企业提高信息搜索效率、降低信息搜索成本。[②] Burt 结构洞的观点关于社会资本的界定从原本没有联系的社会网络成员间通过建立的间接关系获得的信息和控制优势出发，是成员之间因为拥有了结构洞才获得了信息潜力和机会潜力，而不是因为原本关系的强弱程度。结构洞多的网络成员有独特的竞争优势和战略意义。一方面，

[①] De CDM, Saparito P. Social Capital, Cognition, and Entrepreneurial Opportunities: A Theoretical Framework [J]. Entrepreneurship: Theory and Practice, 2006, 30 (1): 41–56.

[②] Koka, B. R., Prescott, J. E. Designing Alliance Networks: The Influence of Network Position Environmental Change and Strategy on firm Performance. Strategic Management Journal, 2008, 29 (6): 639–661.

结构洞越多，网络成员之间的属性越是不同，网络成员就越能取得异质性的资源与信息；另一方面，这类的网络成员能从网络中更为迅速地获取对自身有利或是产生威胁的信息和趋势，对于交易伙伴和竞争对手的潜在行为动机能够有效地掌握和洞察。[①]

结构洞是衡量网络中介位置的一个重要指标。Burt 的研究指出拥有更多结构洞的行动者在联结不同网络群体的过程中，因此占据了搭建桥梁的重要位置。企业家扮演企业间桥梁建构者的角色，就会具有操纵其他群体资源流动的机会和优势。同时他能在关系的扩展过程中，加强不可替代性关系的探寻，有益于其获得网络中的社会资本回报。因此，这种连接稀疏的网络间的企业家就可以获得掮客收益（Burt，2000）。此时的企业可以因为广泛地接触多样化的伙伴和企业，通过搭建在不同资源群体间的各类桥梁，从多样化的群体伙伴中得到多样化的信息优势，[②] 同时也需要有意识地避免企业现有商业伙伴之间过于密切的联系带来的熟悉对企业原有的群体间桥梁作用和优势的削弱作用，因为成员间如果均是"通路"的熟人关系会影响企业家网络新机会的把握，会降低企业家开拓网络的活力，从而影响企业家建立联合内外异质信息和利益的网络的能力。

战略变化过程中能否获取新的资源取决于企业能否建立足够广泛的关系。当企业的外部关系范围较小时，企业往往难以获取战略变化所需要的所有资源而产生"短板效应"。在战略变化过程中，能否获取战略变化所需要的资源是决定企业能否快速制定和执行战略的重要因素。企业家的结构洞将会影响企业的战略行为，企业外部关系范围越是不断扩大，企业越容易获取不同类型的新资源，从而为企业应对战略变化提供支持。

（三）企业家结构洞与企业内部管理

企业自身以及其外界联系人，在企业跨越边界与网络外部成员进行互动的过程中都扮演了这种互动关系承载者的角色，而企业家很大程度上成为企业所嵌入的网络中最重要的部分。企业家正是因为比普通其他人有更好的先赋性因素，包括企业家的社会地位、家庭出身、教育程度、政府工作背景、行政级别等，这些都会影响企业家社会资本的积累量，因此从社会网络基础论的观点来看，所拥有的这些先赋性优势的特性会使得企业家结构洞对企业经营的成功增添保障。企业家为企业所做的战略选择是与其背景及经验紧密相关的，企业家所构建的个人关系网络是企业与外界互动活动的一种重要载体。[③] Burt 的结构洞理论是在竞争的社会结构中提出的，而社会学领域的学

---

① 张书军，李新春. 企业衍生、资源继承与竞争优势[J]. 学术研究，2005，（4）：31-36.

② Koka, B. R., Prescott, J. E. Strategic Alliances as Social Capital: A Multidimensional View ［J］. Strategic Management Journal, 2002, 23（9）.

③ Geletkanycz M. A., Hambrick D. C. The Externalties of Senior Managers: Implications for Strategic Choice and Performance ［J］. Administrative Science Quarterly, 1997, 42（4）：654-681.

者们对结构洞可以作为企业的竞争优势纷纷表示认同，对于结构洞与企业的绩效目标间的作用和关系是很多学者关注的问题，Shipilov 和 Li 的研究得出企业不仅需要市场绩效，也需要实现地位的累积，而占据结构洞的企业就能够因为获得商业和合作伙伴的信息优势能够有助于提升企业的地位累积这样的经营目标的结论。[①]

（四）企业家结构洞与企业成长

梳理企业成长既往文献可知企业家关系网络的研究主要集中在两个维度：一是强调企业家与其他成员间的关系网络；二是注重企业与政府间的关系网络。前者是国外学者所关注的企业家的外部横向关系网，而我国学者根据我国处于的经济体制和市场制度的现状，认为政府控制下某些所需资源获取的局限性导致企业家需要通过一定的非正式的社会关系网来获取必需的资源，注重与当地政府、行业协会等之间的外部纵向关系。企业的发展离不开企业家通过挖掘潜在的客户、拓展新型的营销渠道、掌控关键客户、横纵向延伸多条通路作为经营策略来构建的由企业家所培育的跨越组织界限的人际关系网络，那些非正式的关系网对于企业充当了企业发展的重要资源通道，从而有利于企业关系网实现广泛的联通和企业发展壮大、成长目标实现的宝贵资源。[②]

信息对于一个企业来说至关重要。首先，随着企业之间的竞争激烈程度的加剧，越能准确、及时并充分获得信息的一方就越能在企业项目开发、市场拓展等领域占据优势和先机。而企业家决策的过程中，企业家是否掌握了足够的信息也是面对复杂外部环境时能否做出对企业最有利最正确决策的先要条件，企业家一旦拥有良好的信息关系网，例如，可以从银行等渠道获得顺畅的资金保障、从合作伙伴那里获得技术秘密、从政府那里获得政策支持，都势必对企业家捕捉市场先机维护企业正常运转和经营发挥关系资源收益。企业家在关系网经营中，通过挑选那些合适的连接人，选择正确的途径和通道，在机会识别的同时注意资源整合、创新机会的发现和赢得更多"精密高效"的人际网的建设。其次，企业经营环境和经营现状的不确定性很容易导致在企业激烈竞争的过程中遭遇突发性事件，是否能顺利有序地处理这些将影响企业应对经营风险变化的敏感性及处理危机的能力。最后，企业家关系具有抵消互不信任问题从而降低交易成本（Redding，1993）的作用，企业领导者与企业外部越频繁地交往，所拥有的外部横向关系越丰富，在吸收现有资源通道的同时，通过企业家不断扩张的关系网协调企业外部各类交易活动，在企业成长中信息获取将更及时，差异性战略理念和思想也越丰富，继而表现为企业绩效的显著提升。

基于以上分析，提出如下假设：

① Shipilov A. V., Li S. X. Can You Have Your Cake and Eat it Too? Structural Holes' Influence on Status Accumulation and Market Performance in Collaborative Networks ［J］. Administrative Science Quarterly, 2008, 53（1）：73 - 108.

② 林南. 社会资本——关于社会结构与行动的理论[M]. 张磊译. 上海：上海人民出版社，2005：11 - 37.

假设 H_1：企业家结构洞数目越多，对企业战略治理方面正向作用越显著；

假设 H_2：企业家结构洞数目越多，对企业内部管理方面正向作用越显著；

假设 H_3：企业家结构洞数目越多，对企业成长方面正向作用越显著；

假设 H_4：企业家结构洞种类越多，对企业战略治理方面正向作用越显著；

假设 H_5：企业家结构洞种类越多，对企业内部管理方面正向作用越显著；

假设 H_6：企业家结构洞种类越多，对企业成长方面正向作用越显著。

基于前文提出的企业家结构洞的数目以及种类对于企业战略治理、企业内部管理和企业成长方面的影响，本部分构建如图 4-8 所示的企业家结构洞与企业治理、内部管理、企业成长的关系模型。

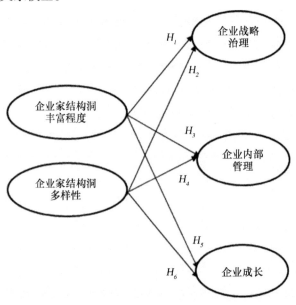

图 4-8　企业家结构洞与企业治理、内部管理、企业成长的关系模型

资料来源：笔者整理。

二　研究方案设计与数据采集

（一）问卷设计

本次研究主要涉及了企业家结构洞的富集程度、多样性、企业战略治理、企业内部管理、企业成长五个方面。企业家结构洞富集程度从企业外部关系资源数量、市场信息和商机途径以及与伙伴关系间熟悉程度三个方面来测量，相关问卷项目参考了 Carroll[①] 等的相关研究。企业家结构洞的多样性通过企业家加入社会活动频率、社会关

---

① Carroll G. R., Teo A. C. On the Social Networks of Managers [J]. Academy of Management Journal, 1996, 39 (4): 421 – 440.

系联系频率和关系亲密程度三个方面来测量，相关问卷项目参考了 Seibert[①]、Anderson[②] 的研究。企业战略治理包括企业战略治理过程中战略经验和战略信息获取两个维度，相关问卷项目参考了刘冰，符正平[③]（2011）的相关研究；企业内部管理包括企业内部工作效率和员工对于企业的支持与配合两个维度，相关问卷项目参考了梁鲁晋[④]的相关研究；企业成长包括企业外部关系和企业资金保障两个维度，相关问卷项目参考了付宏，苏晓燕[⑤]，雷卫[⑥]的相关研究。问卷采用李克特五分量表。

（二）数据收集与描述性统计分析

本研究拟调查企业家结构洞与企业战略治理、内部管理及企业成长方面的情况，问卷于 2012 年 11 月至 12 月期间发放，调查对象为天津市各行业的企业家和企业主要管理者。问卷共发放 160 份，回收 123 份，回收率为 76.88%，剔除严重缺项和存在明显错误或虚假信息后，共得有效问卷份 117 份，问卷有效率为 95.12%。表 4 - 1 中列示了样本特征的分布情况。从企业成立时间看，4—6 年占 18.8%，7—10 年占 15.9%。从员工数量看，51—100 人的企业占 17.4%，101—500 人的企业占 24.6%，500 人以上的企业占 42.0%。从企业性质看，国有及国有控股企业占 24.6%，私营及控股企业占 34.8%，外商及港澳台投资企业占 20.3%。从主营业务看，制造业占 23.2%，金融业占 11.6%，建筑业和房地产业均占 10.1%。从总体上看，本部分的样本分布较为广泛。

表 4 - 1　　　　　　　　　　　　　样本特征的分布情况

企业家个体及企业特征	特征分布	样本数	百分比（%）
职务	董事长	2	2.9
	总经理	4	5.9
	副职	3	4.4
	部门负责人	27	39.7
	其他	32	47.1

①　Seibert S. E., Kraimer M. L., Linden R. C. A Social Capital Theory of Career Success [J]. Academy of Management Journal, 2001, 44 (2): 219 –237.

②　Anderson M. H. The Effects of Individual's Social Network Characteristics and Information Processing Characteristics on their Sense Making of Complex, Ambiguous Issues [D]. U. S. A.: University of Minnesota, 2002.

③　刘冰，符正平. 冗余资源、企业网络位置与多元化战略 [J]. 管理学报，2011，(12)：1792 –1801.

④　梁鲁晋. 基于管理视角的结构洞与企业绩效关系研究综述 [A]. 第六届（2011）中国管理学年会——组织与战略分会场论文集 [C]. 2011.

⑤　付宏，苏晓燕. 企业家社会网络与中小企业成长——结合华中地区的实证分析 [J]. 湖北经济学院学报，2005，(1)：95 –99.

⑥　雷卫. 民营企业家能力与企业成长关系的实证 [J]. 统计与决策，2012，(19)：183 –185.

续表

企业家个体及企业特征	特征分布	样本数	百分比（%）
成立时间	1 年以内	6	8.7
	1—3 年	6	8.7
	4—6 年	13	18.8
	7—10 年	11	15.9
	10 年以上	33	47.8
员工数量	1—10 人	4	5.8
	11—50 人	7	10.1
	51—100 人	12	17.4
	101—500 人	17	24.6
	500 人以上	29	42.0
企业性质	国有及国有控股企业	17	24.6
	集体及集体控股企业	4	5.8
	私营及控股企业	24	34.8
	外商及港澳台投资企业	14	20.3
	股份制企业	7	10.1
	股份合作制企业	1	1.4
	其他	2	2.9
主营业务	农林牧渔业	0	0
	采矿业	4	5.8
	制造业	16	23.2
	电力、燃气及水生产和供应业	2	2.9
	建筑业	7	10.1
	批发和零售业	3	4.3
	住宿和餐饮业	1	1.4
	金融业	8	11.6
	房地产业	7	10.1
	租赁和商务服务业	5	7.2
	交通运输、仓储和邮政业	3	4.3
	信息传输、计算机服务和软件业	3	4.3
	科学研究、技术服务、地址勘查业	1	1.4
	其他行业	9	13.0

资料来源：笔者整理。

（三）样本信度与效度分析

本研究的效度分析主要是通过因子分析，本研究样本量为117，观察变量数为5，满足数据分析的样本量要求。选用 SPSS20.0 统计分析软件对样本进行 KMO（Kaiser-Meyer-Olkin）和 Bartlett 球度检验，KMO 的值为 0.738 > 0.5，说明样本较充足，数据适合做因子分析。判断同一变量的不同测度项是否比较准确地反映了被测度变量的特性，对样本进行了 KMO 检验和 Bartlett 球形检验，每一项变量的 KMO 都大于或等于 0.5，因子负荷最小值都大于 0.5，表明数据的效度检测符合统计要求。采用主成分分析法，对初始矩阵进行方差极大正交旋转。探索性因子分析最终得到了 5 个因子。反映题项一致性的总体 Cronbach's Alpha 值为 0.833，大于 0.7，说明量表的一致性程度较高。同时，从表 4 - 2 中可以看出，各变量的 Cronbach's Alpha 值都在 0.7 以上，说明问卷对各变量的测量获得真分数的能力较强，信度较高。

表 4 - 2　　　　　　　　　　　　　　旋转成分矩阵

	企业家结构洞富集程度	企业家结构洞多样性	企业战略	企业内部管理	企业成长
企业外部关系资源数量	0.637				
市场信息和商机途径	0.809				
伙伴关系间熟悉程度	0.745				
企业家加入社会活动频率		0.589			
社会关系联系频率		0.749			
关系亲密程度		0.845			
战略经验			0.757		
战略信息获取			0.803		
企业内部工作效率				0.778	
员工支持与配合				0.605	
企业外部关系					0.852
企业资金保障					0.607
Alpha 系数	0.718	0.709	0.857	0.775	0.798
KMO 值	0.674	0.626	0.861	0.754	0.727

注：主成分分析采用具有 Kaiser 标准化的正交旋转法。经过 7 次迭代后收敛。剔除小于 0.5 的因子负载。
资料来源：笔者整理。

三　模型检验与研究结果讨论

（一）模型拟合优度检验

本研究应用 AMOS20.0 软件建立企业家结构洞与企业治理、内部管理、企业成长关系的结构方程模型，对其拟合优度进行分析，通过对输出的路径系数和显著性的分析，对模型假设进行验证和分析。

通过建立结构方程模型对本文提出的企业家结构洞与企业战略、内部管理、企业成长的模型进行拟合分析，其模型拟合优度如表4-3所示，根据结构方程拟合指数与评价标准（易丹辉，2008），CMIN/DF值为1.687 < 2；绝对拟合指数GFI > 0.9，RMR值为0.058，RMSEA值为0.079，在可接受的区间内；相对拟合指数NFI、TLI和CFI的值分别为0.907、0.959和0.913均大于0.8且接近1。所有拟合指数接近推荐值表明模拟拟合较好。总体判断，整个模型得到了很好的拟合。

表4-3　企业家结构洞与企业治理、内部管理、企业成长关系模型拟合优度统计值

	卡方检验		绝对拟合指数			相对拟合指数		
	CMIN	CMIN/DF	GFI	RMR	RMSEA	NFI	TLI	CFI
数值	491.676	1.687	0.928	0.058	0.079	0.907	0.959	0.913

资料来源：笔者整理。

（二）路径系数显著性检验

结构方程中判别回归系数是否显著异于零的标准是临界比例（Critical ratio，C. R.）大于等于1.96时，回归系数可认定在显著水平0.05下与零存在显著差异。整个模型输出路径系数如表4-4所示，由模型的输出结果可知，假设H_1、H_2、H_3、H_5得到验证，假设H_4、H_6没有得到验证。可知企业家结构洞富集程度与企业战略的标准化路径系数是0.641，C. R. 值为3.899（P < 0.01），说明企业家结构洞数目越多，越富集，对企业战略治理的影响越大，支持假设H_1。企业家结构洞富集程度和企业内部管理的标准化路径系数是0.287，C. R. 值为2.264（P < 0.01），说明企业家结构洞数目越多，越富集，越有利于企业内部管理水平的提升，从而验证了假设H_2。企业家结构洞富集程度与企业成长的标准化路径系数是0.583，C. R. 值为3.401（P < 0.01），说明企业家结构洞数目越多，越富集，越有利于企业成长，支持假设H_3。企业家结构洞多样性与企业战略的标准化路径系数是0.194，C. R. 值为1.110（P > 0.01），说明企业家结构洞多样性对企业战略没有显著影响，假设H_4被拒绝。企业家结构洞多样性与企业内部管理的标准化路径系数是0.411，C. R. 值为2.594（P < 0.01），表明企业家结构洞种类越多，多样性程度越高，对于企业内部管理水平作用越显著，支持假设H_5。企业家结构洞多样性与企业战略的标准化路径系数是0.125，C. R. 值为 - 1.124（P > 0.01），假设H_6被拒绝。

表 4 - 4 变量间路径关系检验

假设	假设路径	标准化路径系数	S. E. 值	C. R 值	P 值	假设是否得到验证
H_1	战略治理 < – – – 丰富性	0.641	0.150	3.899	***	支持
H_2	内部管理 < – – – 丰富性	0.287	0.127	2.264	***	支持
H_3	企业成长 < – – – 丰富性	0.583	0.189	3.401	***	支持
H_4	战略治理 < – – – 多样性	0.194	0.113	1.110	0.267	不支持
H_5	内部管理 < – – – 多样性	0.411	0.161	2.594	***	支持
H_6	企业成长 < – – – 多样性	0.125	0.173	– 1.124	0.261	不支持

注："＊＊＊"表示 0.01 水平上显著，C. R. 值即 T 值。

资料来源：笔者整理。

（三）模型修正

假设 H_4 和 H_6 被拒绝，因此需要借助 MI 修正指数来减小卡方值，获得最优拟合模型。修正模型中未通过检验的路径被剔除。

修正后的模型拟合优度如表 4 - 5 所示，所有指标均达到或接近推荐值，优于假设模型，表明修正后的模型比假设模型更符合数据的内在逻辑关系。

表 4 - 5 修正后的模型拟合优度统计值

	卡方检验		绝对拟合指数					
	CMIN	CMIN/DF	GFI	RMR	RMSEA	NFI	TLI	CFI
数值	494.9	1.675	0.929	0.047	0.077	0.814	0.862	0.821

资料来源：笔者整理。

四 研究结论和管理启示

（一）研究结论

企业家结构洞的数量与富集程度对于企业的战略治理、内部管理和企业成长具有显著的正向影响。企业家外部关系网络的拓展给企业的不断成长所带来的影响是伴随着企业间的交换关系和依存关系以及市场机制不断完善的。（1）企业需要根据企业家社会关系网络中的结构洞数量、位置来决定企业整体战略、内部治理方面的布局。在错综复杂的企业社会关系网络关系中，结构洞的数量、位置和类型可以明确地提示企业本身的信息优势、劣势、潜在的威胁和潜在的优势。以此为依据，对企业家的社会关系网络进行构建或者调整，可以帮助企业应用人际情报网络保持优势、消除劣势、时刻监视并有效防范潜在威胁，更为及时并最大限度地发掘潜在的优势。（2）对于企业一旦处于被企业自身拥有的、为企业带来竞争优势情况时，此时企业已经获得竞争优势，如何维护这类结构洞就成为企业所面临的重要问题。企业应该避免这个结构洞中的某些节点，尤其是相关企业，在其发展过程中建立其他联系而突破结构洞。（3）要根据企业家结构洞数量和位置的状态变化，及时调整企业社会关系网络。市场竞争瞬息万变，企业的关系网络也在不断变化。通过掌握和把握企业家结构洞的状态，就可以清晰、准确地对这些复杂的变化做出描述和判断。企业家结构洞的探讨和研究为企业构建和优化社会关系网络提供了明确的理论指导，它将错综复杂的企业社会关系网络与企业战略治理、内部管理和企业成长的逐步优化联系到对企业家结构洞的分析、把握和利用。

企业家结构洞的多样性对于企业内部管理有显著正向影响，对于企业战略治理和企业成长并没有显著影响。企业家需要根据结构洞的种类和类型，结合企业发展现状，决定企业家关系网络资源的分配。明确企业家所拥有的和所占据的不同结构洞的类型，帮助企业合理分配有限的资源，从而实现企业关系网络效益的最大化。[①] 以结构洞类型状态作为依据，企业就能保证其社会关系网络的布局和资源分配调整的及时性和合理性，从而促进企业各项内部管理行动的安排和分配。但需要注意的是，企业家结构洞的种类和类型越多，并没有等同于已经占据了网络中的"好位置"，因而没有对企业战略选择起到决定性作用，也无法帮助企业以最优的方式去分配和利用资源。同时，也不能对企业通过不断在市场竞争中有效地识别有利机会、避免危机和威胁带来显著作用，从而企业家无法从结构洞的多样化程度上将其作为获取和利用资源以及对企业战略和成长的考虑重点。

（二）理论意义和管理启示

本研究具有较为重要的理论意义。第一，从企业家个体的社会关系网络嵌入特征出发分析企业的战略、管理与成长发展，有助于理解企业战略问题的微观基础，从而为相关研究提供一个新的视角。第二，企业可以通过加强和重视企业家个体的社会关系网络的优化、关系剔除和关系重构等多种方式拓展多样化关系网络、挖掘并识别潜在新机会、协调企业内外关系人、塑造信任和声誉机制。选择适合企业自身现状的企业家结构洞优化策略和路径选择。

本研究结论对我国管理的启示在于：第一，为了企业的发展，企业家需要将自己个人的关系构建行为与其企业的成长需要加以联系，并对其个人网络关系及结构洞定位进行有效管理和及时调整。第二，单一的企业家个体关系网络无法满足企业发展的多元化需要，因而企业家有必要构建多种形式的网络，通过不同特征形式、多样性和异质性的结构洞的动态调整来满足企业参与竞争中差异化的竞争需求和企业的发展需求。第三，企业家在个体关系网络构建与维护中，需要更注重在群体的网络结构中找

---

① 胡蓉，邓小昭. 基于结构洞理论的个人人际网络分析系统研究［J］. 情报学报，2005，（4）：485 –489.

寻并跨越结构洞，在稳固其原有掌控的各种关系链的同时成为市场不同行业层次领域的"关系架桥人"，使原本无关系的群体形成联结，使自身个体成为资源和信息流动的中介并联合内外异质信息和利益。同时，企业家也要积极增加相应网络的连接强度、关联性和异质性，使得差异化的网络成员能够更加紧密而顺畅地进行交流、互动和各自信息资源的优势获取，从而提升企业的管理创新决策水平。

第四节　小结

企业家结构洞是一个动态变化过程，一方面，企业网络化成长的过程，网络的成员数量增加，网络中的节点数目和疏密程度的变化会促使网络规模和网络结构的变化。另一方面，企业网络中成员结构的更替带来企业家的观念、思想、意识和关系的变化，由此携带的信息资源、优势、企业网络收益最终也会改变。结构洞的动态化伴随了企业的成长。

本研究首先梳理了企业家结构洞的重要性及企业家的角色选择和优化动因。其次分析了网络中存在的信息资源匮乏、强凝聚力冗余、重复过度投资的低效率、非正式组织填补、不确定性效应这些问题。最后，根据企业面临的企业家时间和精力受限、管理幅度局限、封闭圈子的交易机会缺失、竞争对手的削弱作用、强关系的重叠与屏蔽这些现状，总结出七种优化企业家结构洞的路径。

企业的管理经营，尤其是中小企业，面临着规模受限、创新能力薄弱、新型领导方式缺乏、营销意识淡薄等问题。企业要摆脱自身存在的各种经营困境，必须从企业家个体出发做到管理创新，把握企业经营管理战略，满足客户需求，赢得竞争市场中的优势地位，获取持续的经营业绩。企业家需要灵活运用关系网络中所占据的结构洞，极力探求更优质丰富的网络收益：包括适时改变经营思想、开发更多渠道的关系链、打破原有网络现状、控制更多的"网络租金"，形成企业家的专属性投资和关键性网络收益。

企业家究竟该如何选择、塑造和优化自己的人脉网和结构洞位置；在诸如制度、规范、战略等因素限制下，企业家应该如何选择其行为决策进而形塑企业的社会关系网结构？本研究正是基于企业家关系网的再生产以及关系链重构带来的网络收益均衡分配角度为诸如以上问题，对企业家和管理者们给出了新思路，开辟了一个新视角。本研究提出了通过明确分工、分头治理；挑选合适的管理队伍并合理分权；抓住关键客户、挖掘潜在客户；利用竞争削弱对手；打破限制、供给自身能力和资源；发挥"弱关系"的强力量来全局性统筹性地把握企业的经营管理等具有现实意义的网络关系治理策略。

第五章　中小企业网络化成长行为："理性计算"的演变

中小企业在战略网络环境下，体现为原子企业和开放市场的中间性组织形态。其成长过程必须对二元网络组织产生依赖。通过二阶收敛模型，本部分提出了企业家结构洞探寻、网络生产以及网络福利的网络化成长概念框架。通过对招标模型中中小企业的理性计算过程，分析了从纯粹理性、集体理性到制度理性的连续理性过程，探讨了中小企业在战略网络中，关系制度建设的自组织化过程机制。

第一节　引言及文献述评

企业的成长似乎天生依赖于资源、要素和人力等的投入所建构的规模经济形态，技术创新、知识共享等对资源使用效率的优化，价值链条的拓展、利益相关者维护等所形成的范围经济等，但是所有这些对企业成长规律的诠释都是建立在"将投入转换为产品，由产品换取消费者剩余"的传统价值交换逻辑之上的，顾客价值的创造也就意味着企业价值的实现。但是，一连串的"免费午餐"打破了我们对传统企业成长的定义，例如：联通186号段一次性交5099元话费，免费赠送苹果iPhone4S手机一部；旅行社向游客收取零团费，却依赖顾客购物的佣金来维持其成本；盛大游戏通过《热血传奇》等网络游戏的免费试打，带动周边产品的销售，实现了"网络造就品牌，品牌造就商业"的传奇；唱片公司通过免费下载提高歌手人气，带动演唱会的门票和其他衍生品的销售收入，不再寄望于微薄的下载费用，而且此模式已经成了主流趋势。单纯的顾客价值的最大化未必产生收入，[①] 企业正谋求向价值网络的其他环节和成员企业谋求价值补偿，个体企业之间的竞争转变为网络组织的竞争，价值创造活动由个体

---

① 王琴. 基于价值网络重构的企业商业模式创新［J］. 中国工业经济，2011，（11）：79-89.

行为转变为网络成员的共同努力。①②③④

　　企业的成长依赖于租金的价值创造，而租金的获得又受到资源主体的社会关系约束，这样，企业家（集体）就必须正视网络成长模式，“社会剩余”“关系约束”和“网络理性”是理解企业在网络环境下快速成长的重要命题。首先，从个体理性到网络理性的转变。主流的管理和经济学理论预设了理性经济人前提下的“原子式个人关系”成长，这种成长依赖于 Hayek 提出“自生自发秩序”所建构的主体之间的平等关系，企业的成长遵循的是“动机—关联”的个体成长模式，体现为企业成长的因果联系。儒家文化背景和公平交易条件下，中国网络组织的网络特征和关系特点对企业成长的影响遵循的是不同的逻辑。企业成长不是原子式的个体，而强调网络关系的约束，提出“系列交易累积福利”的网络理性和“镶嵌—互动”的成长模式。罗珉等认为，网络理性应着眼于长期导向的关系式交换，“一系列交易”的累积使网络福利最大化。⑤其次，从资源约束到关系约束。传统企业的价值创造逻辑基于产品导向，由企业按照资源投入的比例开展价值创造过程，但是这个过程依赖于外部资源的供给，而企业间网络关系则成为获取资源的重要中介。⑥正如费孝通所言，中国乡土社会也是利用“差序格局”的人伦关系进行族群资源的动员，进而去经营各项事业的。⑦为此，在某种程度上，网络化成长的行为过程高度依赖关系，关系是调节资源投入的桥介。企业的创业是建构在中间性网络组织的成长基础之上的，从一开始就追求范围经济的最大化。最后，从要素租金到社会剩余。组织租金是组织所创造的总收益支付了组织成员保留收入（参与约束）的剩余。⑧传统企业成长是建立在顾客中心性基础上的，为顾客需求整合资源提供产品组合，租金剩余分配是依赖资源要素的价值和产权关系进行分配的。例如，资源的稀缺性产生了“李嘉图租金”，资源的垄断性产生了“张伯伦租金”，资源的创新性产生了“熊彼特租金”等。但是，以顾客为中心的生产正逐步转向以价值网互补资源供给和网络成员需求为中心，网络化生产行为能够打破单个大企业生产规模不经济的局限（Burt，1992），进而产生网络环境下的社会剩余，这不再是企业价值

　　①　Prabakar Kothandaraman, David, T. Wilson. The Future of Competition Value-creating Networks [J]. Industrial Marketing Management, 2001, 4: 7 – 30.

　　②　Verna Allee. Reconfiguring the Value Network [J]. Journal of Business Strategy, 2000, 21: 4.

　　③　Richard Normann Ramirez. From Value Chain to Value Constellation: Designing Interactive Strategy [J]. Harvard Business Review, 1993, 71: 4.

　　④　James F. Moore. Business Ecosystem and the View from the Firm [J]. Auti-trust Bulletin, 2006, 51: 31 – 75.

　　⑤　罗珉，高强. 中国网络组织：网络封闭和结构洞的悖论 [J]. 中国工业经济，2011，(11)：90 – 99.

　　⑥　Ranjay Gulati. Does Familiarity Breed Trust? The Implications of Repeated Ties for Contractual Choice in Alliances [J]. Academy of Management Journa, 1995, 38 (1): 85 – 113.

　　⑦　费孝通. 乡土中国·生育制度 [M]. 北京：北京大学出版社，1998.

　　⑧　郑健壮，姚岗. 基于资源整合理论的战略实质——企业租金的新解释 [J]. 财会研究，2005，(8)：64 – 66.

链线性思维的零和博弈过程，而是考虑企业网络整体利益的社会剩余价值创造过程。

由此可见，原子企业的价值增值过程带来了"企业噩梦"，而链条企业的价值创造过程又限制了企业营利模式的再造，网络化成长逻辑将为企业演化与发展提供更为复杂和多样化的路径。因此，本部分试图探讨以下三个问题：企业网络成长的概念体系是什么？结构洞、网络生产和网络福利如何为企业的成长提供经验性的解释工具？不同类型的企业如何在成长过程中为网络化成长机制提供经验性的实证，并探讨网络化成长思想的普适性。

第二节　网络化成长现象多案例考察：一个二阶抽象收敛模型

一　网络化成长的概念体系与逻辑

企业不是孤立地存在于现实社会之中，它总是与其他企业或组织进行物质、信息和能量的交换，以获取其成长所需的各种资源。这种"非孤立性"假设，清晰地描述了企业网络化成长的本质动机，但却没有给出网络化成长的整体性解释框架。现有理论贡献涵盖了企业网络化成长的三个关键维度：资源维是通过投入分析，强调结构对资源整合和核心能力建构的机制；知识维是强调学习共享机制对网络生产效率提升的内生性作用；关系维是突出镶嵌对于主体行为的影响和关系优势的形成机制，这些维度体现了网络行为和再生产的基本逻辑（见图5-1）。

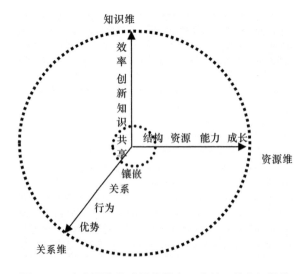

图5-1　企业网络化成长的维度：成长、效率与优势

资料来源：笔者整理。

（一）网络组织成长的资源基础观

根据资源基础观，企业参与网络化成长的重要福利就是获取网络资源。网络组织的发展同样离不开资源的投入与产出，呈现"结构—资源—能力—成长"的网络化成长范式。就"结构"要素而言，企业参与网络成长的一个重要动机就是更为便捷地获取网络中的重要资源，占据网络节点并获取"成员资格"，这是实现网络成长的基础条件。首先，网络组织内部网络层面，表现为一种组织能力，强调资源禀赋的重要性（Barney，1991）。通过获取内部生产性资源，确定企业和市场的边界，实现企业内部规模经济成长。其次，网络组织外部网络层面，表现为一种交易能力，强调资源异质性的重要性（Peteraf，1993；Gulati，1995），网络组织以此接近外部互补性资源，识别企业关系与网络，实现企业外部范围经济成长。网络企业内部各个成员占据的结构洞位置决定了其获取资源的能力，以及对网络的影响力，进而影响到企业网络的成长路径。网络结构位置决定资源的可获性，资源异质性塑造独特的核心能力，进而影响了企业的网络成长行为选择。

（二）网络组织成长的知识学习观

根据知识学习观，企业参与网络成长是为了能够获取网络中的异质信息和技术能力。网络化成长之所以拥有效率，是因为网络的集体制裁可以防范和降低机会主义行为（Burt，Knez，1995），[1] 信任机制可以提高知识技术共享的意愿，凸显"共享—知识—创新—效率"的网络化成长逻辑。首先，网络是知识学习的潜在源泉（Powell，1990）。网络组织成员的隐性知识和信息的新综合，扎根于网络行动者和组织的行动之中。组织制度、认知因素、情感共享、信任倾向、关系结构与知识处理的匹配等决定了网络默会知识的冗余程度及转化，帮助企业共享网络嵌入的福利和获取成员的知识。其次，网络是知识传播的中介延伸（Hamel，1991；KaPasuwan，2004）。[2][3] 组织学习和技术交换促使网络组织的形成和延伸，网络中"人与人"的交流方式影响了组织的学习能力和效率，而企业网络广度、关系嵌入程度、知识冗余以及全球化的网络关系等解释了网络组织的形成机制。总之，网络学习机制有利于提高网络生产的效率，通过知识和技术的扩散，可以提高网络企业的整体创新能力，进而优化所有企业在网络条件下的生产方式与效能。

（三）网络组织成长的关系嵌入观

根据关系嵌入观，企业网络表现为一系列"内容网络"之间的关系镶嵌、交织与混

---

① Mark Granovetter. Problems of Explanation in Economic Sociology［C］. Boston：Harvard Business School Press，1992，91：481－510.

② Ranjay Gulati，Martin Gargiulo. Where do Inter-organizational Networks come from［J］. The American Journal of Sociology，1999，104（5）：1439－1493.

③ Thomas Powell. Competitive Advantage：Logical and Philosophical Considerations［J］. Strategic Management，2001，22：875－888.

合。Holm，Eriksson 和 Johanson（1999）认为整个企业网络可以看成不同类型子网络的集合，并形成依赖于内容和隶属关系的"镶嵌—关系—行为—优势"的网络化成长机制。首先，Uzzi（1997）认为，嵌入性关系应该包含更多的社会因素，可以从信任、信息共享和共同解决问题三个维度去衡量。企业不再简单依赖内部资源的累积作用，而是依赖网络伙伴的资源状况、行为及相互关系，迅速获取和共享网络福利，借助网络关系在复杂的全球化商业环境中实现成长。其次，企业网络是介于市场和层级制之间的一种资源配置方式。Powell（1990）把交易组织形式分为市场、网络与科层制，并从规制基础、调节手段、冲突解决方式、灵活性等多个维度对这三种治理模式进行对比研究，认为网络已经成为一种稳定的介于市场与科层制之间的第三种交易组织形式。由相互连接的经济体（元素、成员、行为者等）构成的具有动态边界的结构性组织，通过网络成员的协调实现目标一致性和特定方向性的重复交易，实现企业的范围经济和规模经济。网络中企业关系嵌入的不同导致企业获取不同的关系租金，而关系强弱的不同又会导致不同的行为模式和信任度，进而塑造成员企业在网络中不同地位和优势。

二　企业网络化成长的二阶抽象收敛模型

对于企业的网络化成长研究很难通过单案例的研究给出全面的解析，为此本研究采用多案例的方法进行重复性的"准实验"。多案例研究中选择案例样本的最基本条件是理论通过"一阶抽象"是否能够达到收敛，而企业网络化成长问题无法通过单个案例或者多个案例的网络化结构分析实现对成长机制的完整解析。从对多案例研究的"准实验"性质判定中可以获知多案例研究真正的优势在于其所得出的结论更加可靠，研究者可以更加有把握地断定潜在的"模式"是否存在；同时从案例提取出来的"模式"更具有普遍意义（黄振辉，2010）。第一，在建构新的企业成长模式中，以建构性解释的多案例研究是重复性实验，可以在建构过程中从多个角度不断地对网络化成长机制进行检验和修正，从而能够更加准确地描述经验和可能的网络化成长模式。第二，企业的网络化形态千差万别，这种"经验世界的多样性"增加了理解的难度，网络化成长的条件缺乏可控性，但是通过比较多个案例细节之间的细微差异，可以增加对组织结构多样性和网络成长多路径的理解。第三，社会科学所追求的解释是机制解释，其典型特征是观察到的"'网络化条件—成长性结果'的稳定关系"是概率性的，即"机制等同于观察得到的概率性关系"。本部分借鉴黄振辉所提出的"背景铺垫、一阶抽象及二阶抽象"三步法①，对网络化成长机制的建构性解析过程加以分析，通过多个案例的重复性实验过程，给出多案例聚类的收敛性解析（见表 5 - 1）。

---

① 黄振辉. 多案例与单案例研究的差异与进路安排——理论探讨与实例分析 [J]. 管理案例研究与评论，2010，(2)：183 - 188.

表5—1 企业网络化的收敛性解析

现象描述	一阶抽象:网络形态		二阶抽象:结构洞→网络生产→网络福利	
拟似科层(中石化集团)。"母子公司通过正式制度形成结构洞等结构自主性。加强资源调控和协同生产"。		通过正式的法人制度形成母子公司之间的结构洞。总部层具有自有结构自主性。形成强联系;子公司之间具有益性结构单位。形成共益性结构洞。	网络企业通过正外部性效应实现参与者组合价值生产。提供同一目标客户群的产品组合。存在封闭网站的组织"合作压力"和社会关系产"。	中石的法人制度确保参与者获得集团收益的分配权。可以共享集团品牌与管理经验等。总部控制结构洞获取中介收益。子公司实现共性性模仿等优势。
放大科层(福特汽车):"单一公司内遇过正式制度实现次级结构洞。完成外包实现同一中心性产品生产"。		通过正式科层制度实现内部网络化。拥有正式科层制度依次级结构洞。完成了结构洞之间具有强结构权。	网络中价值生产行为是遂过某节点吸引顾客。另一节点赚钱的交叉补贴形式进行。通过指令性计划完成交易关系产。	流水线式的福特汽车生产通过子厂区共享资源。满足同一市场空间;参与网络的福利表现为共担风险,按分工效率获取剩余分配权。
虚拟科层(耐克):"单一企业链接核心环节。通过弱联系实现同一中心性产品生产"。		通过正式的合同制度实现产业链关系从而形成核心企业的嵌入性。核心企业的网络结构优势。获取中介关系。建立了结构洞之间的跨界寻租关系。	通过外包实现的企业网络拓展。使形新的参与者承担遇异于原顾客群的新收入源功能。焦点企业协合功能。	耐克的外包企业以合同制度与合作网络。共享品牌效应。实现风险规避等好处;焦点企业通过关键技术资源获取中小垄断收益。
拟似市场(海尔公司):"母子公司通过契约集合形成子网联系完成同一产品竞争性生产行为"。		集团公司通过契约机制主动网络化子公司之间的联系。发挥网络联系优势。增强网络进化能力。建立跨界结构洞。	通过产品内分工补偿机制。实现网络化生产的监督和竞争氛围。提高关系协调能力和对新机会的适应性。	弱联系的契约机制有助于海尔公司提高网络成员作出响应。共享市场需求信息并作出响应。建立内部索赔和跳阅机制。
放大市场(格益仕):"单一企业通过契约集合,利用弱联系中介结构洞完成网络竞争机会共享"。		企业家集群通过建立主动弱联系关系。企业家通过主动构建网络结构洞获取网络中介机会和收益机制实现网络成员的净化。	企业通过会员级别定价机制对自已网络中的顾客给予优惠。而争夺市场竞争中竞争对手的顾客。实现网络关系的"顾客分类"的价值生产。	格益仕通过契约关系筛选供应商关系网。并利用"价格屠刀"机制实现网络企业的挤出效应。获取稀缺资源和扩大成长机会。
虚拟市场(携程网):"单一企业通过契约集合,利用弱联系平台实现竞争机会共享"。		通过契约关系搭建资源整合平台。并使自身处于结构洞的优势地位。建立不同企业内容网子集的优势成本方。并通过网络利益的再分配。强度调度进行价值创造和利益补偿获利。	通过逆向收入的价值创造方式。将收入源转向企业网络内部相关方或网源成本方。并通过网络关系强度进行价值补偿和利益的再分配。	携程网通过搭建"机一唱"等内容网子集合。实现信息共享和求集成。使网络成员之间实现网络收入共享好处。

（一）背景铺垫

如前所述，越来越多的企业在改变自己的商业模式，试图达到更为灵活的租金获取机制和多样化的成长方式，避免在过于市场化的竞争中惨遭淘汰的厄运；同时，也希望借助"网络的力量"而不是自身有限的"资源边界"来实现价值创造机制的变革。从目前的经验来看，任何一家企业都难以仅仅依赖自身的创业资源进行持续的成长，在面临资源的持续投入需求时，都会纷纷转向建立更为复杂和灵活多样的组织形态。这就否定了两个企业成长假设：第一，资源约束性假设：企业无法依赖于原子企业内部强有力的关系联结，提供企业发展所需要的足够资源，必然走向外部的网络化组织扩张；第二，管理有效性假设：企业很难实现对整个市场的驾驭，通常只能通过"有限的管理能力"和弱联系对市场的局部组织资源有效管控。为此，真正可能的企业成长路径是对局部网络组织资源合理使用后所建构的网络化成长模式。

本研究充分考虑了两个假设条件的扩展和变化趋势：一方面，"原子→网络化"拓展假设：原子企业成长会因为资源获取的动力，通过"拟似""放大"和"虚拟"等方式建构网络化组织形态（案例1、案例2、案例3），并逐步放松对强关系的使用，实现网络化的企业生产和行为过程；另一方面，"网络化←市场"拓展假设：完全竞争中的企业因为只是市场力量的被动接受者，为了更充分发挥对局部市场的整合动机，也会借由"拟似""放大"和"虚拟"等机制实现局部网络化形态（案例4、案例5、案例6），通过契约等弱联系机制，实现网络化的价值创造机制。基于这样的理论解析，结合"原子→网络化""网络化←市场"的两种成长动力以及"拟似""放大"和"虚拟"三种组网机制，我们分别选取了具有二者交叉所形成的六种性状的中石化集团、福特汽车、耐克公司、海尔公司、格兰仕和携程网作为典型案例，开展对网络化成长机制和过程的建构性解释研究。案例1：中石化集团建构"拟似科层"的网络化成长路径（拓展假设一）。中国石油化工集团公司（简称中石化）是1998年7月国家在原中国石油化工总公司基础上重组成立的特大型石油石化企业集团，依法对其全资企业、控股企业、参股企业的有关国有资产行使资产受益、重大决策和选择管理者等出资人的权力，通过拟似科层机制，将自身的石油、天然气的勘探、开采、储运（含管道运输）、销售和综合利用、设备检修维修、咨询服务和代理各类商品和技术的进出口等公司进行网络化整合，一个企业集团成为一个网络。案例2：福特公司建构"放大科层"的网络化成长路径（拓展假设一）。福特汽车公司是一家生产汽车的跨国企业，由亨利·福特（Henry Ford）所创立，在1903年公司化。他参考引进了大批量汽车生产以及大批量工厂员工管理的方法，更别具匠心地根据设计出以移动式装配线为代表的新生产序列。福特制及其有83年历史的福特Rouge制车中心，被称为"The Rouge"的汽车生产厂房，但它并非一般汽车生产线那么简单，而是亨利·福特理想中的一个能自给自足，一切原料以至汽车制成品都可在同一地方实现的车城。现在，Rouge仍然是全球面积最大，并由单独一间车厂拥有的制车中心,占地约 1.6 平方公里,楼宇可用面积达 158 万平方尺。案例 3:耐克公司建构"虚拟科层"的网络化成长路径(拓展假设一)。NIKE 是全球著名的体育用品品牌,中文译为耐克。该公司总部位于美国俄勒冈州 Beaverton。该公司生产的体育用品包罗万象:服装、鞋类、运动器材等。NIKE 公司在中国的经营模式是以代理经营为主,少部分业务自己开店经营。像道吉、瑞纳、跨世、先探公司等均为 NIKE 的代理公司,这帮助其建构了虚拟的外包服务网络。案例 4:海尔公司建构"拟似市场"的网络化成长路径(拓展假设二)。青岛海尔集团提出市场链理论,把市场经济中的利益调节机制引入企业内部,在集团的宏观调控下,把企业内部的上下流程、上下工序和岗位之间的业务关系由原来的单纯行政机制转变成平等的买卖关系、服务关系和契约关系,通过这些关系把外部市场订单转变为内部市场订单,形成以"订单"为驱动力,上下工序和岗位之间相互咬合,自行调节运行的业务链。即在此链中每个人都有一个市场,每个人都是一个市场;有代表市场索赔的权利,也有对市场负责的责任。案例 5:格兰仕公司建构"放大市场"的网络化成长路径(拓展假设二)。格兰仕集团是一家定位于"百年企业世界品牌"的世界级企业,拥有国际领先的微波炉、空调及小家电研究和制造中心,在中国总部拥有 13 家子公司,在全国各地共设立了 60 多家销售分公司和营销中心,在香港、首尔、北美等地都设有分支机构。格兰仕持之以恒坚守价格战略,其参与竞争的有力武器还是"价格屠刀",其目的就是要摧毁"打价值不打价格战"的真实"谎言"。案例 6:携程网建构"虚拟市场"的网络化成长路径(拓展假设二)。中国领先的在线旅行服务公司,创立于 1999 年,总部设在中国上海。携程旅行网向超过五千余万注册会员提供包括酒店预订、机票预订、度假预订、商旅管理、高铁代购以及旅游资讯在内的全方位旅行服务。目前,携程旅行网拥有国内外五千余家会员酒店可供预订,是中国领先的酒店预订服务中心。

(二)一阶抽象

通过案例可以发现,网络化因素在不同案例之中具有不同的表现形式。进行第一次抽象(一阶抽象)案例的网络化因素可以归纳为表 5 - 2。

表 5 - 2   不同案例中的网络化机制

	扩展假设 1:原子→网络化 (科层制转向网络化)	扩展假设 2:网络化←市场 (市场制转向网络化)
拟似机制	拟似科层 (案例 1:中石化集团)	拟似市场 (案例 4:海尔公司)
放大机制	放大科层 (案例 2:福特汽车)	放大市场 (案例 5:格兰仕)
虚拟机制	虚拟科层 (案例 3:耐克)	虚拟市场 (案例 6:携程网)

资料来源:笔者整理。

案例1、案例4可以归为一类，都是通过"拟似"机制完成企业的网络化成长，即在各职能层级实现关系丛管理或建构结构等位，实现封闭企业局部边界。在案例1中，"母子公司通过正式制度形成结构等位和网络刚性，加强资源控制和协同生产"，也就是中石化是采取集团体制，但是集团的管理层不是个人，而是具有结构等位和高透明度的管理集团，集团下设的管理仍然遵循原有科层制的职能分工体系，实现生产、销售、科研等职能的密切配合；在案例4中，"母子公司通过契约机制形成子网集合，通过弱联系完成网络价值创造"，如海尔公司通过内部市场链管理（SST、索赔、索酬和跳闸）机制实现内部科层管理缓解的市场化，创造市场机制，实现网络化成长。

案例2、案例5可以归为一类，都是通过"放大"机制完成企业的网络化成长，即对强联系科层职能机制的放大实现内部边界切割，形成网络格局。在案例2中，"单一公司内部通过正式制度形成次级结构洞，完成同一中心性产品生产"，如福特公司历史上在Rougeriver建立最大化的科层管理机制，也是按照科层体系建构的最大的公司网络形态的组织生产模式。在案例5中，"单一企业通过契约建立的外部子网集合，利用弱联系完成网络竞争生产行为"，例如格兰仕通过扩张规模，最大限度地实现了微波炉市场的内部化过程，成为行业的领导者。

案例3、案例6可以归为一类，都是通过"虚拟"机制完成企业的网络化成长，即通过弱联系的科层制打破原有企业边界，完成松散契约式的网络化。在案例2中，"单一公司控制产业链核心环节，通过外包实现同一中心性产品生产"，如耐克通过将传统的管理职能解体外包，建立了虚拟的企业网络形态，实现了新的商业模式发展。在案例6中，"单一企业通过契约建立子网集合，利用弱联系平台实现竞争机会共享"，例如携程网通过虚拟的方式，将机票和酒店网络进行整合，形成了在线交易市场，也构建了网络化成长的门槛，实现了内部资源的充分整合和网络化发展。

（三）二阶抽象

企业网络化成长首先要考虑网络的资源投入问题，而这种资源投入不再是原子企业的"比例"关系，而是基于关系强弱和远近等形成的异质性资源投入产出问题。为此，占据具有战略价值的网络位置，建构网络结构优势首先需要考虑结构洞对于企业内外网络资源整合的作用。其次，网络资源的生产很可能是某节点企业提高形象或声誉，而其他企业实现收入，然后在所有或局部网络成员中共享收益。网络化的生产是集体价值创造的动态过程，并依赖网络关系进行价值的再补偿。最后，网络福利的分配是网络行动者参与网络生产的根本动机，这种福利可以是资源获取、信息共享、声誉或形象共用以及风险规避等，但这些都是依赖于网络成员的"身份和资格"。从表5-1可以看出，企业网络化成长是从资源投入、价值创造和收益分配等环节共同实现的，需要依赖结构洞、网络生产和网络福利等概念体系的支撑。

第一，结构洞探寻：企业家角色的变迁。Burt 的"结构洞"理论指出，一个人占据了资源交换的良好位置，具有较高的网络嵌入性，就能拥有较多、较高质量的资源，从而形成"洞效应"。[1] 结构洞具有对网络中各种现实和潜在资源以及资产的动员能力，推动企业间的协同行为和创造企业价值，为此企业家的角色已经不仅仅作为资源整合者和创业风险承担者，而是结构洞的探寻者。企业的网络化成长要优先考虑在企业网络中占据有利的位置和结构，这不仅是考虑结构镶嵌赋予的"成员资格"身份，同时作为公司无数信息的交汇点，结构洞有利于获取稀缺资源和寻租机会。一方面，结构洞在类科层体系（经由拟似、放大和虚拟等机制建立的）中，给予网络企业缓冲绝缘体（buffer insulator）身份和中介者机会（opportunity broker）。例如，中石化集团层面通过结构自主性建立了对二级子公司的结构洞，既提高了集团的决策效率，又避免了"政出多门"，强化了执行力。福特公司通过科层制主动建构的结构洞，使得企业家成为企业网络的顶层设计者，并拥有对公司的资源和信息的强大控制力。耐克公司通过合同制度形成了外包企业网络的中介地位，获取了高额垄断收益。另一方面，结构洞在类市场体系（经由拟似、放大和虚拟等机制建立的）中，给予网络企业跨结构洞（Boundary spanner）身份和位置自动收益（position winner）。例如，海尔公司的内部市场链机制，主动切断内部边界，提高结构洞跨边界收益，增强网络的响应性。格兰仕的市场网络弱联系可以获取更好的成长机会和实现网络成员的净化。携程网通过建立"机票"和"酒店"等内容子网络，搭建资源整合平台，获取中介收益机会。尽管如此，网络富含结构洞时只有成功的可能而非成功的必然（Burt，1992）。

第二，网络生产：关系人功能的调整。企业网络化生产打破了单一企业的顾客中心价值创造方式，是在不改变网络参与者的情况下，改变企业自身的关系定位和价值生产方式。网络化生产中关系人的角色和行为表现为关系再生产和价值创造两个方面。一方面，改变了针对同一性收入源，供应商作为成本方，顾客作为收入方的定律，可以灵活变更成员的角色和功能。以福特公司和海尔公司而言，它们都是在自己的内部生产网络形成交叉补贴，实现核心生产环节的获利，并补偿关联环节企业。耐克和携程网则是改变收入源形式，向自己的供应商收取知识产权费用或向利益相关者收取服务费，拓展了价值增值空间。格兰仕和中石化都是通过顾客群或生产环节的差别化策略，实现部分免费或低收益，而在其他环节获取高收益的补偿策略。另一方面，网络化生产还意味着关系的优化和再生产。中石化通过封闭网络的"合作压力"和共益性，实现社会关系的再生产。福特公司和耐克公司分别通过指令性计划和生产标准等调节网络企业关系和实现网络的净化与优化，改变原有的交易关系结构。海尔公司通过产

① Ronald S. Burt. Structural Holes：The Social Structure of Competition［M］. Cambridge，MA：Harvard University Press，1992.

品内分工激励强化关系的响应效率。格兰仕通过争夺客户关系网络实现关系的断裂、修复和再生产。携程网通过建设资源平台调节关系丛之间的竞合机制，实现对衍生关系的利用。不管是网络化关系再生产还是价值的创造，都离不开关系主体的知识传播和技术扩散机制，这会从整体上提高网络的行为效率，提高价值创造和技术创新的能力，使网络企业成员获得帕累托福利改进。随着价值创造活动网络化趋势，企业越来越倾向于通过构建网络实现发展和关系生产，重构价值网络已经成为企业商业模式创新的主要方式。

第三，网络福利：租金获取方式的转换。一个行业的企业创建一个稳定的网络结构，而这种结构的基础建立于行业历史更早的一个时点。所以，网络环境在企业建立伊始就已经具备，这是企业成长的前提条件，而不仅是后天投资所建构的，网络的社会剩余也是企业成长必然的结果（Burt，1992）。这里从网络结构的局部属性对网络福利的差异影响分别进行探讨：在网络结构自主性方面，中石化集团的母子公司通过强关系建立的自主性结构能够为网络成员带来如下收益，总部可以获取垄断性收益或中介者机会，或者为子公司的交易提供桥介机会等。结构等位方面（A-B-C 和 A-D-C），总部 A 的信息可以经由不同渠道在 C 节点形成信息共振，修补传播过程的信息衰减和矫正误差，保证提供准确的经营信息。共益性结构洞方面，福特公司通过在各生产环节统一经营信息、共用技术和资源等，促进各子公司生产的协调，形成竞争合力。网络结构刚性方面，海尔公司通过内部市场链（SST）机制，形成内部分工的集体性约束，共同降低成本和增加关系链的增加值。弱联系方面，格兰仕通过市场的弱联系获取需求信息和创业机会，提高自身的竞争优势。次级结构洞方面，"机票"和"酒店"两个关系丛在次级结构洞的位置，可以优先从携程网平台获取需求资源和价格信息等，尽量避免机会成本和市场风险，并可以共享网络品牌效应。网络中的福利分配改变了单纯依赖要素租金获利的传统创利模式，使得网络成员可以在网络创造的社会剩余内，依靠关系资本进行多样化的商业模式再造，实现租金获取方式的转换。

在网络化成长的逻辑中，企业家的角色发生了极大的改变，不再是执行和冒险，更重要的是找到自己生存网络中的结构洞，并获取相应的中介机会，成为结构洞的建构者。企业的收入源也发生了动态化的改变，盈利需要逆向思维的转换，更需要调节好关系链，实现网内企业的价值互动补偿，而这也是网络中企业商业模式再造的关键。不管是正式制度的科层制，还是弱契约的市场机制，都不能使企业脱离网络的成长环境，但是建构不同内容子网络的集合，在强弱关系上"走钢丝"，实现自身最大化的利益，仍然是企业成长的核心。

第三节　网络关系生产：围标的"理性计算"
与演化机制

阿马蒂亚·森在《伦理学与经济学》中深入地讨论了经济学中的理性概念，经济学一般把理性视为选择的内在一致性，或是把理性等同于自利最大化。这里所讲的"理性"，其实质是指个体的自利性，即"自利理性"。理性在经济学中假设为个体的自利性，可以称为"自利理性"，即个体在社会经济生活中追求自身利益的最大化，而不考虑其他个体或组织的利益，自利是唯一动力，也是唯一目标。自利理性，是一种原子式个人主义的利益计算，即所有参与经济活动的人都只注重本人的利益，并使自己的利益最大化。在这种主流经济学分析范式中，人的自利理性被不断放大，自利理性成为人的一切行为的唯一动机和目的。但是，作为自利理性的对立面——个人的社会理性则完全被忽略，忽略了人的社会性，不但无法分析社会整体的理性（集体理性），也使得经济学模型具有很大的局限性。大量的经济学实验或社会学证据表明，个体的自利理性无法解决个体之间的交互问题，个体除了具有自利性外，还具有很强的社会理性，即个体除了追求个体利益最大化外，也会以整个社会利益为目标。

一　围标命题：个体理性与集体理性的冲突

围标是某个投标人通过一定的途径，秘密伙同其他投标人共同商量投标策略，串通投标报价，排斥其他投标人的公平竞争，以非法手段赢取中标的一种违法行为（见图5-2）。它是指在某项招投标过程中同一投标人挂靠几个投标企业或多个投标企业约定轮流"坐庄"，并做出多份不同或雷同的投标书，以各投标企业的名义进行投标，承揽工程项目的行为。在特殊情况下，比如在政府投资项目中，招标人、评标专家往往被引诱成为"围标集体"中的一员，甚至发展到投标监督人。围标分不完全围标与完全围标两种。不完全围标即同一个投标者以两个以上不同投标企业的名义投标同一工程项目，但同时也存在两个以上真正竞标者。而完全围标，即对同一个标的，表面上是多个不同投标企业参加投标，实则只有一个真正的投标人，该项目不管评标结果如何，最后真正中标者为同一个投标人。围标行为的发生是一个集体的行为，其成员主要由参与围标的参与人（其成员≥2）组成，特殊情况下，参与人往往会被引诱成为集体中的一员，甚至发展到评标专家和发标人。在这里，我们称围标行为的发起者为围标人，称参与围标行为的参与人为陪标人。这里假设集体成员是理性的，追求利益最大化，无道德观念的经济人（从个体理性"个己"到集体理性"群己"）。围标问题产生的背景主要体现为一是目前标的（建设）市场准入门槛依然过低，导致市场中"僧多粥少"的局面仍没有得到改善，竞争异常残酷；二是标的市场退出机制还不完善，一些亏损（施工）企业难以退出标的市场，仍在苦苦支撑；三是标的市场上仍有"寻租行为"的存在，明招暗定的现象比比皆是，已到了不可不治的地步；四是缺少对围标行为的预防和监控体系；五是目前规范标的市场的法制依然不健全，法制建设滞后现象依然没有得到改善，有待规范的地方依然较多，致使围标等违规行为有滋生的"温床"，标的市场监管乏力。

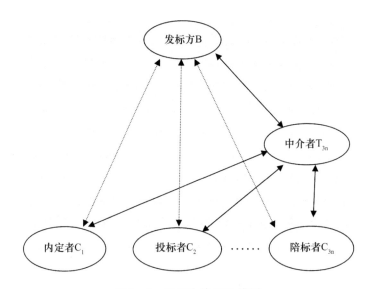

图5-2 围标中的 BTC 模型

资料来源：笔者整理。

围标是指某个投标人通过一定的途径，秘密伙同其他投标人共同商量投标策略，串通投标报价，排斥其他投标人的公平竞争，以非法手段赢取中标的一种违法行为（见图5-3a）。陪标或抬标是指在建设工程招标中，几家投标单位通过事先商定并达成私下协议或合谋抬高价格，由"内定中标人"去组织投标的行为（见图5-3a）。招标后没有供应商投标、没有合格标的或者重新招标未能成立的可以采用竞争性谈判采购方式。竞争性谈判是指采购人或者采购代理机构直接邀请三家以上供应商就采购事宜进行谈判的方式（见图5-3b）。竞争性谈判采购方式的特点是：一是可以缩短准备期，能使采购项目更快地发挥作用。二是减少工作量，省去了大量的开标、投标工作，有利于提高工作效率，减少采购成本。三是供求双方能够进行更为灵活的谈判。四是有利于对民族工业进行保护。五是能够激励供应商自觉将高科技应用到采购产品中，同时又能转移采购风险。串标是指招标人与投标人之间或投标人相互之间采用不正当手段，对招投标事项进行串通，以排挤竞争对手或损害招标人利益的行为（见图5-3c）。

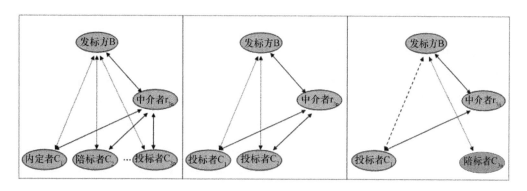

图5-3a　围标　　图5-3b　竞争性谈判　　图5-3c　串标

资料来源：笔者整理。

二　围标的网络福利收益最大化：独裁制与关系冲突的治理

（一）独裁制

围标中的发标方（B）、评标方（T）和投标方（C）本是基于共同的利益开展合作的关系，并且招标模型中应遵循公平竞争的原则，通过投标方的充分竞争为发标方提供合适价格的优质服务或产品；而发标方（B）、评标方（T）和投标方（C）则依赖互利互惠原则，共同完成标的的生产和合作，实现利益相关者的共同网络福利最大化。但是，根据"德孔多塞"投票悖论，很难打破三者彼此制约又能实现帕累托福利改进的局面。为此按照阿罗不完全定理，解决投票悖论模型就是拥有具有独裁权的"选民"。

当BTC中任何一方具有强势地位的时候，就可以形成独裁制的解决方案和均衡解。发标方B独裁方案：济南市目前采取由政府或建设主管部门设立的一个投标保证金专用账户。中介者T独裁方案：对有关招标投标的投诉不按照规定处理，甚至通过偷换、藏匿投标文件或备案材料，"协助"评标专家不断查找中标候选人的不利条款，"鸡蛋里挑骨头"，使"意中人"中标。投标者C独裁方案：括以分包、联营、项目经营等方式将资质外借，非法挂靠，施工单位多头挂靠，投标人互相配合，在招标项目中分别以高、中、低价位报价，轮流坐庄，共同围标或者故意废标，参与陪标。

（二）关系冲突及治理

理查德·L.达夫特和雷蒙德·A.诺伊认为：组织冲突的程度直接关系到它对组织的影响是正面的还是负面的。托马斯（K. W. Thomas）提出一种现在被广泛应用的冲突管理二维模型。该模型中横坐标维度"对他人的关心"，表示冲突主体即业主和承包商在追求自身利益的过程中与对方的合作程度，也就是其试图使他人的关心点得到满足的程度，纵坐标维度"对自己的关心"表示冲突主体在追求自己利益的过程中的武断程度，也就是试图使自己的关心点得到满足或坚持己见的程度。托马斯以冲突主体的潜在行为意向为基础定义了其冲突管理的二维模型，并组合形成了通用的竞争、回避、迁就、合作、妥协五种基本管理策略。

由上述可知，企业建构围标网络可能会产生过度竞争行为。"过度竞争论"的理论基础是伯川德竞争模型：当企业 A 的报价大于企业 B 的报价并大于其成本时，企业 A 就不可能与业主成交，其收益为零。而如果它索取比企业 B 更小一点的报价时，它就会与业主成交，并得到交易的剩余。同样的逻辑，企业 B 也会预期到企业 A 的降价行为，并再次降到企业 A 的报价之下。如此反复，最终两个企业都将按照边际成本定价且获得零利润，甚至亏损。然而，伯川德竞争均衡只是一种可能。现实中这样的博弈不是一次性的，常常是重复多次。一旦静态转变为动态，参与者的承诺或威胁会在多次博弈中被加强，并可能走向另一个极端——卡特尔模型。过度竞争与合谋是两种完全不同的情况，如果建设工程市场确实存在过度竞争，必然不会发生合谋；如果是合谋，必然不会发生过度竞争。

根据 Fredman 完美无名氏定理，合谋与过度竞争都可能成为博弈的均衡。但在不同的条件下，两种均衡发生的概率是不一样的：第一，在投标者的数量较少的情况下，达成合谋的可能性加大。一级密封招投标模型告诉我们，随着参与竞标的人数增加，招标结果越接近于投标者的实际成本。也就是说，只有在参与者足够多的情况下，才会完全不合谋。第二，投标者在市场中重新相遇的概率越高，越容易达成合谋。第三，根据 Macleod 的理论，即使合谋可以增加承包商的利润，但"不合作后退出"的动机和策略仍可毁坏任何一个合作协议。只有当退出是不太可能的时候，或退出成本较高时，对不合作者的威胁对不合作者来说才是"可信的"，并构成一个子博弈完美均衡。与一般商品市场不同的是，建设工程市场中的供方数量较少，如果又故意设置地区和行业进入障碍，那么承包商重新相遇的概率就会更高，合谋的可能性更大。第四，市场规制。虽然《中华人民共和国招投标法》第 32 条规定：招标人不得相互串通投标报价，不得排挤其他投标人的公平竞争，损害招标人或者其他投标人的合法权益。但由于合谋的隐蔽性和查处不严，从而使这种机会主义行为得不到相应的惩罚，这反过来更纵容了承包商的合谋。这种合谋在招投标过程中进一步被发展为陪标和围标。陪标是几家企业串通哄抬标价，围标是一个承包商同时使用几个企业的名义去投标，自己与自己"竞争"，无论哪一家企业中标，最终还是由围标人承揽工程。

在个体的一元理性（自利理性）下，之所以忽略社会理性，一个原因就是认为整体即内部个体之和，这正是还原论的错误。亚里士多德早就说过，"整体不等于部分之和"，整体相对于个体总和来说，具有整体涌现性，即整体不能完全分解为个体之和。假定个人的自利理性追求个体目标，即个体利益的最大化；而个人的社会理性追求社会目标，如追求社会整体利益的最大化，二元理性模型就是将个体目标和社会目标统一到一个函数中。在实际分析中，由于每一个人既具有自利性，又具有社会性，所以需要把自利理性和社会理性结合起来。社会中的人，不是纯粹的自利理性（专门利己），也不是纯粹的社会理性（毫不利己），而是既追求个体利益、又追求社会利益的综合体。

三 企业围标寻租中关系的"理性计算"过程

（一）围标寻租关系中一阶博弈：非理性的竞争分析

工程建设领域的招标投标，各投标人进行报价的过程实际上就是一场博弈。现行的工程建设领域的招标投标活动有如下几个特征：投标文件需要密封递交；所有投标文件的递交以及开标须在同一时间，并在公开场合公正进行；合理低价者中标。

这场博弈中的参加者就是所有的投标人，数量至少在 3 人或以上；各个博弈方的策略就是他们各自的投标报价，并且博弈的各方在某种意义上需要同时做出策略选择；中标博弈方的收益就是投标报价与成本之差，未中标博弈方的收益在忽略前期各项投标费用的前提下为零；投标人需要在获得中标机会与中标收益之间进行权衡，来确定自己的报价。投标人的报价越低，中标机会也就越大，但中标收益也越少；投标人的报价越高，中标收益也越高，但中标机会就越渺茫。所以，各个投标人在报价的时候必须兼顾中标机会和中标得益，投标人之间相互博弈的过程实际就是使投标报价越来越趋近于成本价的过程，这也是大力推行招标投标制度应用的目的。

通过招标投标的博弈，各个投标人会不断采用先进的工艺技术和管理经验，降低成本，最终降低工程的造价。但是，在招标投标中，因为信息的不完全，如果没有一定的约束机制，那么投标人在投标报价上也就存在合谋的可能，也就是我们通常所讲的围标、串标。

我们举一个实际的例子来演示一下投标人在投标报价过程中的博弈（吴晶，2008）。为了简化起见，假定只有两个企业参与一个项目的投标，并且两家企业相互的盈利信息也是双方都了解的，他们所面临的策略选择只有两种——报低价或者报高价，这场博弈双方的收益，如图 5 - 4 所示。

		乙	
		低	高
甲	低	25, 15	25, 0
	高	0, 15	40, 30

图 5 - 4 一阶博弈：非理性竞争分析

资料来源：笔者整理。

如果甲报低价，其最低盈利为25；如果乙报低价，其最低盈利为15。如果甲报高价，其最低盈利为0；如果乙报高价，其最低盈利同样为0。因此为了保证在投标过程中有盈利，那么甲将选择报低价策略，同样的分析也适用于乙，即两个企业都选择报低价。但是，从得益矩阵中可以看出双方报高价才是最佳的策略，在这种策略下双方的盈利均最高（甲30、乙25），但是因为报高价就会丧失中标的机会，因此两家企业都不会做出报高价的选择。

在以上的分析中，甲、乙两家企业处于非合作的状态，他们报低价中标后的盈利要明显地低于都报高价的盈利。如果在投标报价前，甲、乙两家企业可以在一起协商，或者虽然在法律的框架下两家企业不能在一起协商，但是他们通过私下的渠道达成了一致，并且有充分的信任，双方不会违背盟约，那么他们的策略选择就是都报高价，从而双方不论谁中标都可以达到增加盈利的目的，也就是说，商业合作可以带来双赢的结果，那么两个企业之间就存在了合作的动力。

如果我们将上述这个简化模型进行扩展，将博弈的参与者扩充到3家、7家，甚至更多，那么这一模型将充分地说明为什么在现实的招标投标活动中会存在大量的合谋问题。一部分的投标人受利益的驱使会私下达成某种协议，从而破坏招标投标活动的博弈均衡。

（二）围标寻租关系中二阶博弈：二元理性预期的竞争分析

在传统的经济学分析中，由于只考虑了个体的自利理性，即一个人在经济生活中只考虑自己的利益。在很多问题中，由于一个人很难自己完全把握自己的命运，需要与其他人合作，组成团体来获得个体所无法获得的更大的利益，就必须考虑向其他人妥协，适当地退让，以使团体的利益最大化，如果个人利益与团体利益不一致，考虑个体的社会理性，可以通过合作使群体利益最大，这种行为使自身从长远来看利益将会增加。

基于个体的二元理性假设分析博弈模型，可以更加深刻揭示个体理性与社会整体理性之间的矛盾，自利理性下出现囚徒困境，只有通过提高群体中个体的社会理性才能走出来，而在过去的研究中，只有在无限重复博弈的情况下才会出现，通过提高社会理性，做到"我为人人"，才能达到"人人为我"，才能达到社会的帕累托最优，而如果出现机会主义，则会把社会重新带入困境。这种分析是符合现实的，比传统博弈论中仅基于自利理性得出单一的囚徒困境纳什均衡更为合理（胡石清，乌家培，2011）。

围标的过程涉及方方面面，有诸多环节，其主要动因是经济利益的驱动，始作俑者为围标的组织者，在其经济利益的引诱或胁迫下，围标集体就产生了。这里假设参与围标者均是理性的、追求利益最大化、无道德观念的经济人；假设围标集体有 n 个成员，$n > 2$，其中一个是围标活动的组织者，用 h 表示，其他是围标活动的参与者，

记 i（其中：$i = 1$，2，…，$n-1$）；该工程围标成功后所得到的总利润为 U，围标组织 h 得到的收入为 Uh，则每个合伙人围标收入为（$U - Uh$）/（$n-1$）；p 为围标集体认为围标行为不被成功查处的概率，$1 - p$ 为围标被查处的概率；F 为围标组织者查处受惩罚的损失，fi 为围标参与者查处受惩罚的损失，盛宇明采用力度系数概念来把非经济的惩罚定量化，其表达式为：惩罚损失 = 罚款 + 处分、刑事责任等的量 × 力度系数；围标组织者的收益期望值为 Rh，第 i 个投标人的收益期望值为 Ri。因此可以建立博弈的标准式如图 5 - 5 所示。

第 i 个投标人

		合作	不合作
潜在围标组织者	合作	Rh, 0	Rh, 0
	不合作	0, Rh	0, 0

图 5 - 5　二阶博弈：二元理性预期下的竞争分析

资料来源：笔者整理。

在上述博弈中，如果博弈的人数为 n，恰好是人人都不可或缺的，否则不能使围标行为得逞，则博弈的结果有两个纳什均衡，即（合作，合作）和（不合作，不合作）。如果参与者的人数 n 是大于合谋的最小规模人数，即在集体中缺少几个人，并不影响腐败合谋的进行，模型中采取策略（合作，不合作），围标组织者的收益期望值为 Rh；反过来，如果合伙人 i 企图撇开围标组织者同集体其他成员进行合谋，而围标组织者采取不合作的态度，那么，合伙人 i 的活动就会承担巨大的风险，在（不合作，合作）策略中，合伙人 i 的取值可能是 0，也可能是一个小于 Ri 的值，甚至是负数（即被查处），这里暂且记为 Ri。通过相对优势策略对比，可以得到：当且仅当 $Rh > 0$，$Ri > 0$ 时，占优纳什均衡策略为（合作，合作）。

（1）围标组织者 h 的经济分析

围标组织者 h 的收益期望值为：$Rh = pUh + （1 - p）（Uh - F） = Uh - F（1 - p）$。

围标组织者 h 选择合作的效用为：$Uh - F（1 - P）$，当非法的收入大于被查处受罚的收入损失时，组织者才会实施围标行为；当受惩罚的力度 F 小于非法收入 Uh 时，即便被查处的概率（$1 - p$）很大，组织者还是值得去进行非法活动，所以他选择围标。

（2）参与围标的投标人 i 的经济分析

参与围标的投标人 i 的收益期望值为：

$$R_i = \frac{U - U_h}{n - 1} p + \left(\frac{U - U_h}{n - 1} - f_i \right)（1 - p） = \frac{U - U_h}{n - 1} - f_i（1 - p）$$

对参与者而言，合作比不合作能获得更多的效用，因为参与者选择合作的效用为 $\frac{U - U_h}{n - 1} - f_i (1 - p) U$，当非法的收入大于被查处受罚的收入损失时，参与者才会选择合作；当受惩罚的力度 f_i 小于非法收入 $\frac{U - U_h}{n - 1}$ 时，即便被查处的概率 $(1 - p)$ 很大，参与者还是选择参与非法活动；特别是围标集体往往采用轮流"坐庄"的办法，这次做"闲家"，下次就可能当"庄家"，所以他选择合作围标。

（三）围标寻租关系中三阶博弈：道德与惩罚约束下的竞争分析

通常情况下，围标人与即将招标的工程有特殊关系，非常渴望能将工程接到手，为此围标人首先要与招标人取得联系。由于招标人拥有特殊的权力，比如对资格预审、评标的内容进行一些规定，以及 5 人组成的评标小组中有 2 人由招标人组成，为追求自身的私利，就存在"明招暗定"的可能，从而与围标人达成一致协定，进行权钱交易（实物或货币）。通过权钱交易，在得到招标人的承诺后，围标人就以实物或货币去寻找陪标人，希望其他陪标人对即将招标的工程进行投标，共同制定投标策略，以期以"合理""合法"的程序赢取中标。在找到一定数量的陪标人后，如有必要，在公布评标专家至评标前的这段时间内，与评标专家取得联系，进行权钱交易，希望评标专家在评标时能给予"照顾"。同时，在进行围标过程中或围标后，由于存在被查处的可能性，围标各方又需承担一定的风险，从而使其权钱交易带来的期望收入下降，在这种情况下，围标各方会比较理性地分析是合作还是不合作的艰难抉择。（见图 5 - 6）

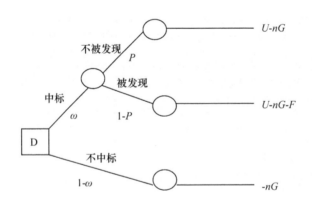

图 5 - 6 道德约束与制度规制下的围标决策树

资料来源：笔者整理。

在这里进行几个假设：

（A）假定围标人与第 i 个围标成员进行权钱交易时的货币或实物量为 Gi，则围标

人与 n 个围标成员进行权钱交易时所需付出的费用总和为 $M = \sum_{i=1}^{n} G_1$；

（B）假定各权钱交易金额均相等，这并不影响模型分析的结果，则 $M = nG$；

（C）假定 P 为围标人围标不被查处的概率，则围标行为被查处的概率为 $1 - P$；

（D）假定围标人中标的概率为 ω；中标后，工程完工可得到的利润为 U；在任一环节被查处后所受到的惩罚损失为 F，F 包括各种量化的非经济惩罚。盛宇明采用了力度系数概念对非经济的惩罚来定量化，其表达式为：惩罚损失 = 罚款 + 处分、刑事责任等的量×力度系数。

根据 N – M 效用指数，围标人的预期收入为：
$$E = \left[(U - nG) P + (U - nG - F)(1 - p) \right] \omega - nG(1 - \omega) =$$
$$\left[U - F(1 - p) \right] \omega - nG \qquad (5-1)$$

（1）不考虑时间价值模型分析

对式（5 –1），显然只有在围标预期收益 $E \geq 0$ 的时候，围标才可能发生。

在 F、P、n、ω、G 不变的情况下，对 U 求偏导，得：
$$\frac{\partial F}{\partial U} = \omega \frac{\partial F}{\partial U} = \omega，因为 \omega > 0，所以 \frac{\partial F}{\partial U} = \omega > 0 \qquad (5-2)$$

这说明，围标人的预期收入与工程完工利润成正比，工程越有钱赚，围标就越易发生，中标欲望就越强，这与实际相符，在激烈竞争的工程中往往是利润可观的工程。

在 U、P、n、ω、G 不变的情况下，对 F 求偏导，得：
$$\frac{\partial E}{\partial F} = -\omega(1 - p)，因为 \omega > 0，1 - P > 0，以\frac{\partial E}{\partial F} = -\omega(1 - P)\frac{\partial E}{\partial F} = -\omega(1 - p) < 0 \qquad (5-3)$$

这说明，围标人的预期收入与惩罚损失成反比，即随着惩罚力度的加大，相应的预期收入降低，围标现象的可能性就较小。遗憾的是，现在的围标惩罚力度远远达不到预防围标的要求。例如深圳某工程，造价上亿元，发现围标后仅对围标人罚款 10 万元，惩罚力度真是太小了。

在 U、F、n、ω、G 不变的情况下，对 P 求偏导，得：
$$\frac{\partial E}{\partial P} = F\omega \frac{\partial E}{\partial P} = F\omega，因为 F > 0，\omega > 0，所以\frac{\partial E}{\partial F} = F\omega > 0 \frac{\partial E}{\partial F} = F\omega \qquad (5-4)$$

这说明，不被查处的概率与围标的预期收入成正比，围标行为越隐蔽，围标预期收入就越高，就越易发生围标现象。目前，围标形式越来越多样化、隐蔽化，难于查处。如现在有的包工头在多家施工单位挂靠，只要挂靠的任意一家公司中标就可以承包到工程项目。而对于这种挂靠根本无从查起。

在 U、F、P、n、G 不变的情况下，对 ω 求偏导，得：
$$\frac{\partial E}{\partial \omega} = U - F(1 - P)，$$

根据式（5-1），显然 $U-F(1-P)>0$ 的条件下，围标才可能进行，所以

$$\frac{\partial E}{\partial \omega} = U - F(1-P) > 0 \tag{5-5}$$

这说明，围标预期收入与中标概率成正比，中标概率越大，围标现象的预期收入越大。如招标人制定了非常有利于围标人的评标内容，参加围标的评标人"看好"围标人，陪标人数占总投标人比例越大时，中标概率就会越高。特别地，当所有投标人均系围标成员时，中标概率 $\omega=1$，招标机制完全失效，报价完全由围标人说了算。如深圳地铁某分项工程招标后，根据举报，有关部门查处了这家围标公司和陪标人，发现该围标人中标价竟然比同类工程造价高出 60%，真是触目惊心。

在 U、F、P、ω、G 不变的情况下，对 n 求偏导，得：

$$\frac{\partial E}{\partial n} = -G，因为 G>0，所以 \frac{\partial E}{\partial n} = -G < 0 \tag{5-6}$$

这说明，预期收入与围标人数成反比，围标人数越多，围标成本越大，但为了提高中标概率，围标人又不得不多邀请陪标人。

在 U、F、P、ω、n 不变的情况下，对 G 求偏导，得：

$$\frac{\partial E}{\partial G} = -n，因为 n>0，所以 \frac{\partial E}{\partial G} = -n < 0 \tag{5-7}$$

这说明，预期收入与贿赂金额成反比，这是很显然的。

（2）考虑资金时间价值模型分析

设工期为 m，中标后围标人每年工程利润为 U_j，折现率为 r，则：

$$U = \frac{U_1}{1+r} + \frac{U_2}{(1+r)^2} + \cdots + \frac{U_m}{(1+r)^m} \tag{5-8}$$

在第 L 年后围标被发现处以罚款损失为 F_L，则：

$$F = \frac{F_L}{(1+r)^L} \tag{5-9}$$

把 U、F 代入式（5-1），得考虑资金时间价值的围标预期收入模型：

$$E = \left[\frac{U_1}{1+r} + \frac{U_2}{(1+r)^2} + \cdots + \frac{U_m}{(1+r)^m} - \frac{F_L}{(1+r)^L}(1-p)\right]\omega - nG = \left[\left(\sum_{j=1}^{m} \frac{U_j}{(1+r)^j}\right) - \frac{F_L}{(1+r)^L}(1-p)\right]\omega - nG \tag{5-10}$$

对式（5-10）的分析结果与式（5-1）相同，在此不再赘述。

根据以上的分析结果，可以得出以下几个结论：

（1）由式（5-2）可知，工程利润的大小与围标的预期收入成正比，利润的大小是产生围标的关键因素。利润越可观，围标行为越激烈，以至于有些项目出现了两伙人甚至几伙人围标的"壮观"场面。

（2）由式（5-3）可知，惩罚力度的大小同样影响着围标的发生，当惩罚损失超过围标预期收益所能承担的最高限制时，围标人会选择退出围标。

（3）由式（5-4）可知，当围标不被查处的概率很大时，围标的欲望很强烈。因此，加大围标的查处力度，使用各种手段方法，提高整个招标投标过程的透明度是降低围标发生的重要举措。

（4）由式（5-5）可知，参与围标的人数与总投标人数的比例越高，由招标人和评标专家参与围标的工程，越易中标。特别地，当所有投标人均成为围标集团成员时，围标人中标的概率等于1，则一切的评标程序、规则、内容均告失效，招标流于形式。

（5）由式（5-6）、（5-7）可知，不管是围标人数的增加，还是贿赂费用的提高，围标费用的投入均加大，从而导致围标预期收益下降。

（四）围标寻租关系中四阶博弈：制度自组织下的竞争分析

在经济学的制度分析史上，安德鲁·肖特（Andrew Schotter）的《社会制度的经济理论》是较早从博弈论的视角探讨人类社会的制度现象的一部著作。肖特研究了制度是如何从自然状态演化的，在肖特的模型里，制度是模型里的一个内生变量，它的出现没有经过行为人的有意识的设计，是通过行为人的行动自发形成的。肖特所研究的博弈不是一次性的博弈，而是反复出现的超博弈（super games），或者一次一次重复的博弈。肖特区分了博弈规则和博弈均衡，强调了制度是博弈的结果，而不是博弈规则本身。"我们不是将社会制度看作各种各样的规则的集合，而是看作各种各样的可替代的行为标准（n维的策略数组），它们是博弈的均衡的元素。换句话说，我们的社会制度不是博弈规则的构成部分，而是重复进行的策略博弈的解的构成部分。"（肖特，2003）

哈耶克的"自发社会秩序"理论认为当存在社会秩序时，个人将没有动力改变他的行为模式，这实际上就是纳什均衡的概念，因此可以将制度的产生理解为在重复博弈的条件下求博弈的纳什均衡解。刘易斯认为在协调博弈的情况下，习俗将演化出来（Lewis，1969）；乌尔曼·玛格丽特认为，在囚徒困境博弈的情况下，规范将会出现（Ulmann Margalit，1977）；安德鲁·肖特类似地认为，在重复的囚徒困境博弈的情况下最优的制度可以演化出来（肖特，2003）。我们将在综述刘易斯、乌尔曼·玛格丽特，特别是安德鲁·肖特的理论贡献的基础上，使用重复博弈的分析工具，建立一个制度形成的博弈均衡分析的基本模型。

在刘易斯的习俗定义基础上，肖特定义社会制度为："一个社会制度是一种社会行为的规则，它被所有社会成员所赞同，它规定了在特定的反复出现的情况下的行为，它是自我维持的，或者是被某个外在的权威所维持的。"社会制度的创生是为了解决经济中的行为人所面临的某些反复出现的问题，这些问题可以概括为两种情况：协调博弈问题和囚徒困境问题。在重复博弈中，作为共同遵循的行为规则的制度将自发建立起来。基本的思路是如果行为人知道在未来的无限时期他们将互相面对，一系列的制度将会发展起来。一旦制度建立起来，如果是一个均衡制度，将对博弈参与人在每一个阶段博弈的行为具有约束力，这个问题的解就被制度化了。

肖特以最简单的两人囚徒困境博弈说明制度的形成过程如下假设存在两个博弈参与者，他们在每一时期都相互遇到，并且在两个行动之间任选其一，行动 1 为合作的策略，行动 2 为非合作的策略，与每一对策略相对应的收益如下，这样我们就定义了一个以双变量矩阵表示的囚徒困境博弈，如图 5 - 7 所示。

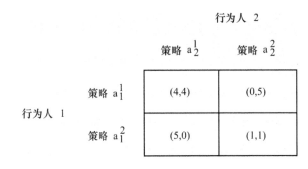

图 5 - 7 囚徒困境博弈模型

资料来源：笔者整理。

在上述囚徒困境博弈 Γ_1 中，参与人集合 N，标记为 $i = 1, 2$；每个参与人的策略集合是 $A_1 = (a_1^1, a_1^2)$，$A_2 = (a_2^1, a_2^2)$；收益函数 $U_i(b^k)$ 由上述矩阵规定，其中，$b^k = (a_1^k, a_2^k)$，$k = 1, 2$。纳什均衡是以下最优化问题的解 $\max\limits_{si \in S_i} \sum\limits_{a_1^k \in A_i} \sum\limits_{a_j^k \in A_j} U_i(a_i^k, a_j^k) S_i^k$ 式中，S_i 表示混合策略。如果只进行一次博弈，唯一的纳什均衡为 (a_1^2, a_2^2)，双方不能达成合作。

根据我们对制度的定义，我们主要关心重复进行的囚徒困境博弈 Γ 的解。假设博弈参与人 1 采取触发策略，在无限重复博弈的开始选择合作，当且仅当前面每个阶段参与双方都选择合作时，在其后的阶段博弈中也选择相互合作。令 $\delta = 1/(1 + r)$ 为贴现因子，每个参与人在重复博弈中得到的收益等于各自在所有阶段博弈中得到的收益的现值，即 $\sum\limits_{t-1}^{\infty} \delta^{t-1} U_t(b_t^k)$，式中 $U_t(b_t^k)$ 表示策略组合 b_t^k 的收益。假定参与人 1 在时期 1 考虑偏离，如果参与人 1 不偏离，参与人 2 也不偏离，双方将永远合作，参与人 1 的收益是：$U_1(a_1^1, a_2^1)/(1 - \delta)$。如果参与人 1 在时期 1 偏离，当期的收益是 $U_1(a_1^1, a_2^1)$，但在以后时期就会引发参与人 2 的不合作，永远得到收益 $U_1(a_1^2, a_2^2)$，即在第 1 期偏离的收益为：$U_1(a_1^2, a_2^1) + U_1(a_1^2, a_2^2) \delta/(1 - \delta)$。

当且仅当下式成立，选择合作最优：

$U_1\ (a_1^1,\ a_2^1)\ /\ (1-\delta)\ \geqslant U_1\ (a_1^2,\ a_2^1)\ +U_1\ (a_1^2,\ a_2^2)\ \delta/\ (1-\delta)$

$\delta\geqslant\delta*=\ (U_1\ (a_1^2,\ a_2^1)\ -U_1\ (a_1^1,\ a_2^1))\ /\ (U_1\ (a_1^2,\ a_2^1)\ -U_1\ (a_1^2,\ a_2^2))$

代入数据，可以得到：$\delta\geqslant\delta*=\ (5-4)\ /\ (5-1)\ =0.25$，即，如果贴现因子大于临界值 0.25，博弈参与人 1 不能得到有利的偏离，将遵循合作的惯例。类似地，可以对博弈参与人 2 进行计算。可以证明，当 $\delta\geqslant\delta*$ 时，合作的策略组合 $\sigma^{合作}$（$\sigma\ [a_1^1/a_2^1]$，$\sigma^2\ [a_2^1/a_1^1]$）是一个子博弈精练纳什均衡。

在一次博弈中，不合作的策略组合（a_1^2/a_2^2）构成纳什均衡；在重复博弈中，合作的策略组合 $\sigma^{合作}$（$\sigma^1\ [a_1^1/a_2^1]$，$\sigma^2\ [a_2^1/a_1^1]$）构成子博弈精练纳什均衡。这样，我们就证明了在重复博弈的条件下，合作的制度可以自发产生出来。协调博弈的情况可以类似地得到证明。

上述合作均衡的形成依赖于两个机制，第一个是学习机制，参与人可以从博弈的历史中观察对方的行动方式，从而学会相互信任，这个机制强调了历史的重要性，即制度形成的"路径依赖"。第二个机制是惩罚机制，阻止一个参与人偏离既定策略的最有效方法是威胁该参与者，一旦偏离，就将受到严厉的惩罚。这个惩罚可以是第三方实施的，也可以是自动实施的，来自同一博弈参与人的交易的其他领域，即制度形成的"嵌入性"。

第四节　小结

网络化成长并不是企业发展的阶段性产物，而是企业创业的基础环境载体，企业很难在内部获取动态生产的全部资源，必须依赖外部网络环境提供冗余资源，形成对企业动态成长的支撑。正如科斯所言，"为什么不是一个大企业完成所有的生产呢"，因为规模不经济。但如何衡量"成长"，成长的标准如何评判是本部分没有深入探讨的，这里只选择了隐含性的"规模"作为成长的判据。无疑这样的疏漏将影响到对企业成长的理解，但这并不会干扰本部分对企业网络成长的某些判断，尤其是提出的概念体系和解释框架。尽管结构洞理论并不是解释企业获取网络"成员资格"的全部依据，但是它至少告诉我们如何在一个网络环境中为企业的发展获取更好的结构优势，而这也将决定其在资源和信息获取方面所获好处的多少。网络生产开拓了企业成长的新的认识，在网络理性下，企业拓展了价值创造的方式，也提供了多样化的成长空间。与此伴随的是网络中关系的再生产，关系也将是网络行为的重要内容，并成为企业成长的内生性力量。累积网络福利的权衡和"理性计算"，能够更好地解释企业为什么要镶嵌到网络结构中进行成长。

第六章 网络关系资本：战略网络累积福利的动态权衡

伴随着当前愈演愈烈的市场竞争和日益复杂的外部环境，因循原子式企业的逻辑，单纯地依靠企业自身的资源和能力已经不能够满足企业生存和成长的需要，因此，对企业而言，如何打破自身边界，更迅速、更有效地获取成长所需的各种资源是企业成长的重要途径。越来越多的企业选择网络化成长，其目的是谋求网络福利剩余，获取超额收益。成长性中小企业只有强化整合战略网络中的关系资源并构建长期累积福利最大化的权衡机制，才能迎合其快速发展的需要。

第一节 网络租金与累积福利效应

伴随着经济全球化的步伐加快以及信息通信技术的迅猛发展，企业越来越依赖同网络中的其他成员如供应商、客户甚至是竞争对手进行合作来获取竞争优势，实现网络化成长，诸如价值网、产业集群、模块化生产网络、虚拟企业等网络组织形式已经在现实中取得了巨大成功，并且成为学术界的热点议题。企业在注重内部知识积累和创造的同时，网络中的资源和要素以及网络化的生产协作模式已经成为企业价值创造和获取超额利润的重要源泉。卢福财指出，在网络组织中，网络成员之间不但可以通过重复的关系式交易来降低交易费用，还能够在较高信任度的基础上互相学习和协调生产，形成巨大的网络协同效应，获取超额交易收益。① 企业经济租金理论强调，企业参与市场竞争本身就是一种有目的地寻求和获取经济租金的理性行动，企业的成长离不开经济租金的获取。但是在网络环境下，企业在网络中创造网络福利剩余和谋求网络租金要受到各主体间的社会关系的约束，并遵从网络理性——在长期的关系式交易中实现累积网络福利的最大化，而不是单次交易的利益最大化。本研究以网络租金为切入点，从理论上探讨产生网络租金的来源效应及企业获取网络租金的途径，并以此来解释企业在网络中的价值创造和成长问题。

---

① 卢福财，胡平波，黄晓红. 交易成本，交易收益与网络组织效率 [J]. 财贸经济，2005，(9)：19–23.

一　租金理论与网络租金的定义

（一）租金理论回溯

租金是经济学中的重要概念，随着经济理论的发展，其含义也在不断演进。古典租金理论始于英国古典政治经济学家威廉·配第，他在《税赋论》中开创性地提出了"地租"的概念，认为地租是土地上收获的农作物价值减去生产费用后的剩余。亚当·斯密和大卫·李嘉图对地租进行了更深入的研究，提出了级差地租和垄断地租的概念，进一步完善了地租理论。马歇尔在边际革命时期提出了地租的边际生产力理论，并提出了准地租的概念。之后，克拉克将地租理论拓展为所有要素共同创造的"经济盈余"，租金的概念被扩展至泛指各种生产要素的报酬。

现代租金理论对租金的研究立足于生产要素或资源的稀缺性，比如：基于垄断性资源的张伯伦租金，基于专有资产的异质性产生的李嘉图租金，基于知识和能力创新的熊彼特租金，基于资源的长期价值创造能力所产生的理查德租金。

组织租金理论认为，企业作为一种营利性组织，其生存和发展的根源在于不断创造和获取组织租金。组织租金概念的引入，使得租金的研究视角从单一要素延伸到多种资源有机结合的资源综合体。组织租金由两部分构成：组织内部费用节省形成的成本剩余和组织生产增加的交易收益。

（二）网络租金的定义

从租金理论的演进过程可以看出，租金是一个剩余的概念并且在不断地拓展，从地租到要素租金再到组织租金。同时，租金的来源也由土地到一般生产要素再到特定的组织形式。企业经济租金是解释企业价值创造和获取超额利润的重要工具，在网络组织的情境下，单纯强调要素的传统租金概念已经不能合理解释企业结网协作获取竞争优势的现实。网络作为一种介于科层制和市场之间的中间性组织，其中的信任、声誉、关系契约、社会网络等协调机制都可以起到降低交易成本、促进价值创造的作用。网络组织在发挥其功用时，更多地是依靠成员间的关系来组织和协调生产，实现资源投入、价值创造和收益分配。我们可以沿用这种思路，把租金的概念扩展到网络，得出网络租金的概念。网络租金就是在网络组织的框架下，网络成员以关系为桥介来传递信息和整合资源，凭借信任、声誉、社会网络等协调机制来进行网络化生产，在长期的关系式交换中共同创造的总利润减去所有成员单个利润之和（或一体化经营利润）后得到的剩余。

二　网络租金的累积效应分析

网络租金是一个抽象的经济学概念，从企业经营的角度来看，我们还必须对网络租金的来源效应进行深入分析。网络租金的来源有两方面：一是网络成员间长期导向的重复式交易所节省的交易成本，二是网络成员间依托信任关系进行网络化生产所形成的价值增值。网络组织是一个具有动态性的开放系统，正式的经济网络和非正式的社会网络相互嵌套，网络成员间的合作模式多种多样。因此，网络租金本身包含了多种类型的租金，成为租金形态的"博物馆"。下面进行具体分析。

（一）网络资源互补效应与李嘉图租金

网络资源互补效应是网络组织成员以关系为桥介进行资源的调配整合，在整个网络范围内实现资源的优势互补而产生的价值增值效应，它是网络租金产生的基础。随着市场竞争的日益激烈和分工的不断细化，企业只能在一个或某几个领域内占据资源上的绝对优势。因此，企业会更注重于自身核心资源的开发利用，培育在价值链的某一环节上的资源和能力优势，从而构成网络成员间的资源互补性。并且，通过常规渠道进行资源积累是有瓶颈的，一些企业的异质性资源已经完全内化，融入企业的日常运作之中，失去流动性，即便是收购或兼并也不可能迅速将新获资源与企业原有资源有机融合，实现资源互补。如果企业在发展过程中急需某一关键性资源，却又不能通过购买或是内部积累来获得，这时企业最好的策略就是与掌握该关键资源的企业建立稳固的合作关系，通过企业间的重复交换和良性互动来逐步实现资源的网络化整合，确立竞争优势。另外，近年来学术界对于价值网的研究表明：价值网中的企业都会进行专用性资产投资，促进自身核心能力的形成，培育企业的异质化资本，谋求在网络福利分配中占据有利地位。网络成员通过共享彼此的互补性资源以及网络中存在的"公共资源"，形成带有垄断性和排他性的资源综合体，共同完成价值创造，生产出优于其他企业的产品或服务，获得超出平均收益的李嘉图租金。

（二）集体创新与创新租金

亚当·斯密在《国富论》中指出，劳动分工合作形成协作力、集体力，从而产生合作剩余。Frank Moulaert 和 Farid Sekia 认为，在现代化大生产中，企业间分工逐步细化，每个企业只掌握着自身所处生产环节的片断知识与局部信息，创新越来越依靠集体的力量，呈现出网络化的特征。[①] Stroper M. 指出，在不确定的市场环境下，网络化生产可以降低交易成本、培育良好的合作关系，有利于提高企业的创新能力和适应性。[②] 创新是现代经济竞争的主要手段之一，依靠技术创新，可以降低生产成本、改进产品功能、扩大市场需求、提高企业收益。网络组织成员在长期合作中会逐渐形成具有网络专属性和特质性的集体技能，实现集体创新，网络组织成员可以凭借他们的集体创新取得暂时性垄断，获得技术创新租金。集体创新还包括组织创新。杨小凯和黄

---

①　Frank Moulaert, Farid Sekia. Territorial Innovation Models: A Critical Survey [J]. Regional Studier, 2003, (37).

②　Stroper M. The Transition to Flexible Specialization in Industry: External Economies, the Division of Labor and the Crossing of Industrial Divides [J]. Cambridge Journal of Economics, 1989, (13).

有光认为，组织创新必须是组织结构的根本性转变，而不能只是简单地调整。[①] 网络组织成员通过对现有价值链进行解构和重构，探寻与网络成员能力最匹配的企业间分工模式，优化网络结构，增加生产的迂回度和灵活性，获取组织创新租金。此外，网络具有开放性的特点，有能力的企业可以将供应商、客户以及相关的科研院所和公共机构纳入网络，增加网络成员的多样性，并与它们相互学习，分担创新风险，提高创新效率，从而有利于企业发现创新机会，获得更多创新租金的机会。

（三）市场势力放大效应与理查德租金

网络组织的市场控制势力放大效应表现在网络组织对市场的控制力与影响力超过了单个网络成员对市场控制力与影响力的加总。一是由于集体技能的存在，网络组织生产的产品或服务，是单个企业难以完成的，同时也是竞争对手难以模仿的，因此，该产品或服务带有一定程度的垄断性，具有很大的市场控制力量，并能够促进网络成员共享的长期品牌效应的形成。例如，在产业集群中，大量从事同一产业链的企业集聚在一起，通过竞争与合作参与各生产环节，形成大规模的模块化生产网络，产生"区域品牌"效应，其典型代表有温州的制鞋业、诸暨大唐袜业等，这种独特的品牌资源有利于网络组织的形象结构和声誉累积，进而为网络成员赢得长期竞争优势。二是能够实现速度经济。在面对快速变化的市场时，单个企业很难在有效的时间内创造出满足市场需求的高质量产品和服务，但是网络成员间彼此信任和依赖，核心资源和能力之间具有互补性，能够在较短的时间内组织出一条最优价值链，创造出新的产品或服务来满足新的市场需求，形成市场控制力并获取超额收益。诸如集体品牌和价值链的快速组织能力等能够增加企业市场控制力和影响力的无形资源是网络成员间长期互动与合作的成果，得益于网络组织独特的协调机制与合作模式，其积累和培育要花费相当长的时间，相比有形资源更具稀缺性和关键性，这些资源通常在网络化生产中发挥更重要的作用，能够创造出理查德租金。

（四）关系式重复交易与关系租金

Dyer 和 Singh 认为关系租金源于企业间交换关系，通过参与伙伴共同专属性投资而创造出超额利润，而孤立的单个企业是无法产生的。[②] 关系租金突出的是关系，而不仅仅是超额利润，既包含正式的交易关系，也隐含非正式的社会关系。在网络组织中，企业的内部管理变得相对简单，而与其他网络成员的关系构建和维护则成为企业的重要职能，也成为网络组织获取整体竞争优势的主要来源。在网络组织中，关系租金主要来自两方面：一是基于信任的关系租金。网络成员在长期的合作与博弈过程中能够

---

① 杨小凯，黄有光. 专业化与经济组织［M］. 北京：经济科学出版社，1999.

② Dyer, J. H. ，Singh, H. The Relational View：Cooperative Strategy and Sources of Inter-Organizational Competitive Advantage［J］. Academy of Management Journal，1998，23（4）.

培育出彼此间的高度信任，这种信任关系具有稀缺性和互惠性的特征，可以简化交易过程，显著降低网络成员间的交易成本，形成关系租金。二是基于社会网络的关系租金。网络成员间由于长期的交易合作关系会形成非正式的社会网络，社会网络具有其他网络无法替代的优势，那就是强大的信息传递功能。企业借助社会网络的多元化信息传递渠道可以充分收集市场信息，快速感知客户、供应商和合作对象的需求变化，适时调整企业的经营策略，确立竞争优势，取得关系租金。

（五）资源的集束效应与准租金

资源的集束效应是指不同位势的资源结合起来使用的效率远远高于单独使用的效率。网络组织成员间的资源不仅是互补的，也存在着资源位差，不同企业拥有不同地位的资源，资源的地位决定着企业在网络中的地位，而网络中的核心企业必然掌握着核心资源。虽然非核心企业可能拥有具有多种优良特质的低位或中位资源，但这些资源往往需要通过与核心企业的高位资源充分结合并借助网络的系统优势才能创造出最大的价值。如果企业不加入网络组织，其掌握的低位或中位资源就无法与核心企业的组织能力、技术专利、强势品牌、良好商誉、营销网络和关系资本等高位能力要素相结合，将长期处于低效率的运营状态。不同位势的能力要素通过网络组织结合在一起，形成强大的集束效应，使网络成员所掌握的生产要素都处于高效运转的状态，扩大了企业的利润边界。因此，网络组织通过将核心企业高位能力要素与非核心企业的优质资源相结合，获得了独特而又难以模仿的市场定位和系统优势，产生了单独资源难以达到的效果，从而形成资源的集束效应，确立了先赋性的优越市场竞争地位，使得网络组织成员的自有资源因网络关系而产生了增值收益，并由此产生了高额的经济租金，这便是准租金。

三　网络租金的累积与形成机制

前述着重分析了网络租金的创造过程，网络租金的存在很好地诠释了网络的生产性和创新性，同时也体现着网络对企业的吸引力所在。Alchian 和 Demsetz 认为企业是一个拥有"剩余索取权"的"中心签约人"，企业的核心内容是组织租金的创造和分配。[①] 但是企业进行"结网"和"入网"的动机不单单是共同创造网络租金，更重要的是寻求和分享网络租金，索取网络福利剩余来实现自身利益的增加。如何从网络中获取尽可能多的经济收益，才是企业网络化成长中最关键、最核心的问题。

（一）网络理性、信任关系与治理机制

罗珉和徐宏玲认为，网络情景下企业之间的交易并不完全是在非人格化的市场中

---

① Alchian, A., Demsetz, H. Production, Information Costs, and Economic Organization [J]. American Economic Review, 1972, (62).

为获得利润进行原子状竞争的一般市场交易关系，而是深深地嵌入产业甚至整个社会之中的。①网络租金的创造要遵循累积网络福利剩余最大化的网络理性，网络租金的获取更是如此。网络成员只有建立起良好的互信关系，形成对未来收益的稳定预期，网络理性才能取代机会主义，企业才愿意为长期交易的最大累积福利而放弃短期的讨价还价。但是，不同于统一决策的科层制组织，网络组织中的每个成员都是利己的独立决策者，机会主义动机贯穿网络租金创造及分配的整个过程，最终将影响参与者的个体收益。网络租金的分配一般是按照契约进行的，分配契约必须具备基本的公平性，保证每个参与者的投入都能得到平均收益水平的回报，参与者才有合作积极性。反之，就会影响其他成员参与网络生产的积极性并减少要素投入，这势必会降低整个网络的租金创造效率，分配契约的严重失衡还会使利益受损的网络成员产生强烈的机会主义倾向，损害网络的稳定性。因此，网络治理在网络租金创造和分配中非常重要，它不仅维持着网络的稳定性，并且会改变网络成员参与网络化生产的动机。网络组织只有选择了恰当的治理结构，建立起有效的治理机制，充分解决网络租金生产和分配中的各种矛盾和冲突，保证每个参与者都能获得较为公平的投资回报，才能消除机会主义行为，使每个参与租金生产的成员都遵循网络理性，带来最大化的网络收益和个人收益。

（二）网络权力的争夺

除了契约和治理机制所保证的租金收益，获取网络租金的另一途径就是对网络权力的争夺。网络成员所掌握资源之间的依赖性和互补性是网络组织存在的基础，每个网络成员在价值创造过程中所扮演的角色决定了它们在网络中权力位势的差异。在网络福利剩余的分配中，企业的网络权力越大，分得的租金份额就越多。资源能力学派认为，企业掌握的异质性资源是权力的基础，企业要在网络组织中谋求主导租金分配的理想位置，必须拥有能确立竞争优势的权力资源。Pfeffer 和 Salancik 指出，权力资源的具体类型多种多样，但一般都具有以下重要特征：（1）重要性，企业拥有的资源对网络的其他成员而言越重要，企业与其他网络成员交易或合作的可能性就越大，企业的权力就越大；（2）稀缺程度，资源的稀缺程度决定了企业在网络的议价能力，企业拥有的资源越稀缺，企业的权力越大；（3）不可替代性，表现为无法仿制且无法用其他资源替代。②根据资源的重要性、稀缺性和不可替代性，可以把企业资源分为核心资源、关键资源、常规资源和冗余资源。核心资源在整个网络的价值创造中能够为企业带来支配性力量；关键资源在与网络其他成员的双边交易或合作中有可能使企业占据

　①　罗珉，徐宏玲. 组织间关系：价值界面与关系租金的获取［J］. 中国工业经济，2007，（1）：69－77.

　②　Jeffrey Pfeffer, Geraldr, Salancik. The External Control of Organizations: A Resource Dependence Perspective［M］. New York: Harper and Row, 1978.

优势地位；常规资源和冗余资源几乎没有可能为企业带来网络权力。但是，在网络组织中，网络成员的权力还会受到网络成员间的关系模式即网络结构的影响，网络结构和网络位置会影响到资源的可获性。一般来说，占据网络中心、结构洞等良好网络位置的企业能获得更多的"位置租金"，这是因为占据良好位置的企业，可以获得和支配更多的资源和信息，因而能够获得更多的超额收益。

(三) 网络商业模式重构

网络租金的创造和分配都是在网络情景下完成的，网络成员借助网络关系来完成网络化生产，并通过对传统价值链的解构和重构来构建新型的网络商业模式，并以此来获取租金收益。网络情景下的商业模式不同于传统的以顾客价值为中心的商业模式，网络成员为了获得最大化的利益，会在网络内组建多条不同的价值链，不同价值链上的网络成员彼此间良性互动、相互依托，最终交融联结成一个功能互补的价值综合体，虽然无法在短期内获得回报，但是终归会在长期的交易中盈利，并形成稳定的收入源，获得持续的租金收益，这同样也是遵循网络理性的。在网络化生产中，顾客价值的创造和企业价值的实现不再是同步完成的，这种分离使企业的收入实现发生了巨大的变革：一是单靠企业自身的产品或服务未必能给企业带来收入，企业要与其他网络成员合作来推出新的产品或服务组合来实现获利；二是企业的优势产品或服务未必能带来收入，企业要向价值链的其他环节或是网络组织的其他成员谋求价值补偿。下面我们来分析两种典型的网络商业模式：（1）组合产品模式：这种模式是通过联合成员企业，将更多与企业主导产品具有关联性和互补性的产品或服务加入企业的产品系列，为顾客提供更能满足其需求的产品组合。组合产品模式可以有效利用参与者之间的优势资源互补或外部正效应来提高顾客价值，增进顾客的购买意愿。由于每个企业的核心产品或服务都不同，集成多个企业的优势产品或服务能够创造出单一企业无法比拟的产品束，这种组合产品会使企业拥有更大的利润空间，获取更多的租金收益。比如迪士尼和麦当劳联合开发儿童市场，游乐场和快餐食品都对儿童都很有吸引力，两者的结合形成了优势互补，为企业带来了丰厚的利润。（2）逆向收入源模式：该模式是通过改变企业自身的网络定位和交易的收费对象来实现的。近年来，越来越多的大卖场和连锁超市采取低价甚至平价出货的方式来吸引消费者，拓展自己在销售环节的支配权力，进而向厂家和代理商收取进场费或促销费，将传统上向买方收费的方式转变为向卖方收费来实现盈利。当然，将传统上向卖方收费的方式转为向买方收费的盈利方式同样存在，它是将针对上游的销售代理费转化为下游顾客的会员费，与此同时，企业的身份由销售代理转向需求代理。

综上所述，在网络组织的情境下，企业必须遵循网络理性，充分借助网络关系进行网络化生产，才能发挥网络组织的协作优势，降低交易成本，实现价值增值，创造网络福利剩余。网络成员对福利剩余的索取同样需要网络关系和网络治理机制来保证分配契约的公平性和可执行性，但是网络中的公平性是一个相对的概念，网络成员还可以通过核心资源培育和关系模式调整来增强自己的网络权力，以谋求更大的剩余份额。针对具体的网络组织形式，借助关系进行网络化生产，探索创造网络租金的新途径和新模式，谋求更高的租金分配份额，从而实现网络化成长是当下企业更为重要的任务，也是一项更具挑战性的工作。

第二节 网络关系资本收益管理：一个结构性摄取机制

社会网络是企业获取成长所需资源的一种重要渠道与工具，企业作为经济活动的独立主体，与网络中的诸多经济主体发生着各种各样的关系，并在这些错综复杂的关系中运行。新经济社会学提出了"嵌入性"的概念来描述社会网络对经济活动的影响，认为人类的经济活动是嵌入社会结构之中，为社会网络所包裹。嵌入的程度与主体间关系的强度有关，不同强度的社会关系对经济生活的影响程度不一样。其中以Granovetter、Burt 为代表的结构主义学者认为，主体（可以是个人，也可以是组织）之间的关系是资源和信息转移的渠道，主体之间关系的赋存状态形成了网络的结构。网络的结构特征决定了资源和信息在网络中的分布和流动方式，不同的结构具有各自独特的功能和优势，网络中不同位置的资源和信息获取模式也迥然相异。网络主体依托特定的社会网络结构和形式，有效地利用网络资源，进而在与其他网络成员的交换和合作中所获取的回报，我们称为网络收益。这将对企业的管理者具有重要的启示意义：企业的管理者可以通过利用自身所处网络的结构优势来获取相应的网络收益，以达成企业的战略目标，促进企业的成长。

一 网络关系结构与累积福利生产

从图论的角度来看，网络是由"节点"及"节点"之间的"连线"所构成的，"连线"的状态决定着网络结构的形态，在社会网络中，"节点"代表着网络中的行为主体，可以是组织，也可以是个人，"连线"则代表着各主体之间的关系。Granovetter通过互动频率、感情强度、亲密程度和互惠交换程度来定义关系强度，[①] 根据各主体间关系强度的不同，网络结构的形态也具有多样性。本研究依据网络的结构特点和功能，将网络划分为五大类：结构洞、桥型网络、闭合网络、结构性等位、逆向对接，为了更清晰地描述网络结构，将这五类结构绘制在图 6-1 上。这里将结合绘图来分析这五大类网络结构的结构优势以及企业如何运用这些结构优势来获取网络收益。

---

① Granovetter, M. The Strength of Weak Ties [J]. American Journal of Sociology, 1973, 78 (6).

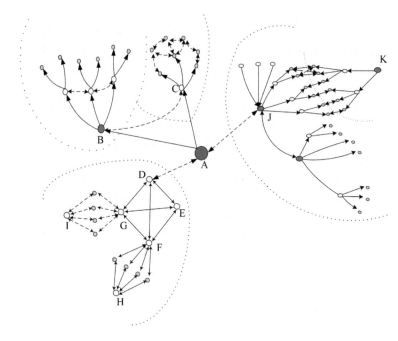

图 6 - 1　企业社会网络结构概念

资料来源：笔者整理。

（一）结构洞的关系收益

所谓结构洞，是指网络中某些个体或者群体之间由于地理距离、制度约束、文化差异等原因存在关系间断的现象，从网络整体看好像网络结构中出现了洞穴，而将无直接联系的两者连接起来以占据结构洞的第三者则拥有位置上的相对优势。[①] 如果企业占据了相互之间联系间断的两个群体之间的结构洞，则能够带来更大的网络收益。

在图 6 - 2 中，企业 A 作为两个群体之间的桥梁，掌控信息交换通道可获得信息收益和控制收益。信息收益包括两方面：一是洞察先机，在图中，企业作为群体之间共同的信息交流渠道，能够最先获得相关信息并进行筛选，从而能够比其他企业更早地探知机会和威胁，提早做出应对；二是提名收益，企业 A 作为两个群体间共同的联系人，将有更多的机会被其他成员提及，因此有更多的机会被其他成员选为合作的对象，并凭借所掌握的丰富信息来选择最优秀的合作伙伴和最佳的合作时机，以避免合作失败，提高合作的成功率和回报率。

占据结构洞的企业就获得了资源和信息整合先机，从而获得关系租金。它们可以通过对异质资源和信息的整合，创造新的商机，也可以通过对资源与信息的控制，谋取信

---

① 　Burt, R. S. Structural Holes: The Social Structure of Competition [M]. Harvard University Press, 1992.

息收益和控制收益两种关系租金；还可以通过利用结构洞两侧主体之间的信息或资源的不对称，操纵交易，改变合作行为，创造有利于自身发展的关系合作场域和竞争优势。

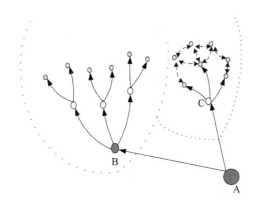

图6-2　企业结构洞

资料来源：笔者整理。

在信息收益方面，一方面，占据结构洞的企业可以凭借其结构优势，先行获得异质信息，并对有价值的信息进行筛选，从而比其他企业更早地探知机会和威胁，提早做出应对；另一方面，占据结构洞的企业作为多个企业进行信息和资源交换的桥梁，更容易受到合作企业的重视，从而增加更多的合作机会。企业可以凭借所掌握的丰富信息来选择最优秀的合作伙伴和最佳的合作时机，以避免合作失败，提高合作的成功率和回报率。

在控制收益方面，企业可以利用结构洞的位置优势来控制信息和资源的流动，根据企业的需要来选择是自益性地还是共益性地使用结构洞，创造对企业最有利的情景，制造竞争，从中获取控制收益，如在与多个合作对象谈判的过程中，企业可以通过传递歪曲、模糊的信息来引起结构洞两端成员之间的竞争，用一方来打压另一方，来提高自身讨价还价能力，从中获取谈判收益。如果与有共同利益企业主体之间创造共同收益，结构洞占位可以降低联系成本，克服沟通障碍，单纯履行"桥"的职能，加速信息和资源在各主体间的流动，减少结构洞两侧主体的信息或资源的不对称，帮助弱势方的发展，提高网络共同收益，借以实现自身网络合作收益的进一步提升。

（二）次级结构洞的关系收益

要解释次级结构洞这个概念，必须先说明两个概念：初级关系人（primary contact）和次级关系人（secondary contact）。Burt认为初级关系人包含两层意思：一是从结构上看，与焦点有着直接而密切的联系；二是重要而关键的人。与初级关系人相对应的次级关系人同样也包含两重含义：即与焦点无直接联系的、非关键的人。从图6-2上看，企业A与初级关系人B、C有直接联系，而初级关系人B、C又各自维系着一个次级关系人群体。处于 B、C 之间的结构洞，即初级结构洞，提供信息收益和控制收益，但是它们提供的收益大小受到相对边缘化的次级结构洞的影响。

Burt 研究发现，受关系冗余、资源同质化、机会主义、结构动态变迁等因素的影响，结构洞的优势是暂时的，会随着网络的演进而逐渐消失。① 同时，企业结构洞的探寻与构建，不仅需要相应的投入，还需要满足一些特定的条件。企业家的资源和精力是有限的，无法做到"面面俱到""全面撒网"，必须考虑是否通过挑选一些合适的主代理关系人或经理人员队伍，借助他们的能力范围管理次级结构洞，以此可以免去自身精力的过多投放，增加机会摄取面。Burt（1995）指出，每个初级联系人都是一个通向次级联系人群体的"机会之港"，次级联系人之间同样也存在着结构洞。企业可以通过与其结构洞占据者之间具有良好关系的企业共同管理网络，分享中介收益，还可以在网络中培育、扶持和协调代理人来管理现有的结构洞，借以减少精力和资源的投入，并借助代理人的能力来提高网络的经营效果，提高网络投资的投入—产出比，以最小的代价获取最大的收益。

而对于网络边缘企业来说，与占据次级结构洞企业的合作也能从中获取一定的收益。这是因为网络边缘企业占据初级结构洞比较少，从初级结构洞中摄取的信息和资源不足以支撑企业的运营和成长，次级结构洞带来的异质性信息和资源能够有效地弥补这一缺陷。同时，加入由结构洞占优主导的合作网络可以帮助初级结构洞企业免除"社会化孤立"，带来资格和身份的认同，获取资格和声誉的附加收益。至于收益程度与这些企业对信息的敏感程度和应变能力相关。②

通过培育次级结构洞代理，结构洞占优的企业可以在合理的幅度范围内控制更多的次级结构洞，此举不仅可以带来管理能力的提升，同时也获得了包括优质资源控制效应、信息控制效应和从外部行业获益的多种效应。

（三）关系桥与租金收益

结构洞对于企业 A 而言是一种非常好的网络结构，A 通过占据结构洞可以获取信息和控制收益。但是从两个群体的交流效率上来看，占据结构洞的个体 A 利用结构优势来控制信息流通，妨碍整体的信息交换，结构洞就成为阻塞信息在群体间流动的瓶颈。但是，另一种跨越结构洞的网络结构——关系桥可以更有效地促进两个群体之间的沟通与合作。关系桥是两个群体之间存在着跨越群体间隙的关系所形成的结构，Granovetter 指出，当社会网络中存在跨越网络节点间间隙的桥时，便产生了跨越边界的信息收益，因为来自另一群体的信息具有异质性。

---

① Ronald S. Burt. Secondhand Brokerage: Evidence on the Importance of Local Structure for Managers, Bankers and Analysts [J]. Academy of Management Journal, 2007, 50（1）: 119 – 148.

② Zaheer A., Bell G. G. Benefiting from Network Position Firm Capabilities, Structural Holes, and Performance [J]. Strategic Management Journal, 2005, 26（9）.

图6-3中，企业B和企业C之间的弱关系就形成了关系桥，关系桥的存在对企业具有三重意义。

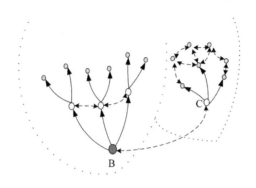

图6-3　关系桥

资料来源：笔者整理。

第一，关系桥跨越了由于制度、地理、文化等因素形成的结构性壁垒，使得网络成员之间始终能够寻找到一条最短的通路进行信息交流和资源交换，而搭建和控制关系桥的企业无疑是这条通路上最关键的一环，可以凭借其独特的位置优势获取类似于结构洞的中介收益。

第二，搭建关系桥的企业可以推动知识在网络内部的扩散并谋取价值补偿。通常情况下，构建关系桥的主体是网络中关系建构能力强，占据网络中心位置的企业，与关系开拓能力相对比较弱的外围企业相比，中心企业可以通过逐步嵌入其他网络，建立起不同网络间的知识通道，充当知识接收、传递的"天线"。当其他网络中出现本网络所需的新知识，且这些新知识又不能为本网络中其他成员所理解和吸收时，中心企业就充当了异质知识转译者的角色，可以把外部知识转化为内部成员易于理解、可以接受的知识。需要注意的是，中心企业搭建和维护关系桥是需要支付相应成本的，如果中心企业要深入挖掘其他网络中高价值的核心知识则需要更大的投入，并且要承担一定的声誉风险。因此，中心企业不可能无偿传授新知识，外围企业必须给予中心企业一定的价值补偿才能享受到知识溢出的好处。通过中心企业和外围企业依托关系桥的知识获取及互动行为，网络整体的知识存量得到提升，中心企业构建关系桥的成本也得到了相应的补偿，以此实现了企业和网络的共同发展与提升。

第三，McEvily和Zaheer认为，在网络中占据较多桥联系的结构有助于企业获取创新优势。[①] 中心企业凭借其结构优势，知识积累速度要快于外围企业，有利于加速中

---

①　McEvily and Zaheer. Bridging Ties：A Source of Firm Heterogeneity in Competitive Capabilities [J] . Strategic Management Journal，1999，(20)：1133-1156.

企业的创新进程，最终表现为中心企业某种技术能力的提高，并形成对外围企业的技术差距。本研究用"技术势差"来解释中心企业与外围企业之间因为结构差异而形成的技术能力不平衡现象。中心企业可以凭借其技术优势获取一定的超额收益，并且这种"技术势差"也会对中心企业所在的产业链产生影响：企业的横向竞争对手会进行模仿和学习，而上下游企业则被迫进行配套技术的升级，并通过波动效应逐步推动整条产业链的技术升级，形成"以点带面"的技术扩散趋势。产业链的整体技术的升级又为中心企业带来额外的边际收益。

（四）闭合网络与关系收益

如图 6-4 所示，闭合网络是各节点之间彼此都是强关系所形成的无联系间断的结构，图中所示的 D、E、F、G 四家企业就形成了一个闭合的结构。Coleman 认为，在高封闭性的网络中企业间更易发展出相互信任关系和共享准则，以及共同的行为模式，有利于网络中资源的流动。[①] 由 Coleman 的观点可以看出，局部闭合有三方面的优势，

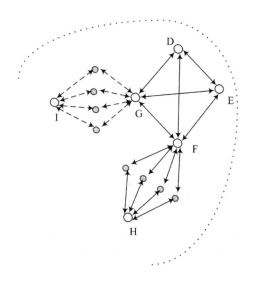

图 6-4　闭合网络

资料来源：笔者整理。

第一，闭合网络中的成员彼此互相了解，存在着关系强连带和比较高的信任度，其信息传播效率通常会高于松散合作网络，信息搜寻成本相对比较低，违约成本比较高。在闭合网络之中，信息传递迅速而准确，任何成员的违约或欺骗行为都会在网络中迅速传播，引起网络中其他企业的联合抵制，导致其无法参与下一次交易或合作。因此，只要成员的投机所得少于持续性交易与合作所得，重复性博弈的结果必然是网

---

① James S. Coleman, Social Capital in the Creation of Human Capital ［J］. American Journal of Sociology, 1988, 94.

络中的成员都倾向于"守法"，这就降低了网络成员在交易与合作过程之中的监督成本，也使得网络成员更倾向于在网络内部进行交易和合作。

第二，Krackhardt 认为，网络成员之间的交流越频繁，关系越紧密，对伙伴运作过程的理解就越深入，彼此之间的战略行动就越默契。[①] 网络成员之间通过多次的交易和合作逐步形成了某种基于默契和友谊之上的高度信任，这种高度信任更容易产生网络成员间利益的相对一致性与拟合度。在互惠观念的影响下，闭合网络内的各企业会逐渐摒弃短期利益，形成有利于共同发展的相关制度安排。它们拥有共同的行为预期，彼此之间的冲突和对立更容易得到妥善的解决，此举大大降低网络内部的协调成本，加速网络资源的传播和共享，提升了网络的合作效率。

第三，企业之间的互动关系构成了网络内的资源配置路径，使网络中的资源加速流动，促进企业之间进行资源交换，特别是那些稀缺性的关键资源。在缺乏信任的条件下，企业要通过正常渠道获取稀缺资源，会付出很高的成本，而且缺乏保障。而企业依托闭合网络对原有资源和新获资源的整合，能够形成新的网络化企业能力，构造新的价值创造方式，创造新的商业模式。

（五）结构性等位与关系收益

结构性等位是指两个不同的行动者有着相同的联系人所形成的网络结构，意味着企业在网络中分享着相似的结构收益，是天生的竞合对手。[②]

如图 6-5 所示，企业 G 和企业 I 在网络中具有相同的联系人，就形成了结构性等位。对于企业 G 和企业 I 来说，它们分享共同的信息来源，拥有多个共同的联系人作为信息传递的渠道，在接收或是搜集对方信息时可以避免有价值的信息发生遗漏和歪曲，保证信息的完整性；多元化的信息传递渠道还能带来信息的强化效果，形成信息共振效应；它们依赖着相同的资源，不可避免地要进行资源争夺。企业可以通过两种方式来利用这种结构获取网络收益。

第一，迂回举荐。许多中小企业在发展过程中常常遇到贷款困难或是在寻求合作时难以获得强势企业的认可，这种问题的根源在于信息的不对称和信任度不够。中小企业规模小、实力弱，其"硬指标"（比如财务效益、生产能力、资产抵押等）往往难入金融机构和强势企业的"法眼"，导致中小企业错失发展良机。改变此不利局面的方法是，当中小型企业在寻求合作时，可以构建与合作对象之间的结构性等位，通过共同联系人向合作对象传达自身的"软信息"（比如行业前景、管理水平、员工素质

①　Krackhardt. The Strength of Strong Ties：The Importance of Philos in Organizations ［A］. in N. Nohria and R. G. Eccles（eds.），Networks and Organizations：Structure，Form，and Action，Boston［M］. Boston：Harvard Business School Press，1992.

②　赵炎，周娟. 企业合作网络中关系强度和结构对等性对创新绩效影响的实证研究——以中国半导体战略联盟网络为例［A］. 第七届中国科技政策与管理学术年会论文集，2011.

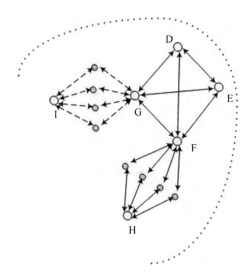

图6－5　结构性等位

资料来源：笔者整理。

等）和合作意向，增进合作对象对自身的认识，并通过共同联系人来举荐以提高合作对象的合作意向，促进合作的成功实现。同时，经由多个共同联系人举荐可以提升中小企业在合作中的"合法性"，使中小企业在谈判时获得更大的讨价还价空间。

第二，模仿式学习。企业在结构上的相似性会导致行为上的相近性，相似性能够改善沟通，形成稳定的行为预期，进而培养信任及互惠意愿。刘兰剑指出，形成结构性等位的企业通过相似的方式与相同的对象进行交易与合作，分享着相同的信息和资源来源，因而会呈现出相同的态度与行为，彼此之间更容易互相借鉴或者模仿。[①]

结构性等位为亟待发展的中小企业提供了一种可能的成长路径，那就是通过网络投资来构建与成功企业的结构性等位，通过与成功企业长期的合作，通过多元化的信息渠道来吸收成功企业的知识和技术，不断学习和模仿成功企业的管理经验，最终达到趋同甚至赶超的目的。

（六）逆向对接与关系收益

逆向对接是两个企业在合作契约框架下，通过制度设计在两企业员工和部门之间创造大量正式和非正式的交流机会，使企业的员工和部门之间能够充分沟通合作所形成的独特网络结构。

从图6－6上看，企业 J 和企业 K 的多个低级节点之间存在着诸多的强关系和弱关系，形成了多条信息通道，这使得信息可以在两个企业的员工之间充分、迅速地传播，避免了科层制组织中因为信息传递链条过长导致的信息失真问题。

---

①　刘兰剑. 网络嵌入性：基本研究问题与框架［J］. 科学进步与对策，2010，27（13）：158.

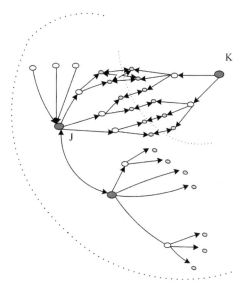

图 6 - 6　逆向对接

资料来源：笔者整理。

逆向对接使企业间形成了多条信息通道，可以促使信息在两个企业的员工之间充分、迅速地传播，避免了科层制组织中因为信息传递链条过长导致的信息阻塞、信息失真等问题。但是，逆向对接的优势不仅在于提高信息的传递效率，目的在于促进企业间的合作创新。

企业间的合作创新实质上就是对隐性知识的挖掘和重构的过程。Breschi 和 Lissoni 曾指出，网络知识的绝大部分且对创新极为重要的隐性知识常常是只可意会不可言传，传播的主要途径就是非正式交流，借助语言、体态、情感等隐含表达方式的综合作用来实现。[1] 而在逆向对接结构下，基层员工的持续、频繁的接触往往能够为形式多样的面对面接触创造机会，员工之间在交流互动过程中可以逐渐消除语言不同、文化差异等理解上的障碍，近距离地观察和学习合作伙伴的技术和管理经验等显性知识，个体间面对面的交流也有利于挖掘内嵌于工作实务和社会情境的隐性知识。

由于隐性知识存在"粘滞性"特点，因此，企业更倾向于在隐性知识的轨迹上进行创新。但是，创新所需要的隐性知识并不是只出现在一处，而是出现在两个以上地点时，创新活动就有必要在这些地方交互运动。埃里克·冯希皮尔把这一交互过程称为"试错"。[2] 逆向对接结构能够显著减少"试错"的时间，提高企业合作创新的

①　S. Breschi，F. Lissoni. Knowledge Spillovers and Local Innovation Systems：A Critical Survey［J］. Industrial and Corporate Change，2001.

②　埃里克·冯希皮尔. "粘滞信息"和问题解决轨迹——对创新的启示［C］. 阿尔弗雷德 D. 钱德勒. 透视动态企业［M］. 北京：机械工业出版社，2005.

效率。

二　网络关系累积福利的结构性摄取机制

网络结构是由节点及其相互间的关系是构成的,企业作为嵌入社会网络的一个节点,依托不同的网络结构可以获取相应的网络收益。李维安指出,网络中的节点通常具有主动性与能动性的特点,即节点活性,主要体现在节点自主决策与行动方面。[①] 节点活性深刻影响着网络的运作效率,企业可以通过相应的管理策略来优化网络收益的获取。

(一)　关系权变策略与网络收益的获取效率

关系是构成企业网络的骨骼,企业对网络结构的运用实质上就是对不同类型的关系的运用。Gulati 等认为嵌入网络中的关系不同,企业之间资源流动状况和企业对资源的控制能力就存在差异。[②] 企业通过对网络中关系的调整可以提高企业网络收益获取的效率。

第一,重视私人关系的作用。社会网络中的关系多种多样,既包括组织主体之间的关系,也包括人与人之间的关系。从个体的角度来看,人们在日常的工作接触中形成工作关系,并凭借工作关系来进行信息和资源的交换,管理者也对工作关系的建立和维护倍加重视。但是,除了工作关系之外,基于个人情感的私人关系同样也能够成为信息交流的重要渠道和资源交换的重要媒介。并且,人们普遍认为私人关系要比单纯的工作关系更可靠,维系它更多地依靠相互信任和下班之后的社交活动。

当人们认为自己与对方存在工作关系之外的私人关系时,他会认为这种关系是非功利性的,彼此之间有着情感上的联结,而这种情感联结一般是在长期的交往过程中积累形成的对彼此的认同和依赖。双方由于相互之间强烈的情感联结会产生较高的交流意愿,将倾向于在一起谈论一些工作时间内不会谈论的话题,而这些话题也许恰恰包含了对企业意义重大的信息。并且,在工作之余的社交活动中,信息的共享更易达成。在轻松的社交环境下,人们更倾向于坦诚相待,信息交流受功利导向的影响较小,可能将自己从本组织之外获得的信息透露给自己的社交对象,从而有可能为本组织共享组织外的资源提供途径。因此,管理者要重视网络中的私人关系,通过制度设计将有价值的私人关系纳入企业的管理体系,并通过私人关系寻求新的信息和资源。

第二,关系权变策略的运用。实际上,当我们在某一个时点考察网络的结构时,

---

① 李维安. 网络组织:组织发展新趋势 [M]. 北京:经济科学出版社,2003.

② Gulati R., Nohrian, Zaheer A. Strategic Networks [J]. Strategic Management Journal, 2000, 25 (2): 203 – 215.

它正是由不同的强关系和弱关系构成的"关系综合体"。管理者可以根据"权变"的思想，依据合作对象的不同或网络特征的差异来选择关系策略的侧重点，调整网络结构来优化自身的网络收益。例如，在生产网络中强化与核心企业之间的关系，谋求核心企业在利润分配上的倾斜，加速企业的成长；在咨询网络中广泛地建立与不同企业的广泛联系，收集来自不同领域的异质信息，能使企业更全面认识和把握当前环境，对未来做出准确预测，提高企业决策的准确性，降低决策风险；在创新网络中，发展与技术领先企业的强关系，提高企业所享受到的知识溢出，推动技术进步，与此同时，又要与上下游企业保持稳定的弱关系，以获取与市场相关的信息，提高创新与需求的契合度；此外，企业还应特别重视加强与政府部门的关系，政府作为宏观政策的制定者和经济环境管理者在很大程度上影响着企业的发展，比如政府在进行产业规划和宏观引导时，会对一些重点项目给予资金扶持和政策倾斜，因此企业应加强与政府有关部门之间的关系，争取更多的信息、资源和优惠政策，推动企业快速成长。

（二）"卡位俘获"策略与网络收益的摄取锁定

黄中伟、王宇露认为网络位置是企业的一种重要社会资本（位置资本），因为网络位置带来的资源是嵌入网络中的，即使个体有所变化，资源依然依附在网络位置上，因此占据良好网络位置企业将拥有更多的资源和成长机会。[①] 在网络中，存在着企业被一种无形的力量长期固定在网络结构中的某一位置上，却又无法以低成本脱离的位置锁定现象。当企业被锁定在"好位置"（比如结构洞和关系桥）上时，企业能够凭借其占据的结构优势来获取持续、优质的网络收益，快速成长；但是当企业被锁定在不利的位置上时，企业获取网络收益的过程会变得困难重重或者应有的网络收益被他人挤占，使企业陷入一种低效率的负面锁定状态。

位置锁定效应使得"好位置"上的企业必然会实施相应的行动来保住自己的有利位置以确保自己长时间地享受结构优势带来的网络收益，企业的这种策略我们称为"卡位"。企业通过运用有利位置带来的优势去控制和封锁处于网络低端的企业的行为，称为"俘获"。由于"好位置"的稀缺性，争夺"好位置"的过程实际上就是企业之间相互"俘获"和被"俘获"的过程，"卡位"和"俘获"实质上是一体的。具体来说，占据结构优势的企业可以通过以下三种方式"俘获"弱势企业。

第一，信息控制。从结构上来看，优势企业通常掌握了网络中信息流动的主要渠道，"被俘"的企业得到的都是优势企业放出的二手信息，信息的准确性、时效性都得不到保障，企业决策的制定举步维艰；优势企业还可以对信息的内容进行过滤，滤去

---

① 黄中伟，王宇露. 位置嵌入，社会资本与海外子公司的东道国网络学习——基于123家跨国公司在华子公司的实证［J］. 中国工业经济，2008，12（12）：144－145.

或是歪曲网络中包含着知识碎片的有价信息，降低"被俘"企业所享受到的网络内的知识溢出。

第二，战略封锁。拥有结构优势的企业把被俘获企业定位在网络结构中低端节点时，当被"俘获"企业想要与优势企业争夺有利网络位置时，优势企业可以从战略上进行"围追堵截"，使原本能力不强的"被俘"企业陷入"突破俘获"与"接受俘获"进退两难的境地。如果选择"突破俘获"，则低端企业就必须通过一系列的活动来提高自身的竞争能力，这需要大量资金、人力和物力等资源投入，低端企业难以承受；而如果选择"接受俘获"，则低端企业会陷入长期的且有可能日后更难突破的低端锁定。

第三，利润挤占。Bathelt 和 Taylor 明确指出，权力是影响企业网络的主导因子之一。[1] 网络关系中的权力不对称是网络行为者位置的体现，体现在价值链环节的占据与价值的分割行为当中。[2] 优势企业作为网络的主导者，可以在价值分配环节上利用自身的网络权力适度挤占被俘企业的一部分利润。若过分挤占，被俘企业会感觉受到了剥削与压榨，从而失去对优势企业的信任，将产生强烈的脱离网络的动机。

（三）声誉累积策略与网络收益的理性权衡

"卡位"和"俘获"是企业获取网络收益的一种竞争性策略，但是在更多的情况下企业会选择与其他企业合作，合作能带来资源互补、技术溢出、规模经济等正面效应，创造巨大的协作收益，使企业从中获利。但是合作不一定都是成功的或者高效率的，网络中的不确定性是影响合作的主要障碍。企业间依靠书面签订的合同、协议等只能搭建一个合作框架，不论多么完全和详细，都不可能对网络中未来每一个可能发生的事件和问题做出相应的安排，因此，还需要建立合作双方的相互信任来应对不确定性的威胁。信任能确保合作成员对彼此产生稳定的预期，不会直接做出破坏合作、谋求自身利益最大化的机会主义行为。

企业之间的声誉是关于成员信用状况的记录和展示，它取决于过去成员间互动的历史，并对网络结构产生影响。一个不讲信用的企业，会受到网络其他成员的集体抵制，很容易在网络中陷入孤立无助的境地；而重信用的企业，会得到大家的认可，随着良好声誉的累积，与之建立关系的成员会越来越多，成为网络中重要的信息和资源流通渠道，企业在网络中的影响力和重要性也会提高。因此，企业可以通过积累良好的声誉来提高企业在网络中的地位和权力。

（四）行为规制策略与网络收益的共生创造

随着企业对多种关系的高效利用，有利位置的长期占据和良好声誉的逐步累积，

① Bathelt H., Taylor M. Clusters, Power and Place: Inequality and Local Growth in Time-Space [J]. Geografiska Annaler, 2002, 84 (2): 93 – 109.

② Smith A. Power Relations, Industrial Clusters, and Regional Transformations: Pan-European Integration and Outward Processing in the Slovak Clothing Industry [J]. Economic Geography, 2003, 79 (1): 17 – 40.

企业对整个网络的掌控力和运用水平也在逐步提高，企业获取的网络收益也会逐渐增多，最终成为网络中的主导者——核心企业。但是，随着企业在网络中角色的转变，整个网络的兴衰对企业网络收益获取的影响也越来越大，企业对网络收益获取的管理策略也要随之改变，减少对自益性策略的运用，并致力于促进整个网络的繁荣和稳定，从网络的高效运行中获取更大的收益。下面，笔者对核心企业如何促进整个网络的繁荣提出三点建议。

第一，核心企业在网络中通常占据着良好的位置，控制着网络中的关键资源并结构性地分配这些资源，拥有更多的信息优势和控制优势，获取网络收益的机会较多。但是核心企业本身由于其地位也时刻受到网络中其他成员的监督和评价，因此必须要加倍注意自己的行为。核心企业从网络中获得的利益要与其对整个网络所做的贡献相匹配，为网络中的其他企业做出表率，使网络成员对网络中的贡献—回报机制形成良好的预期，激励其他成员竭尽全力为整个网络的繁荣做出贡献。与此同时，核心企业还要根据信誉评价机制公正的裁定相关企业的奖惩，要求网络成员信守契约，避免机会主义损害整体利益，营造和谐互助的网络环境与氛围。

第二，核心企业是协调成员间关系、制约成员行为的桥梁纽带，要充分利用自身在信息扩散和控制方面的结构优势和权力优势来引导和促进网络成员间逐步形成共同的价值观念、行为标准和合作惯例，对冲突解决和利益分割等敏感问题达成共识，推动网络制度规范的形成。有效的制度规范一旦形成，无形中就有了一种惩治成员"非法行为"的力量，这种力量威慑着潜在的机会主义倾向，迫使网络成员按照网络中的规则行事。林竞君通过研究发现，网络中的文化体系一旦形成某种特征与内涵，在其未来演进与发展过程中便会不断保持、强化这种特征和内涵。[①] 网络中的制度规范会随着网络的发展逐步自我强化，持续地发挥作用，保证网络的有序运行。这样，网络中的成员在相互交易和合作时，就形成了稳定的共同预期，降低了交易成本，提高了合作效率，同时也降低了核心企业管理网络所要投入的精力和成本。

第三，随着企业的发展，现有网络所能提供的信息和资源的价值会逐渐降低，企业所获取的网络收益会下降，因此，核心企业必须优化整个网络的结构。首先，核心企业要强化与网络中核心成员之间的关系，保持自己的优势位置，并将网络中孤立的节点或是小团体纳入网络的运行体系，网络中的关系越多，信息和资源的交换途径就越多。但是，网络中的关系重复性过高会导致网络中流动的信息和资源趋于同质化，核心企业还要建议、鼓励那些具备"搭桥"条件的网络成员与外部更多不同领域的主体间建立互惠合作关系，逐步扩大网络的规模。网络规模越大，越有利于网络成员从

---

① 林竞君. 网络社会资本与集群生命周期研究——一个新经济社会学的视角 ［M］. 上海：上海人民出版社，2005.

多种渠道获取信息和资源。

因此，核心企业既要保持内部资源信息交流渠道的畅通和便利，使网络成员能够以较低的成本获取信息和整合资源；同时，又要使网络保持一定的开放性，使企业有更多的机会和途径获取网络外部的异质性信息和资源，加强网络的适应性。

当前，要认清这样一个事实：在通信技术飞速发展的今天，社会网络的影响力正在逐渐增大，无论是在企业的内部还是外部，人与人之间、组织与组织之间都相互联结、相互影响，发生着各种各样的关系，企业所需要的大量重要资源，如资金、信息以及知识等都是在社会网络中流动，网络收益的获取深刻地影响着企业的生存与发展。因此，如何通过社会网络获取网络收益就成为这个时代的企业经营者必备的新智能。

第三节　网络关系集成的动态权衡：战略联盟视角的多案例考察

本节从关系集成的有效性、向心性及适应性三个维度，对万科—中城网、奥康鞋业联盟、城市银行合作组织、福田汽车物联网以及以支付宝为例的第三方支付平台五个来自不同行业领域的案例进行研究，从而对网络化成长过程中关系集成的动态权衡过程和三个相关命题进行论证。

一　网络结构与关系动态权衡的关系

基于成长动因的视角，对于企业的成长方式的研究有很多，规模化成长指企业的规模经济界定其成长（斯密，1776），内生性成长指企业拥有的内部资源状况决定了企业成长的速度、方式和界限；而结构性成长指企业成长的根本在于获得成长经济，而成长经济的根本在于企业管理能力，管理能力的供给取决于企业内部治理结构，外部规制结构、市场、技术结构将从制度上和技术上制约着管理能力的发挥，从而制约着企业成长。本研究在这里选择在结构与关系的互动形成网络的视角下对关系集成过程进行研究。网络化成长作为一种普遍的规律和现象，存在于很多企业的成长过程中，包括关系网络、社会网络等。关系资源在中国本土化环境中是最为广泛、种类繁多的一种资源。

成长型企业开始逐步走向成熟。规模不断扩大，发展速度加快，组织结构也更为复杂，企业需要面临这些方面的变化时，单靠一己之力很难实现战略目标。因此，我们重点研究的是作为成长型企业，如何整合网络中的众多资源。这对于企业成长来说非常重要。如果资源可以得到有效整合，则促进企业关系绩效，企业间的关系强度也能越大，关系的累积过程就越深化，最终提升企业整体绩效。

1934 年，科斯在《企业的性质》中提出"交易成本"的理论后，研究学者们开始将研究视角转向研究企业的交易费用。Fukuyama 提出企业关系网络可以有效降低交易成本，同时企业开展经营活动所需要的资源并不一定只是企业自己所拥有的资源，还包括诸如关系和网络、无形资产在内的企业外部资源。[①] 目前国外关于关系网络的研究主要集中在关系网络的结构和属性、作用机制及其对企业绩效的影响三个方面。而Brüderl 和 Preisendörfer 研究发现，企业进入成长期后，关系网络规模和强度较大的企业绩效要远远高于一般企业。但是，对于成长性企业的关系网络演变机制的研究并不多见。[②]

通过研究发现，在企业成长的过程中，结构与关系的互动成长成为一种新的指导企业发展和成长的方式。通过对一些学者的研究与探讨，我们发现还存在一些问题需要廓清：首先，我们用文献梳理的方法来明确整个网络结构对于企业成长过程方面的研究过程中所存在的观点分歧和研究视角，并进行系统梳理；其次，我们对多个典型案例进行探索性研究，通过多案例比较和分析，详细挖掘企业网络化成长过程中的关系集成机制；再次，我们引入多案例实证研究的方法，通过多案例横向分析及单独案例纵向分析，检验我们提出的对于网络与关系互动的相关命题；最后，为了更好地指导和完善企业网络发展的模式，以及在今后可以对关系集成进行更深一步的研究。

（一）战略联盟定义

"战略联盟"的概念最早是由美国 DEC 公司总裁 J. Hopland 和管理学家 R. Nigel 提出，他们认为，战略联盟指的是由两个或两个以上有着共同战略利益和对等经营实力的企业，为达到共同拥有市场、共同使用资源等战略目标，通过各种协议、契约而结成的优势互补或优势相长、风险共担、生产要素水平式双向或多向流动的一种松散的合作模式。虽然此后众多国内外学者分别从战略管理、组织性质以及资源整合等不同角度对"战略联盟"进行了进一步解释，但是总的来说，战略联盟可以定义为两个或两个以上处于潜在或现实竞争位置的不同组织因为某种显性或隐性的共同利益，通过契约或非契约方式所缔结的一种合作形式。

尽管很多学者从不同角度对战略联盟进行了定义和解释，但是，归根结底，战略联盟的概念可以归纳为以下几点：一是企业建立战略联盟的动机是为达到共同拥有市场、共同使用资源等战略目标；二是企业战略联盟的结构及其治理：通过各种协议、契约等形成一种松散的合作模式；三是企业间战略联盟的动态演化：这种合作关系可以是长期或短期的，也并非很稳定；四是企业形成战略联盟后的绩效问题：优势互补、

①　Fukuyama F. Social Capital and the Modem Capitalist Economy: Creating a High Trust Workplace [J]. Stem Business Magazine, 1997.

②　Brüderl, J., Preisendrfer, P. Network Support and the Success of Newly Founded Business [J]. Small Business Economics, 1998, 10: 213-225.

优势相长、风险共担等。

（二）战略联盟视角下的关系资源整合与集成的属性分析

企业间基于产业价值链整合，业务流程变革和组织结构创新，以及外部资源协同的需要，进行网络关系资源的整合与集成，是企业更好地发展和壮大，提升竞争力和机遇的必然选择。从战略联盟的视角上看，这种企业间的联盟囊括了以下属性：第一，主体多元性，联盟中企业的总体数量必须是多个，这决定了网络关系的质量。第二，公平性问题，企业间权力和地位的对等性决定了资源的占用和分配利用问题。第三，目标一致性，企业间需要具有共同的愿景才能更好地整合和利用这种关系资源。第四，黏合剂的作用：企业间必须有正式或非正式的契约关系，利益互补，进行双向沟通。第五，主体的异质性和同质性问题，伙伴关系的企业更利于有效的合作，而具有异质性特征的企业之间的联盟关系则会实现优势互补、资源互换。第六，承诺和信任问题，联盟成员之间具有越强的信任度，那么它们之间的契约强度越大，越能保证关系网络结构的稳定性。第七，关系的排他性，一旦组成了关系的集成，在企业合作生产，销售购买，技术研发互换中就必然存在排他性。第八，兼容性问题，如果企业间在经营战略，共同利益，管理结构等方面存在兼容性，就能大大降低联盟的冲突和风险性。

（三）网络结构下关系集成与动态权衡机制分析

企业成长的过程是由外部各种多样的关系组成的关系空间构成的。这些关系包含：一是企业可以直接从外部获取的"直接关系"，二是通过不同的"直接关系"所拥有的信息，能够拥有更多的"间接关系"，也就是非重复关系。[①] 其间我们主要关注的就是包含在这种种关系中的各种可用资源，只有将这些关系资源进行有效的整合，才能使企业间的关系资源网扩大到整个联盟范围，通过联盟内企业的合作，相互传递技术，加快研究与开发的进程。

通过建立战略联盟，进行资源共享，能够填补企业各自在资源和目标之间存在的资源缺口。资源理论认为企业是各种不同资源的集合体，战略联盟是企业间资源一体化的结果，公司利用联盟来优化资源配置，从而使资源的价值达到最大化。因此，在当今社会，企业网络化成长的过程中，我们强调联盟中每个成员都必须为联盟带来有价值的资源。

企业与利益相关者为实现其目标而建立、维持和发展关系并对此进行投资而形成的资本是关系资本。企业通过关系资本并利用内部资源创造关系性租金[②]，同时利用外部资源产生关系收益，从而获得双重效益；另外，关系资本有利于推进企业与利益相

---

　　① 出自结构洞的概念，结构洞概念来自《结构洞：竞争的社会结构》一书，作者罗纳德·博特（Ronald Burt）。

　　② 关系性租金是指基于关系资本可以降低交易成本的作用，使拥有关系资本的企业在利用内部资源的交换关系中与没有关系资本的竞争对手相比产生的一种超额利润。

关者之间信息和专业资源的互换转移，由此增加并提升了企业价值。Gulati 认为企业可以从其所处于的网络环境中获取各种不同的资源，例如信息、资本、商品、服务和有潜在可以保持和提高企业竞争优势的各种其他资源，而这一系列的资源都是无法被其他竞争者所复制和模仿的，同时这些资源都是来源于企业的关系网络。[①]

网络企业间关系资本的构建包括关系的建立、维护、协同、深化、集成、波动以及断裂等过程。伴随关系资本的构建，企业必然投入各种人力、物力、财力等资源作为关系资本构建的成本，同时伴随关系资本的构成，获取的各种关系收益则是由于关系网络中其他成员间的关系资源的交换获取了竞争优势，从而增强了企业价值。

（四）网络关系集成的竞争性

第一，关系集成的竞争性能够提高企业的核心能力，这涉及了价值网竞争的问题。价值网既强调价值的分割，也强调价值的创造。价值网强调竞争和合作两个方面。价值网成员建立的相互关系是基于双赢思想的紧密合作竞争，通常情况下不单单是两个企业个体间的竞争，而是背后存在着一个巨大的网络体系。

第二，有助于充分整合资源，网络企业间的关系强度越强，越有利于整合到稀缺的资源。良好的关系集成有助于企业利用知识转移，找出高质量合作伙伴，获取知识和技术能力前沿知识，建立更加坚实的关系资本，从而形成一种难以模仿的竞争资源。

二　网络结构与关系动态权衡的解释性案例分析

（一）中城联盟

第一，案例描述。中国城市房地产开发商策略联盟（简称"中城联盟"）由万科企业、龙湖地产、复地集团等全国性龙头公司，北京万通、北京华远等区域性龙头公司，远大空调、朗诗集团等细分市场龙头公司共同发起的企业联盟。目标是通过信息交流、共同培训、联合采购、集体融资和合作开发等多层次的合作，提高企业竞争力，推动建立行业秩序和公信力，引导并规范中国的房地产市场。通过整合资源达到资源共享、优质互补、规避行业风险提高市场竞争力。万科虽然从事地产开发已有十几年的时间，但仍须借鉴和学习这个联盟网络，达到互取经验、优势互补的目的。目前中国的发展商大多规模有限，完全依靠自身积累来突破大发展的瓶颈还比较困难。而集中国内优秀的发展商共同搭建"中城房网"这个平台，则可以通过开展共同培训、联合采购、集体融资和联合开发等深层次合作，在促进本行业健康发展的同时，促进各企业自身的发展，推动中国住宅产业化进程。

第二，案例解释。万科中城房网是网上进行集体采购的典型案例，其针对个体的房屋建材购买者的价格决定弱势，把物联网、网民与房地产公司三者联合起来，在多

[①]　Gulati R. Alliances and Networks [M]. Strategic Management Journal, 1998.

个网民的采购需求集合的基础上对价格的决定权更强，使得消费者不再是弱势群体，而是通过群体的力量在价格的博弈上获得更强有力的主动权。在中城网的运行模式中，万科公司将房地产开发、建筑材料、物流公司联合起来，针对群体需求，强弱联合，把房地产公司的资金优势、供应商的储备优势以及消费者的需求联系成网络，将不同的关系集合在同一网络下，实现资源共享，多方互利。

（二）福田汽车发起成立北京汽车物联网产业联盟

第一，案例描述。2011年4月9日，以福田汽车为主的整车企业，联合我国北斗卫星位置服务供应商、3G无线通信供应商、网络软件开发商、网络设备提供商等产业链资源，成立了以中国自主品牌为主的"北京汽车物联网产业联盟"。产业联盟将以合资、合作等形式，借用部分国际成熟资源，形成"数据终端设备＋信息服务平台＋客户定制化应用软件"的产业化格局，打造信息服务平台和汽车物联网数据中心，构建北京汽车物联网的完整产业链条。

第二，案例解释。北京汽车物联网产业联盟通过整合产业联盟内各方资源、产品和服务，向用户提供优质的汽车物联网智能服务。同时，打造北京汽车物联网产业联盟品牌，提升具有中国自主品牌特征的产业链国际国内影响力。北京汽车物联网产业联盟以联盟机制带动资源整合，以目标市场需求牵引技术开发，以利益分享机制催化技术成果转化，以公司实体推动产业化，以"产业联盟—技术公司"链动发展。它是我国首个汽车物联网产业联盟，能够为解决我国在汽车物联网产业科技成果市场化效率不高以及加大产业链资源整合力度等方面起到示范效应。

（三）奥康建立中国首个鞋业合作联盟

第一，案例介绍。2010年12月16日，中国连锁鞋城理事会携手奥康鞋业，组建了中国首个鞋业合作联盟。该联盟将充分整合各区域连锁鞋城的渠道资源，在商品采购、形象推广、活动促销、培训管理等领域展开全方位的合作，也有可能在投资和资本领域的更深层次的合作，共同在全国范围内打造一个连锁鞋城品牌，把连锁鞋城做成类似电器业"国美""苏宁"那样专业的具有强势号召力和影响力的零售渠道品牌。

第二，案例解释。在成立合作联盟之后，携手这些鞋城成立投资联盟，一改当前鞋城区域化经营的模式，共同投资打造一个全新的"沃尔玛"式的综合性连锁鞋城，通过品牌和渠道的整合，逐渐实现资源和资本的有机融合。中国鞋业经过快速发展，已从单一的产品和品牌竞争，进入了资源和资本的竞争，而鞋业合作联盟的成立，会逐渐实现资源和资本的有机融合。

（四）城市商业银行的战略联盟——城商行合作组织的建立

第一，案例介绍。2006年5月26日，河北省城市商业银行合作组织宣布成立并开展五个合作项目：分别是银行卡"柜面通"业务、银行业金融机构监管信息系统建设即"1104"工程、合作组织门户网站建设、人力资源培训和国际业务。在此之后，山东的 14 家城市商业银行共同出资发起设立一家金融性服务公司，负责统一承担各城商行的 IT 系统建设与维护、人员培训、新产品研发等中后台服务职能。此外，重庆、贵阳、富滇、成都四地商业银行成立了西部联盟，希望通过联盟构建西南地区中小商业银行定期联系和合作机制，在制度建设、资产转让、票据业务、风险管理、产品开发、信息共享等方面实现合作。

第二，案例解释。案例中所提到的商业银行之间的战略联盟主要是集中在业务、资金或者是管理等主要层面上，以河北省城市商业银行合作组织为例来说，8 家银行之间将各自拥有的不同领域的资源进行多维度的整合，共同开发出独具特色的信贷业务以及风险可控性更加强的金融产品，例如，石家庄市商业银行、沧州市商业银行、唐山市商业银行、秦皇岛市商业银行四家城市商业银行首批开办了"柜面通"业务，只要持有任意一家发行的银行卡就可在四家银行的所有营业网点的柜台免费办理存、取款，查询，转账等业务，合作银行之间通过"信贷资产类理财业务合作"业务，信贷资产出让行可以满足调整自身信贷结构的需要；发售行可以满足丰富本行理财产品的需要；各成员行还可以作为投资人，满足资产配置的需要。合作方式为成员行向信托公司转让自身的信贷资产，由信托公司设立单一资金信托计划，另一家成员行设计、发行理财产品，将募集的理财资金投向信托公司设立的信托计划。其他成员行可以投资持有或者代理销售该理财产品。另外，它们之间实行资金的有效整合，在联盟内部，省内城商行合作组织成员可以利用河北银行的承销商资格来进行债券的一级市场投资，通过债券分销的方式以较优惠的价格获得所需债券，满足自身较大金额的配置需求，改善资产负债结构，拓宽富余资金运用渠道，从而实现资金的安全、高效运营。另外，在管理层面，合作组织之间通过组织各种业务培训项目，例如合规风险管理与控制培训，个人金融、个人理财、财富管理培训，客户经理营销服务培训，中层干部素质提升培训，以及临柜人员综合技能提升培训等，同时还举办各种类型的合作银行之间的专业业务竞赛等形式达到联盟内部成员的共同发展，共同进步。

（五）支付宝——在线支付方式与银行网上服务的战略联盟

第一，案例介绍。支付宝（中国）网络技术有限公司是国内领先的独立第三方支付平台，是由阿里巴巴集团在 2004 年 12 月创立的第三方支付平台，是阿里巴巴集团的关联公司。支付宝致力于为中国电子商务提供"简单、安全、快速"的在线支付解决方案，为在线顾客提供"支付宝实名认证"服务、支付宝卡通、数字证书、支付盾等付款保障产品，支付方式有支付宝余额、支付宝卡通、网上银行、信用卡支付、国际卡支付、消费卡、网点支付、货到付款、邮政付款、转账服务等多种多向付款方式。支付宝以其在电子商务支付领域先进的技术、风险管理与控制等能力赢得银行等合作伙伴的认同。

第二，案例解释。以支付宝为代表的第三方电子支付平台与各大商业银行所建立的战略联盟主要由于它们之间的竞争与合作关系。在整个联盟合作过程，支付宝与商业银行双方取长补短，形成了一张以支付宝为中心，各商业银行为节点的战略网络，而连接这些节点和中心的就是其中的各种关系资源，包括商业银行所独具的信用优势、资金保障机制，以及支付宝所开发出的更为快捷简便结算方式，以及虚拟购物为其所带来的庞大的支付群体和资金流。

三 网络结构与关系动态权衡的多案例交叉分析

(一) 研究方案设计

在相关理论文献综述的基础上，本研究拟采用多案例比较分析的方法对企业网络化成长过程中的关系集成机制进行探索和研究。多案例比较研究法是指在充满不确定情况下的实际环境中，运用多种资料搜集的手段，对多个研究实体进行信息收集，并对这些信息进行比较性研究。对于网络关系集成来说，多案例比较研究使人们了解关系集成过程的内在特征与联系。本研究的资料来源主要是二手资料收集，包括所选取案例中涉及的公司网站、年报、相关新闻报道以及其他相关资料来源，再加上作者的直接观察等途径所获得的相关信息等。针对战略联盟的特殊属性以及关系集成过程的特点，本研究选取了来自不同行业的 5 个典型案例作为研究对象，所选取的案例均以战略联盟的形式体现其关系资源的集成过程，并且因为所属行业环境的不同，又各自具有关系集成过程的独特性，所引用探索性案例情况描述性分析如表 6 - 1 所示。

表 6 - 1　　　　　　　案例的描述性分析

案例	所属行业	网络成员个数	关系资源结构	是否处于网络中心位置
万科—中城网	房地产	10—15	物联网、网民、房地产公司	是
奥康鞋业联盟	小商品零售业	>50	中国连锁鞋城理事会以及 50 多家国内连锁鞋城	是
城市银行合作组织	金融业	9	银行、IT 服务供应商、业务外包专业公司、资产管理公司以及软件行业协会	否（并列关系）
福田汽车物联网	制造业	18	汽车物联网数据终端设备、汽车物联网信息服务、汽车物联网应用软件，未来拓展到全部的汽车电子、中国商用汽车物联网中心、网络购车平台	是
支付宝	虚拟行业	>15	顾客、支付宝、在线商户（除了传统意义上的商户，还包括银行、保险公司、慈善机构、公共服务单位等）	是

资料来源：笔者整理。

如表 6 - 1 所示，在这 5 个引用案例中既包含了如今高速发展的房地产与网络虚拟行业，也包括传统意义上的制造业和小商品零售业，所集成的关系资源类型中既包括同行业之间的关系资源集合，也包含跨行业资源集成，另外，这五个案例在组织网络中均处于网络中心位置。

（二）命题提出与论证

在对相关理论及案例进行具体分析之后，我们提出关于网络成长过程中关系集成的三个命题，如表6-2所示。

表6-2 关系集成研究命题列示表

维度	命题
有效性	网络成员对于不同关系资源的整合程度决定了其关系资源集成的有效性
向心性	网络成员的向心性决定了其关系资源集成的强度
适应性	关系成员之间的适应性决定了关系集成过程的稳定性

资料来源：笔者整理。

命题一：网络成员对于不同关系资源的整合程度决定了其关系资源集成的有效性。

对于中小型企业来说，之所以建立战略联盟并在其范围内进行各种显性或隐性资源的有机集成的重要原因之一是其自身可控资源的有限性。也就是说，企业必须对其所嵌入各种关系中所涉及的各类资源进行合理利用才能使这些资源对其产生最大化的效用。那么，如何才能产生最大化的效用呢？

以Wernerfelt和Barney为代表的资源基础论（Resource based Theory）认为竞争优势来源于企业资源禀赋的差异。根据战略联盟的网络化属性，对于关系网络中可运用的同质性与异质性资源集成的过程是提高成长性企业核心竞争能力的重要途径。肖冰、李从东提出资源整合能力的评价指标体系，他们认为可以从资源整合的深度、广度、速度以及开放性四个维度对企业资源整合的能力进行评价，[①] 如表6-3所示。

表6-3 企业资源整合的能力评价

维度	指标	备注
深度	集群凝聚力	
	生产能力的利用率	（盈亏平衡销售量/设计生产能力）×100%
	企业衍生率	派生出的企业数量与企业集群中总的企业数量之比
	研发资金投入率	（研究与开发支出/销售收入总额）×100%

① 肖冰，李从东. 运用灰色多层次方法的中小企业集群资源整合能力评价 [J]. 工业工程，2010，(6): 112-116.

续表

维度	指标	备注
广度	成员的数量	
	市场占有和生产规模	
速度	劳动力流动率	
	新产品比率	每年开发的新产品数/集群企业全部产品数
	资金的周转率	一定时期的主营业务收入与资产总额的比率，说明企业的总资产在一定时期内（通常为1年）周转的次数，综合反映集群企业的整体资产效率
开放性	信息沟通度	
	分工协作度	

资料来源：笔者根据《运用灰色多层次方法的中小企业集群资源整合能力评价》（2009）整理编制。

结合案例来说，在山东城市银行合作组织中，随着信息化经济的快速发展，金融业要发展已经无法脱离 IT 行业的有效协助，所以在城商合作组织中，不单单是多个商业银行的金融组织的联合，还加入了信息化组织、外包业务以及资产管理等来自其他领域的联盟成员，这就保证了联盟内的金融机构可以以更快捷的方式获得信息技术资源的支持，而对于那些非金融机构成员来说，与金融机构的有效联盟，可以为其资金来源提供更为便捷的渠道，所以说，企业网络关系中关系集成的有效性取决于不同资源的整合能力的程度。

命题二：网络成员的向心性决定了其关系资源集成的强度。

Owen-Smith 和 Powell 认为网络中心度是用来衡量个体行动者在网络中所处位置的信息流动性的关键指标。[①] 罗家德等认为，中心度是评价网络中行动者重要与否，衡量它的地位优越性或特权性，以及社会声望等常用的一个指标，在网络分析中常用这个指标来衡量网络节点（行动者）获取资源控制资源的可能性。[②] 吴剑峰和吕振艳通过研究产业电子商务平台发现，中心位置增加了企业加入多方联盟的机会。[③]

处于中心位置使得企业有更大的机会接触重要而有价值的信息，能够及时获得更多的信息和了解技术的变化，并控制相关的新信息；中心度高的企业与多个企业有联系，在选择合作伙伴时，可以在众多有联系的企业中挑选出最合适的合作伙伴，集成对自身可利用价值更大的资源。

---

① Powell, W. W. Neither Market Nor Hierarchy: Network Forms of Organization [J]. Research in Organizational Behavior, 1990, 12 (S295): 336.

② 罗家德，赵延东. 如何测量社会资本：一个经验研究综述 [J]. 国外社会科学，2005，(2)：18 - 24.

③ 吴剑峰，吕振艳. 资源依赖，网络中心度与多方联盟构建——基于产业电子商务平台的实证研究 [J]. 管理学报，2007，(4)：509 - 513.

此外，中心位置的企业对关系网络有更全面的理解，而且在网络内具有更高的可见度。在网络中往往具有较高的地位和权力，更容易建立新的价值关系。处于中心位置企业产品的声望往往比较高，企业会运用其获得的地位、信息优势来获取利益，这将有利于企业绩效的提高。案例中，福田汽车整合产业联盟内各方资源、产品和服务，向用户提供优质的汽车物联网智能服务，运用现有的地位和信息优势，打造产业联盟品牌，提升具有中国自主品牌特征的产业链影响力。整合合作伙伴时，选择中国联通、神州数码等18家企业和机构，促进了服务业和制造业的深度融合。

命题三：关系成员之间的适应性决定了关系集成过程的稳定性。

组织发展理论创始人Bennis（1996）从组织内外环境动态发展的角度提出，组织必须在协调内部成员与维持内部系统稳定运转的同时还必须适应外部环境的变化，才能得以持续生存。Brennan等提出"双边适应性"是指因为需要迎合其他成员的特殊要求，在个人、组织或者公司层面所做出的行为或组织模式，比如说如果制造商改变其产品类型，供应商则需要改变其所提供的原料类型，以适应制造商的转变。①

在联盟伙伴的选择问题中，应坚持适应性标准。适应性体现企业规模、战略目标、生产方式、营销网络、企业文化、关系网络、高层关系、合作记录等。适应性可促进关系成员之间的差异向和谐转变。如果缺乏适应性，将很难应付变化的市场和环境，发生冲突的概率就会大大增加，很难经得起时间的考验。因此，组建联盟时，对伙伴的适应性进行测试是保证联盟运转良好的重要一环。

评价一个潜在合作伙伴是否具有适应性，主要看自己与合作伙伴之间的战略、文化以及组织管理理念是否兼容，可以从战略一致性、管理制度的一致性、资源互补性、决策风格四个方面进行评价。

在关系网络联盟中，组织适应性是联盟成功的重要条件之一，不同组织之间的适应性越好，则资源共享效应和资源溢出效应就越好，资源挖掘的壁垒就越低，从而关系资源规模就越大。联盟方组织适应性一般体现在规模和能力、战略目标、组织文化、决策风格等方面，比如案例中支付宝以商业银行的信用为依托，同时支付宝也为商业银行提供了更为快捷方便的结算方式；银行为第三方支付解决资金沉淀问题，第三方支付为银行提供低成本资金。各方面的融合使得成为金融机构在网上支付领域极为信任的合作伙伴。支付宝与联盟伙伴在战略目标、组织管理、营销网络等方面具有良好的适应性，降低了联盟方发生冲突的概率和联盟网络的交易成本，进而有利于关系资源的形成。

（三）结论和启示

在组织网络中，企业作为每一个节点上的关键环节，而关系资源就是联系这些节

---

① Brennan D. R. Dyadic Adaption in Business-to-business Markets [J] . European Journal of Marketing, 2003, 37: 1636 – 1665.

点的隐含线条。作为企业本身，若要在网络之中健康发展，必须从这些关系资源之中取长补短，这一过程即可成为企业在网络成长过程中的关系集成过程。关系集成并不是简单的各种关系资源的叠加与累计，而是需要企业做出客观理性的"去伪存真"。更重要的是，这些被企业保留住的重要资源能否给企业带来所预期的真正价值才是我们研究关系集成的最大意义所在。本研究通过五个案例研究，从关系资源整合能力、网络中心度以及联盟成员之间的可兼容性三个维度进行研究，得出如下结论。

（1）当企业具有较强的信息获取能力，并且有能力将这些可获取信息作为自身可用资源调动起来，那么我们可以说这个企业具有较强的资源整合能力，进一步说，由于企业所具有较强的资源整合能力，就使得其在网络成长过程中的关系集成过程的有效性大大提高。

（2）处于中心位置使得企业有更大的机会接触重要而有价值的信息，能够及时获得更多的信息和了解技术的变化，并控制相关的新信息，并且网络中心度越高，企业在整个网络中的控制能力越强，其在关系集成过程中的主动性就越强。

（3）组织网络中不同成员之间的适应性强弱是企业在网络中进行关系资源集成的基础，只有各成员之间对彼此的企业文化、战略目标、制度意识等"软件"方面具有足够的适应性与兼容性，才能保证网络成员在关系集成过程中维持和谐关系，使各种资源实现价值最大化。

第四节　小结

在网络组织情境下，企业必须遵循网络理性，充分借助网络关系进行网络化生产，才能发挥网络组织的协作优势，降低交易成本，实现价值增值，创造网络福利剩余。网络成员对福利剩余的索取同样需要网络关系和网络治理机制来保证分配契约的公平性和可执行性。本节从不同角度对网络成长过程中关系集成过程进行了研究，探讨了运用关系权变、"卡位俘获"、声誉累积和行为规制等策略，提高网络收益的获取效率，加强网络收益的摄取锁定，促进网络收益的理性权衡和实现网络收益的共生创造，最终深化对网络关系资本收益管理效率的认知。

第七章 冗余—匹配：关系压力、状态与响应的逻辑

关系资源的配置与利用程度是管理经济学研究的传统问题，企业的存在正是由于其提供了优于市场的关系资源配置与利用机制。当企业的生存与成长进入了网络化时代后，探讨企业网络化成长过程中资源的投入与使用机制就十分具有必要性。本节将从关系压力、关系生产、状态响应与中小企业劣势状况下如何取得主动权几个方面，探讨关系网络化生产的模式与策略选择。

第一节 关系压力：资源属性及投入产出分析

一 引言

20 世纪 90 年代以来，企业间的竞争格局发生了重大变化，传统的原子企业间的竞争模式已经逐步为企业网络间的群体竞争模式所取代，形成了以联盟为主体的竞合式的"新竞争"格局。[①] 大量研究从不同的角度探讨了企业如何通过网络来实现成长，[②] 研究成果虽丰富但略显凌乱。因此，需要沿资源论的视角重新审视网络情境下中小企业资源管理的研究逻辑。根据彭罗斯（1959）的企业成长理论，企业正是通过对所拥有资源的有效利用而实现成长。而企业网络的研究进一步拓展了资源论对企业成长的解释，揭示了强联系、弱联系、[③④⑤] 结构洞（Burt，1992）[⑥⑦] 等网络结构机制对企业网络资源获取的机制，这也体现了有关企业成长机制研究由内部成长机制向网络化成长机制的演进。因此，沿着这样的逻辑，我们尝试这样来理解企业的成长逻辑，即

---

① Best，M. The New Competition ［M］. Massachusetts：Harvard University Press，1990：158 – 162.

② Dovev，Lavie. The Competitive Advantage of Interconnected Firms：An Expansion of the Resource-based View ［J］. Academy of Management Review，2006，31（3）：638 – 658.

③ Ranjay，G. Alliances and Networks ［J］. Strategic Management Journal，1998，19：293 – 317.

④ Lenders，R. A. J.，Gabbay，S. M. Social Capital of Organizations ［M］. Amsterdam，JAI Press，2001.

⑤ 蔡宁，潘松挺. 网络关系强度与企业技术创新模式的耦合性及其协同演化——以海正药业技术创新网络为例 ［J］. 中国工业经济，2008，（4）：137 – 144.

⑥ 罗家德. 社会网分析讲义 ［M］. 北京：社会科学文献出版社，2005.

⑦ 盛亚，范栋梁. 结构洞分类理论及其在创新网络中的应用 ［J］. 科学学研究，2002，（7）：1407 – 1411.

"资源—网络—企业成长",认为企业嵌入其所处的企业网络中,其资源投入和使用要通过网络来实现,因此如何有效获得和利用有利的网络结构是其实现成长的关键,本节将从这一角度对企业网络化成长过程中资源的投入和使用机制进行剖析。

同时,传统的研究大多从静态的视角来分析企业如何在网络情景下实现对资源的配置和调整,更多地关注的是企业已获取的资源,[①] 这是一种静态的匹配逻辑。实际上,企业网络化成长的过程是其对所处网络环境不断进行动态响应的过程,[②] 在这一过程中,企业的资源结构不断变化,并自然产生资源的冗余。[③④] 那么,在"资源—网络—企业成长"的框架下,企业资源在网络化生产条件下又会呈现出哪些不同的"匹配/冗余"状态呢? 不同的状态下,企业又应该如何应对呢?

二 关系资源的投入产出:一个资源属性的视角

(一) 资源的投入方式

当企业不可避免地陷入网络化成长的洪流后,[⑤] 企业资源的投入方式就自然由原先原子企业竞争状态下依据比例进行调节,[⑥] 转化为依靠网络进行调节,其中涉及网络中关系的强度、网络位置和资产专用性。

第一,资产专用性。企业网络化成长过程中基于资源或能力互补性而形成的具有资产专用性特征的资源和关系对企业的资源投入方向起到重要的影响作用,并直接关系到企业的网络化成长。

企业呈现网络化成长的根本前提在于资源或能力的互补性。[⑦⑧] 网络关系的稳定性与成员间在资源或能力的互补性正相关,[⑨⑩] 为了维系更为稳固的网络关系,企业的资

① 蔡莉,杨阳,单标安,任萍. 基于网络视角的新企业资源整合过程模型 [J]. 吉林大学社会科学学报,2011, 51 (3):124 – 129.

② Peng, M. W. , Heath P. The Growth of the Firm in Planned Economies in Transition, Institutions, Organizations, and Strategic Choice [J]. Academy of Management Review, 1996, 21 (2):492 – 528.

③ Iyer, D. N. Performance Feedback, Slack and the Timing of Acquisitions [J]. Academy of Management Journal, 2008, 51 (4):808 – 822.

④ Cheng, J. L. Organizational Slack and Response to Environmental Shifts: The Impact of Resource Allocation Patterns [J]. Journal of Management, 1997, (23):1 – 18.

⑤ Best M. The New Competition [M]. Massachusetts: Harvard University Press, 1990:158 – 162.

⑥ 刘晓斌. 也谈资源投入适合度[J]. 当代财经, 1988, (3):32 – 33.

⑦ Dyer, J. H. Specialized Supplier Networks as a Source of Competitive Advantage: Evidence from the Auto Industry [J]. Strategic Management Journal, 1996, 17 (4):271 – 291.

⑧ Gulati, R. , Nohria, N. , Zaheer, A. Strategic Networks [J]. Strategic Management Journal, 2000, 21 (3):203 – 215.

⑨ Economides, N. The Economics of Nsetworks [J]. International Journal of Industrial Organization, 1996, 16 (4):673 – 699.

⑩ Lavie, D. The Competitive Advantage of Interconnected Firms: An Expansion of the Resource-based View [J]. Academy of Management Review, 2006, 31 (3):638 – 658.

源投入自然会向增强互补性的方向倾斜，并逐渐形成资源的专用性特征。例如，三星LED公司在LED产品的生产和研发上居于世界领先地位，但其主要产品领域集中在显示器用LED部件上，而不是LED照明，其原因就在于资源专用性，三星LED公司的战略网络中，其主要的用户是三星电视、三星显示器、三星手机等，后者对LED产品的需要在于显示器背光源，而不是LED照明，因此三星LED从进入该产业之初起其研发和生产定位就十分明确，即显示器背光源。

资源或能力的互补性不仅引发了企业资源的专用性，也触发了企业在特殊关系上的投资，而形成企业的特殊关系资产，[①②] 特殊关系资产也明显具有资产专用性的特征，[③④] 其对企业资源的投入也会产生影响。例如，三星LED公司作为三星电视的主要供应商，双方建立了十分紧密的双向关系，三星LED公司在进入LED领域之初得到了三星电视在研发和生产上的大量技术支持，并由于二者之间巩固的网络关系，致使三星电视在采购上始终坚持以三星LED作为主要供应商，进而使三星LED获得了宝贵的初始生产和研发资金支持。

第二，网络位置。网络位置对行动者的行为和绩效产生重要的影响。[⑤⑥] 战略网络的结构对资源、信息等流经企业的方式和质量有直接的影响。[⑦] 企业网络化成长过程中，能否以最有效的方式实现资源的最优产出表现依赖于对网络结构的利用，特别是中小企业由于其所面临的资源禀赋和新进入缺陷，[⑧⑨] 能否占据有利的网络位置对其最优化资源使用方向和方式就更为重要。

有利的网络位置是指企业能够通过在网络结构中占据某种地位而具有更大的网

① Holm, D. B., Eriksson, K., Johanson, J. Creating Value through Mutual Commitment to Business Network Relationships [J]. Strategic Management Journal, 1999, 20 (5): 467 – 486.

② Dyer, J. H., Singh. The Relational View: Cooperative Strategies and Sources of Inter-organizational Competitive Advantage [J]. Academy of Management Review, 1998, 23 (4): 660 – 679.

③ Cohen, W., Levinthal, D. Absorptive Capacity: A New Perspective on Learning and Innovation [J]. Administrative Science Quarterly, 1990, 35 (1): 128 – 152.

④ Levinson, A. Cross National Alliances and Inter-organizational Learning [J]. Organizational Dynamics, 1996, 24 (7): 50 – 53.

⑤ McEvily, B., Zaheer, A. Bridging Ties: A Source of Firm Heterogeneity in Competitive Capabilities [J]. Strategic Management Journal, 1999, 20 (12): 1133 – 1156.

⑥ C. Namara, G., Deephouse, D. L., Luce, R. A. Competitive Positioning within and Across a Strategic Group Structure: The Performance of Core, Secondary, and Solitary Firms [J]. Strategic Management Journal, 2003, 24 (2): 161 – 181.

⑦ Ranjay Gulati, Nitin Nohria, Akbar Zaheer. Strategic Networks [J]. Strategic Management Journal, 2000, (21): 203 – 215.

⑧ Tolstoy, D., Agndal, H. Network Resource Combinations in the International Venturing of Small Biotech Firms [J]. Technovation, 2010, 30 (1): 24 – 36.

⑨ 杜运周，任兵，张玉利. 新进入缺陷、合法化战略与新企业成长[J]. 管理评论，2009，21 (8): 107 – 115.

络支配权，涉及网络中心和结构洞问题。[1][2] 企业在战略网络中所处的位置越接近网络的中心，其所拥有的结构洞越多，因而掌握的信息及所能够获取和控制的资源和机会也就越多，越有利于企业确定最合理的资源投入方向和方式，实现更优的绩效表现。[3] 因此，企业在网络化成长过程中，必须不断优化自身所处的战略网络，并逐渐向网络更富于结构洞的位置发生位移，以更多地获取成长所必需的资源和机会（Burt，1992）。许多实证研究都表明结构洞能够实现独特的信息流（Zaheer，Bell，2005），[4][5] 通过结构洞企业能够快速获取信息，使其在研发、[30]服务创新、市场推广（Zaheer，Bell，2005）等各价值活动领域的资源投入实现最优路径，从而提升企业绩效。

第三，关系强度。企业网络化成长过程中，各主体的资源不是在网络中自动流动的，[6] 在网络整体价值创造的过程中，资源的投入和使用要依赖于各主体彼此间的信任、利益和情感因素，[7][8] 即网络成员间的关系强度直接影响到资源的投入和使用。这一方面有两个比较集中的研究焦点：强关系共享优势[9][10][11]和弱关系搜寻优势（Granovetter，1973）。[12][13]

Granovetter（1973）提出主体之间的弱关系能够使它们获得非冗余的新颖信息，因

① Kim, T. Y. , Oh, H. Framing Inter Organizational Network Change: A Network Inertia Perspective [J]. Academy of Management Review, 2006, 31 (3): 704 – 720.

② 孟庆红，戴晓天，李仕明. 价值网络的价值创造、锁定效应及其关系研究综述 [J]. 管理评论，2011，23 (12): 139 – 147.

③ Zaheer, A. , Bell, G. G. Benefiting from Network Position: Firm Capabilities, Structural Holes, and Performance [J]. Strategic Management Journal, 2005, 26 (9): 809 – 825.

④ Reagans, R. , Zuckerman, E. W. Networks, Diversity, and Productivity: The Social Capital of Corporate R&D Teams [J]. Organization Science, 2001, 12 (4): 502 – 517.

⑤ Tiwana, A. Do Bridging Ties Complement Strong Ties? An Empirical Examination of Alliance Ambidexterity [J]. Strategic Management Journal, 2008, 29 (3): 251 – 272.

⑥ Cohen W. , Levinthal D. Absorptive Capacity: A New Perspective on Learning and Innovation [J]. Administrative Science Quarterly, 1990, 35 (1): 128 – 152.

⑦ Granovetter, M. S. The Strength of Weak Ties [J]. American Journal of Sociology, 1973, 78 (6): 1361 – 1380.

⑧ Chien, Ting-Hua, Chung-Shan. Competition and Cooperation Intensity in a Network: A Case Study in Taiwan Simulator Industry [J]. The Journal of American Academy of Business, 2005, 7 (9): 150 – 156.

⑨ Nelson, R. E. The Strength of Strong Ties: Social Networks and Intergroup Conflict in Organizations [J]. Academy of Management Journal, 1989, 32 (2): 377 – 401.

⑩ Uzzi, B. Social Structure and Competition in Interfirm Networks: The Paradox of Embeddedness [J]. Administrative Science Quarterly, 1997, 42 (1): 35 – 67.

⑪ Suarez, F. F. Network Effects Revisited: The Role of Strong Ties in Technology Selection [J]. Academy of Management Journal, 2005, 48 (4): 710 – 720.

⑫ Coleman, J. S. Social Capital in the Creation of Human Capital [J]. American Journal of Sociology, 1988, 94 (51): 95 – 120.

⑬ Uzzi, B. Social Structure and Competition in Interfirm Networks: The Paradox of Embeddedness [J]. Administrative Science Quarterly, 1997, 42 (1): 35 – 67.

为弱关系很可能是桥连接。而后，McEvily 和 Zaheer 的研究进一步指出集群企业由于具有丰富的桥连接，因而能够获取更多的新信息和机会。[1] 例如，美国的硅谷知识产业集群、底特律的汽车产业集群、我国北京的中关村知识产业集群、浙江的鞋类与成衣等服装产业集群，其网络化生产过程中形成的丰富的弱关系有助于各主体搜索彼此拥有的知识，[2] 并从中挖掘新的机会或技术发展方向。企业网络化成长的过程中，通过建立丰富的弱关系，有助于其寻找更多更有价值的发展机会，因而使其资源投入方向更为有效。

强关系描述了网络成员间的一种紧密联系（Nelson，1989），[3][4] 这种紧密的联系使成员间建立其信任和互利机制，以降低冲突和共同解决问题（Uzzi，1997），从而有助于其优化资源投入的方向。例如，法国的斯奈克玛公司（SNECMA）通过与 GE 航空集团（GE Aviation）的紧密合作，双方根据各自的技术所长合作开发新型的民用航空发动机。利用 GE 航空集团拥有的核心技术优势，斯奈克玛公司在合作中逐步从拥有外围技术到最终掌握核心技术。该合作获得了巨大成功，使斯奈克玛公司从单一的军机生产企业，一跃而成为军用飞机和民用飞机兼有的大集团公司，成功地在国际民用航空发动机市场上占有了重要的地位。

（二）资源的使用效率

网络有助于促进网络主体间的知识共享和组织学习，[5][6] 同时企业资源的使用效率与所嵌入网络内的知识共享和组织学习有密切的关系。企业资源投入某一新机会或技术发展方向后，其使用效率不是靠自身的研发和生产就能够解决的，企业需要获取相关的互补性资源和关键知识，而网络是重要的获取渠道（Whittington 等，2009）。[7] 企业在与所嵌入网络各节点组织互动的过程中，网络中的资源持续流动，这一过程中不仅实现了显性知识的获取，同时更重要的是，隐性知识也在网络成员的持续互动中以更为有效和高效的形式扩散（Dyer，Singh，1998）。

---

① McEvily, B., Zaheer, A. Bridging Ties: A Source of Firm Heterogeneity in Competitive Capabilities [J]. Strategic Management, 1999, 20 (12): 1133 – 1156.

② Hansen, M. T. The Search-transfer Problem: The Role of Weak Ties in Sharing Knowledge Across Organization Subunits [J]. Administrative Science Quarterly, 1999, 44 (1): 82 – 111.

③ Reagans, R., McEvily, B. Network Structure and Knowledge Transfer: The Effects of Cohesion and Range [J]. Administrative Science Quarterly, 2003, 48 (2): 240 – 267.

④ Lechner, C., Frankenberger, K., Floyd, S. W. Task Contingencies in the Curvilinear Relationships between Intergroup Networks and Initiative Performance [J]. Academy of Management Journal, 2010, 53 (4): 865 – 889.

⑤ Inkpen, A. C., Tsang, E. W. K. Social Capital, Networks, and Knowledge Transfer [J]. Academy of Management Review, 2005, 30 (1): 146 – 265.

⑥ Dyer, J. H., Singh. The Relational View: Cooperative Strategies and Sources of Inter Organizational Competitive Advantage [J]. Academy of Management Review, 1998, 23 (4): 660 – 679.

⑦ Powell, W. W., Koput, K. W., Smith-Doerr, L. Inter Organizational Collaboration and the Locus of Innovation: Networks of Learning in Biotechnology [J]. Administrative Science Quarterly, 1996, 41 (1): 116 – 145.

　　第一，强关系与企业资源使用效率。强关系的共享优势在网络中知识的共享和学习上发挥了重要的作用。由于知识本身的缄默性、[①②] 复杂性[③④]和因果模糊性，[⑤] 其在网络不同主体间的共享实际上是有困难的（Simonin，1999）。[⑥] 虽然弱关系通过提供非冗余性信息而在网络中知识转移上仍然有一定的作用，[⑦] 当被转移知识复杂性相对较低时，网络主体间的弱关系有利于提高各自资源的利用效率，但对于更有利于企业获取竞争优势的复杂性知识传递上作用乏力（Hansen，1999）。强关系形成的网络主体间的信任与互利机制能够有效抑制主体的机会主义行为（Dyer，Singh，1998），增强了网络各主体对知识共享的意愿，从而提高知识转移的效率，[⑧] 提高企业的资源使用效率；同时强关系促使企业形成共同解决问题机制（Joint Problem-solving Arrangement），[⑨] 有助于主体间的知识的共享和学习，从而促进资源的使用效率。例如，江积海的研究发现我国的 TD-SCDMA 产业联盟是一个典型的知识创新网络，该网络内通过众多共同解决问题机制和互信、互信规则形成了主体间的强关系，促进了网络主体间的知识共享和学习，[⑩] 这里仅举一例，TD 联盟内鼓励系统厂商向终端和芯片厂商无偿开放实验室并提供技术支持，以便其进行技术测试，这不仅促进了各厂商资源使用效率的提高，也促进了网络整体研发和生产效率及水平的提升。

　　第二，关系互动与企业资源使用效率。网络内的关系互动能够促进主体间的知识共享，并提高组织学习效率，[⑪] 进而提升各主体资源的利用效率。关系互动强调的是网

　　① Zander, U., Kogut, B. Knowledge Transfer and the Speed of the Transfer and Imitation of Organizational Capabilities: An Empirical Test [J]. Organization Science, 1995, (6): 76 – 92.

　　② McEvily, B., Marcus, A. Embedded Ties and the Acquisition of Competitive Capabilities [J]. Strategic Management Journal, 2005, (26): 1033 – 1055.

　　③ Kogut, B., U. Zander. Knowledge of the Firm, Combinative Capabilities, and the Replication of Technology [J]. Organization Science, 1992, (3): 383 – 397.

　　④ Hansen, M. T. The Search-transfer Problem: The Role of Weak Ties in Sharing Knowledge Across Organization Subunits [J]. Administrative Science Quarterly, 1999, 44 (1): 82 – 111.

　　⑤ Simonion, B. L. Ambiguity and the Process of Knowledge Transfer in Strategic Alliances [J]. Strategic Management Journal, 1999, (20): 595 – 623.

　　⑥ Inkpen, A. C., Tsang, E. W. K. Social Capital, Networks, and Knowledge Transfer [J]. Academy of Management Review, 2005, 30 (1): 146 – 265.

　　⑦ Levin, D. Z., Cross, R. The Strength of Wek Ties You Can Trust: The Mediating Role of Trust in Effective Knowledge Transfer [J]. Management Science, 2004, (11): 1477 – 1490.

　　⑧ Inkpen, Andrew C., Eric W. K. Tsang. Social Capital, Networks, and Knowledge Transfer [J]. Academy of Management Review, 2005, 30 (1): 146 – 165.

　　⑨ McEvily, B., Marcus, A. Embedded Ties and the Acquisition of Competitive Capabilities [J]. Strategic Management Journal, 2005, (26): 1033 – 1055.

　　⑩ 江积海. 企业网络中知识传导绩效的影响因素及其机理——TD – SCDMA 产业联盟的案例研究 [J]. 科学学研究, 2010, 28 (9): 1375 – 1382.

　　⑪ Cohen, W., Levinthal, D. Absorptive Capacity: A New Perspective on Learning and Innovation [J]. Administrative Science Quarterly, 1990, 35 (1): 128 – 152.

络各主体在参与价值创造过程中的对称性，而非单向依赖。①② 虽然网络化生产能够促进实现资源的最优利用，但其并非一定能够创造具有竞争优势的产出，这依赖于网络各主体的相互作用（Dyer，Singh，1998）。高效的知识共享是网络主体间持续、稳定的双向互动的结果，企业在这一过程中不断深化对自身资源的认识和配置，提高资源的使用效率（Cohen，Levinthal，1990）。网络各主体需要调整内部资源和组织流程以建立与外部主体顺畅联结、彼此兼容的接口，③ 降低主体间知识转移和学习的壁垒，提高资源的使用效率。例如，大飞机制造是一个典型的网络化生产系统，该网络内各主体为了实现最高效的资源利用，彼此间的关系互动必须保持持续、稳定和双向，在空客（天津）总装有限公司厂区内，其所有的供应商都设有专门办公室，通过彼此互融的接口组织设计，网络各主体之间可以在网络生产的任何时段、任何地点共同解决网络生产中的问题，实现各主体资源的高效利用。

（三）企业关系网络能力

网络为企业提供了接触外部信息、知识或机会的渠道，④⑤ 但它们不会自动地转移到企业内部，企业获取和利用外部信息、知识或机会的效果很大程度上依赖于企业的网络能力（Cohen，Levinthal，1990）。企业构建网络的能力决定了其利用和开拓有利网络结构和网络位置的程度，进而决定了其投入和使用资源寻求成长的效率和效果。

网络能力是企业网络化成长过程中如何利用外部网络实现资源有效和高效利用的重要能力。⑥ Hakansson 最早开始对网络能力进行研究，认为网络能力涵盖了位置和关系两个方面，包括企业优化网络位置和处理单个关系的能力，⑦ 但忽略了关系间的交互作用和动态变化。Ritter 和 Georg 从任务执行和资质条件两个角度出发分析网络能力，具体包括了对特定关系和跨关系任务的执行、专业技能和社交资质，但实际上资质条件并不是网络能力的构成维度。⑧ Hagedoom 等认为网络能力涉及位置和效率，企业应该构建基于网络中心性的能力和基于效率的能力，以获取网络租金，但实际上效率是网络能力的作用

① Holm, D. B., Eriksson, K., Johansson. Business Network and Cooperation in International Business Relationship [J]. Journal of International Business Studies, 1996, 27 (5): 1033.

② 孟庆红，戴晓天，李仕明. 价值网络的价值创造、锁定效应及其关系研究综述 [J]. 管理评论，2011，23 (12): 139 - 147.

③ 方润生，杨垣. 基于价值网络的企业产出优势：特点与构成 [J]. 科研管理，2002，23 (2): 127 - 130.

④ Ahuja, G. Collaboration Networks, Structural Holes, and Innovation: A Longitudinal Study [J]. Administrative Science Quarterly, 2000, 45 (3): 425 - 455.

⑤ Powell, W. W., Koput, K. W., Smith-Doerr, L. Interorganizational Collaboration and the Locus of Innovation: Networks of Learning in Biotechnology [J]. Administrative Science Quarterly, 1996, 41 (1): 116 - 145.

⑥ Walter, A., Auer, M., Ritter, T. The Impact of Network Capabilities and Entrepreneurial Orientation on University Spin-off Performance [J]. Journal of Business Venturing, 2006, 21 (4): 541 - 567.

⑦ Hakansson, H. Industrial Technological Development: A Network Approach [M]. London: Croom Helm, 1987.

⑧ Ritter, T., Georg, H. Network Competence: Its Impact on Innovation Success and Its Antecedents [J]. Journal of Business Research, 2003, 56 (3): 745 - 755.

结果而并非能力的构成要素。① 从现有研究我们不难发现，有关网络能力的研究围绕网络的结构特征展开，认为网络能力是表现为企业优化网络结构的行为，而其活动又会受到资质条件的制约，但仅从行为和资质两个角度出发并不能反映网络能力的实质。②

　　企业的网络活动实际上与其寻找成长的动机是分不开的，因此有必要从这一角度出发来分析企业的网络能力，结合已有的研究结论，本部分认为，企业的网络能力包括关系搜寻、关系响应、关系监督和关系净化能力。关系搜寻能力指的是企业评估、搜索并识别网络中能够带来新信息、机会或有价值资源的能力，企业在网络化成长过程中要经过不断试错实现对资源的最有效利用，因此其需要不断对网络进行评估、搜索和识别。关系响应能力指的是企业在网络中的定位能力，包括构建最有利的网络关系强度和网络位置，网络中的新信息、机会或重要的互补资源等需要通过企业的关系响应能力而获取。关系监督能力指的是企业对已建立关系的评估能力，企业成长过程中其自身的资源、能力结构不断发生变化，而同时网络关系也具有动态性，因此，企业需要不断对已建立的关系进行评估，以保证资源的最有效利用。关系净化能力是指企业识别和终止低效或无效网络关系的能力，企业内外部环境的动态性使现有关系在其资源投入和使用中的价值不断变化，企业需要不断识别和终止已不能带来资源最有效利用的关系，以实现成长。企业网络化成长过程中网络能力、资源利用与成长的关系如图 7－1 所示。

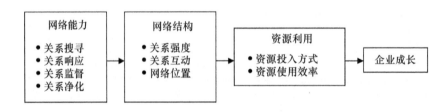

图 7－1　企业网络化成长过程中网络能力、资源利用与成长的关系
资料来源：笔者整理。

　　由此，我们可以看出，在"资源—网络—企业成长"框架下，资源的投入与产出之间的转换过程已经无可置疑地演变成网络化生产，当前有关模块化生产的研究很好地对这种网络化生产模式进行了阐释。③④⑤ 企业的网络化成长不是无目的地扩张，而

　　① Hagedoom, J., Roijakkers, N., Van Kranenburg, H. Inter-firm R&D Networks: The Importance of Strategic Network Capabilities for High-tech Partnership Formation [J]. British Journal of Management, 2006, (17): 39–53.

　　② 朱秀梅，陈琛，蔡莉. 网络能力、资源获取与新企业绩效关系实证研究 [J]. 管理科学学报，2010, 13 (4): 44–56.

　　③ Sandnes, R., Mahoney, J. T. Modularity, Flexibility and Knowledge Management in Product and Organization Design [J]. Strategic Management Journal, 1996, (17).

　　④ ［日］青木昌彦，安藤晴彦. 模块时代：新产业结构的本质 [M]. 上海：上海远东出版社，2003.

　　⑤ 余东华，芮明杰. 基于模块化网络组织的知识流动研究 [J]. 南开经济评论，2007, 10 (4): 11–16.

是如何在网络化生产中通过自身的网络能力构建和利用最优的网络结构以实现资源的最有效利用，在这一过程中的资源"匹配"强调了企业的资源结构与当前网络生产模式的一致性。

　　然而，企业在任何情况下都会存在未被完全使用的资源，即冗余资源的存在是一种客观事实。[1][2] 资源冗余是指企业内部在满足其正常的生产和经营活动后仍然剩余的资源。[3] 冗余资源对企业的成长的作用如硬币的两面，一方面，它可以促进组织的战略变革；[4] 另一方面，过多的冗余资源会造成低效率和浪费。[5][6] 那么，企业网络化成长的过程中，企业资源的匹配与冗余之间是一种什么样的关系呢？

三　关系资源的匹配与冗余压力

　　关系资源的匹配与冗余很显然是一对天然的悖论，不匹配就冗余，那么二者之间的关系应该如何解释呢？范德芬和普尔（1988）认为管理学中不应对概念进行非此即彼的处理，处理悖论的方法有三种：一是通过不同的视角进行分割；二是通过事物发生或发展的不同时间维度进行分割；三是可以通过引入新概念来纠正逻辑错误或提供更有包容性的观点。[7] 针对企业网络化成长过程中出现的关系资源的匹配与冗余问题，我们尝试从以上的第三个角度来进行分析，将网络化生产作为考察关系资源匹配与冗余的情境要素。如表7－1所示。

表7－1　　　　　　　　　关系资源冗余状态及其与匹配的逻辑关系

网络生产特征	关系资源匹配状态	关系资源冗余状态	关系资源冗余动因	冗余关系资源描述	匹配—冗余关系
生产延时	时间匹配	资源缓冲	现时生产	有用而暂时不用	现时—延时
生产失效	目标匹配	资源储备	战略转型	目标变化而无用	聚焦—偏离

　　① Nohria, N., Gulati, R. Is Slack Good or Bad for Innovation [J]. Academy of Management Journal, 1996, 39 (5): 1245－1264.

　　② 刘冰，符正平，邱兵. 冗余资源、企业网络位置与多元化战略 [J]. 管理学报，2011, 8 (12): 1792－1801.

　　③ Iyer, D. N. Performance Feedback, Slack and the Timing of Acquisitions [J]. Academy of Management Journal, 2008, 51 (4): 808－822.

　　④ Wally, S. Effects of Firm Performance, Organizational Slack, and Debt on Entry Timing: A Study of Ten Emerging Product Markets in USA [J]. Industry and Innovation, 2000, 7 (2): 169－183.

　　⑤ Fama, E. Agency Problems and the Theory of the Firm [J]. Journal of Political Economy, 1980, (88): 288－307.

　　⑥ Jensen, M. C., and Meckling, W. H. Theory of the Firm: Managerial Behavior, Agency Costs and Ownership Structure [J]. Journal of Financial Economics, 1976, 3 (4): 305－60.

　　⑦ 孟繁强. 战略人力资源管理的匹配与冗余——两种逻辑的形成与耦合 [J]. 经济管理，2010, 32 (3): 73－78.

续表

网络生产 特征	关系资源 匹配状态	关系资源 冗余状态	关系资源 冗余动因	冗余关系 资源描述	匹配—冗余 关系
生产拓展	结构匹配	资源异化	跨界互补	没用但未来可用	界内—界外
生产低效	效率匹配	资源闲置	资源浪费	有用但没用好	用好—浪费
生产压力	压力匹配	资源竞合	方向不明	有用但不知未来是否采用	应用—替换
生产沉默	状态匹配	资源睡眠	没有激活	资源处于漠视状态	睡眠—激活

资料来源：笔者整理。

（一）关系生产延时

企业网络化生产过程中其生产活动要受到网络成员生产活动的制约，而不可避免地导致出现一定的非连续性，即生产延时。然而其现时生产又要满足即时性的要求，因此，创造一定量的关系资源冗余作为缓冲是一种必然。Bourgeois 认为冗余关系资源是企业实际地或潜在地响应环境变化的关系资源缓冲。[①] 例如，众所周知，Dell 公司因同时实现低成本生产和定制化服务而获取竞争优势，那么它是如何同时实现了"即时生产"和"零库存"呢？这要归功于其网络成员的资源缓冲，Dell 的供应商一般保有一定的资源冗余以应对 Dell 不同要求的订单。这种情境下，出现关系资源的冗余是基于企业的关系资源结构要与网络生产的时间要求相匹配，关系资源冗余状态的动因是现时生产，企业具备满足现时生产所必需的资源，然而由于环境的因素而暂时得不到利用，这种状态下关系资源的匹配与冗余之间表现为"现时—延时"的关系属性。

（二）关系生产失效

企业的网络化成长不是无目的的成长，实际上它是企业借助网络实施自身战略意图的过程，[②] 当企业进行战略转型时，企业的原网络生产模式就失效了。从关系资源效用的角度出发，企业内部部分关系资源的功能与新竞争维度需求的不匹配是造成其成为冗余关系资源的重要原因，企业原有部分关系资源可能由于自身缺乏共享性，或被新关系资源替换而成为冗余关系资源。[③] 例如，2007 年 5 月，吉利明确提出进行战略转型，从"造老百姓买得起的好车"转型为"造最安全、最环保、最节能的好车"，进行产品的更新换代，把企业的核心竞争力从成本优势转向技术优势，其之前与成本领先战略相适宜的网络生产模式就自然偏离了新的战略目标，因而原有的部分内部或网

---

① Bourgeois, L. J. On the Measurement of Organizational Slack [J]. Academy of Management Review, 1981, 6 (1): 29 - 39.

② Cheng, J., Kesner, I. F. Organizational Slack and Response to Environmental Shifts: The Impact of Resource Allocation Patterns [J]. Journal of Management, 1997, 23 (1): 1 - 18.

③ 刘海潮. 不同战略变化路径下冗余资源的角色差异性——基于竞争视角的研究 [J]. 科学学与科学技术管理, 2011, 32 (1): 110 - 115.

络关系资源由于与新的战略目标不匹配而成为冗余。这种状态下关系资源的匹配与冗余之间表现为"聚焦—偏离"的关系。原来的网络生产下构建的部分加盟商、供应商的关系契约、结构洞失效，企业需要搜寻能够支持现行战略的新信息、资源和机会，并发展相关关系，构建新的结构洞以获取信息和控制福利，并对失效关系进行净化。

（三）关系生产拓展

随着企业的成长，自然会出现跨行业或跨产业链的生产延伸，而创造一定的关系资源冗余对企业生产扩展能够产生正面的影响，特别是在动态复杂环境下。[①] 因此，近期有大量的研究沿着这一思路展开，相关研究认为一定程度的关系资源冗余能够为企业的技术创新尝试创造条件，一方面降低成本，另一方面促进企业的创新活动能够实现多维的价值探索；[②③] 一定程度的关系资源冗余可以提高组织变革的效率；[④] 同时，对冗余关系资源的创造性利用可以实现商业模式创新。[⑤] 这种关系资源冗余产生的动因在于跨界互补，企业在当前看来没有现实用途的资源上投资，其目的是实现未来的生产扩展。企业应该通过关系搜寻，确定未来的可能拓展方向，并有意识在这一领域做资源储备，并与关键节点建立关系，尽量降低保持冗余关系资源的成本，提高资源利用效率，这种状态下关系资源的匹配与冗余之间表现为"界内—界外"的关系。

（四）关系生产低效

Leibenstein 认为一定的关系资源投入下，实际产出低于最高产出，则存在关系资源冗余，并且这种冗余实际上是关系资源闲置并造成了生产低效。[⑥] 在网络化生产条件下，企业的这种关系资源冗余不仅表现为自身生产的低效，而且由于其缺乏网络共享，而对整个网络生产没有贡献。根据彭罗斯（1959）的观点，企业就是一个资源束，最大限度地合理利用资源实现最优产出是企业存在的理由，资源闲置状态下的关系资源冗余是一种极大的浪费。因此，这种关系资源冗余产生的动因在于关系浪费，企业没有实现对现有关系资源的合理利用，这种状态下关系的匹配与冗余之间表现为"用好—浪费"的关系属性。通常对待关系资源闲置，管理者可以通过裁员等措施来减少或消除关系冗余（Sachs，1993）。而在网络关系生产情境下，企业可以通过网络中的

① Gomes, L. Ramaswamy, K. An Empirical Examination of the Form of the Relationship Between Multinationality and Performance [J]. Journal of International Business Studies, 1999, (30): 173 – 188.

② Herold, D. M. What is the Relationship Between Organizational Slack and Innovation [J]. Journal of Managerial Issues, 2006, 53 (3): 372 – 392.

③ 王志敏. 基于冗余资源的企业创新行为特征分析 [J]. 企业经济, 2008, (3): 11 – 14.

④ Thomson, N. The Role of Slack in Transforming Organizations [J]. International Studies of Management& Organization, 2001, 31 (2): 65 – 83.

⑤ 张玉利, 田新, 王晓文. 有限资源的创造性利用——基于冗余资源的商业模式创新：以麦乐送为例 [J]. 经济管理, 2009, 31 (3): 119 – 125.

⑥ Leibenstein, H. Organizational or Fractional Equilibriums, X-efficiency, and the Rate of Innovation [J]. Quarterly Journal of Economies, 1969, (83): 600 – 623.

关系搜寻，为冗余资源找到新的利用机会，并通过关系响应和关系监督建立和利用强关系共享优势和关系互动，促进与网络中其他主体的知识共享和组织学习，提升资源的使用效率。例如，我国的 TD 联盟由于建立了良好的网络治理关系，扩大了网络各主体暴露于网络的界面深度和宽度，直接促进了网络的创新能力（江积海，2010），在该网络内有严格规则和契约保证的强关系和关系互动降低了知识的专有性和复杂性，促进了知识在网络内的共享，极大地降低了各主体的资源闲置程度。

（五）关系生产压力

这种关系资源冗余产生的动因在于网络生产方向上的压力。企业为契合未来网络生产所需而进行的关系资源开发或储备具有一定的不确定性，因而为了实现自身关系资源结构与未来网络生产要求的匹配，企业需要在根据现有数据选择某种类型关系资源进行主要生产或研发的同时，配置一定的关系资源冗余，以备随时替换。这是一种基于压力的关系资源匹配逻辑，关系冗余状态表现为关系的竞合，关系资源的匹配与冗余之间的关系表现为"应用—替换"的关系属性。例如，中兴通讯在其网络化成长过程中，充分利用网络关系搜寻未来的技术和市场机会，并对各种可能的机会进行跟踪和弹性投入，不轻易判定任何一种业务品种的未来市场价值或技术走势，并随时根据网络环境的变化调整对不同产品或技术开发的关系资源配置，以确保把握未来的市场先机。

（六）关系生产沉默

现行的生产模式下企业关系资源的应用价值不一定能够被完全利用，这种生产状态可以被形容为关系生产沉默。企业置身于网络化生产体系中，其关系资源的整合和配置具有明显的方向性，因此自然存在在当前的生产环境下被忽视、遗忘的资源，这类关系资源处于被漠视状态，这种资源冗余产生的动机在于没有被激活，这种情境下关系的匹配与冗余之间的关系表现为"激活—睡眠"的关系属性。企业通过搜寻和拓展外部网络关系，可以借助外部资源激活自身睡眠性质的冗余关系资源。[1][2] 例如，当麦当劳发现其在店面、设备生产能力等上面存在资源价值未被完全利用的情况时，通过与呼叫中心、人力资源外包公司等构建的企业网络而推出了麦乐送业务，成功激活了自身的睡眠性资源，提高了关系资源的利用效率。

本节沿"关系资源—网络—企业成长"的框架剖析了企业网络化成长过程中的关系资源投入和使用机制，并进一步以网络化关系生产作为悖论解释情境探索了企业网络化成长中面临的关系资源匹配与冗余问题。

随着价值活动的网络化趋势，企业不可避免要驶入网络化成长的轨道中，对关系

---

① Sachs, Jeffrey. Poland's Jump to the Market Economy [M]. Cambridge, MA: MIT Press, 1993.

② 邬爱其. 企业网络化成长国外企业成长研究新领域 [J]. 外国经济与管理，2005，27（10）：10-17.

资源的投入方式和使用效率的分析自然需要跳出企业边界的局限，从网络的视角上展开。

（1）在关系资源的投入方式上，首先，企业网络化成长过程中形成的具有资产专用性特征的资源和关系直接影响到企业的关系资源投入方向；其次，有利的网络位置能够使企业具有更大的网络支配权，从而促使其采取最合理的资源投入方向和方式；最后，网络关系的强弱从不同的角度对企业资源的投入方式产生影响，现有研究一般都只强调弱关系的搜寻优势，实际上企业实践表明强关系的共享优势也是可以促进企业优化关系资源的投入方式。

（2）在关系资源的使用效率上，企业网络化成长过程中其关系资源的利用已经不是其自身的独立行为，而是要受到网络中其他主体关系禀赋和行为的影响，网络中的强关系和关系互动能够促进网络中的知识共享和组织学习，进而提升关系资源的使用效率。

（3）企业网络化成长过程中如何利用外部网络实现关系资源的有效和高效的利用，依赖于其构建的网络能力。企业从创立之时便嵌入特定的网络中，企业与不同节点的不同联结方式将促使企业从网络中获得不同的成长资源、信息、机会，乃至压力，因而企业必须构建在动态复杂环境下驾驭纷繁的网络关系的能力，本研究认为企业的网络能力包括了关系搜寻、关系响应、关系监督和关系净化能力。

探索企业网络化成长过程中的关系资源投入与使用，不可避免地要涉及企业关系的匹配与冗余问题，因为企业在任何情况下都会存在未被完全使用的关系资源（Nohria，Gulati，1996）。匹配与冗余是一对显然的悖论，我们引入网络化生产作为寻求悖论解释的情境要素。网络化生产可能会出现六种不同的模式，每种模式下企业关系资源的匹配与冗余之间都会呈现出不同的状态，企业需要在洞悉当前生产模式的基础上，利用网络不断实现关系资源的最优化利用。

第二节　关系状态迁移：从资源供给到差序嵌入的二阶演化机制

中小企业由于受到其固有的资源禀赋稀缺，核心技术缺失和持续竞争优势乏力等的影响，在中国产业结构调整的背景下，经营状况每况愈下，甚至出现了效益断崖式的下滑。近期温州中小企业破产潮和东莞地区中小企业主的"跑路潮"可见一斑。中小企业为社会提供了大量的就业机会，其发展的自由性与动态性也使其成为行业技术创新的重要载体，因此，如何使中小企业获得生存空间和持续竞争优势已经成为亟待解决的命题。既往研究表明中小企业可以在社会网络结构中构建起战略网络，通过结构洞探寻、构建战略联盟、形成产业集群等方式使中小企业获得网络福利与关系租金，从而在社会网络结构占据优势地位。但是这些研究往往从战略网络结构与关系视角来探讨中小企业的网络成长，忽视了企业家社会网络结构的功能，尽管一些学者已经开始从企业家社会资本的视角探究了企业家社会资本构建与企业价值和网络成长之间的关系（Redding，1993；韩海浪；姜卫韬，2012），但是以上的研究对象多基于民营上市企业或正式组织，探究的往往是基于企业家外部横向网络和纵向网络的中观和宏观层面的社会网络关系，忽略了中国文化下基于差序格局所形成的微观圈子网络中企业家网络成长的命题。费孝通（1947）指出社会差序格局中中国人生活在自我中心的圈子内，中国人对待"自家人"与"外人"存在差别，通行不一致的规则，这种内外有别式的心理与行为就是所谓的"差序格局"。这种差序格局会使处于社会网络关系中的中小企业家在圈子网络中处于不同的位置，形成差异的关系结构，进而影响企业家社会资本的形成，最终导致企业家所代表的企业价值增值和网络成长的优劣。因此，企业家在圈子网络中的结构与关系形成机制，及其路径依赖成为本研究拟解决的问题。

一　关系圈禀赋形成的概念体系

圈子的内涵始于费孝通的差序格局的触发式概念体系，他提出的"水波纹"理论认为中国社会的人际关系如一滴水所溅起的水波纹由中心向外延扩散形成了基于圈子的社会结构，同时圈子有圈里圈外之分，圈子内部更存在中心、次中心和边缘之分。[①]梁钧平指出，"圈子"是介于正式组织与非正式组织之间的一种组织现象，它既依托正式权力，又依托非正式的力量。[②] 俞达、梁钧平在研究领导者与下属之间的关系时指出，围绕着领导者和下属的交换关系建立起来的"圈子"不是正式的组织形式，也不是完全非正式的，它是通过联合的力量建立起来的一种正式和非正式组织关系的混合体。[③] 黄光国和杨国枢探究了中国社会自我中心型的圈层结构，并分别提出了中国人际交往关系中的圈层划分思想。黄光国认为中国人际交换关系由家人的内圈、熟人的中圈和生人的外圈构成，并以情感型关系、混合型关系和工具型关系作为圈层关系维系所遵循的法则。[④] 杨国枢进一步将最内圈界定为"家人"和拟似家人，[⑤] 他们遵循传统儒家文化的"论"的道德伦理。中圈是熟人圈子，包括好朋友或者关系很近的连带，他们遵照"人情交换法则"，其特殊信任是通过频繁的人情交换而建立。在"公平法

①　费孝通. 乡土中国［M］. 上海：观察社，1949.

②　梁钧平. 企业组织中的"圈子文化"——关于组织文化的一种假说，［J］. 经济科学，1998，（5）：12－17.

③　俞达，梁钧平. 对领导者—成员交换理论（LMX）的重新检验——一个新的理论模型［J］. 经济科学，2002，（1）：5－18.

④　黄光国. 人情与面子：中国人的权力游戏[M]. 台湾：巨流图书公司，1988.

⑤　杨国枢. 中国人的社会取向：社会互动的观点[M]. 台北：桂冠图书公司，1993.

则"下，认识之人处于圈子的最外层，个体间的信任建立在公平的一般道德原则以及反复社会交换过程基础之上。以上研究可以用图 7 - 2 表示。

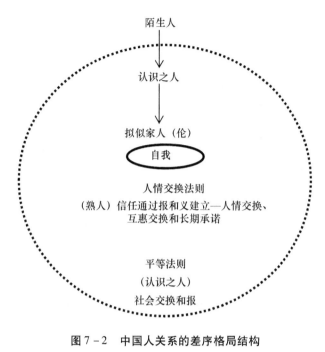

图 7 - 2　中国人关系的差序格局结构

资料来源：罗家德. 关系与圈子——中国人工作场域中的圈子现象 [J]. 管理学报，2012，9（2）：165 - 173.

一方面，既往研究多基于社会网络结构的研究，研究对象聚焦于关系网络中的人，尚未探究作为中小企业代表的企业家在社会网络中的关系与结构。另一方面，过往研究只揭示了圈层结构中所遵照的静态关系法则，然而企业总是动态地与其他企业或组织进行物质、信息和能量的交换，以获取成长的养料。如何在动态环境下构建圈层，如何突破不同圈层的壁垒是过往研究所未触及的。再次，圈层结构内部同样存在差序格局，[①] 这区别于西方社会网络结构中的团体格局，圈层内部成员基于"亲、忠、能"的特质发展出了"亚圈结构"，并动态地游走其中。可见圈层结构具有复杂性和动态性的特征，不能简单地用差序格局的理论做全面的阐述。

二　关系状态迁移的二阶演化机制

人际情感关系始于家族又不止于家族，依照家族中的伦理可以将这种关系向外扩展。在长期相互的交往中情感的强化使人际关系不完全是以血缘为中心的既有成分，

---

① 郑伯埙. 企业组织中上下属的信任关系 [J]. 社会学研究，1999，(2)：22 - 37.

而是一种交往的成分，是人们在不断的交往中形成的，同样可以产生与血缘关系类似的亲密关系。费孝通（1947）认为"差序格局"的核心还是以"自己"为中心的"自我主义"。"自我主义"行为取向下的个体，其具有相当强的伸缩能力，已经突破了血缘与地缘的边界，特别是现代社会中人际交往中功利性关系的介入导致了围绕个人或特定群体利益建立的关系格局，而在这种格局中尽管血缘仍然是最牢固的关系纽带，但是关系的深浅一般是指由彼此的交往频度所产生的亲密程度的深浅，这种情感加深的过程更多是以形象、能力、气质、兴趣爱好等要素作为基础的。同时社会认同理论关于群际关系的研究发现，当一个个体将自我与一个类别建立心理联系之后，就会形成对该类别的认同（identification），并因此与该类别以外的人或其他类别形成积极的特异性（distinctiveness），并形成"我们"的概念，这一个体与类别建立联系的心理过程被称为"自我类别化"（self-categorization），即圈子形成的动因——物以群分人以类聚，具体过程如图7-3所示。

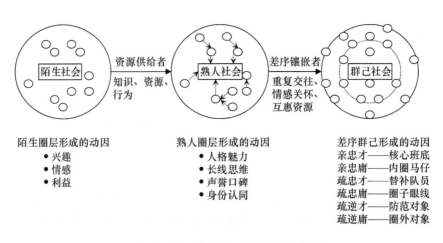

图7-3 关系状态迁移的二阶演化过程

资料来源：笔者整理。

（一）陌生人社会与关系疏离状态

尽管社会交换理论、委托—代理理论和领导—部属交换理论可以解释正式组织中圈层结构的形成及领导与下属关系的互动，但是中小企业家所面临的战略网络是由众多中小企业所构成的非正式组织网络关系，其动态成长所依赖的是中小企业家在网络中的位置与关系——网络中心度和密度问题，因此需要从社会网络关系的视角来探讨圈子形成的规律与逻辑。区别于企业战略网络中基于业缘、地缘和血缘等关系构成，中小企业产业集群、家族式企业、中小企业企业家的圈子网络中更多是依共同的兴趣（企业家论坛）、共同的身份（同学会、培训班）以及共同的利益（党派）而构成的，志同道合才为圈。首先，企业家圈子初始形成阶段以情感为纽带，具有相同情感的成员组成的同乡会、同学会等解决的往往是情感归属问题。其次，企业家圈子本身就是依赖正式组织形成，但具有非政府组织特征的一种组织形式。它不具备正式组织中的约束力，更依赖圈子中成员共同的兴趣、爱好等作为基础为其沟通交流搭建平台。再次，古典经济学通过理性人的命题诠释了人"无利不起早"的逐利行为，因此企业家圈子构成之初不管是基于归属感还是兴趣，都具有一定的目的，或利益或非利益收益。而这种共同利益的动机往往是隐含在归属感和兴趣之下的，可以称为"潜规则"。这种"潜规则"在圈子形成之初如果被显性化，则会受到其他成员的抵触，破坏了圈子文化，引起圈子关系的破裂或功利性成员被踢出圈子。随着圈子关系稳定性增强，这种利益目的会缓慢地显性化，并在圈子中蔓延获得广泛的认可，也就是圈子文化中的"报"这个概念。

埃莫森（1976）在社会交换理论中提出了中心网络交换关系，认为封闭的社会网络中往往是由一个中心向外延扩张的，其中趋中性是核心概念。尽管圈子构造之初成员之间是以弱关系连接的，成员之间缺少重复交往因而很难形成信任机制，但是随着情感的强化、交往的反复以及身份的认同，一些具有特殊个性属性并占有特殊资源的成员会获得其他成员的认知，并逐渐形成了以其为中心的网络结构，这个中心成员就是圈子中的资源主导者，其他成员常要通过各种手段，如礼物的流动、情感的联络、关系的运作等加强与其联系，关系越亲密，越有可能从中心成员处获得稀缺资源，实现其利益目标。[1] 同时结构洞理论（Burt，1987）指出占据结构洞的中心成员可以通过其在网络中的位置通过弱关系从其他成员获取异质性互补资源，实现其网络价值的增值，获得网络租金，进而强化其网络中心性。

既往研究认为差序格局中的圈层由情感型关系、工具型关系和混合型关系构成，将情感和工具置于关系维度的两端。但是这些研究忽略了圈层结构中资源主导者的个性特征对圈层结构的影响。杨中芳认为"情感"区分为义务上的应有之情与内心的真有之情，应有之情是义务，真有之情为情感。[2] "义"在深层意义上体现了儒家"人伦"的价值要求，差序在本质上亦即"人伦"。梁漱溟[3]、钱穆[4]等人的"伦理本位""和合论"也倾向于认为利他之"义"才是"差序格局"的核心性要素，这种"义"集中表现在个体是否舍得将这些资源施予众人的利他倾向，影响着"差序"范围的扩展状况。[5] 缺乏资源分享利他主义倾向资源主导者无法将资源主导地位转化为网络中心地位，甚至随着交往的频率和深度增强而面临被边缘化的处境。利他主义倾向的"义"

---

① 李沛良. 论中国式社会学研究的关联概念与命题 [J]. 东亚社会研究，1993.

② YANG. C. F. Psycho cultural Foundations of Informal Groups：The Issues of Loyalty，Sincerity，and Trust. Informal Politics in East Asia [M]. New York：Cambridge University Press，2000.

③ 梁漱溟. 东西文化及其哲学 [M]. 北京：商务印书馆，1999：157.

④ 钱穆. 现代中国学术论 [M]. 北京：生活·读书·新知三联书店，2001：41 - 42.

⑤ 沈毅. "差序格局"的不同阐释与再定位——"义""利"混合之"人情"实践 [J]. 开放时代，2004，（5）：105 - 115.

集中体现在处于圈层结构中资源主导者的个性特征上，在中小型企业家所处的圈子中则表现为企业家特征。

首先，企业家的人格魅力是企业家圈层中成员最为关注的特质。圈子中其他成员通过了解资源主导者的人品、素质等个性特征，会放松对机会主义和背叛行为的警惕，能够相互建立彼此的亲密情感、信任和义务感。资源主导者所表现的善意、道德意识、企业家精神、人格魅力等影响圈子其他成员对企业家态度的变化，进而影响其社会网络的质量、关系资本的存量。①②

其次，社会中的资源形态主要可以分为以资源、信息和能力为代表的工具性资源与以声誉、形象等为特征的象征性资源，前者类似于"利"，而后者强调"义"的作用。面子是一个很好的口碑声誉体系的指标，面子是某人在他人相处的"心理地位"，成为"人情"往来与"关系"建立的前提。③ 丢掉面子意味着这个人已经失去了相关人等中的权力和声誉；保留面子证明其保住了原有地位；赢得面子则表明他获得了新的权力或声誉。树立良好的声誉是在未来能够吸引圈子网络资源的重要策略。

再次，圈层之所以是圈层，而不是一个逐渐衰减的引力场，重要原因在于圈层之间的封闭性，外圈层的人欲进入内圈层必须取得身份认同。④ 圈子是基于兴趣等动因，而非正式组织中的权责，因此在圈子中以企业家角色像对待员工一样对其他成员发号施令，将其在正式组织中所具有的权力权威带入圈子中一定会引起圈子成员的反感，最终令其失信。身份认同的前提就是平等关系与公平原则，放下成员所具有的社会等级，以平等的成员关系加入圈子会更容易获得成员认可。成员间个人的偏好和价值观等都可能影响他们之间的信任，尤其是情感性信任，他们彼此价值观的匹配性是非常重要的，这决定了他们之间是否能够相互信任和包容。⑤ 因此基于身份认同的情感性信任机制要求处于资源主导地位的企业家主动拉低身份，转变企业领导者的角色，按照西方人际关系理论中的团体格局的公平平等准则来参与关系互动。

最后，中国人所崇尚的以德报怨，先义后利，在圈子中体现为作为资源主导者的企业家的长线思维。在交往中短期的利益让渡促进了情感的强化，为未来回报和远期的利益打下基础，实际上是义与利的博弈。实践中工具性的资源投入也常常是要在无事之时以"情义"的面相进行，不能等到有事之时再"急功近利"地进行"人情"投资（沈毅，2012）。事实上，个体也只有在他人不得志甚至落难时给予无预期收益的帮

① 周小虎，陈传明. 企业社会资本与持续竞争优势 [J]. 中国工业经济，2004，(5)：90－96.

② Hambrick, Mason. Upper Echelons: The Organization as are Flections of Its Top Managers [J]. Academy of Management Review, 1984, (2): 193－206.

③ 翟学伟. 人情、面子与权力的再生产——情理社会中的社会交换方式 [J]. 社会学研究，2004，(5)：48－57.

④ 廉如鉴. "差序格局"概念中三个有待澄清的疑问 [J]. 开放时代，2010，(7)：46－57.

⑤ 许秋红. 信任与家族企业的可持续成长 [J]. 中国人口·资源与环境，2011，(4)：158－163.

助，才更有可能成为圈子核心的"恩人"，其所表现出无私之"义"的面相常常是以未来的长远之"利"为取向的。"义"与"利"之间的紧张性通过先"舍"后"得"的长期性"人情"实践予以化解，以达成他人与个己的双赢、"义"与"利"的相互融合，从而使得既有的"关系"得到维持，乃至深入发展。

（二）企业家圈子一阶演化：熟悉人社会与资源供给者的网络中心化过程

传统"差序格局"绝不仅仅是一种人伦模式，而更多地体现了一种对社会稀缺资源进行配置的模式和格局，人们加入圈子最终目的是获利，这种"利"既可以表现为情感归属、身份认同等非营利性利益，但更多地表现为以获取工具性资源的切实利益。孙立平指出差序格局中的"利益"印记日益凸显，差序关系形成了某种"情感+利益"的混合。[①] 因此占据资源主导者地位的企业家所具备的资源、知识和能力是其网络中心地位有力的解释，并以此形成其在圈子中的认知信任。

首先，成员参与到圈子中的一个重要动机网络资源的获取，相对于个人而言，圈子网络中存在着大量的互补性资源，资源主导者在获得情感型信任的基础上，其所禀赋的稀缺性资源及资源的丰富程度都决定着其是否能占有网络中心节点获得结构洞优势。同时结构洞理论（Burt）强调异质性资源的重要性，资源主导者与其他成员在禀赋资源、信息和能力同质性过强，则会出现资源冗余，阻碍了圈子的成长。

其次，圈子网络结构的关系镶嵌增大资源移转的数量，有助于内隐知识和复杂知识的转化，并且更可能相互鼓励和推动创新活动。获得情感型信任的资源主导者有知识共享的意愿，其所具备的显性知识通过其网络中心位置向网络边缘扩散，帮助其他圈子成员获取异质信息，促进其知识存量递增。其隐性知识在重复交往中基于团体信任更容易显性化，促进了圈子内部知识共享和知识创新能力的提升。

再次，根据资源基础观，圈子网络结构同样离不开资源的投入与产出，并形成了"结构—资源—能力—成长"的圈子成长逻辑。资源主导者所具备的能力是其占据网络中心节点，成为圈子核心成员的前提条件。资源主导者其所具备的个性特征及其所禀赋的知识与资源决定了其在圈子中的话语权，同时转化为维护圈子稳定性的规章制度与监督约束彼此的行为准则，并通过集体惩罚机制防范和降低了其他成员的机会主义倾向，成为其他成员获得外部网络的资源与资金提供的信用担保，为其风险规避提供借鉴。

（三）企业家圈子二阶演化：群己社会与关系镶嵌者的网络差序化过程

资源主导者通过情感信任和认知信任完成了圈子的结构镶嵌，确立了资源主导者在圈子中的中心位置，而镶嵌理论更强调关系镶嵌在网络结构中的重要性。关系镶嵌要求掌握对偶交换的品质，亦即交换对象的行为、交换对象体察对方目标与需要的程度。例如，彼此在交易过程中是否考虑到对方的利益，彼此间知识与信息的共用程度

---

① 孙立平. 关系、社会关系与社会结构 [J]. 社会学研究, 1996, (5): 21-23.

如何等。圈子成长中资源主导者的出现引发的汇聚效应使其他成员不断地向网络中心靠拢，此时资源主导者与各成员的亲疏关系是一致平等的。但圈子作为中国关系社会的一个缩影，其中存在抗拒关系陌生化趋势的机制，① 这种非孤立性推动了陌生人圈子向熟人圈子演化，正是这种机制保证了圈子关系再生产与圈子成长的逻辑。不同于生人圈子工具性关系的公平法则和家人圈子的情感法则，作为混合型关系的熟人圈子依赖人情交换法则来维系的。首先，拟似亲缘关系强调情感和规范动机，要求其他成员在与资源主导者交往中需要时时予以同情、体谅、帮助等情感关怀。其次，平时以馈赠礼物、相互问候、拜访以维持良好关系，并且强调"义"的规范，要求资源主导者不求回报地为成员提供帮助，同时这种人情是一种被期望的责任，接受人情的成员忘记回报会受到圈层中舆论的压力，产生失信感。最后，通过重复交往，互惠资源强化"义"与"利"的嵌入程度，"义"越深则伦理压力越大，未来的"利"与"报"则更容易实现，从而进一步强化关系的镶嵌（沈毅，2012）。

圈子作为非正式组织不存在界限分明的内群体/外群体的分别，而是一种界限模糊、具有相当大伸缩性与情境性的网络化组织。成员可以通过加大情感互动、利益互动加强彼此间的关系，也可以通过减少互动疏远彼此之间的关系。周建国提出了紧缩圈层结构，揭示了圈子的结构动态发展，指出圈子并不排斥生人的进入和熟人关系的衰退与边缘化。② 圈内熟人群体有维持强关系的固化倾向，通过资源、知识和信息的垄断获得网络福利。同时该群体又具有促进关系流动化的渴望，当熟人群体的资源、信息趋于同质化，则需要引入其他符合成员资格的陌生人，以获取异质性资源与能力。这种以固定的关系来寻求流动的关系的趋势决定了圈层内部的差序格局的存在（翟学伟，1996）。这种动态关系表现为圈层结构内部的差序格局，由"关系""忠诚""才能"三个基本面向决定其在圈层结构中的位置。关系包括亲、疏两个维度；忠诚包括忠、逆两个维度；才能包括才、庸两个维度。企业家所构成的圈子往往由地缘和业缘形成"亲"维度，行为构成"忠"维度，能力凸显"能"维度的作用。

缺乏亲缘关系的企业家圈子中也可以表现为以地缘、业缘为情感纽带的拟似亲缘关系。拟亲缘关系实质上是一种"情与利"的关系，把原有的地缘、业缘正式关系转换成一种类似血缘的非正式关系，纳入差序格局的范围。③ 这种拟似亲缘关系在圈层中以承诺构建信任关系，通过集体主义形成的行为准则和监督机制约束了成员的机会主义自利行为，降低了行为和交易的风险（罗家德，2012）。

"忠"维度则体现在圈层结构中的人情互动中，由拟似亲缘关系构成了圈层的内、

① 孙国东. 一个不可忽视的"斯芬克斯之谜"——邓正来先生前提性判准的文化缺位［J］. 河北法学，2007，（10）：175 - 184.

② 周建国. 紧缩圈层结构论：一项中国人际关系的结构与功能分析［M］. 上海：上海三联书店，2005，10.

③ 杨善华，侯红蕊. 血缘、姻缘、亲情与利益［J］. 社会学，2000，8.

外圈之分，而人情关系中的"义"与"利"的互动形成了忠与逆的关系。金耀基指出人情除了指情绪和礼尚往来外，更凸显了人与人的相处之道，核心原则就是"己所不欲，勿施于人"以及"己之所欲，施之于人"，即一种推己及人的"忠恕之道"。[①]

"能"维度则是对成员在圈层结构中资格认同，圈层结构中的差序是由"情""义""利"三者的互动而不断演化的，而获利的前提是成员占有直接支配及其所能影响的资源分配的数量与质量（沈毅，2012），同时这种初始资源禀赋的异质性决定了其稀缺性与互补性，影响到其他成员对该资源获取的意愿程度，进而转化为该成员在圈层结构中的能力。

因此，由"亲""忠""能"三维构成了企业家圈层内部的立体差序格局。"亲忠才"的企业家构成了内圈的"核心班底"，基于业缘、地缘的拟似亲缘关系，使他们具有天然禀赋的承诺关系，讲义气、效忠资源主导者的企业家在关系互动中与圈子核心保持行动的一致性，形成了关系紧密的信任机制，其所禀赋的资源和能力最容易直接被资源主导者所利用。"亲忠庸"的企业家为"内圈马仔"，这些围绕着资源主导者的内圈成员，由于其资源与能力和资源主导者同质或存量较低处于内圈边缘，作为资源主导者的事业辅佐。"疏忠才"是内圈层的"替补队员"，这些企业家不存在与资源主导者的拟似亲缘关系，但是其忠与才是资源主导者所重视的战略资源，通过重复交易以及情感投入，这些企业家可由中圈上升到内圈。而"疏忠庸"的企业家则是"圈子眼线"，这些企业家与资源主导者稀疏的关系和较弱的能力使其更多地依赖资源主导者所构成的内圈享受网络成长带来的福利，正是由于其距离圈层核心的距离而使其具有丰富的结构洞优势，资源主导者可以借助这些企业家的外部网络结构来增加资源、信息和机会摄取面。"疏逆才"的企业家是圈子中的"防范对象"，这些占有稀缺性互补资源、信息和能力的企业家与内圈关系稀疏并且不受信任，它们被孤立于圈子的边缘，具有机会主义倾向，在与内圈交易中容易出现跳单违约现象；同时由于它们的资源能力禀赋和外部网络关系又利于它们成为资源主导者形成另一个圈层结构反制原圈层结构。"疏逆庸"的企业家游离于圈层边缘，随时可能脱圈，在圈子中扮演着"圈外人"的角色。

通过以上分析我们了解到圈层结构形成与演化总是遵循着差序格局中的"情""义""利"三者关系的互动。在圈层结构形成之初的陌生人圈层中，"情与利"构成动因，具有"义"与"利"的成员占据资源主导者位置获得结构洞优势；熟人圈层中，情与义构成了人际关系互动的主旋律，通过重复交往累积经验最终导向利的交换；群己圈层中，由于圈层内部差序格局的存在，"情义利"形成亲与疏、忠与逆、能与庸的三个面向，诠释了圈层结构内外部的动态发展规律。作为中小型企业的企业家在圈层结构中需要转变角色，占据圈层网络中心位置成为资源主导者，在情、义、利的引

---

① 金耀基．人际关系中人情之分析［A］．载杨国枢．中国人的心理［M］．南京：江苏教育出版社，2006.

导下通过结构镶嵌与关系镶嵌发展自己的熟人圈层，并且通过衡量熟人圈层成员与其亲疏关系、忠诚度与能力资质，控制与约束圈层结构关系的动态发展，从而增加企业家的关系资本存量，提升关系资本质量，获取圈层结构中的网络福利。

第三节　关系响应与逆向建构：反被动为主动

在技术的迅速更替和新市场的不断开拓构成了产业的主要竞争图景的今天，中小企业的死亡率一直以来都居高不下，其平均寿命只有 2.9 年。[①] 这是由内、外两部分原因造成的。中小企业自身实力的不足导致了其普遍生存能力弱、基本资源匮乏，通常表现为资本实力不足、产品开发能力弱、市场开拓能力不强、管理经验不足、高素质人才短缺等。[②] 与此同时，中小企业面临着严苛的外部环境：市场整合和信息化使中小企业面对无边界竞争；要素市场成本上升、产品市场收入下降、劳动力市场工资上升挤压了中小企业的生存空间；流动性障碍限制了中小企业的赢利能力。[③] 在这种情况下，中小企业的竞争优势需从战略网络中获得并予以维持，[④] 企业网络被认为是中小企业成功存活并成长的必由之路。[⑤⑥]

自从 Jarillo（1988）首次提出"战略网络"这个概念，经过中外学者数十年间的研究，战略网络的相关理论已经得到了充分发展。迄今为止，战略网络理论包含了战略网络的概念界定、战略网络的形成、战略网络的演化、战略网络的影响因素、战略网络的治理、战略网络对企业成长的影响及战略网络的特殊应用等不同内容（Gulati，1998）。[⑦⑧⑨⑩⑪⑫⑬] 作为中国繁荣经济、增加就业的主力军的中小企业的成长问题长久

---

① 数据来源：《光明日报》2010 年 4 月 12 日。

② 陈莉平，万迪. 嵌入社会网络的中小企业资源整合模式 [J]. 软科学，2006，(6)：133 - 136.

③ 李玉辉. 中小企业网络的战略价值 [J]. 生产力研究，2002，(6)：256 - 257.

④ Jarillo. On Strategic Networks [J]. Strategic Management Journal, 1988.

⑤ Venkataraman, S., Van de Ven, A. Hostile Environmental Jolts, Transaction Set, and New Business [J]. Journal of Business Venturing, 1998, (13): 231 - 255.

⑥ Johannisson, B. Business Formation: A Network Approach [J]. Journal of Management, 1988, 4 (34): 83 - 99.

⑦ Nohria, Nitin, Eccles, Robert Cx. Networks and Organizations: Structure, Form, and Action, Boston [M]. Harvard Business School Press, 1992.

⑧ Hagedoorn, J. Understanding the Cross-level Embeddedness of Interfirm Formation [J]. Academy of Management Review, 2006, 31 (3): 670 - 680.

⑨ Kartik Kalaignanam, Venkatesh Shankar, Rajan Varadarajan. Asymmetric New Produc Development Alliances: Win-Win or Win-Lose Partnerships [J]. Management Science, 2007, 53 (3): 357 - 374.

⑩ 李新春. 企业战略网络的生存发展与市场转型 [J]. 经济研究，1998，(4)：191 - 202.

⑪ 李焕荣，林健. 战略网络研究的新进展 [J]. 经济管理，2004，(4)：87 - 93.

⑫ 谢洪明. 战略网络结构对企业动态竞争行为的影响研究 [J]. 科研管理，2005，26 (2)：104 - 112.

⑬ 阮平南，武斌. 企业战略网络生成机理研究 [J]. 企业经济，2007，(3)：48 - 50.

以来成为学者们所关注的焦点，同时战略网络的相关研究也日趋成熟，但中小企业在战略网络中的成长过程并没有得到充分的关注。本研究将从战略网络的角度出发，研究中小企业如何在大企业为中心的网络中实现反被动为主动获得成长的过程，帮助中小企业在资源劣势的条件下获得可持续发展。

一　企业网络关系逆向响应的动因

中小企业为了获取成长所需的资源而嵌入网络中的需求与其在大企业为中心的战略网络中的被动位置形成了一个悖论。

中小企业通过与位于网络中心的大企业构建关系，可以降低经营的不确定性，[1][2]企业越接近网络中心就越容易获取网络资源，[3]这给了企业更大的抓住成长机会的可能性；而远离网络中心的定位是被网络边缘化及被网络中心企业封锁的危险信号，[4]中小企业在大企业为中心的网络中的赋存状态证明了这一情况。

第一，网络边缘性导致权力不对等。在大企业为中心的战略网络中，大企业与中小企业之间能力和规模的差别导致中小企业对大企业的单方面高度依赖，这种不对称的依赖导致大企业能够很轻易地控制中小企业的命脉，而中小企业由于网络的锁定效应不能轻易离开网络。[5][6]因此网络中产生了严重的权力不对等，这导致了大企业倾向于采取保护核心能力并控制信息流向的战略，严重地加大了中小企业嵌入网络的成本；[7][8][9]而权力的不对等导致了中小企业的话语权缺失，这不单单表现在决策方面，在分配及运营等各个方面也是如此，Alvarez通过案例研究也证明了联盟所创造的经济价值中的大部分被大企业所占有的现实，[10]这更加导致了网络关系的不稳定，阻碍了中

---

① Kumar, N., Scheer, L. K., Benedict, J. Etal. The Effects of Supplier Fairness on Vulnerable Resellers [J]. Journal of Marketing Research, 1995, (4): 454-465.

② Stuart Toby E., H. Hoang, and Ralph Hybels. Inter-organizational Endorsements and The Performance of Ereneurial Ventures [J]. Administrative Science Quarterly, 1999, 44 (2): 315-349.

③ McEvily, B., and Zaheer, A. Bridging Ties: A Source of Firm Heterogeneity in Competitive Capabilities [J]. Strategic Management Journal, 1999, 20: 1133-156.

④ 卢福财，胡平波. 全球价值网络下中国企业低端锁定的博弈分析 [J]. 中国工业经济，2008，17 (10)：23-32.

⑤ Kumar, N., Scheer, L. K., Benedict, J. et al.. The Effects of Supplier Fairness on Vulnerable Resellers [J]. Journal of Marketing Research, 1995, 4: 454-465.

⑥ 高维和，黄沛. 战略信息分享、信任与关系质量研究 [C]. 北京：JMS 中国营销科学学术会议论文集，2010.

⑦ Kartik Kalaignanam, Venkatesh Shankar, Rajan Varadarajan. Asymmetric New Produc Development Alliances: Win-Win or Win-Lose Partnerships [J]. Management Science, 2007, 53 (3): 357-374.

⑧ Contractor, F., Lorange, P. Why Should Firms Cooperate? The Strategy and Economics Basis for Cooperative Ventures [A]. Cooperative International Business [C]. Lexington, MA: Lexington Books, 1988: 3-30.

⑨ Emerson, Richard, M. Power-Dependence Relations [J]. American Sociological Review, 1962, (27): 31-41.

⑩ Alvarez, S. A., Barney, J. B. How Entrepreneurial Firms can Benefit from Alliances with Large Partners [J]. Acad. Management Executive, 2001, 15 (1): 139-148.

小企业的成长（高嵩，2009）。①②

第二，网络边缘性导致资源获取难度大。Eckhardt（2006）提出，同著名企业结盟可以缓解中小企业基于规模和能力的种种缺陷，提高它们的生存能力。然而，由于中小企业处于战略网络的边缘，和大企业之间一直保持着带有距离的关系（Arm's Length Relationship），无法发展高信任的关系，③ 它们并不能得到成长所需的足够的资源支持。寿至刚通过对 29 家开展供应链贷款的银行进行访谈后发现，在大企业为核心的卫星型网络中，银行更倾向于贷款给网络中心性更强（即离核心企业更近、关系更紧密）的中小企业。④

第三，网络边缘性导致信息不对称。在战略网络中，占据结构洞的大企业拥有信息的控制权（王俊，2010），这降低了中小企业识别并抓住机会的概率（Burt，1992）。Granovetter（1973）认为企业间保持的紧密联系可以塑造和增强彼此间的信任程度，有助于企业获取资源尤其是隐性经验类的知识，但处于被控制地位的中小企业由于缺少足够的能力和资源，并不能将在网络中得到的信息和知识溢出有效地吸收和利用。⑤ 受到大企业的制度约束，中小企业无法与同处于网络末端的其他中小企业相互建立紧密联系，大企业对处于末端的中小企业进行控制，使中小企业之间无法进行重复性交易关系，进一步加深了信息的不对称性。

第四，网络边缘性的负面锁定效应。中小企业在网络中还面临着负面锁定效应（negative lock-in effect），主要表现为高沉没成本（sunk cost）、高机会成本（opportunity cost）和高转化成本（switching cost）。⑥⑦ 在跨国外包生产网络关系中，跨国公司通过将重复的生产环节外包集中精力和资源提高研发能力和创新能力，⑧ 而被迫进行单一生产环节的代工企业并不足以充分利用网络获得持续的创新能力。

---

① Hawkins, T. G., Wittmann, C., Michael, Beyerlein, M. M. Antecedents and Consequences of Opportunism in Buyer-supplier Relations: Research Synthesis and New Frontiers [J]. Industrial Marketing Management, 2008, 37 (8): 895 - 909.

② Noble, C. H., Sinha, R. K., Kumar, A. Market Orientation and Alternative Strategic Orientations, A longitudinal Assessment of Performance Implications [J]. Journal of Marketing, 2002, (66): 25 - 39.

③ Bob Hanek. Trust or Hierarchy? Changing Relationships Between Large and Small Firms in France [J]. Small Business Economics, 1998, (11): 237 - 252.

④ 寿至刚. 基于网络的组织间信任研究——中小企业的社会资本与银行信任 [J]. 中国工业经济, 2011, (9): 56 - 66.

⑤ 许冠南. 关系嵌入性对技术创新绩效的影响研究——基于探索型学习的中介机制 [D]. 博士学位论文, 浙江大学, 2008.

⑥ Dyer, J. H., Singh, H. There Lational View: Cooperative Strategy and Sources of Inter-organizational Competitive Advantage [J]. Academy of Management Review, 1998, 23 (4): 660 - 679.

⑦ Gulati. R., Nohria N., Zaheer A. Strategic Networks [J]. Strategic Management Journal, 2000, (21): 1203 - 2121.

⑧ Humphrey J., Schmitz H. The Triple C Approach to Local Industrial Policy [J]. World Development, 1996, 24 (12): 1859 - 1877.

二 战略网络中反被动为主动的过程

战略网络通过两种机制提供收益，即关系嵌入与结构嵌入；本研究从关系和结构两个角度出发，对战略网络中反被动为主动的过程进行深入剖析。行动逻辑如图7－4所示。

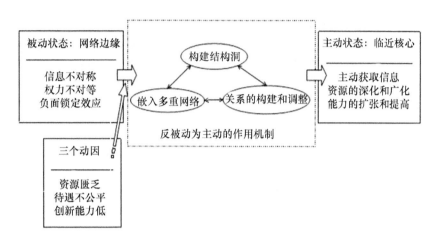

图7－4 中小企业在战略网络中从被动到主动

资料来源：笔者整理。

（一）构建结构洞——从被动的信息不对称转化为主动的信息不对称

结构洞可以为企业带来非重叠的网络收益——信息利益和控制利益（Burt，1998）：信息利益主要通过通路、先机和举荐三种途径来实现，控制利益指企业作为居中"搭桥"的第三方，决定对结构洞两端企业获得信息的优先权所得到的利益。而在以大企业为核心的战略网络中，结构洞带来的网络收益一般由占据结构洞的大企业获取。面对这个现实，中小企业应该积极构建结构洞（上下游联系之间，大企业与客户之间，同行业中小企业之间，大企业与政府之间，高校、研究机构之间等）以应对信息的不对称并增大识别和获取机会的概率。

第一，识别有价值的结构洞。通过对两个标准——凝聚性间断和结构等位间断的判断，中小企业能够识别结构洞，但并不是所有的结构洞对中小企业来说都是有价值的。结构洞能够提供与企业现在所处供应链、未来发展方向、竞争对手所处供应链、客户所处网络等相关联的信息则可以确定该结构洞对中小企业来说是有价值的。但需要注意的是，中小企业还应进行有价值结构洞的成本——收益分析，通过比较构建结构洞所付出的专用性投资与通过结构洞可以获取的信息利益，判断是否要构建该结构洞。

第二，获取结构洞构建资格。要想成为结构洞的"搭桥方"（即第三人），中小企业必须拥有结构洞两端参与者所需要的资源或信息。这些资源或信息越符合其需求的程度决定了结构洞两端参与者对中小企业的信任程度，进而决定了中小企业能够获取的结构洞控制收益。要成为网络中占据结构洞的第三人，中小企业可以在追求同样关系的参与者之间作为信息传递者，也可以在彼此冲突的参与者之间充当联系者，进而通过控制结构洞两端参与者之间的需求和偏好创造价值。

第三，结构洞的局限性。由于结构洞具有周期性且其效用具有边际递减性，其给行动者带来的通常是短期优势（Burt，1992），这大大加大了中小企业的结构洞成本和风险，也耗费了中小企业的资源、资金和精力，因此，中小企业需要通过衡量构建结构洞所需的资格、投资成本及可预期收益，慎重地选择构建结构洞。同时，中小企业企业家应尽量填补自身结构洞，通过从微观上加强人际交往，从宏观上密切战略联系，从而提高企业在"圈内"和"业内"的结构自主性。

（二）多重网络嵌入——中小企业竞争能力的提升

通过嵌入特点和收益、需求各不相同的战略网络中，中小企业可以通过获取异质的网络资源和能力拓展不同的生存战略。

第一，中小企业嵌入多重网络的必要性。企业可以通过嵌入网络中实现信息与知识的交流和各种资源与能力的获取以及成员间的能力互补，通过优化的网络结构降低交易成本，从而获取异质的不可复制的竞争优势。[1][2][3][4]　比如，嵌入多重网络的企业，通过与同行业中小企业的联盟网络，能够更加灵活地异质性产品，在频繁的信息与知识的交流中获取新的机会，达到提高企业知识的吸收能力和创新能力的目的。

第二，嵌入多重网络的可能性。相对于群体之间的观念和行为，群体内部更具同质性，所以占据结构洞位置的中介者由于熟悉了另一个群体的观念和行为，更加容易将经济行为变为社会资本（Burt，2007）；在占据了网络外部的结构洞后，中小企业更加容易与其他网络群体发生联系，从而嵌入多重网络。而中小企业本身的异质性资源、信息和优势，则成为嵌入多重网络的"敲门砖"。同时中国的特殊文化则给了中小企业嵌入多重网络的可行性。与一个信誉良好的大企业有直接关系的中小企业更容易获得其他企业的认可和信任转移；比如，银行认为与供应链中信誉良好的大企业有直接联系的中小企业的还款能力更强。而对于大企业来说，中小企业非但对其无法构成威胁，相反中小企业能力的提升有利于大企业获取更多利益；而中小企业与其他网络的联系更多，就越能够在原来嵌入的网络中为自己争取利益，更保证自己不被网络清理。

①　Mowery，D. C.，Oxley，J. E. Strategic Alliances and Interfirm Knowledge and Interfirm Knowledge Transfer［J］. Strategy Management Journal，1996，17：77 - 91.

②　Dyer，J. H.，Singh，H. The Relational View：Cooperative Strategy and Sources of Inter-organizational Competitive Advantage［J］. Academy of Management Review，1998，（4）.

③　Rowley，T.，Behrens，D.，Krackhardt，D. Redundant Governance Structures，An Analysis of Structural and Relational Embeddedness in the Steel and Semiconductor Industries［J］. Strategic Management Journal，2000：369 - 386.

④　刘雪锋. 网络嵌入性与差异化战略及企业绩效关系研究［D］. 博士学位论文，浙江大学，2007.

第三，嵌入不同网络给中小企业带来不同的利弊。传统学者将战略网络分为社交网络、声誉网络、技术合作网络、营销网络、创新网络等，[1][2] 但实际存在的网络往往是多功能、复杂化的，根据加入战略网络中的战略主体特征的不同，其代表的网络类型有以下三种：大企业为核心的战略网络，同行业中小企业联盟网络，区域集群协同创新网络。

在大企业为核心的战略网络中，"科层制"公司扩大化的结构使得中小企业被迫集中于产品某个环节的生产或零售；由于对大企业的高度依赖和不对等的权力和信息，中小企业不能获得应有的利润分配，更不能达到形成核心竞争力和提升创新能力的目的。在网络中构建上下游结构洞丰富了中小企业信息和资源的获取渠道，从而加强了它们对未来的战略变更和机会的把握能力；网络的边缘位置驱使中小企业与同处于网络末端的其他企业建立联系，通过高效的组织学习，中小企业的潜在的生产能力和技术水平能够得到提升。

在同行业中小企业联盟网络中，与网络中其他企业平等的横向联系，通过资源和技术能力的共享，中小企业的订单规模和类型不再受限制，其生产的类型与数量都可以被灵活处理。相互之间频繁的信息与知识经验交流使得中小企业发现自身的劣势的难易程度下降，其异质的创新能力容易被建立并获得提升。但在同行业联盟网络中，控制权争夺和合适伙伴的选择难度值得引起中小企业的注意。

在区域集群协同创新网络中，中小企业集群协同创新网络具有经济效应、创新效应、学习效应和竞争合作效应等正面作用，却也同时存在恶性价格竞争、技术创新滞留、产业结构风险与连锁效应等负面影响。[3] 通过行为主体间频繁的合作、知识和信息的不断交流而形成的循环集体学习及反馈环境，以及隐性知识和经验的传播和碰撞使网络创新能力大大增强，进而促进了中小企业核心竞争能力的形成。[4]

三星电子在初创期就是依靠嵌入多重网络、采取跟随战略，成功地打响了品牌，获取了巨大的利润。

（三）动态调整网络关系

在构建结构洞和嵌入多重网络的基础上，还需要根据不同的战略模式对网络中的关系与关系强度的倾向进行调整。

第一，战略模式影响企业对关系强度的倾向。企业对关系强度的选择倾向取决于

① 吕一博，苏敬勤. 企业网络与中小企业成长的关系研究 [J]. 科研管理，2010，(04)：39-48.

② Christian Lechner, Michael Bowling, Isabell Welpe. Firm Networks and Firm Development: The Role of the Relational Mix [J]. Journal of Business Venturing, 2006, (21): 514-540.

③ 任道纹. 中小企业集群国际竞争力的提升 [J]. 经济导刊，2008，(5)：55-61.

④ 吴向鹏. 产业集群与区域经济发展——区域创新网络的视角 [J]. 重庆工商大学学报，2004，(2)：24-28.

不同的战略模式，[①] 包括塑造战略、适应战略以及稳定战略。在开发新能力和新资源时多采用塑造战略与强关系及现有关系强化所匹配，而在积累与扩展资源和能力时多采用适应战略倾向于发展弱关系，在发展可持续竞争优势时多采用稳定战略则倾向于维持或深化现有关系。

第二，关系强度不同对企业成长的影响不同。隐性知识和隐性经验的传播和知识转移使得强联系有助于应用式创新和集群竞争优势的形成，以及资源与能力的深度拓展；但由于其投资相对较高，强关系过多容易形成封闭网络。[②③] 低成本以及异质性信息和资源的提供使得弱联系有利于促进探索式创新以及资源与能力的广度累积。[④⑤]

此时，在大企业为中心的网络中，通过从被动接收不对称信息到主动获取多方面信息、从单方面的强关系到多维度的强关系与弱关系的转变，中小企业的资源得到深化和广化，其能力得到扩展和提升，中小企业通过结构洞占据、多重网络嵌入和关系的动态调整实现了网络位置由边缘向中心位置的移动。

三　案例：大虎打火机的雄起

温州打火机崛起于 20 世纪 90 年代初，从该行业崛起到发展，一步步迫使日本、韩国 80% 以上的打火机生产企业或关门歇业，或转向温州购买打火机，或贴牌生产，从而使日本、韩国从世界最大的两个打火机输出国变为最大的进口国。以大虎打火机为例，我们将重新解读温州打火机的崛起。

（一）嵌入跨国企业网络掌握生产能力

1992 年，周大虎机缘巧合进入温州打火机行业。由于温州的打火机外形酷似日韩名牌打火机以及低廉的实际成本，1993 年上半年，温州打火机厂家由 100 余家急速发展到 3000 余家。"温州打火机的质量达不到世界领先水平，就不可能真正成为世界打火机的霸主"，这就是周大虎嵌入跨国企业的真正原因。1995 年，日本广田一行到温州寻找贴牌厂家，周大虎以积极的态度和多年对质量的执着成功成为广田的合作伙伴。广田为其提供了全套生产设备、技术检测仪器，安排十余名技术人员驻厂指导；经过整整两年的磨炼，耗费了无数人力物力，报废了几近十倍的成品，大虎终于达到了广

① 姜翰，杨鑫，金占明. 战略模式选择对企业关系治理行为影响的实证研究——从关系强度角度出发 [J]. 管理世界, 2008, (03)：115 - 125.

② Vander Aa, W., Elfring, T. Realizing Innovation in Services [J]. Scandinavian Journal of Management, 2002, 18 (2)：155 - 171.

③ 蔡宁，潘松挺. 网络关系强度与企业技术创新模式的耦合性及其协同演化——以海正药业技术创新网络为例 [J]. 中国工业经济, 2008 (4)：58 - 65.

④ Dyer, J., Nobeoka, K. Creating and Managing a High Performance Knowledge-sharing Network, the Toyota Case [J]. Strategic Management Journal, 2000：45 - 367.

⑤ Hoffmann, W. H. Strategies for Managing a Portfolio of Alliances [J]. Strategic Management Journal, 2007, (28)：827 - 856.

田的质量标准。从此，大虎有了可以在国际市场上竞争的生产能力和质量水平。

（二）积极利用结构洞以及关系调节获取信息

大虎积极利用结构洞获取其成长研发所需信息，这主要表现在以下几方面。大虎打火机积极开展校企联盟，共同组建温州大学"虎牌"打火机设计研究所，一方面解决了人才储备与培养问题，另一方面也提高了打火机的外观设计等的研发水平。大虎打火机广泛地参与各种国际交流活动，积极地参与行业联盟的管理，通过与各国的资深专家交流，及时获得打火机研发设计相关的最新信息与知识。大虎打火机还长期聘请香港和欧洲的打火机专家进行厂内指导，攻克技术难关。大虎通过与各国跨国企业合作，形成了各种异质性资源和能力，从而使其在合作中更有主动权。大虎还积极构建自己的销售网络，目前在全球50多个国家注册了"虎牌"商标，并建起了一批专卖店和代理商，"虎牌"逐步地争夺全球市场。

（三）嵌入多重网络摆脱跨国大企业控制

大虎在学习到日本的生产技术后，就开始了自我研发和设计，其后日本广田、美国 Colibri、Ronson 等知名品牌的贴牌生产给大虎提供了研发和创新的可能。日本广田为大虎打火机提供了基础的生产能力，而欧美知名厂家则提升了大虎多样化的生产研发和技术水平。加上大虎与大学研究所的合作研发，大虎成功拥有了不可替代的异质性资源与能力并不断进步，跨国企业更愿意与其合作以获得更大的创新效益。周大虎说："现在是我想什么时候停牌就什么时候停牌，这要看我怎么想。"

（四）大虎的崛起

大虎被中国五金制品协会授予全国打火机行业首个唯一最高荣誉"中国防风打火机最强生产企业"，当选为中国轻工业联合会理事单位、中国五金制品协会副理事长单位，"虎牌"被评为商务部重点培育和发展的"中国出口名牌"等200多项荣誉。公司在国内金属外壳打火机同行中首批通过了 ISO14001 环境管理体系认证。大虎打火机参与了世界打火机行业质量标准与产品标准的制定，成功由国际标准的执行者转向了国际标准的制定者，成为新的国际技术领先者。

在中小企业反被动为主动的整个过程中，需要注意的一个问题是过犹不及。学者研究发现，由于缺乏内聚性带来的松散性，结构洞较多的网络不能给予企业面对突发困难时及时的支撑。[①] 同样，嵌入网络过多会耗费中小企业的精力和资金、资源及可利用能力，甚至使企业从网络中获取的资源和知识不能被有效吸收。关系调整太过频繁会导致关系的不稳定性，甚至使中小企业被网络边缘化以及被网络成员排挤。因此，适度进行结构洞构建、多重网络嵌入和关系调整应当成为中小企业的明智选择。

---

① 姚小涛，席西民. 高层管理人员的咨询网络结构洞与企业竞争优势［J］. 管理学家，2008，（04）：307 - 315.

第四节　小结

网络中的资产专用性、网络位置和关系强度将影响企业资源的投入方式，强关系的共享优势和关系互动会影响企业资源的利用效率，而企业只有构建了相应的网络能力才能充分利用网络实现最优化的资源配置与利用。再者，中小企业关系能力对中小企业网络化成长的影响过程是：关系搜索能力、关系响应能力和关系组合协调能力通过正向过程影响到中小企业的网络化成长，而且在这个过程中，关系响应能力促进了关系互动环节中机会、信息和资源的获取。关系组合协调能力不仅对中小企业网络化成长有直接的影响而且通过关系生产间接影响到中小企业网络化成长。本节从关系和结构两个方面出发，通过构建结构洞、嵌入多重网络和关系调整，中小企业从被动的接收不对称信息到主动获得多方面信息，从单方面的强关系到构建多维度的强关系弱关系，从卫星型战略网络的边缘移动到核心企业附近的有利位置，实现了反被动为主动。

第八章　中小企业关系效能：组织
场域与能力评估

中小企业在网络组织中的关系发挥效能的有效性取决于特定场域的作用，以及企业家的惯习与组织场域惯习的一致性。当这种惯习具有一致性时，"关系肽链"强度增大，能够较好地整合资源和推动企业在网络成员共同认知背景下快速成长；反之，一旦出现了背离，就会导致关系效能受阻甚至被视为"外人"，而失去发挥效力的基础。

第一节　"关系肽链"：场域中的惯习约束及转换

一　布迪厄的"场域—惯习"学说与"关系肽链"

肽链是由多个氨基酸（企业家或企业）相互连接在一起所形成的链状结构（就好比我们一排人手拉手连接在一起就形成了一条人链是一样的道理。每一个人就好比一个氨基酸，而我们两个人的手连接在一起时就好比一个肽链）。每两个氨基酸（企业家或企业）相互连接形成一个肽键，多氨基酸（企业家或企业）相互连接就形成了多个肽键（关系桥），由多个氨基酸相互连接形成的含有多个肽键的一条链状结构称为肽链（如果我们把"肽"换成"人"就很容易理解了）。（见图 8-1）

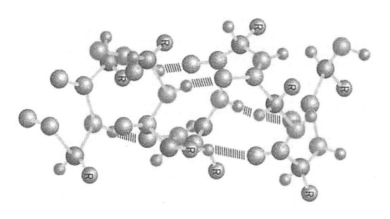

图 8-1　"关系肽链"

资料来源：笔者整理。

中小企业关系网络的联结就像"肽链"一样，在特定的组织环境下进行"组装"，并在特定的场域中发挥独特的关系能量和优势。但是，"关系肽链"一旦脱离了传统的场域约束，或者企业家个体的惯习没有与场域进行很好的适应，就会使关系失去发挥能力的基础，也就失去了整合资源和不断推动中小企业网络化成长的动力。

何谓场域？布迪厄认为"从分析的角度来看，一个场域可以被定义为在各个位置之间存在客观关系的一个网络或者构型"。① 场域包括：第一，场域内在属性的外在标识——位置：场域中的位置集大量异质性资本于一身，凸显于场域之中，为场域中诸多行动者竞相角逐。位置之间资源的相对变化引致场域内在的结构变化。第二，场域的内在规定性——资本：当资本与某种位置结合，就体现为特定的权力。如果行动者能够把持这一位置特定的权力，就表明其掌握了某一特定利益的得益权。资本的形式、结构和内容构成场域中的特定逻辑。第三，场域的结构性——关系：认识场域的客观实质还要理解场域中位置与位置之间，资本与资本之间以及位置与资本之间的复杂关系。这些关系结构（不同资本在特定位置的分配以及待分配的结果）全面阐释了场域的根本内涵。

何谓惯习？惯习是由知觉、评价和行动的分类图示构成的系统。惯习建构的原则存在于社会建构的性情倾向系统里：惯习相对稳定，但又可以置换；源自社会制度，却又体现于生物性的个体之中；在实践中获得，又持续不断地反作用于实践；不断地被结构形塑而成，又在结构的生成过程中起到潜移默化的作用。

就"关系肽链"的形成而言，一方面是通过深度的社会交换关系形成的稳定的情感联系，另一方面是通过市场交换关系建构的功利导向的诚信机制。依托于前者，形成的是"感情常在"的非正式组织场域，依托于后者形成的是"人走茶凉"的正式组织场域。② 第一，非正式组织场域并不是企业或企业家之间互动的环境背景，对其网络化成长不具备价值创造的生产属性。非正式组织场域下，中小企业家之间有着共同的爱好、相似的阅历、共同的话题，群体赖以维系的动力是这种相对持久稳定的感情基础。类似于私人间情感交流的功能，非正式组织场域对正式的合作或任务达成起到间接作用，由感情联系形成的"关系肽链"不容易被外力冲破，而且场域有虚拟化特点可以长久保持。例如当该场域内成员之间不能采用面对面的方式直接联系交流时，只要两个人之间结下了友情，其他远距离间的间接交流方式并不会使其产生隔阂，情感联系是不会变的。即使某位成员因某种原因离开这种非正式场域，只要其行为规范与价值准则不与其他成员产生冲突，这种"关系肽链"就会一直保持。非正式组织场域

① 布迪厄，李猛，李康译. 实践与反思——反思社会学导引. ［M］. 北京：中央编译出版社，1998：138 – 155.

② 岳敏，许新. "场域—惯习"理论下"感情常在"与"人走茶凉"的比较［J］. 法制与社会，2009，(11)：235 –236.

没有对成员资质或群体活动场所的硬性规定，即群体内部的规范、准则不会干预成员的正常生活，成员也不将他们所从属的场域看成占据生活主导地位的一部分，不会使其对自己的行为产生重要影响。隶属不同非正式群体场域的成员，往往会有针对性地选择自己的行为方式与思维方式。第二，正式组织场域下，往往会形成费孝通所建构的"群己"组织边界，被视为"自己人"，获得"待如己出"的情感支持及达成任务所必需的资源配置。可是一旦被视为"外人"，就会被主动"切割"，失去获得组织资源和情感的机会，如日本的"一族郎党"式集团。但即使在这种正式的组织场域中，也离不开情感的紧密联系力量，很难将其"关系肽链"通过外力切割开。这种社会形态会依托血缘或亲属关系等，以不同的场所为基础形成不同的紧密正式组织，组织之间接触很少，甚至存在着冷漠或敌意，但组织场域内部成员间有着密切的联系，甚至很难区分其社会生活与私人生活，场域的影响力也会渗透到内部成员的行为方式与思维方式中。在场域成员眼中，自己所在的正式组织场域就是整个世界。成员间经常直接接触进行情感交流以增强场域意识。这种场域下的"关系肽链"还与接触连续性有很大关系，因为正式组织场域中接触时间的长短与频率决定了人与人之间关系的强弱。从时间维度看，不管原有关系如何密切，如果长期失去联系，就会逐渐地彼此疏远。从空间维度看，距离感则会直接给人们带来行为方式与思维模式上的隔阂。如某个人因工作调动离开原工作单位，则他离开的不仅是某个场所、地点，更是离开了其原有工作单位内部的所有社会关系，即使他们会利用某种方式与原来同群体的成员联系，也只会收到很少的响应，即"人走茶凉"。

中国传统社会中的场域与惯习的约束也并非"非此即彼"的关系，人们还遵循"买卖不成仁义在"的关系原则，这更类似于"相与网络"中，对关系资本的长期投资思维。[①]"非正式场域"是整个社会系统与结构中的一部分，除了各种正式的群体与组织，社会成员间还需要通过所谓的"缘分"构建一些非正式组织来丰富生活、维系感情。非正式场域内的行动者间没有严格规定的权力或义务，场域内居于主导的客观关系是行动者之间平等、互爱的关系。聚在一起共同构成一个场域的行动者们珍惜与维护彼此间的情感联系，共同维护所在场域的利益，这就形成场域的规则。场域中的行动者们会自觉遵守此规则，这些策略性行为是行动者对外在的场域规则的内在化即惯习。场域内也会有冲突与斗争，当场域内各种力量不均衡，就会出现场域中惯习的改变。正式组织场域中的"非我族类其心必异"的关系也显示了场域中惯习转换的一面。在场域中，每个个体行动者的社会生活和私人生活、正式组织场域与非正式组织场域交织在一起，形成一个公私难分的高凝聚场域。行动者所在场域的强大与实力直接与场域内部行动者的生活、利益息息相关。如新进入场域的行动者位置相对较低，

---

① 梁小民. 小民话晋商 [M]. 北京：北京大学出版社，2007.

资历较深的行动者会轻视处于相对低位的新进入者，而这种轻视无关乎行动者的能力。而某个行动者一旦离开其原所在场域，场域就会自动与其"剥离"，而场域中的行动者们也会将场域规则转化为策略性行为，对其示以冷淡，逐渐将其排除在共同的场域外。

二 场域互动与惯习约束的建构

场域和惯习之间是一种相辅相成、相互影响、彼此促进的关系：特定的场域形成了特定的惯习，特定的惯习形塑了特定的场域；没有场域，惯习就没有存在的时空；没有惯习，场域就失去了演化的动力。正是由于惯习的运作，场域才能够得以形成并产生效能。然而惯习特有的惯性使其往往滞后于场域。当一个场域演变为新的场域时，惯习会变得不适应，但需要行动者经过将新场域规则内化的周期才能完成调整与重构。

（一）公社型组织场域的惯习约束

公社组织的场域和"关系肽链"是基于"社会同质性"而产生的凝聚力量。这种社会同质性既包括基于趣缘而存在的革新因素，也包括基于业缘、地缘等的社会因素。场域内的行动者基于个性发展需求结成社会文化共同体，以有效发挥其主体性、能动性和创造性，持续构建新的关系、培育组织惯习和强化"关系肽链"，不断发展和丰富其个性。尽管在公社组织场域中屏蔽了企业家现实中的身份、地位、种族、性别等社会角色和社会关系，但是通过场域互动的认同感、归属感以及人们主动的寻求机制等中介发挥着重要的认同和凝聚作用。霍曼斯的小型基础群体建构的场域中，互动、情感和活动之间，存在互惠和正相关关系，[①] 其中三者之间的互动形成惯习，行动者之间的互动越频繁，越可能参加集体活动，共享情感；同样，行动者之间情感积累越深厚，互动和参加活动的可能性也显著增加，从而形成建构"关系肽链"的共享情感基础。

构建公社组织场域的惯习依赖于三种机制。首先，同质性建构凝聚机制，即由于行动者之间的相似性而形成的人际结合力。众所周知，"相似性导致喜爱"，企业家之间产生人际互动时，相似的价值观、相似的个人特质、相似的地位和身份、相似的生活经历等都会促进"关系肽链"（友谊和紧密关系）的形成，使其团结在共同的公社类组织场域中。现实生活中，基于学缘、业缘甚至趣缘等的群体经历都会在企业家的组织惯习形成中产生推动力，具有相似生活经验的"同学""同行""同好"以及由年龄相近所构成的"同辈""同拨"等群体，也能影响同质场域和高内在凝聚力惯习的形成。其次，组织场域内部所形成的丰富而深入的交往关系。这种组织场域需要企业家具有多种角色和利益，既有隶属关系，又有合作协同关系，还有拟似家人关系等；这种关系互动交往中通常包括全部的人格内容，企业家之间彼此了解各自的价值观、性格、能力以及人生追求等，是全部人格投入的交往；这种公社组织场域具有共同的

---

① Homans, Geroge. The Human Group [M]. New York：Harcourt, Brace, 1950.

活动和密切的互动，情感的大量投入成为集体凝聚力的重要纽带，形成了良好的人际互动空间。最后，组织场域权威人物的核心作用。组织场域中共同的学习、工作、居住等社会交换过程和共同的交往、互动交易等经济交换过程，使成员之间产生频繁的互动行为和信息共享，逐渐产生了组织中有影响力的人物。人们在这个共同学习、工作或娱乐的共同体中，基于共同的目标和利益、约定俗成的规范、互惠互助的交往关系以及情感支持等形成组织的道德体系和情感力量，建构了惯习约束机制，促使成员恪守群体规范，形成影响他人的道德力量和权威思想，维系着"关系肽链"的强度和稳定。

（二）科层型组织场域的惯习约束

科层型组织场域是指基于合法性权威的组织化场域，该场域的存在与发展通过组织惯习和制度等强制性规范和刚性的组织架构来维护。科层型组织场域的形成基于两种作用力量：一是现实社会中科层组织向文化和行动空间的延伸；是基于差序伦理形成的交往群体规范在企业中的科层化延伸，类似于家族企业的管理模式和组织氛围。对于科层型组织场域而言，无论其关系行为惯习是来自现实组织还是差序伦理，其凝聚力量都来自科层组织的权力机制。这种权力机制不仅能够在现实空间中将行动者划分为不同的单位，构建次级组织和亚文化规范，还能按差序伦理将行动者划分为不同的虚拟化正式组织场域，实现权力对于人的规制效果。科层型场域不是仅由民主和平等打造的"乌托邦"，还存在约束、控制行动者行为的科层结构力量。以权力规制为中心，科层型场域需按照权限分配机制进行运作，所在组织级别越是处于科层的顶端，行动者所掌握的权限范围越大，权限越接近于结构洞的顶层。

科层型组织场域的显著特点是组织行为目的性强、场域层级鲜明、结构安排程序严格。第一，科层场域对人们的思想和行为惯习具有直接影响，组织目标对成员具有价值导向作用，从而强化"关系肽链"的刚性。企业家在此类组织中可以充当资源或服务的供给者，通过服务于集体、他人的社会工作时间达到组织场域的适应和自身惯习的调整，实现组织场域与个人惯习的良好结合。第二，组织惯习制度对个体的内化作用。组织惯习（思想道德、价值观念等）潜移默化地影响到场域范围内每个行动者的认知活动、情感活动和行为实践，通过组织目标和文化的个体内化和外化过程，实现个体认同和对组织价值追求的互动。此外，组织制度以刚性的框架实现对组织成员行为的规范、制约和引导，个人通过组织惯习实践，受到内含于制度之中的文化的熏陶。第三，组织工作惯习和实践对于成员的锻炼作用。相对于组织性较强的公社类组织场域，科层组织场域是一种富有很强目的性和较高组织效率的形式，成员具有较高的技能协调能力、团队精神和沟通能力等，确保组织的"关系肽链"富有成效地联结和保证与场域环境的动态调整。

（三）广场型组织场域的惯习约束

广场型组织场域是一个异质的、个性化的社会，其形成动力主要来自人们在异质群体中的交换需求、对于周围环境的监控需要以及娱乐取向的需要，是一个互动个体的一致性较强的交往场域。这种组织成员的广泛性和综合性所决定的组织惯习特点为：一方面，信息来源广泛，成为关系主体开展多样信息交流的信息广场，满足人们的各种信息需求；另一方面，成员的异质性导致了个体之间的互补和相互依赖的条件，交换活动惯习成为主要的行为约束，并且这种交换场域同时适用于信息交换行为和友谊、情感交互行为，人与人之间互通有无的交换活动成为其动力之源。广场场域下的"关系肽链"是最易于冲击和打破的，作为一个信息集散地和舆论场，通过信息和舆论了解周围环境的变换，并影响自身在组织内和组织外的行为惯习。娱乐和休闲的行为取向往往使企业家身处的组织场域达到一种"无功利状态"，但是确实在提供弱联系和成长机会方面，又强化了这种关系纽带的强度，也验证了格兰诺维特的弱联系机制的有效性。

广场型组织场域的形成机制体现在如下三个方面：第一，惯习所处的组织场域张力的释放作用。组织总是在抵抗力量作用下进行发展和变迁，组织冲突导致惯习的动态性适应。在日益多样化的组织发展状况下，群体之间的利益矛盾、价值观冲突等都会增加组织场域的结构性紧张度，形成一定能量聚集的组织张力；个体在组织中的角色广泛、个性差异较大，必然需要对组织惯习进行适应或主动影响，构建一种适合自己行为的组织场域环境，并在动态的竞争与合作中释放冲突性的组织张力，形成有利于自己的惯习模式。第二，一个人关系能量的大小，还取决于其关系转译过程，即对公共行为的民主参与性和影响力。一个企业家如果乐于提供一个公开的言论平台，或积极参与组织公共事务、政治生活、交流信息与发表观点等，就会逐渐在组织场域中提高话语权，进而影响惯习朝着有利于自己的方向转变，并成为组织场域的权威核心。第三，多样化的观点和惯习冲突也许正是企业家加入组织的关键。广场组织场域是一个异质的社会交往场所，不同的行动主体、不同的意见和观点，形成充满差异和对立的场所，具有重要的商业价值和社会价值。企业家正是看重这种不同意见调和下，达成共同组织目标和追求的能力，才努力营造理性的组织场域环境，并愿意接受这种组织惯习，为自身获取机会收益。

三　场域与惯习一致性与"关系肽链"的解体

布迪厄构建了"场域"和"惯习"这一对辩证相关的概念，力图调和结构与行动、客观与主观、历史与现在之间的各种二元对立。在布迪厄看来，各种教条主义的二元困境妨碍我们理解实践活动的根本原因在于忽视场域的客观性与惯习的主观性之间的辩证关系。一方面，惯习是在特定的条件下生成的，是被结构化的结构，它内化于行动者的性情倾向中，为行动者对应于其占据的特定位置的潜在行为提供行动图式；另一方面，正如布迪厄反复强调的"性情倾向的生成能力"，惯习作为一种形塑结构的机制，它也是一种促结构的结构。但是布迪厄同时也强调了惯习发挥作用的社会条件，认为只有在社会结构没有发生巨大变动，惯习才能再生产出惯习形成之初的那些社会结构，从而实现"可能的因果性"。

（一）场域与关系一致性引发"关系肽链"的强化

行动者处于与其惯习产生没有太多差异的场域中，惯习作用的客观条件就是类似于原来产生它的那些熟悉的客观条件，惯习无须经过专门调适就能毫无阻力地"适应"其作用场域。布迪厄用"次级客观性""被灌输的性情倾向"等陈述表明惯习的形成与客观场域结构具有紧密对应关系，同时还强调由于这种密切联系的"外在性的内在化"过程，而带有一种前设的、难以或者不必形诸语言的自然性（并不是机械地强迫）。

（二）场域与惯习非一致性引发"关系肽链"的弱化

布迪厄指出，客观场域结构和体现在身体上的结构（embodied structure）相一致，是自然关系中的一个特例，但是惯习和场域之间也可能并不一致。惯习作为一种性情倾向，具有特有的惯性，在场域发生变化时往往引致企业行为的滞后现象（hysteresis）。企业家长期在原有场域中形成相对固定的行为方式和思维模式，当场域发生变化时，这种行为方式和思维模式很难短时期内进行调整，由此导致与场域中其他行为者之间关系的冲突，即"关系肽链"的弱化。

"惯习不是宿命"，尽管惯习具有滞后性，它仍是可变的。但是新生成的行为倾向即变化后的惯习也可能强化这种不适，导致企业权力的弱化。

第二节　关系效能与网络化成长

在竞争位势理论、资源基础理论和动态能力理论的不断发展完善过程中，我们不难看出企业的成长与发展不是简单地依靠企业内部资源，更是需要在企业外部寻求更广泛的合作与竞争，形成以战略联盟、价值共同体等形式的关系形态，进而使更广泛的资源为企业创造价值。尤其是在网络化趋势日益明显的今天，企业价值创造形式越来越多样化，企业的影响力以及影响范围越来越广，创新手段也从线性模式、交互作用模式逐渐演化到网络发展形态，[①] 网络已经成为企业成长的重要环境特征，所以中小

---

①　Gautam Ahuja. The Duality of Collaboration: Inducements and Opportunities in the Formation of Inter-firm Linkage [J]. Strategic Management Journal, 2000, (21): 317–343.

企业网络化成长问题的研究是非常必要的。

Dyer 和 Singh 在对企业竞争优势的研究中指出，网络内由于关系引起的资源联结和互动能产生特定的关系租，形成了一种特殊的关系观研究视角，[①] 这同时激发了诸多学者对关系观的深入探讨，他们注意到关系能力在关系租转化中的重要性，并围绕关系能力的内涵解析和关系能力影响要素这两个方面进行了大量的研究。然而从文献梳理中，关于关系能力内涵的界定和影响要素研究大多是基于资源基础理论角度出发的，很少有从过程的角度分析企业的关系能力，Rodríguez Díaz 和 Espino Rodríguez 认为，企业通过在其庞大的关系网络中不断地筛选关系，实现了对公司优势和劣势两方面的有效补充；[②] Lorenzoni 和 Lipparini 指出企业与其他公司持续互动会增加知识分享能力和创新机会，形成了一种基于过程视角的关系能力，然而他们并没有进一步探讨企业通过何种方式实现和发展关系能力，也没有检验何种机会创造关系能力，分析关系能力在网络化背景下的形成逻辑；[③] 同时，通过文献的梳理发现，很少有学者针对企业关系能力如何直接或间接影响中小企业网络化成长这一核心问题进行研究。

一　关系能力的概念与构件

企业的关系能力体现了企业对网络资源的运用能力。Dyer 和 Singh（1998）确定了关系能力作为一种竞争优势的来源，并从战略管理的角度描述了有效和高效率的战略联盟产生"关系租金"的现象。由于以往对关系能力形成本质的认识不同，导致目前对企业关系能力的研究缺乏一致的定义。这其中的原因主要集中于资源和过程两种视角的不同，其中基于资源视角 Gulati（2002）指出关系能力是指能够协调联盟活动，管理冲突，促进信任和鼓励合作伙伴之间的信息交换的能力，认为这种基于关系的管理能力能为企业发展一体化联盟提供可能，这种能力使企业善于寻找差异和机会来分享它们的资源，创造更好的机会。吴家喜把企业关系能力定义为企业对与外部组织通过互动、合作、知识共享等互利行为形成的关系资源进行有效整合与管理，并实现与组织内部资源有机联结以提升组织竞争优势的能力，把企业关系能力分为纵向和横向两类。[④] Lorenzoni（1999）将关系视为企业与其他公司持续互动的能力，而企业的关系能力决定了网络内企业间的交流互动和知识分享水平。因此，本研究结合上述观点，认为中小企业关系能力是中小企业主动或被动地与广泛的行动者持续互动并有目的地交

①　Dyer, J. H., Kale, P. & Singh, H. How to Make Strategic Alliances Work [J]. Salon Management Review, 1998, 23（4）：660 – 679.

②　Rodríguez Díaz and Espino Rodríguez. Redesigning the Supply Chain：Reengineering, Outsourcing and Relational Capabilities. [J]. Business Process Management Journal, 2006, 12：483.

③　Lorenzoni and Lipparini. The Leveraging of Inter-firm Relationships as a Distinctive Organizational Capability：A Longitudinal Study [J]. Strategic Management Journal, 1999, 20：317 – 338.

④　吴家喜. 企业关系能力与新产品开发绩效关系实证研究 [J]. 科技管理研究, 2009, 11：35 – 37.

换知识、创造机会的能力；从资源观发展的脉络出发，结合动态能力理论的过程思想将企业关系能力分为关系搜寻能力、关系响应能力、关系的组合协调能力三个子维度。

曾伏娥和严萍在拓展关系观的新竞争优势时，发现信任关系、市场未来性和业务网络对企业关系能力有影响，并把关系能力形成的本质总结为三个方面：合作性、战略性与嵌入性。[①] 而 Helen McGrath 从嵌入性程度区分关系的不同构件，并认为这种关系的网络形态对中小企业营销有积极影响，将关系划分为实现、评估、知识获取、机会获取、相互适应、共同创新六个构件，并建立了以关系的结构嵌入程度为基础的 AAR（Actor-Activity-Resource）模型。[②] 本研究借鉴 McGrath 从嵌入程度角度出发的关系构件划分方法，并从关系的过程逻辑对其进行了补充和修正，将关系构件分为关系构建、关系互动和关系生产三个层面。第一层面集中表现为与行动者之间的互动和联系，探讨关系在实现过程中是如何构建的，将关系的构建划分为关系实现、评估、关系嵌入三个方面；第二层面聚焦于包括行动者和这些行动者之间关系连带的网络资源的互动和联结，这一部分相当于关系互动的过程，集中探讨在关系的互动交流过程中如何实现关系能力，集中于知识获取、机会获取和资源获取三个方面；第三层面是包括以上两个层面和行动者连接公司内网络形成操作之间进行更深层次的交流，这一部分相当于组织间的生产行为过程，关系嵌入的程度最高，包含相互适应、共同创新、替代三个方面。

二　理论假设的提出

（一）关系能力与关系构件

Dyer 和 Singh（1998）认为，网络中企业的竞争优势来源于企业间的联结，企业间网络行为是以嵌入性为基础的企业网络资源共享。而在具有关系特色的中国经济环境中，社会关系的嵌入优于市场关系的嵌入，非正式的"关系网络"在经济活动中成为一种资源诱导性经济资本，同时又成为具有要素重组功能的特殊资源。网络形成的初期，许多企业在资金、技术、信息、人力等资源方面相当有限，Gulati 也指出企业所需要的关键资源可能超越企业自身的边界，嵌入企业间的惯例和过程，需要企业通过网络弥补自身资源不足。[③] 在中国的人伦基础的社会环境下，网络导向也就是以关系为导向的网络行为，这种关系构建的思想驱使企业感知周边的关系、识别网络内的关系并

① 曾伏娥，严萍."新竞争"环境下企业关系能力的决定与影响：组织间合作战略视角 [J]. 中国工业经济，2010，11：87-93.

② Helen McGrath. Developing a Relational Capability Construct for SME Network Marketing Using Cases and Evidence from Lrish and Finnish SMEs [D]. Waterford Institute of Technology，2008，(10)：88-133.

③ Gulati, R. & Gargiulo, M. Where do Inter-organizational Networks come from [J]. American journal of sociology，1999，104 (5)：1439-1493.

重新定位自己的角色，企业通过关系搜索能力，在网络内寻找商机、有价值的信息和资源，参与到网络化生产中。因此，本研究提出以下假设：

H1a：中小企业的关系搜索能力与关系构建过程正相关。

H1b：中小企业的关系搜索能力与关系互动过程正相关。

网络内关系的响应依靠的是不同企业的关系强度的不同和网络位置的不同而形成的一种响应。Porter（1991）在结构洞理论中提出企业如果想要拥有更多富集的结构洞，企业必须向网络的核心位置移动。网络位置是行动者之间关系建立的结果，是社会网络分析中的一个关键变量，企业间的联系代表企业之间的沟通渠道由于企业经营活动依赖于交错复杂的外部联系，具有较高的节点中心度并不意味着该企业一定处于网络的核心，而具有相同"结构等位"的企业之间也可能没有联系，但是每个节点的关系网络可能是一样的。任胜钢指出联系强度和网络位置并非独立地发挥影响，联系强度同时又是网络位置的前置因素。① 网络联系强度越大，存在于网络中的隐性知识和信息越容易得到交换，企业越是容易获得更多的有利信息，企业在整个信息传递网络中越是占据有利的位置。在网络化行为的指引下，关系响应实现了其关系强度和网络位置的优化过程，形成不同层次下网络关系资源、网络位置资源和网络结构资源的交互影响，同时直接影响到企业的信息和资源的获取以及知识共享。因此，本研究提出：

H2：中小企业关系响应能力与关系互动过程正相关。

关系的组合协调能力其实是在网络资源观的基础上同时考虑到企业的网络动态性，企业网络资源的配置过程也是在有限理性的情况下完成的，而不同形式的资源创造价值方式的不同也引导网络资源产生不同于传统资源的特殊租金形态——网络租金。企业网络化生产打破了单一企业的顾客中心价值创造方式。不管是网络化关系再生产还是价值的创造，都离不开关系主体的知识传播和技术扩散机制，这会从整体上提高网络的行为效率，提高价值创造和技术创新的能力。随着价值创造活动的网络化趋势，企业越来越倾向于通过构建网络实现发展和关系生产，重构价值网络已经成为企业商业模式创新的主要方式，企业在将网络资源与其价值创造形式相联系时，也应考虑到不同节点和位置具有的价值趋势是不同的，并不是处于网络结构核心位置的企业就能得到利益最大化，企业在应对市场和周围生态环境的变化时协调不同的网络资源，实现企业的网络资源优化再生产。因此，本研究提出：

H3：关系组合协调能力与关系生产正相关。

关系能力是一个持续互动的过程，而且随着企业的成长过程不断深化，嵌入性程

---

① 任胜钢. 企业网络能力结构的测评及其对企业创新绩效的影响机制研究［J］. 南开管理评论，2010，13（1）：69 - 80.

度也不断增高，企业在不同嵌入性程度的具体关系能力体现企业在不同成长过程中的需求变化，形成特殊的路径支持。Powell 指出关系能力通过一种不断发展的方式丰富企业资源，不仅能深化企业现有能力而且探索新的能力；[1] 在高度不确定的情况下，关系能力更加能挖掘企业外部信息来获得相关的知识和资源。因此，本研究提出以下假设：

H4a：关系搜索能力与关系响应能力正相关。

H4b：关系响应能力与关系组合协调能力正相关。

（二）关系能力到网络成长绩效

关系能力在企业持续互动并有目的地交换知识、创造机会过程中，扩大其现有能力，关系的搜索能力影响到企业的网络声誉，加强了企业的关系强度，而且这种基于信任为基础的亲情和友情的兑现能力也会促进其扩大现有价值网络，寻求新的"关系租金"，而注重关系互动的关系响应能力保证了企业与网络成员信息、资源和机会的获取，关系组合协调能力直接决定了如何配置并利用这些网络资源达到最好的企业绩效结果，实现企业成长，形成过程逻辑下的关系能力与企业网络化成长的轨迹的协同。因此，提出以下假设：

H5：关系能力与中小企业网络化成长正相关。

（三）关系构件到网络化成长绩效

关系构件其实是对内部逻辑的重新建构过程，而这种建构过程有利于企业主动寻找新的网络联系，使其深入了解外部那些有助于企业成长的其他网络关系。企业通过网络寻找商业机会，有价值的信息和资源，建立起与网路成员的学习共享制度，进而参与到网络活动中去。[2] 网络内部知识和资源是共享的，而不是为某个企业单独占有（Gulati，1999）。同时，网络强调过程而非一种结果，行动者通过网络触发资源，这一触发过程依靠嵌入关系网络的参与者之间的持续互动，使行动者参与到企业间的惯例或过程，实现企业的网络化成长。所以，本研究基于关系构件的关系构建、关系互动和关系生产三个方面提出以下假设：

H6a：关系构建与中小企业网络化成长正相关。

H6b：关系互动与中小企业网络化成长正相关。

H6c：关系生产与中小企业网络化成长正相关。

得到的整体假设模型如图 8-2 所示。

---

[1]　Powell, W. Learning from Collaboration: Knowledge and Networks in the Biotechnology and Pharmaceutical Industries [J]. California Management Review, 1998, (40): 228-240.

[2]　Singh, H. & Zollo, M. Globalization Through Acquisition and Alliances: An Evolutionary Perspective [M]. Cambridge, Cambridge University Press, 2004.

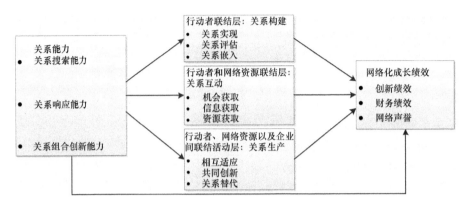

图 8 - 2　研究假设模型

资料来源：笔者整理。

三　模型检验与结果讨论

（一）样本与调查

本研究的样本随机抽取于天津滨海新区等天津重要经济发展区域内的中小企业，正式问卷调查时间自 2012 年 10 月开始一直持续到 2012 年底结束，在发放问卷之前，已通过与拟调查者电话沟通或 E-mail 大致了解企业的意愿，提前剔除参加意愿不高的企业，达到初级筛选的目的。经过筛选的样本企业主要采用 E-mail 电子邮件和纸质投递两种方式实现了最终的发放工作，最终共发放电子问卷 100 份，纸质问卷 160 份，最终收回问卷 136 份，有效问卷 110 份，回收率为 52.3%，有效率为 42.3%。本次调查选择企业高层管理人员作为关键的信息提供者，因为企业高层管理人员对企业的关系网络、关系能力和企业成长发展状况十分了解，进而他们能更好地理解所设题项的内涵，为之后的问卷分析奠定了良好的基础。

本研究采用主观感知的方法，以李克特（Likert）type - 5 量表对相关变量进行测量。让被调查的企业根据实际情况针对不同的题目按照 1—5 的分级标准进行评分：1 分代表"完全不同意"，2 分代表"不同意"，3 分代表"一般"，4 分代表"同意"，5 分代表"完全同意"。表 8 - 1 显示的是所调查 110 家样本企业，成立年数极大值为 4，极小值为 1，均值为 1.87623，标准差为 0.79542，企业成立年限的平均值处于 1—5 年与 6—10 年，满足成长型企业与样本要求一致。所在领域主要集中于农业制造业高新技术房地产和服务业。企业员工人数取极大值为 4，极小值为 1，均值为 1.43247，标准差为 0.57823，说明企业员工人数在 0—100 人与 101—300 人比较集中，小微企业比较多。标准差较小，比较理想。测量变量显示均值普遍在 3—4，数据基本符合正态分布。在对核心关系的复选统计结果来看，中小企业所拥有的关系群体也是多样化的，有很多中小企业在这一栏目上选择了 2 个以上的核心关系，说明中小企业在发展过程中是需要整合不同利益群体的关系实现发展的。

表8-1 **样本基本情况统计表**

特性	分类标准	数量	占总体比重	特性	分类标准	数量	占总体比重
成立年限	1—5 年	32	29.1%	所在领域	农业	9	8.2%
	6—10 年	40	36.4%		制造业	45	40.9%
	11—15 年	28	25.5%		高新技术	33	30%
	15 年以上	10	9.1%		房地产	8	7.3%
					服务业	15	13.6%
员工人数	100 人以下	43	39.1%	核心关系	政府关系	65	37.8%
	101—300 人	38	34.5%		亲戚朋友关系	7	4.1%
	301—500 人	12	10.9%		供应商、客户关系	48	27.9%
	501—1000 人	17	15.5%		银行关系	39	22.7%
					其他关系	13	7.6%

资料来源：笔者整理。

（二）问卷设计

在阅读有关企业网络化、关系能力的文献，明确了关系能力理论概念的定义和内部逻辑之后，开发了本研究的测度量表，同时本量表也通过参考相关文献的理论经验丰富了部分测度指标。其次通过该研究领域的高校专家和企业的高层核心领导进行了预测试，根据测试人对测量题项表达以及语义准确性的意见，对各条款的表达、顺序和题项间的相互逻辑等进行修改，在此基础上修改完成了企业关系能力调查问卷，然后正式启动调查问卷。

自变量：通过文献借鉴了 Dyer 和 Singh（1998）、Lorenzoni 和 Lipparini（1999）、Gulati（2002）、Tung 和 Worm[①] 等的研究，从而界定关系搜索能力由 10 个条款分别从关系感知、关系识别和关系定位测量。关系响应能力分别从关系交流、关系转化和关系管理三个方面来测量。关系组合协调能力从关系组织、关系整合和关系重构三个方面测量。

中介变量：而关系的过程构建维度通过借鉴曾伏娥和严萍（2010）、Moller 和

---

① Tung, R. L., and Worm, V. Network Capitalism: The Role of Human Resources in Penetrating the China Market [J]. International Journal of Human Resource Management, 2001, (12).

Halinen[①]、McGrath（2008）等的研究则通过上文分析得出的逻辑分别从关系构建、关系互动和关系生产进行测量。测项包括：关系构建从关系实现、评估、关系嵌入测量；关系互动的过程从知识获取、机会获取和资源获取三个指标测量；关系生产由相互适应、共同创新、替代三个指标测量。

因变量：现在很多文献通过不同绩效指标来衡量企业的成长，一般情况下，学者将企业网络化成长绩效分为主、客观两个方面，主观维度可以通过企业的一些创新能力、企业网络位置、企业网络扩展速度和网络企业声誉等指标来衡量，而客观维度则通过企业财务数据来衡量企业价值创造能力，但两种方法都会造成一定的偏差，大多数学者通过多维度丰富企业成长绩效测量数据，来避免这种变异问题。因此，本研究采用创新绩效、财务绩效和网络声誉三个指标作为企业网络化成长的主要测量指标。

（三）样本信度与效度分析

本研究使用 SPSS20.0 对量表中自变量的 13 个条款、中介变量的 12 个条款和因变量的 6 个条款分别进行因子分析适用性检验。如表 8 - 2 所示，KMO 值非别为 0.817、0.763 和 0.852，均大于 0.5，原有变量越适合做因子分析。利用主成分分析法提取因子，对初始矩阵进行方差极大正交旋转，通过最大方差提取了特征值大于 1 的因子，其中，自变量得到 9 个因子，中介变量 9 个因子和因变量 3 个因子，总方差解释率分别为 68.529%、74.634% 和 72.392%，修正后量表因子载荷分布均衡，均按照假设预期落在同一维度中，且各测项的标准因子负载都在 0.5 以上，均具有显著性，可靠性分析和因子分析表明本研究所有变量具有较好的信度与效度。

表 8 - 2　　　　　　　　　　　　　　旋转成分矩阵

二阶潜变量	关系搜索能力	关系响应能力	关系组合协调能力	关系构建	关系互动	关系生产	网络化成长
关系感知	0.781						
关系识别	0.592						
关系定位	0.674						
关系交流		0.531					
关系转化		0.753					
关系管理		0.795					
关系组织			0.673				
关系整合			0.751				

① Moller, K K& Halinen A. Business Relationships and Networks: Managerial Challenge of Network Era [J]. Industrial Marketing Management, 1990, (54).

续表

二阶潜变量	关系搜索能力	关系响应能力	关系组合协调能力	关系构建	关系互动	关系生产	网络化成长
关系重构			0.756				
实现				0.544			
评估				0.530			
嵌入				0.822			
机会获取					0.723		
信息获取					0.636		
资源获取					0.725		
相互适应						0.782	
共同创新						0.819	
替代						0.509	
网络声誉							0.840
财务绩效							0.714
创新绩效							0.601
Alpha 系数	0.673	0.644	0.714	0.731	0.836	0.834	0.779

注：主成分分析采用具有 Kaiser 标准化的正交旋转法。经过 10 次迭代后收敛。剔除小于 0.5 的因子负载。

资料来源：笔者整理。

（四）假设检验

1. 模型拟合优度检验

本研究使用 Amos20.0，采用最大似然法估计模型。表 8 – 3 拟合结果表明，CMIN/DF 值为 1.942 < 5，绝对拟合指数 GFI > 0.9，RMR 值为 0.064，RMSEA 值为 0.057，小于 0.08 且接近 0.05，在可接受的区间内；相对拟合指数 NFI、TFI 和 CFI 的值分别为 0.886、0.894 和 0.901 均大于 0.80 且接近 1。所有拟合指数接近推荐值表明模拟拟合较好。

表 8 – 3　　　　　　　　　　**模型拟合优度统计值**

指标值	卡方检验		绝对拟合指数			相对拟合指数		
数值	CMIN	CMIN/DF	GFI	RMR	RMSEA	NFI	TFI	CFI
	305. 833	1. 942	0. 912	0. 064	0. 057	0. 886	0. 894	0. 901

资料来源：笔者整理。

2. 路径系数显著性检验

结构方程中判别回归系数是否显著异于零的标准是临界比例（Critical ratio，

C. R. ）大于等于 1. 96 时，回归系数可认定在显著水平 0. 05 下与零存在显著差异。结构方程中变量间路径关系检验如表 8 - 4 所示。

　　由表 8 - 4 可知，关系搜索能力与关系构建存在相关性关系，标准化相关系数为 0. 438，C. R. 值为 2. 685（P < 0. 05），说明关系搜索能力与关系构建是相互影响的，支持假设 H1a。关系搜索能力与关系互动的标准化路径系数是 0. 42，C. R. 值为 2. 582（P < 0. 05）说明关系搜索能力越强，企业的关系互动效果越好，验证假设 H1b。关系响应能力与关系互动标准化路径系数是 0. 633，C. R. 值为 3. 350（P < 0. 01）说明关系响应能力越强，企业的关系互动效果越好，验证假设 H2。关系组织协调能力关系生产标准化路径系数是 0. 482，C. R. 值为 2. 894（P < 0. 01）说明关系组织协调能力越强，企业的关系生产效果越好，验证假设 H3。关系搜索能力与关系响应能力标准化路径系数是 0. 682，C. R. 值为 3. 254（P < 0. 05）说明企业关系搜索能力越强关系搜索能力就越强，验证假设 H4a。关系响应能力与关系组织协调能力标准化路径系数是 0. 684，C. R. 值为 3. 501（P < 0. 01）说明企业关系响应能力越强关系组织协调能力就越强，验证假设 H4b。关系组织协调能力与网络化成长的标准化相关系数为 0. 446，C. R. 值为 3. 635（P < 0. 01），说明关系组织协调能力越强企业网络化成长越好，支持假设 H5。而关系构建与网络化成长和关系互动与网络化成长 C. R. 值分别为 0. 533（P > 0. 05）和 0. 439（P > 0. 05），表明它们对中小企业的网络化成长无显著影响，假设 H6a 和 H6b 被拒绝。关系生产与网络化成长标准化路径系数是 0. 501，C. R. 值为 3. 075（P < 0. 01）说明关系生产越强，企业的网络化成长越好，验证假设 H6c。

表 8 - 4　　　　　　　　　　　　模型各路径系数检验

假设	假设路径			未标准化路径系数估计	S. E.	C. R.	P	标准化路径系数估计	假设检验
H1a	关系搜索能力	< - - >	关系构建	0. 145	0. 054	2. 685	**	0. 438 correlations	支持
H4a	关系响应能力	< - - -	关系搜索能力	0. 625	0. 192	3. 254	**	0. 682	支持
H4b	关系组织协调能力	< - - -	关系响应能力	0. 990	0. 283	3. 501	***	0. 684	支持
H3	关系生产	< - - -	关系组织协调能力	0. 385	0. 133	2. 894	***	0. 482	支持
H2	关系互动	< - - -	关系响应能力	0. 679	0. 203	3. 350	***	0. 633	支持
H1b	关系互动	< - - -	关系搜索能力	0. 330	0. 128	2. 582	**	0. 420	支持
H6a	网络化成长	< - - -	关系构建	0. 069	0. 129	0. 533	0. 594	0. 087	不支持
H6b	网络化成长	< - - -	关系互动	0. 095	0. 217	0. 439	0. 661	0. 055	不支持
H5	网络化成长	< - - -	关系组织协调能力	0. 446	0. 123	3. 635	***	0. 516	支持
H6c	网络化成长	< - - -	关系生产	0. 764	0. 241	3. 075	***	0. 501	支持

　　注：" *** "表示 0. 01 水平上显著，" ** "表示 0. 05 水平上显著，C. R. 值即 T 值。

　　资料来源：笔者整理。

3. 模型修正

由于关系构建到企业网络化成长，关系互动到企业网络化成长的路径系数在0.05的显著性水平上均不显著，为了简化模型在修正过程中去掉了这两个路径，同时借助MI修正指数建立了关系构建到关系响应能力，关系互动到关系组合创新能力的两个新路径；经过修正，卡方值明显减小，获得最优拟合模型。修正后的拟合优度如表8-5所示，所有指标均达到或接近推荐值，优于假设模型，表明修正后的模型比假设模型更符合数据的内在逻辑关系。因此，表8-6模型路径估计和图8-3标准化修正模型证明中小企业关系能力对中小企业网络化成长的影响过程是：关系搜索能力、关系响应能力和关系组合协调能力通过正向过程影响到中小企业的网络化成长，而且在这个过程中，关系响应能力直接促进了关系互动环节中机会、信息和资源的获取。关系组合协调能力不仅对中小企业网络化成长有直接的影响，而且通过关系生产间接影响到中小企业网络化成长。关系构建与关系搜索能力具有相关性，同时我们也发现，关系构建直接正向影响关系响应能力，关系互动直接正向影响关系组织协调能力。

表8-5　　　　　　　　　　**模型拟合优度统计值**

指标值	卡方检验		绝对拟合指数			相对拟合指数		
	CMIN	CMIN/DF	GFI	RMR	RMSEA	NFI	TFI	CFI
数值	277.679	1.517	0.925	0.047	0.043	0.917	0.906	0.931

资料来源：笔者整理。

表8-6　　　　　　　　　　**修正后模型各路径系数估计**

假设	假设路径			未标准化路径系数估计	S.E.	C.R.	P	标准化路径系数估计	假设检验
H1a	关系搜索能力	<-->	关系构建	0.151	0.054	2.773	**	0.450 correlations	支持
H4a	关系响应能力	<---	关系搜索能力	0.515	0.169	2.950	**	0.581	支持
H4b	关系组织协调能力	<---	关系响应能力	1.089	0.346	3.150	***	0.673	支持
H3	关系生产	<---	关系组织协调能力	0.380	0.132	2.889	***	0.483	支持
H2	关系互动	<---	关系响应能力	0.364	0.126	2.889	***	0.632	支持
H1b	关系互动	<---	关系搜索能力	0.330	0.128	2.582	**	0.420	支持
H	关系响应能力	<---	关系构建	0.345	0.162	2.130	**	0.405	支持
H	关系组织协调能力	<---	关系互动	0.534	0.188	2.847	**	0.570	支持
H5	网络化成长	<---	关系组织协调能力	0.518	0.185	2.805	***	0.594	支持
H6c	网络化成长	<---	关系生产	0.742	0.232	2.973	***	0.493	支持

注："***"表示0.01水平上显著，"**"表示0.05水平上显著，C.R.值即T值。

资料来源：笔者整理。

通过实证检验网络情境下中小企业关系能力对中小企业网络化成长的影响，得出了以下结论：首先，寻找"关系租金"已成为企业价值创造的重要手段，企业所需要的关键资源早已经超过企业自身的边界，嵌入企业间的惯例和过程中。企业必须积极地感知周边的关系、识别网络内的关系和重新定位自己的角色，通过关系搜索在网络内寻找商机、有价值的信息和资源，重新组合重构关系网络，实现网络化生产。这种基于过程的区分也符合复杂关系网络逻辑解构。

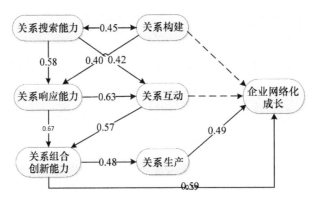

图 8－3　关系能力对企业网络化成长的标准化修正模型

资料来源：笔者整理。

其次，在深入挖掘中小企业关系能力与其网络成长的关系过程中不难发现，关系构建到中小企业网络化成长，关系互动到中小企业网络化成长这两个路径不成立，这也恰恰反映了当前中小企业存在的问题，其中很大一部分原因在于其战略制定和网络影响力两方面的不足：（1）中小企业最大的特点就是不具有战略导向性，其自身也很少从战略角度发展关系，深化不同层面间的关系，使之产生互动，这与强调过程视角的关系能力是有一定的现实差距的。往往在现实中，企业的关系能力就等同于企业家的关系能力，这就将企业关系能力局限在行为者这一层面上，并没有在企业与个人之间、企业与企业以及企业活动之间产生联系。（2）中小企业在价值网络或价值链中的地位和影响力过低，导致其很难冲破网络壁垒的阻隔融入新的关系网络，这种位置锁定效应将其局限在现有的利益链的底端很难向网络中心位置移动。

最后，本部分阐明了关系能力的关系搜索能力、关系响应能力和关系组合协调能力三个维度并确定了中小企业关系能力对中小企业网络化成长的影响过程。关系搜索能力、关系响应能力和关系组合协调能力通过正向过程影响到中小企业的网络化成长，而且在这个过程中，关系响应能力促进了关系互动环节中机会、信息和资源的获取。关系组合协调能力不仅对中小企业网络化成长有直接的影响，而且通过关系生产间接影响到中小企业网络化成长。在关系搜索、关系响应和关系组合协调三个维度实现关系能力并发现网络中的机会、信息和资源达到优化企业生产，达到中小企业网络化成长路径的目的。

　　鉴于以上结论，我们能更好地认识到拥有关系和拥有最终关系产生的价值并不是完全一致的，进而以动态过程为基础的能力构造有嵌入性特质的同时，也符合关系的变化特质。通过对关系能力的文献梳理提取得到下列关键词：战略合作（Tung，Worm，2001）、知识共享（Lorenzoni，Lipparini，1999）、信任①、承诺②③（Dwyer，1987）、互动④⑤。关系的搜索能力汲取信任和承诺，这种关系的能力正是体现了这种基于信任的兑现程度，"拟似家庭"与"泛家族化"的思想都是期望通过亲情、友情的融合实现信任的最大化兑现。而这种特殊的"关系网络"往往起到决定性作用，寻求"关系租金"的同时，一定不能缺少信任的建立，这样企业才能联结有价值的社会网络，使得组织间的联系强度得以增强。企业关系响应能力所汲取的关键词是互动，而互动又与关系强度和网络位置相联系。我们可以从以下几点考虑，首先，企业内部人员变化、战略策略更替和外部竞争、政策、地理环境等条件不断变化，进而使得一定关系形成的网络资源具有局限性，这就说明与其对应的企业关系响应能力只能作用在一定的范围内，而就以"差序格局"理论的血缘、地缘、经济政治条件、知识文化等因素形成的人伦关系为基础的中国网络形态而言，关系的亲疏远近有明显的层次和顺序特征，企业如果想要超越低层次关系响应能力就必须建立起类似"拟似家庭"的关系形式。其次，企业在利用网络资源时，因为关系强度的不同而导致资源转移效率的不同，企业如果想消除或削弱这种转移带来的损耗，就必须拥有独特的地位优势，这就相当于在网络内树立威信。企业并不一定非要占据网络的核心节点，而是要求企业在与直接利益者产生关系之前，建立起与这些利益关系有直接影响力的网络周边关系，形成一种关系势能的覆盖。关系组合协调能力提取的关键词就是战略和共享，网络中的关系并不是都能取得长期收益或者说企业必然会因为部分关系价值的边际效应递减而形成一种冗余。这种冗余关系有可能阻碍企业资源结构的配置实现最优，所以

　　① Spekman & Strauss, D. An Exploratory Investigation of a Buyers Concern for Factors Affecting More Co-operative Buyer-seller Relationships [J]. Industrial Marketing and Purchasing, 1986, (1): 26 – 43.

　　② Moorman, C., Zaltman, G. and Deshpande, R. Relationships between Providers and Users of Marketing Research: The Dynamics of Trust Within and between Organizations [J]. Journal of Marketing Research, 1992, 29: 314 – 329.

　　③ Morgan, R. M. & Hunt S. D. The Commitment-Trust Theory of Relationship Marketing [J]. Journal of Marketing, 1994, 58: 20 – 38.

　　④ Mohr, J. & Spekman, R. Characterisitics of Partnership Success: Partnership Attributes, Communication Behavior, and Conflict Resolution Techniques [J]. Strategic Management Journal, 1994, 15: 135.

　　⑤ Olkkonen, R., Tikkanen, H. & Alajoutsijarvi, K. The Role of Communication in Business Relationships and Networks [J]. Management Decision, 2000, 38: 403.

企业必须在考虑未来环境的不确定性条件下根据其关系的强弱以及在其价值网络中的地位，对网络结构重新最优化配置。另外，企业会根据其战略目标变迁而准备适当的现在价值网络外的关系，格兰诺维特指出弱关系的搜索能带来更多的异质性创新资源，但这种异质性资源的转译存在着很高的成本，这就导致那些觊觎跨行业商业选择的企业有所忌惮；而冗余关系的积累深度正是对这种转译性成本的一种解决方式。关系并不是没有成本的，企业所要做的就是在其网络结构资源中寻找自己的定位，如果是以创新能力为目的的企业网络结构中心化，企业就必须拥有充足的冗余资源为其战略变动提供支持；如果网络结构资源不允许企业拥有更多的冗余，企业也可以减少这种关系的投入，通过企业内部资源的相称匹配而实现资源的最优配置。

第三节 关系效能对成长绩效的影响：
环境不确定性的调节效应

个体企业间的竞争行为日益演变为网络组织间的竞争活动，[①] 企业间关系呈现出复杂化、动态化、情境化等特征，有效整合网络中的关系资源成为企业实现网络化成长的必由之路。与一般意义上的资源不同，企业网络中的关系资源不仅可以用于价值增值，更是企业网络化运作、网络化成长的通路和凭介。目前学者对资源整合的研究多集中于信息、技术以及资金和劳动等静态资源的识别、获取、配置和应用过程，[②] 缺少针对兼具双重特性的关系资源的研究。然而关系资源的双重特性，使这种整合过程不可能像普通资源那样只是简单地、被动地识取、配用，而是更为复杂、更具有能动性。

此外，处于战略网络中的中小企业实际上并不可能完全充分地利用网络中的所有关系资源，其利用程度及效果与其关系资源整合能力密切相关。从理论上来说，一般情况下，关系资源整合能力越强，企业动员各种人脉获取信息、调动资源、探寻及把握机会的能力也就越强，企业实现其价值目标进而成长的可能性就会显著增加。但是，我国现阶段的中小企业面临着比之以往更动态的环境、更激烈的竞争和更严苛的要求，较强的关系资源整合能力并不一定能保证企业的成长，这里引入环境不确定性作为调节变量，以关系资源整合能力为自变量，以成长性中小企业的成长绩效为因变量，以期揭示关系资源整合能力与成长绩效之间的动态关系，为中小企业实现网络化成长提供有益启示。

---

① Desirée Blankenburg Holm, Kent Eriksson, Jan Johanson. Creating Value Through Mutual Commitment to Business Network Relationships [J]. Strategic Management Journal, 1999, (5): 467－486.

② 董保宝，葛宝山，王侃. 资源整合过程、动态能力与竞争优势：机理与路径 [J]. 管理世界，2011，(3): 92－101.

一　理论模型与基本关系假设

（一）关系资源整合能力对企业成长绩效的影响

关系资源的整合过程是关系双方乃至多方在网络中博弈的复杂的互动过程。从资源基础观的视角来看，关系资源本身并不能创造价值，必须通过与其匹配的能力才能实现资源的价值转换。Porter（1995）关注网络中的资源获取能力，并把这种"个体利用其在关系网络或更广泛的社会界中的成员资格获取稀缺资源的能力"定义为关系资本。William H. A. Johnson 则强调企业与商界成员通过增强人力和结构资本彼此相互影响激发财富创造潜力的人际协调能力。[①] Dunning（2002）强调网络影响力，把关系资本定义为"使一个主体能够形成和支配与其他主体关系的一种能力"，企业可以利用这种能力获得其他主体资产的进入权，并与关系伙伴共享其资源。而我国学者王珺等在对我国民营企业关系资本进行研究时把关系资本定义为民营企业主从其亲戚、朋友等人的关系中获得机会与资源的信息探寻能力。[②]

综上所述，关系资源整合能力不是一种单一的能力，而是一种复合的能力体系，这种与资源相匹配的能力体系能够实现关系资源的价值转换，促进企业的成长。蔡双立在其《企业并购中的关系资源动态整合研究》一书中将关系整合能力划分为信息探寻能力、资源调动能力、网络影响力、人际关系协调能力和价值要素的创新组合能力五个维度。[③] 本部分将依据这五个维度对关系资源整合能力进行研究。据此本部分提出以下研究假设 H1：

H1：关系资源整合能力有利于提升企业的成长绩效。

H1a：信息探寻能力有利于提升企业的成长绩效；

H1b：资源调动能力有利于提升企业的成长绩效；

H1c：网络影响力有利于提升企业的成长绩效；

H1d：人际关系协调能力有利于提升企业的成长绩效；

H1e：价值要素的创新组合能力有利于提升企业的成长绩效。

（二）环境不确定性的调节作用

自从汤普森创造性地提出将复杂组织看作"受制于理性标准的开放系统的构想"[④]，如何应对环境的不确定性成为相关组织研究的中心议题。环境不确定性是指企业外部环境变化和不可预测的程度，既包括客观环境的不确定性，也包括感知环境的不确定

---

① William H. A. Johnson. An Integrative Taxonomy of Intellectual Capital：Measuring the Stock and Flow of Intellectual Capital Components in the Firm ［J］. International Journal of Technology Management，1999，（18）：562－575.

② 王珺，姚海琳，赵祥. 社会资本结构与民营企业成长［J］. 中国工业经济，2003，（9）：53－59.

③ 蔡双立. 企业并购中的关系资源动态整合研究［M］. 天津南开大学出版社，2008：128－138.

④ 汤普森·J. 行动中的组织——行政理论的社会科学基础[M]. 敬乂嘉译. 上海：上海人民出版社，2007.

性，是解释组织状态及企业成长绩效表现的重要变量，按照不同的标准，外部环境不确定性有多种分类。① 基于 Jansen 等人的研究，本部分采用应用最为广泛的复杂性、动态性两维度分类标准。②

环境复杂性影响企业活动的要素的数量、异质性和分布。企业所面临的环境要素数量越多、异质性程度越高、分布越不规则，则环境复杂性越高，企业有关成长的决策难度越大。环境复杂性要求企业在进行战略决策时应充分考虑外部网络环境中的多样性需求和相关联市场。在复杂环境下企业可能面临同时实施多个战略的情形，此时，拥有较高的关系资源整合能力意味着能同时满足多种战略目标。所以，环境的复杂程度越高，关系资源整合能力对成长绩效的作用越明显。据此，本部分提出假设 H2a：

H2a：环境复杂性正向调节着关系资源整合能力与企业成长绩效的关系。

对于环境动态性，汤普森用稳定/变迁来进行描述。如果环境要素变化的程度小，频率低，容易预测，则认为是动态性偏弱的相对静态的环境；反之，则为动态性强的动荡环境。成长性中小企业在动荡的环境中，由于消费者需求、竞争对手、技术等容易发生迅速且非连续性的变化，这往往造成信息不准确或信息失去时效。此时信息探寻能力、资源调动能力、网络影响力、人际关系协调能力和价值要素的创新组合能力可以使企业具备战略灵活性，快速捕捉剧烈变动环境中稍纵即逝的市场机会，提升企业成长绩效水平。而在相对静态的环境中，企业运用现有规则与资源，通过规范的战略制定程序，利用已有的竞争优势就可以满足消费者需求，实现成长，而关系资源整合能力就得不到充分的发挥。据此本部分提出假设 H2b：

H2b：环境动态性正向调节着关系资源整合能力与企业成长绩效的关系。

综上所述，本部分构建关系资源整合能力对成长绩效影响的整体模型如图 8-4 所示。

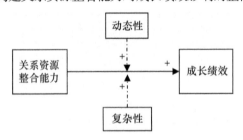

图 8-4 关系资源整合能力对成长绩效影响机制模型

资料来源：笔者整理。

---

① 武立东，王凯，黄海昕. 组织外部环境不确定性的研究述评 [J]. 管理学报，2012，9（11）：1712 - 1717.

② Jansen J. J. P., Van den Bosch F. A. J., Volberda H. W. Exploratory Innovation, Exploitative Innovation and Ambidexterity：The Impact of Environmental and Organizational Antecedents [J]. Schmalen-bach Business Review, 2005, 57：351 - 363.

二　数据采集与描述性统计分析

(一) 问卷设计与数据获取

成长性中小企业对网络的依赖程度高，企业间关系复杂，对关系资源整合能力的要求较高，因此本部分以成长性中小企业为调研对象。问卷设计是基于国内外文献，经过团队讨论、深度访谈和预试等环节反复修改而成，用 SPSS20.0 和 AMOS7.0 对收回问卷数据进行分析。问卷大规模发放在山东淄博高新技术开发区、天津、驻马店、安阳、无极，涉及制造业、建筑业、金融业、批发零售业以及医药等行业。山东共发放问卷 100 份，回收 26 份，有效问卷 19 份。在驻马店、安阳、无极的调研，委托合作银行进行，从客户名单中随机选择了 300 家成长性中小企业并向其高层管理者发放问卷，回收 198 份，有效问卷 162 份。天津地区利用 MBA 和 EMBA 学员发放问卷 200 份，回收 157 份，有效问卷 92 份。

本调研共发放问卷 600 份，回收有效问卷 273 份，有效回收率为 45.5%。对来自山东、河南、河北以及天津的不同来源样本进行 t 检验，发现各组样本间无显著性差异，可以合并分析。对 273 份有效问卷和 108 份无效问卷进行 t 检验，结果表明非回应性偏差不显著。此外，采用 Harman 单因子检验，没有发现能解释所有测量指标大部分方差的主导单因子，因此不存在明显的共同方法偏差问题。

(二) 变量测量

1. 关系资源整合能力

现有研究中对关系资源整合能力的研究并不多见。信息探寻能力依据 Ozgen 和 Baron 的观点，用企业获取外部的信息技术的能力、企业获取竞争者相关信息的能力、企业获取关键市场信息的能力、企业实现信息的内部共享的能力四项指标来度量。[①] 关系资源调动能力的度量指标主要有三项：可利用的关系资源是否提高了所在组织的整体效率、对自己的关系资源禀赋的可用性的满意程度、企业是否能够辨识关系资源的价值和机会。网络影响力的度量指标也分为三项：企业与网络成员是否建立了共同的规则、企业是否能够塑造网络愿景与目标、企业是否能够规划关系网络的发展。人际关系协调能力拥有能力与商务伙伴构建良好的合作关系、能够为合作者着想、能够柔性处理与合作者的关系、能够与合作者建设性地解决问题四项指标。[②] 价值要素的创新组合能力主要采用对组织中个人所需关系资源的拓展与开发的满意程度、对可供跨组织任务使用的关系资源的可用性的满意程度等两项指标进行度量。以上测量指标的构建

---

① Eren Ozgen, Baron R. A. Social Sources of Information in Opportunity Recognition: Effects of Mentors, Industry Networks, and Professional Forums [J]. Journal of Business Venturing, 2007, 22: 174 – 192.

② Achim Walter, Michael Auer, Thomas Ritter. The Impact of Network Capabilities and Entrep Reneurial Orientation on University Sp in-off performance [J]. Journal of Business Venturing, 2006, (21): 541 – 560.

及度量题项的设计还综合借鉴了马洪佳[①]和蔡双立等的研究成果，各题项用 Likert – 5 级刻度量表来度量，要求回答者指出对问题陈述的同意程度，"非常同意""同意""不一定""不同意""非常不同意"五种回答，分别记为 1，2，3，4，5。

2. 环境不确定性

环境不确定性的量表较为成熟，但系统全面的量表所测量要素过多，降低问卷填答的效果，因此本部分选取关键要素特征量表来测度。环境不确定性包括两个维度：环境动态性和环境复杂性。环境动态性的量表设计借鉴了李剑力[②]、符正平[③]、项保华[④]等人的研究成果，用 4 个测量指标来衡量（本行业的产品或服务更新很快、竞争者行为很难预测、本行业的技术进步很快、顾客需求的变化情况很难预测）。环境复杂性量表主要来自 Jauch[⑤]、何红渠[⑥]等人的研究，用 4 个测量指标来衡量（市场需求差异大、产品和核心技术多样化、竞争对手非常多、业务模式差异大）。测度选择同样采用 Likert – 5 级刻度量表来度量。

3. 企业成长绩效

评价中小企业成长性的方法一般都属于综合评价方法，即依据企业的实际统计数据计算综合评估得分（或称指数）的数学模型。在借鉴陈晓红等利用突变级数法提出的企业成长绩效测度指标体系[⑦]以及 Haber & Reichel 的量表基础上，用客户满意度、业界声誉、行业竞争力、未来市场需求满足度 4 个题项测量，测度选择同样采用 Likert – 5 级刻度量表来度量。

4. 控制变量

本部分选取企业规模、员工人数、企业成立年限作为控制变量，企业成长绩效为因变量，自变量是关系资源整合能力，环境不确定性是调节变量，在信度和效度分析的基础上，运用层次线性回归模型对理论假设进行验证。

（三）信度和效度分析

在进行数据分析之前，对问卷各个量表进行了信度分析，结果表明 Cronbach's α 系数均

① 马洪佳，董保宝，葛宝山. 高科技企业网络能力、信息获取与企业绩效关系实证研究 [J]. 科学学研究，2010，(1)：127 – 132.

② 李剑力. 探索性创新、开发性创新与企业绩效关系研究 [M]. 北京：经济管理出版社，2010.

③ 彭伟，符正平. 联盟网络对企业竞争优势的影响——知识资源获取的中介效应与环境不确定性的调节效应 [J]. 软科学，2012，(4)：17 – 22.

④ 李大元，项保华，陈应龙. 企业动态能力及其功效：环境不确定性的影响 [J]. 南开管理评论，2009，(6)：60 – 68.

⑤ Jauch, Glueck. Short Term Financial Success in Large Business Organizations：The Environment Strategy Connection [J]. Strategic Management Journal, 1980, 1 (1)：49 – 63.

⑥ 何红渠，沈鲸. 环境不确定性下中国国际化企业双元能力与绩效关系 [J]. 系统工程，2012，(8)：30 – 37.

⑦ 陈晓红，彭子晟，韩文强. 中小企业技术创新与成长性的关系研究——基于我国沪深中小上市公司的实证分析 [J]. 科学学研究，2008，(5)：1098 – 1104.

满足 Nunnally 的门槛值（Cronbach's α > 0.700），说明这些量表均具有较好的内部一致性。

问卷的建构效度通过用探索性因子分析和验证性因子分析来测量。探索性因子分析主要利用 SPSS20.0 对关系资源整合能力、环境不确定性、成长绩效进行一阶正交因子分析及二阶因子分析，测度 KOM 值及 Bartlett's 统计值。验证性因子分析主要利用 A-MOS7.0 对关系资源整合能力、环境不确定性构建一阶二因素斜交模型，对成长绩效构建一阶模型，利用所得的适配度统计值检验模型的内在质量，确保量表能够充分且适度的阐释特定概念的内涵。结果如表 8 - 7 所示。

表 8 - 7　　　　　　　　　　主要变量信度效度检验的统计值

		χ2（p 值）	χ2/df	RMR	GFI	AGFI	CFI	NFI	RMSEA
	判别标准	p > 0.05	< 2.00	< 0.05	> 0.900	> 0.900	> 0.900	> 0.900	< 0.08
关系资源整合能力	关系资源整合能力的一阶五因素斜交模型	79.771（p = 0.136）	1.191	0.039	0.936	0.927	0.918	0.919	0.057
	因子分析结果	KMO 值为 0.787，Bartlett 检验值为 466.900，并显著异于 0（p < 0.001）累积解释变量为 67.197%							
环境不确定性	环境不确定性的一阶二因素斜交模型	17.731（p = 0.059）	1.731	0.059	0.902	0.938	0.932	0.933	0.071
	因子分析结果	KMO 值为 0.677，Bartlett 检验值为 464.196，并显著异于 0（p < 0.001）累积解释变量为 71.503%							
成长绩效	成长绩效的一阶模型	13.068（p = 0.109）	1.633	0.051	0.977	0.978	0.905	0.920	0.079
	因子分析结果	KMO 值为 0.659，Bartlett 检验值为 320.805，并显著异于 0（p < 0.001）累积解释变量为 76.399%							

资料来源：笔者整理。

问卷各题项间的区分效度可以通过比较每个潜变量的 AVE 的平方根与潜变量之间的相关系数来判断，如表 8 - 8 所示，AVE 的平方根均大于对应行与列的相关系数，说明量表的区分效度较好。

表 8 - 8　　　　　　变量的描述性统计分析、相关系数和区分效度检验

	1	2	3	4	5	6	7	8
1 信息探寻能力	0.759							
2 关系资源调动能力	0.297 **	0.737						
3 网络影响力	0.306 **	0.407 **	0.835					

续表

	1	2	3	4	5	6	7	8
4 人际关系协调能力	0.463 **	0.332 *	0.432 **	0.821				
5 价值要素的创新组合能力	0.565 **	0.413 **	0.476 **	0.395 **	0.753			
6 环境动态性	0.037	0.351 **	0.132 *	0.058	0.319 **	0.873		
7 环境复杂性	0.539 **	0.366 *	0.078	0.191 *	0.213 **	0.029	0.769	
8 成长绩效	0.702 **	0.631 **	0.637 **	0.519 **	0.463 **	-0.151 *	0.311 *	0.889
均值	3.146	4.622	3.365	3.402	3.349	3.426	3.847	4.644
标准差	0.739	1.103	0.782	0.900	0.707	0.778	1.125	1.191

注：相关系数矩阵对角线上加粗显示的数字表示 AVE 的平方根值，下方显示相关系数，$^* p < 0.05$，$^{**} p < 0.01$。

资料来源：笔者整理。

三　假设检验及结果分析

（一）假设检验

在信度、效度检验符合要求的基础上，本部分选取企业规模、员工人数、企业成立年限作为控制变量，企业成长绩效为因变量，自变量是关系资源整合能力，环境不确定性是调节变量，运用层次线性回归模型对理论假设进行验证。

从模型（1）可以看出，控制变量中只有企业规模对成长绩效有显著的正向影响（$\beta = 0.316$，$p < 0.05$）。而在模型（2）中，信息探寻能力、关系资源调动能力、网络影响力、人际关系协调能力和价值要素的创新组合能力对企业的成长绩效均有显著的正向影响，从而假设 H1a、H1b、H1c、H1d 和 H1e 均得到证明。（见表 8-9）

表 8-9　　　　　　　关系资源整合能力与成长绩效关系检验

研究变量	因变量：成长绩效	
	模型（1）	模型（2）
企业成立年限	0.021	0.073
员工人数	-0.568	-0.516
企业规模	0.316 *	0.220 *
信息探寻能力		0.451 **
关系资源调动能力		0.212 *
网络影响力		0.146 *
人际关系协调能力		0.283 *
价值要素的创新组合能力		0.377 **
R^2	0.299	0.368
$\triangle R^2$	0.032 *	0.076 *
F 值	3.423 *	15.620 **

注：$^* p < 0.05$，$^{**} p < 0.01$。

资料来源：笔者整理。

在模型（3）中，关系资源整合能力的五个维度数据进行了加总处理，依据是：Edwards 研究发现，无论是利用变量间的绝对差、交互项，还是加总之和来构建一个单独的指标，都会导致某种程度的信息流失从而造成测量失真。① 然而 Lubatkin 等人利用回归方程对三种方法进行比较，结果发现唯有加总方法信息流失不显著。② 因此，对本部分构建的关系资源整合能力这一二阶构念进行了加总处理，即将其所有题项加和然后进入模型分析。分析结果表明，关系资源整合能力对成长绩效的正向影响显著（$\beta = 0.313$，$p < 0.01$），假设 H1 成立。在模型（4）中，环境复杂性和环境动态性对成长绩效的直接效应并不显著，但在模型（5）中，关系资源整合能力与环境复杂性和动态性的交互项加入模型中之后，模型的解释力显著提高（$\triangle R^2 = 0.053$，$p < 0.01$），关系资源整合能力、动态性与关系资源整合能力、复杂性都对成长绩效有显著的正向影响（β值分别为 0.573 和 0.325，$p < 0.01$），从而 H2a 和 H2b 得到了支持，即环境动态性和环境复杂性正向调节着关系资源整合能力与企业成长绩效的关系。（见表 8 - 10）

表 8 - 10　　　　　　　　　　　环境不确定性调节效应检验

研究变量	因变量：成长绩效		
	模型（3）	模型（4）	模型（5）
企业成立年限	0.036	0.066	0.051
员工人数	- 0.511	- 0.436	- 0.117
企业规模	0.203 *	0.265 *	0.188 *
关系资源整合能力	0.313 **	0.287 **	0.377 **
环境动态性		0.252	0.162
环境复杂性		- 0.034	- 0.059
关系资源整合能力 * 动态性			0.573 *
关系资源整合能力 * 复杂性			0.325 *
R^2	0.328	0.336	0.392
$\triangle R^2$	0.083 *	0.080 *	0.053 **
F 值	15.531 **	12.349 **	9.992 **

注：$*p < 0.05$，$* * p < 0.01$。

资料来源：笔者整理。

---

① Edwards J. R. Problems with the Use of Profile Similarity Indicts in the Study of Congruence in Organizational Research [J]. Personnel Psychology, 1993, (46): 641 - 665.

② Lubatkin, Simsek. Ambidexterity and Performance in Small-to Medium-sized Firms: The Pivotal role of Top Management Team Behavioral Integration [J]. Journal of Management, 2006, (10): 646 - 672.

（二）结果分析

中小企业囿于资金、劳动、信息等资源的限制，在日趋激烈的竞争中要想生存和发展，聚沙成塔以及互补共赢的网络化成长模式是其必由之路。在这一过程中，如何处理、整合、利用战略网络中企业间的关系就变得格外重要。从上述分析结果可以看出，本部分假设1通过验证，这说明提高关系资源整合能力是提升我国中小企业成长绩效的有效途径。同时，本部分对关系资源整合能力的构造维度进行了实证检验。具体说来，信息是决策的依据，影响企业正确决策的一个首要因素就是信息不对称。企业获取多样的信息能够为企业带来优于对手的绩效。随着环境日新月异的发展，企业面临越来越多的不确定因素，为了维持自身的生存、发展和成长，企业必须能够洞悉市场的变化，监察甚至能预测竞争对手的策略，从而做出迅速而准确的反应，提升企业的绩效。具体到某一企业来说，对外，应加强与利益相关者的交流与合作，拓展关系网络能力发展的外延，努力提高所获取信息的质量；对内，企业各职能部门应加强沟通与交流，实现各类信息资源的共享与协调，这些正是企业不断提升获取信息资源能力的坚实基础。

企业的关系资源调动能力是企业做出决策后影响其执行力的关系资源可得性和调配能力。关系资源调动能力与企业成长绩效的关系，就好比行军打仗，好的布局，如果没有关系资源调动能力的支持，都可能是一种空想，或者是不切实际的错误的决策。同样的道理，网络影响力是通过企业在网络中的信誉机制发挥作用的。企业借助网络，来增进交易方对自己的信任，从而增进交易的可能性，降低交易费用。因此，从理论上说，无论是关系资源调动能力对企业的成长绩效的影响，还是网络影响力对企业的成长绩效的影响，都应当是正向的、显著的。

人际关系协调能力可以使企业与各利益相关者建立认同的价值取向，获得其认同，从而由关系合作者演变为以信任作为基础的关系合作伙伴，使组织利益纽带与个人感情纽带整合在一起，共同构成关系资源整合能力的一个重要因素，从而影响着企业的成长绩效。

价值要素创新组合能力是指企业对内部网络和外部网络中存在的关系资源的组合和创新能力。在企业经营发展的过程中，关系资源的调动和整合是手段而不是目的。只有当对所拥有的、所能支配的关系资源进行创新性的组合并创造价值，才能有效地降低企业成本及交易风险提高获利能力，获得企业稀缺能力，这样的关系资源才能成为有效资源。

与假设相一致，假设2也通过了验证，即环境越复杂，越动荡，关系资源整合能力对企业的成长绩效的促进作用越明显，因为环境复杂多变，这种不确定性要求企业能够多方面地获取信息，灵活、快捷地动员各种关系资源，实现良好的组织间协同，这样才能更好地应对威胁，把握机遇，实现企业盈利和持续稳定成长。

成长性中小企业面临的首要任务就是成长，但是面对着复杂多变的市场和日渐激烈的竞争，企业管理者既要善于从市场变化中获取可盈利的关键信息资源，又要善于协调、创新，充分利用这些信息资源，以实现信息资源效用最大化，为企业带来最大的经济产出，提升企业的竞争优势。关系资源整合能力是一种动态的能力，动态能力本质上是与环境动态机制紧密相联系的概念，在不同的市场情景中会表现出不同的功能，因此与组织绩效之间的关系也会受到市场特征，如环境不确定性的影响。[①] 本部分基于权变视角论证了成长性中小企业关系资源整合能力与企业成长绩效的关系。研究结果表明：关系资源整合能力的五个维度——信息探寻能力、资源调动能力、网络影响力、人际关系协调能力和价值要素的创新组合能力是中小企业的成长绩效提升的关键前因，环境动态性、环境复杂性以及环境竞争性在关系资源整合能力对成长绩效的影响过程中有着显著的正向调节作用。

第四节　小结

本节关注企业间网络中普遍存在的关系资源，研究了关系资源整合能力及环境不确定性对企业成长的影响。但是关系资源整合能力的构建路径等问题还未能深入讨论。此外，因为利用问卷调查获取的只是一个截面数据，构建的模型还不能反映关系资源整合能力的动态演化过程，如何获取高质量的跨期数据进行纵向研究，进一步剖析关系资源整合能力与企业网络化成长之间的关系，是今后努力的方向。

---

① 张韬. 创新绩效整合模型企业文化对创新的功效研究［J］. 商业时代，2010，（16）：144－145.

第九章　中小企业关系惯例变迁：
流变、异动及断裂

企业关系网络内存在"惯性"，但由于关系惯例的默会性、实践性、异质性、不可完全复制性以及价值性五大特征，企业间关系并不是一成不变的。本研究在剖析关系惯例变迁的基础上，首先以家族企业代际传承中的关系网络异化过程进行研究，提出概念模型，然后推广至一般企业，从关系质量角度出发，将运用结构方程及相关统计方法，对影响企业间关系网络解体的因素提出假设并进行实证检验，研究表明共同利益与价值因素、情感因素、机会主义行为以及网络结构、网络成员压力五个因素会对企业间关系网络的解体行为产生不同程度的影响。该研究结论为企业网络化成长的研究提供了新的视角并对企业具有一定的管理实践意义。

第一节　关系惯例的变迁：中小企业成长的必然性

一　关系惯例

由于"习惯或习性"使然，人们在思考问题或进行决策时，总是期望并相信他们没有经历过的事例同经历过的事例相一致；吃、穿、住、行等人类的基本行为，久而久之就会成一种惯例。因而，由人构成的企业被假定为"关系是遵循刚性的，自我持续的惯例"。追溯至约瑟夫·熊彼特（Joseph Schumpeter）和阿门·艾尔奇安（Armen Alchian）的"企业拟生物特性"研究，人们习惯于用线性和理性主导式的思维，对经济现象和管理实践进行诠释和指导，继而变不确定性为确定性。① 但随着时间的推移，中小企业内在关系要素呈现的巨大多样性、市场环境的非均衡特性和大系统中的高度不确定性，对中小企业发展起着越来越重要甚至决定性的作用。从某种意义上说，对大环境的适应能力和必然性的关系流变机制，成为决定企业生存和发展的主导力量。

1982 年，理查德·R. 纳尔逊（Richard R. Nelson）和悉尼·G. 温特（Sideny

---

① ［美］约瑟夫·阿洛伊斯·熊彼特著. 叶华译. 经济发展理论：对利润·资本·信贷·利息和经济周期的探究［M］. 北京：中国社会科学出版社，2009.

G. Winter）的《经济变迁的演化理论》问世，他们认为关系惯例是"组织的记忆"，企业是以日常关系惯例为基础而开展工作，所以企业的生产计划、价格确定、销售、管理等活动均遵循以惯例为基础的行为方式。[①] 南京大学的盛昭瀚和蒋德鹏在其《演化经济学》一书中认为惯例是指"整个组织中的重复的行为方式，或者作为形容词形容这样的组织或个人完成的事顺利有效"[②]。吴光飙认为惯例是指在陈述性知识和企业活动情境的约束下，为执行活动的一组功能相似的行为系列的累积性概括，是程序性知识。这里强调了关系惯例受规范和情境的制约，企业家或职业经理的关系传承会影响到企业"可重复的行为模式"[③]。

二 关系惯例的进化

纳尔逊和温特认为，企业的成长是通过类似生物进化的三种核心机制，即多样性、遗传性和自然选择性来完成的。组织、创新和路径依赖（Path Dependency）等进化对企业网络化成长的影响至深，市场环境提供企业关系嵌入和成长的界限，这一界限与企业存活能力和增长率有密切关系。纳尔逊和温特构建了一个模拟生物的企业研究模型，该模型特别强调"关系惯例"（关系遗传和知识继承）、"搜寻"（企业网络适应和关系惯例变异）和"市场选择"在企业网络关系资本演化过程中的作用。[④] 在企业进化论中，关系惯例是企业持久不变的行为特点，其深深植根于企业的一切思维和行为中，是可以遗传和继承的。关系惯例既对短期行为（如企业的某次营销活动）的思维方式和行为特征产生影响，又对企业长期行为（如基本竞争战略的选择或投资风格的确立）产生根本影响。但关系惯例并非一成不变，企业进化论也考虑到它受环境和随机因素的影响，因此关系的流变成为中小企业成长过程的必然。"搜寻"指企业旨在改变其现存关系状态的行为。搜寻与关系惯例相关，搜寻的结果可能导致现有关系的改变，或者新关系惯例代替旧惯例，或者增加了新惯例。这种搜寻导致关系惯例改变的特点正体现了进化的本意。透过搜寻，企业可以剔除内部的关系缺陷或模仿优秀企业的关系惯例，以实现自我关系创新或更新，使得企业得以进化。"市场选择"的好坏决定着企业盈利与否和强大与否。市场将自动判断的企业关系生产行为，并将行为错误的企业淘汰出局。这种惯例、搜寻和市场选择的相互反馈机制，导致了企业随时间的演化（即进化）。从这种意义上说，企业进化可以解释为关系惯例变迁的过程，而搜寻

① ［美］理查德·R. 纳尔逊，悉尼·G. 温特著. 胡世凯译. 经济变迁的演化理论［M］. 北京：商务印书馆，1997.

② 盛昭瀚，蒋德鹏. 演化经济学［M］. 上海：上海三联书店，2002.

③ 吴光飙. 企业发展的演化理论［M］. 上海：上海财经大学出版社，2004.

④ ［美］理查德·R. 纳尔逊，悉尼·G. 温特著. 胡世凯译. 经济变迁的演化理论［M］. 北京：商务印书馆，1997.

与市场选择则是企业进化的机制。

从以上对企业关系惯例概念的阐述和基本界定中，可推断出关系惯例具有以下特性。

（1）默会性。企业关系惯例的默会性是指难以解释性。正如人的有些行为是在人们"想当然"的潜意识支配下而发生的，企业里也存在大量的在人们"想当然"的潜意识支配下而发生的关系行为，虽然一时难以解释清楚，却被企业的员工所认同。企业中管理者的结构洞建构、差序关系传承等很多行为也被员工默认而形成一种行为模式。

（2）实践性。关系惯例的实践性即指惯例作为关系活动的行为，只有靠"干中学"才能得以理解和继承，不论是对于显性的关系行为，还是隐性的关系行为来说，必须通过实践来强化。如果关系惯例在企业中不经常应用，很有可能导致惯例丧失。这也是中小企业为什么创业者的关系很难传承下去的问题之一。

（3）异质性。关系惯例的异质性即指它的独特性和流变性，是唯一的。因为惯例的形成是以其异质的关系方式与周围环境和企业自身相适应的，受各种复杂因素的影响，从而显现出一种独特性和流变性，犹如每个人的行为都是唯一的、千差万别的。作为由人构成的集合体，关系的建构与传承也是如此，体现了对人的依赖性。

（4）不完全模仿性。关系惯例不完全模仿性是指企业的关系行为很难被对手学习和实践。如上所述，企业关系惯例具有默会性、异质性，而且它显示出"因果模糊"，很难被对手理解、学习和模仿，这决定了企业构建良好的关系惯性具有资本价值的获益属性，也是企业保持关系惯例的动力。

（5）价值性。价值性是指企业关系惯例对企业生存和发展的贡献性。因为关系惯例是独特的，对手难以模仿和复制，而且还与企业和环境相适应，因而关系惯例可以为企业的生存发展做出独特性的贡献，为企业带来经济利润，为企业创造出竞争优势。

第二节　代际传承中的关系网络异化

一　问题的提出

家族企业是我国民营企业的重要组成形式。据统计，在我国的家族企业中，仅有21.37%的家族企业顺利完成代际传承，延续到第二代，2.3%—9.2%的企业能延续到第三代。[①] 同时由于中国传统文化中低信任文化的特征，[②] 大多数中国家族企业遵循

---

①　贾生华. 家族企业代际传承理论研究前沿动态 [J]. 外国经济与管理，2007，29（2）：45－50.

②　[美] 弗朗西斯·福山著. 彭志华译. 信任：社会美德与创造经济繁荣 [M]. 海口：海南出版社，2001.12.

"差序格局"的特殊主义原则完成代际传承，"子承父业"成为我国家族企业的基本特征，①②③ 而且绝大部分企业家在"传承"动作开始之前就已经制订出传承计划，并对继任者制定出相应的培育机制。

但是并非所有的家族企业都可以顺利地完成代际传承，实现企业的可持续发展。黄锐对德纳锡公司代际传承过程的调查研究发现，虽然企业顺利完成了所有权与控制权的顺利交接，但是由于继任者并没有将"父辈"积累下来的各种关系有效传承下来，在传承过程中丧失了来自政府、供应商及社会的各方面的支持，出现了"时过境迁"的凄凉一幕，最后导致代际传承的失败。④ 此外，人际关系是中国企业内外部网络关系的基础。对于家族企业来说，企业创业元老的个人人际关系形成企业赖以生存与发展的外部网络。这种基于个人人际关系形成的企业网络存在的风险是，如果创业元老出现离位、失势、出事或者病故，原有关系网络结构也会随之改变，由此形成的网络关系资源也可能消失殆尽。⑤⑥ 正所谓"人走茶凉"。成功的代际传承不仅仅是实物资产的物理转移以及所有权、控制权的代际交接，⑦ 关系网络的有效持续与维护在代际传承过程中同样起到关键作用。⑧ 窦军生、贾生华通过对41则媒体报道和60家面临代际传承的家族企业进行调查研究发现，在企业家个体层面，关系网络是家族企业代际传承过程中的重要要素，其重要性甚至可能会大于企业家默会知识、企业家精神等其他要素。⑨ 杨玉秀也提出企业内关键人员的关系网络对代际传承的重要影响。⑩

现有的研究多关注所有权和控制权的顺利传承，强调过程的正义性、要素的合法性和资源的控制性，但对代际传承过程中的影响因素，特别是关系变量对代际传承的影响问题研究不够。这种原子式的研究范式把企业代际传承作为一个孤立的事件来研究，忽略了企业关系的镶嵌属性和网络化生存与发展特征，没有重视关系网

①　杨龙志. 家族企业代际传递的原则及其实证研究[J]. 经济管理，2004，6（12）：43 – 50.

②　Kao，J. The Worldwide Web of Chinese Business ［J］. Harvard Business Review，1993，71（2）：24 – 36.

③　李跃宇. 交易费用决定家族企业的传承方式[J]. 商业研究，2009，1（138）：120 – 122.

④　黄锐. 家族企业代际传承中的社会资本传承——一个代际传承的多案例研究 ［A］. 中国企业管理案例论坛（2008 年）暨"第二届中国人民大学管理论坛"论文集，2008：362 – 379.

⑤　Burt，R. S. Structural holes：The Social Structure of Competition ［M］. Cambridge：Harvard University Press，1992.

⑥　Leana，C. R. ，van Buren，H. J. III. Organizational Social Capital and Employment Practices ［J］. Academy of Management Review，1999，24（3）：538 – 555.

⑦　王海岳. 家族企业创始人社会资本的代际正效接续与调适——利益相关者管理方法 ［J］. 经济问题探索，2008，11：110 – 116.

⑧　Tan，W. L. ，Fock，S. T. Coping with Growth Transitions：The Case of Chinese Family Businesses in Singapore ［J］. Family Business Review，2001，14（2）：123 – 139.

⑨　窦军生，贾生华. "家业"何以长青？——企业家个体层面家族企业代际传承要素的识别 ［J］. 管理世界，2008，（9）：105 – 117.

⑩　杨玉秀. 家族企业代际传承中的社会资本及其继承与发展 ［J］. 南方论丛，2012，2：81 – 90.

络的异化问题对家庭企业代际传承的重大影响。正如 Granovetter 所言，任何个人与组织都是镶嵌于社会网络环境的一个主体，其行为选择不可避免地受社会关系的制约和影响。[①]

本节以社会关系网络为背景，从关系异化视角研究家族企业代际传承中关系网络的异化对代际传承的影响，探讨关系资本的有效传承与培育，提出家族企业代际传承中关系网络的继承、整合与价值重构路径与策略。

二　代际传承关系网络属性与关系网络异化

关系具有外部性、网络性、互动性、动态性、镶嵌性等诸多属性，关系属性的复杂性决定了关系网络属性的复杂性。在网络动态变化的条件下，随着关系目标、关系本质和关系结构不断变异，关系异化现象也会不断出现，情感性关系可能异化为工具性关系，互补性关系可能异化为竞争性关系，甚至基于利益竞争血缘关系会演变为敌对关系。关系异化是指关系的属性发生改变，从而形成不同于原关系价值取向的关系行为和关系合作模式。

国内学者指出，在以家族本位基本价值取向的中国社会实际生活中，社会关系可以被借用、转让甚至传承。[②③] 但是，关系网络因其独特属性，使得关系网络的代际传承不同于金钱、资产等物质财富，不能通过显性契约、权力的交换实现传承后价值的立即实现。以下本部分在对关系属性进行梳理的基础上，分别从社会性、不可复制性和重构性三个角度对代际传承中的关系网络异化动机进行研究。

（一）社会性与关系网络异化

Hamilton 认为中国企业的边界是由通过社会性的关系把人们联系在一起的网络来定义的。[④] 从某种意义上说，企业家工作的实质就是在企业内外构造，运营和发展广泛的人际关系网络。[⑤] 企业家不是以原子的形式存在的，而是嵌入其所处的社会关系网络中的。[⑥⑦] 由企业家之间的关系网络所创造出的价值财富即为关系性财富，这种财富不同

　　① Granovetter, M. Economic Action and Social Structure: The Problem of Embeddedness [J]. American Journal of Sociology, 1985, 91 (3): 481 –510.

　　② 程恩富，彭文兵. 社会关系网络：企业新的资源配置形式 [J]. 上海行政学院学报, 2002, 2: 79 –90.

　　③ 张广利，陈仕中. 社会资本理论发展的瓶颈：定义及测量问题探讨 [J]. 社会科学研究, 2006, 2: 102 –106.

　　④ Hamilton, G. Business Networks and Economic Development in East and Southeast Asia [Z]. Hong Kong: Centre for Asian Studies, 1991.

　　⑤ 陈传明，周小虎. 关于企业家社会资本的若干思考 [J]. 南京社会科学, 2001, 11: 1 –6.

　　⑥ Hite, J. M., Hesterly, W. S. The Evolution of Firm Networks: From Emergence to Early Growth of the Firm [J]. Strategic Management Journal, 2001, 22 (9): 275 –286.

　　⑦ Granovetter, M. The Strength of Weak Ties: A Network Theory Revisited [J]. Sociological Theory, 1983, 1: 201 –233.

于传统意义上的物质财富，是嵌入人与人之间、人与组织之间或者组织之间的交互关系中的，很难通过货币交易进行购买和交换。[1][2] 由于家族企业的代际传承是一个长期的社会化过程[3]，企业家关系网络的代际传承过程同样具有社会性属性，这个过程并不仅仅是传位者和继承者的双向博弈，传承者与继承者身处的关系网络的网络成员也将成为影响代际传承的重要第三方。[4] 关系网络的内外部成员的关系取向和利益诉求在一定程度会形成关系异化，从而直接或者间接影响着代际传承的顺利进行和企业的可持续发展。从网络关系属性角度来看，形成网络关系异化的主要影响因素是对继承人的认同度、信任度、支持度、合作度和容忍度；[5] 从诱因上来看，利益冲突、目标冲突、资源冲突、价值取向冲突与权力冲突是形成关系网络异化和关系行为异化的主要诱因。[6][7] 从关系异化行为选择上主要表现为不合作、不支持、不认同、不配合等冲突行为或者失约、失信、食言行为表现。从网络宏观和中观角度来看，网络环境的变迁、企业生命周期的演变、网络结构的改变、战略目标的错位和网络关系合作的价值取向变化都对网络关系异化和网络关系成员的行为异化产生影响，进而导致代际传承关系属性的改变和关系异化行为的出现，直接和间接影响着家族企业代际传承的质量和企业的可持续发展。

（二）不可完全复制性与关系网络异化

关系网络具有动态变迁特征。随着网络发展环境的变化，依附于网络存在的网络结构、资源、能力和关系合作要素各不相同，成功的关系合作模式也未必能复制，历史形成的感情依附未必存在。这种不可复制性进而加速了网络关系结构的改变和关系异化行为的产生。

企业家是企业资源的协调者和代理人，[8][9] 企业多数关系网络的数量与质量都与企

① Coleman, J. S. Social Capital in the Creation of Human Capital [J]. American Journal of Sociology, 1988, 94 (S1)：S95 - S120.

② Nahapiet, J., Ghoshal, S. Social Capital, Intellectual Capital, and the Organizational Advantage [J]. Academy of Management Review, 1998, 23 (2)：242 - 266.

③ Longenecker, J., Schoen, J. Management Succession in the Family Business [J]. Journal of Small Business Management, 1978, 16 (3)：1 - 6.

④ Freyman, J. D., Huer, K. R., Paturel, R. Condition Model for Transferring Social Capital in Family Business Succession [J]. Family Enterprise, 2006, 1：833 - 845.

⑤ Lansberg, I. Succeeding Generations：Realizing the Dreams of Families in Business [M]. Boston：Harvard Business School Press, 1999.

⑥ Dasher, P. E., Jens, W. G. Jr. Family Business Succession Planning [J]. Business Horizons, 1999, 42 (5)：2 - 4.

⑦ Cabrera-Suarez, K. Leadership Transfer and the Successor's Development in the Family Firm [J]. The Leadership Quarterly, 2005, 16：71 - 96.

⑧ Bhide, A. The Origin and Evolution of New Businesses [M]. Oxford：The Oxford University Press, 1999.

⑨ Kirzner, I. Competition and Entrepreneurship [M]. Chicago：University of Chicago Press, 1973.

业家个人身份品牌紧密相连，具有较强的"个体黏稠性"①，因此，企业家的关系网络和关系资源不可能被等价地传承给自己的子女或亲属。因为这种企业关系基础可能根植于他们之间的学缘、友缘、业缘等，当这种关系的一方变为传承者的子女或亲属时，他们之间原有的关系基础难以复制到继承者与传承网络成员之间。这种基于情感基础关系的不可复制性使关系网络出现异化，继承活动会导致领导人在企业和社会网络结构的位置节点发生变化，依附在网络节点上的社会资源有些就可能因此丧失，有些却因为附着在行动人人际关系基础上，无法完全继承。② 具体表现为父辈通过"友缘""地缘"等感情因素所建立的"强关系"到了下一代身上虽然关系仍然存在，但之前的"强关系"由于只是单靠父辈的"面子"继续维持，出现"强关系弱化"的现象，这种"强关系"是否可以继续"强化"下去，只能通过第二代自己的行动来重新建构双方的信任基础。

不可复制性导致关系网络异化的第二个诱因是环境的不可复制性。任何良好的关系合作都是在一定的环境之下取得成功，但这种关系合作环境不复存在的时候，关系合作模式必然发生变化。在家族企业成长的生命周期中，不同生命周期的任务环境和发展使命各不相同，关系合作模式也截然不同。Handler 通过实证发现，家族企业在不同的企业生命周期采用不同的关系合作模式，随着关系环境和企业发展导向的变化，关系合作模式会随着关系的进化而不相同，原有的强关系可能演化为弱关系，情感性的关系可能演化为工具性关系。③ 对于代际传承的家族企业来说，创业者过去所建立的关系，在环境发生变化后未必能为继任者利用，有些甚至产生负面作用。

资源和能力的不可复制性是造成网络关系异化的第三个诱因。资源本身不能产生价值，只有和特定的能力结合，通过资源的整合和创新才能为企业带来价值，不同的资源整合需要不同的能力。④ 网络资源镶嵌于关系合作网络之中，需要通过关系合作者整合、创新和重构才能为企业带来价值。家族企业的传承者通过多年的创业经验，积累了丰富的关系资源和关系资源整合经验和能力，而这种经验和能力不是代际继承者轻而易举可以获得的。资源整合能力的不匹配会影响关系资源的整合绩效，最终导致关系合作模式的改变和关系行为的异化。

---

① Anheir, H. K., Gerhards, J., Romo, F. Forms of Capital and Social Structure in Cultural Fields: Examining Bourdieu's Social Topography [J]. American Journal of Sociology, 1995, 100: 859 – 903.

② 杨栩，黄亮华. 社会资本和家族企业代际传承的关系研究 [J]. 科学学与科学技术管理，2008，10: 164 – 167.

③ Handler, W. C. Succession in Family Firms: A Mutual Role Adjustment Between Entrepreneur and Next-generation Family Members [J]. Entrepreneurship Theory & Practice, 1990, 15 (1): 37 – 51.

④ Burt, R. S. Structural Holes: The Social Structure of Competition [M]. Cambridge: Harvard University Press, 1992.

（三）重构性与关系网络异化

在社会背景下，关系在相互作用的过程中不断被构建和重构，[①] 网络也总会处于不停的变迁状态。[②] 由于传承者的关系网络不能在代际传承中被完全复制，企业家的关系网络在代际传承中也会发生相应改变。根据 Burt 的结构洞理论，随着环境的变化，以及企业战略的调整，企业家所需要的关键信息会发生变化，这时就需要通过更新网络结构、培育新的关系来搭建新的"结构洞"，获取新的非冗余信息和异质资源。[③] 尤其是当家族企业处于代际交替的临界点时，作为创始人社会资本控制参量的网络成员会伴随着继任进程和社会经济政治结构、制度规则的变化和企业的发展而发生量与质的显性或隐性的变化，形成新的社会关系网络结构洞。

对于中国家族企业来说，作为创始人的"第一代"大多处于企业的创业阶段，面临着大量行政干预和法律不健全的传统制度环境，只能运用可获取的政府资源和建立在"情感"基础上的关系网络实现企业的正常运转，通过非正式的人际网络获取正式网络所带来的价值。因此，处于创业阶段家族企业的经营往往在很大程度上取决于非市场资源的利用，[④] 但是到了"第二代"后，大部分企业开始进入成熟阶段，基于"业缘""友缘"的关系网络对于企业成长的影响程度有所下降，关系网络在代际传承过程中开始呈现"递减效应"，此时"父辈"以个人身份构建的各种外部关系网络不能再像过去一样为企业谋取福利。[⑤] 而且，关系是一把"双刃剑"，既可能给企业带来收益，也可能将企业桎梏在一定的关系网络内使其无法继续开拓可以带来更大价值的新关系，因此为了保持家族企业的持续获取竞争优势，继任者一方面会根据企业所处环境和成长阶段的不同，将传承者业已形成的关系网络进行有效筛选、整合和重构，维护与强化对企业可持续成长有益的关系，边缘化或者剔除与企业战略目标相违背的不利关系；另一方面继承人会根据自己所建构的关系网络与传承者的关系网络进行相互融合，扩大网络边界，从而实现关系网络在代际传承中的主动异化和有效整合。

综上所述，由于关系网络在代际传承过程中所具有的社会性，关系网络成员成为影响其传承效果的重要第三方。社会环境的变化导致关系网络在代际传承中的异化；关系网络强烈的"个体黏稠性"导致关系网络无法在传位者与继任者之间完全复制；关系网络中成员个体的变化也使得关系网络在传承过程中发生异化；由于关系随社会

① Grabher, G. The Weakness of Strong Ties：The Lock-in of Regional Development in the Ruhr Area ［C］. In：The Embedded Firm, ed. G. Grabher. London：Routledge, 1993：255 – 273.

② Steier, L., Greenwood, R. Entrepreneurship and the Evolution of a Angel Financial Networks ［J］. Organization Studies, 2000, 21（1）：163 – 192.

③ Burt, R. S. Structural Holes：The Social Structure of Competition. Cambridge ［M］. Cambridge：Harvard University Press, 1992.

④ 盛乐. 信任资源、产权制度和家族企业代际传承的演化 ［J］. 社会科学战线, 2006, 6：261 – 265.

⑤ 杨玉秀. 家族企业代际传承中的社会资本及其继承与发展 ［J］. 南方论丛, 2012, 2：81 – 90.

环境变化而变化与无法完全复制的属性，促使关系网络在代际传承过程中因为结构上发生改变而需要进行重构（见图 9 - 1）。

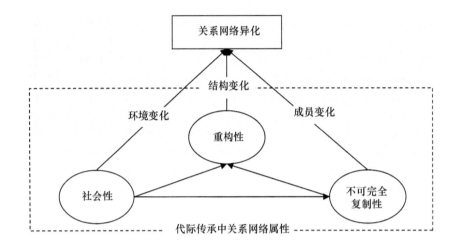

图 9 - 1　代际传承关系网络属性与关系网络异化

资料来源：笔者整理。

三　网络结构、惯例驱动与关系网络异化

在早期网络研究中，Lorenzoni 和 Ornati 利用翔实的案例数据描述了创业网络的成长模式从无计划（松散网络）到有计划（有效网络）再到结构化（高效网络）的演化过程。[①] 在网络理论中有两个重要的基础，即网络结构和相互作用，"网络结构"被定义为参与者之间形成的关系模式，即参与者通过他们发展和保持的关系而拥有的位置。[②] 针对企业家关系网络在家族企业代际传承过程中的异化过程，结合用罗家德对网络结构的划分，[③] 本节从企业家关系网络层次，对代际传承中关系网络异化的影响因素进行剖析。

（一）网络中心性与关系异化

网络中心性常常被用于衡量企业在网络中的重要性[④]与权力[⑤]。Freeman 将网络中

　　① Lorenzoni, G., Ornati, O. Constellations of Firms and New Ventures [J]. Journal of Business Venturing, 1988, 3: 41 - 57.

　　② Kilduff, M., Tsai, W. P. Social Networks and Organizations [M]. London: Sage Publications, 2003.

　　③ 罗家德. 中国人的信任游戏 [M]. 北京: 社会科学文献出版社, 2007.

　　④ Wasserman, S. and Faust, K. Social Network Analysis: Methods and Applications [M]. Cambridge: Cambridge University Press, 1994.

　　⑤ Brass, D. J., Burkhardt, M. E. Potential Power and Power Use: An Investigation of Structure and Behavior [J]. Academy of Management Journal, 1993, 36 (3): 441 - 470.

心性划分为程度中心性、中介中心性以及紧密中心性。[①] 这里将借用这些概念，从网络结构角度对代际传承中关系网络异化的影响因素进行分析。

程度中心性是指企业家与其关系网络成员之间发生直接联结的数量。企业家与其他关系网络成员之间的联结数量越多，则该企业家越可能拥有更多的选择来满足其自身需要，对其他单一关系网络成员的依赖程度也就越小。在关系网络中，可以将程度中心性区分为对内和对外两个层次。从内部层面来说，程度中心性可以代表企业家在关系网络中的权力地位，继任者在其关系网络中的权力地位越高，则代表其行为选择对其他网络成员的影响程度越高。在代际传承过程中，其他关系网络成员出于"替代性压力"仍需要与继任者维持关系，以满足他们的自身要求，维持企业的合作现状。从外部层面来说，程度中心性则代表了企业家与网络中的其他成员交换意见或者与其他成员共享资源的意愿程度。继任者对外程度中心性越高，对其关系网络中的网络成员的影响力越强。在传承过程中，继任者由于成长环境或价值观差异，造成有些继任者并不愿意与其"父辈"一样，和其关系网络中的成员进行资源共享，从而有可能削弱了其对网络成员的影响力程度。

P1：继任者在网络中的地位越高，影响力越大，关系网络在代际传承中发生异化的可能性越小。

P2：继任者与其他网络成员共享资源的意愿越强，关系网络在代际传承中发生异化的可能性越小。

中介中心性是指在关系网络中其他网络成员必须通过企业家才能实现联系的程度，及衡量企业家是否处于其他任意两个网络成员相互连接的桥接位置。根据弱关系理论，[②] 中介位置由于处于消息传递的枢纽位置，所以常常是消息最为灵通的人。处于中介中心性位置的企业家可以通过"扣押""扭曲""过滤"等方式达到控制其他成员获取关键信息的目的，[③] 从而形成其他网络成员对其的依赖。在代际传承过程中，对继任者而言，是否处于核心中介位置，是否有足够的能力提供所需的信息和资源，是网络成员接受其为社会交换对象的关键因素。[④] 继任者关系网络中的中介位置影响着关系资源的整合能力，如果继任者在关系网络的控制力和影响力在代际传承过程中逐渐削弱，有可能丧失这一至关重要的中介性位置，进而影响关系资源整合能力。

P3：继任者在关系网络中的中介性越强，信息和资源富集程度越高，关系网络在

① Freeman, L. C. Centrality in Social Networks Conceptual Clarification [J]. Social Network, 1979, S1 (1978/79)：215 – 239.

② Granovetter, M. The Strength of Weak Ties [J]. American Journal of Sociology, 1973, 78：1360 – 1380.

③ 李健，陈传明. 家族企业何以长青——基于企业家社会资本传承的研究 [J]. 现代经济探讨, 2010, 7：20 – 24.

④ Freyman, J. D., Huer K. R., Paturel R. Condition Model for Transferring Social Capital in Family Business Succession [J]. Family Enterprise, 2006, 1：833 – 845.

代际传承中发生异化的可能性越小。

　　紧密中心性是指企业家与其他关系网络成员之间所有直接联系与间接联系的总和。紧密中心性越短，说明企业家到达网络中任何一个节点的距离越短，即企业家受其他网络成员的依赖性越小。在代际传承中，紧密中心性可以保证传位者做出继承计划的独立性。从继任者角度来说，继任者进入传承者的关系网络后，并不是所有的关系网络都可以被完全复制下来，甚至会发生一些量或质的衰减变化，所以在传承过程后，紧密中心性会有所下降，即继任者对关系网络中其他成员的依赖程度会有所增强，继任者的代际传承很大程度上取决于其所依赖的关系网络其他成员的认同与支持。

　　P4：继任者对关系网络的依赖程度越大，关系网络在代际传承中发生异化的可能性越大。

（二）网络强度与网络关系异化

　　美国社会学家 Granovetter 首先提出关系网络的概念，并根据关系强弱程度区分为强关系和弱关系。[①] 从经验来看，强度可从接触频率、沟通深度和情感维度上分别进行判别。在中国社会情境下，基于"人情"建构的强关系对关系网络具有很强的影响。情感因素在代际传承中的异化过程往往表现为网络强度的变化。

　　虽然继承者在成长过程中，自然继承企业家的部分社会关系网络，如亲属、朋友、同学等，但是，到"子辈"继任企业时，在企业内部，原有高层经营管理人员与接班人的关系，内部员工对接班人的态度，以及外部供应商、投资者和合作伙伴对接班人的了解和信任等，都会不可避免地发生变化，绝大多数内部员工与原有高管会对接班人是否会像"父辈"传承者那样重视与其关系，外部关系网络成员也会考虑接班人是否仍然重视保护他们的利益不受损失，是否仍会像"父辈"那样与自己投入大量的物质或精力维持他们之间良好的关系等。这些态度和情感的变化直接影响网络关系强度。内外部网络成员有可能因为害怕失去与继任者的关系而努力加强他们之间的联系程度，但也可能因为一系列的怀疑持观望态度，在一段时间内淡化双方关系，使得双方的关系强度趋于弱化，影响双方的情感程度，进而带来一些不良的关系抵触、冲突和异化行为。

　　P5：网络成员对继任者的信任程度越强，关系网络在代际传承中发生异化的可能性越小。

（三）网络密度与网络关系异化

　　Wasserman 和 Faust 将网络密度定义为网络成员之间互动的联系程度。[②] 关系网络

---

　　① Granovetter, M. The Strength of Weak Ties [J]. American Journal of Sociology, 1973, 78: 1360 – 1380.

　　② Wasserman, S., Katherine F. Social Network Analysis: Methods and Applications [M]. Cambridge: Cambridge University Press, 1994.

的网络密度越强说明成员之间互动的频率越大，网络成员采取一致行动的可能性就越大。[①] 在家族企业的代际传承中，由于"父辈"所构建的关系网络的"信任基"（窦军生、李生校，2008）产生质的变化，原有基于"人情"因素的强关系，逐步异化为基于"利益"因素的工具性利用关系和市场交易关系。在此过程中，网络成员对于接任者的观望程度增加，甚至会产生对于继任者的一些负面情绪。如果在网络密度较强的关系网络中，那么网络中的负面情绪会在联系紧密的众多网络成员间扩散。网络成员会在群体规范的效应下，缩短差距，而趋向于相同的意见、观点和行为倾向，形成负面情绪的"社会趋同效应"，影响家族企业的声誉，甚至会造成家族企业关系网络代际传承的失败。同时，过强的网络强度也会造成关系网络中关系成员之间的"社会惰化"。网络成员有可能因为规则驱动，基于与"父辈"的长期互动和信任，不愿意改变关系现状，不希望有新的关系成员加入，对新的价值信息选择集体"失聪"，对不确定性选择有意规避，影响了网络资源的更新，资源的整合和价值的重构，进而导致代际传承后企业资源产出绩效降低，创新意愿减弱和核心能力的培育，造成代际传承后企业转型和可持续发展路径的选择。在企业面临困境时，被迫选择关系异化。

P6：网络关系成员之间关系强度越高，信息和资源的同质化越高，关系网络在代际传承中未来发生异化的可能性越大。

综上所述，本研究提出在网络结构视角下惯例驱动与家族企业代际传承过程关系网络异化的概念模型和理论分析架构（见图9-2），为未来研究网络关系异化提供理论分析架构。

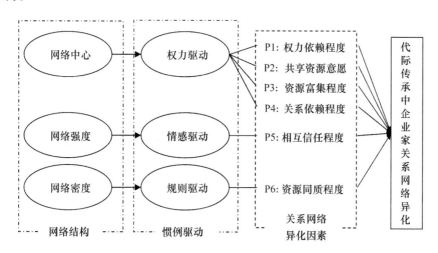

图9-2 网络结构、惯例驱动与关系网络异化过程概念模型

资料来源：笔者整理。

---

① 林曦. 网络视角下的利益相关者管理：结构嵌入及其拓展 [J]. 现代管理科学，2011，9：110-112.

家族企业作为一种特殊的企业组织形式，其代际传承已经成为备受瞩目的研究问题。根据本研究代际传承中关系网络重构的相关思想，企业家在代际传承中应该注意以下问题。

（1）应该从简单的财富传承、所有权和控制权传承向企业家精神、企业文化、关系资本和关系资源整合能力全面传承。特别注意关系传承是一个系统工程，需要事先规划，事中调整，事后完善。

（2）应积极地培育有利关系环境，防止关系负面异化行为的产生。对内部关系网络，需要从战略层面、制度层面、公司治理层面和产权改革层面培育积极价值取向，明晰治理规则，建立冲突解决和协调规则，防止内部关系冲突和负面异化行为的产生。对外部关系网络，需要修桥铺路，优化结构，剔除冗余，重构价值，构建符合继承人可持续发展的关系环境和关系资源，消除关系冲突隐患。

（3）在做出传承之前，就让继承者提前融入其关系网络之中，参与管理，展示能力，弥补不足，取得业绩，建立声望，增加信任，为家庭企业的平稳传承和可持续发展做好思想、经验和能力准备。

需要注意的是，本研究视角集聚在那些有计划式传承的家族企业，还没有涉及无计划的意外传承、匆忙传承、自然渗透这三种代际传承方式中关系网络的传承过程有何异同，没有对这些传承关系网络的变化和关系异化做进一步研究，在未来的研究中这些非正常的传承将纳入研究范畴。

第三节 企业关系网络解体与关系资本异变

随着市场需求日益复杂，竞争环境日愈激烈，企业的独立运营模式已经无法满足全球化竞争的需要。为了保持独特的竞争优势，获取异质性资源及更大的经济价值，企业间必须加强与其他企业的合作关系，相互连接起来构成企业网络。[①] 作为"多元的关系联结"集合，企业总是被嵌于一个甚至多个网络之中。[②] 因此，企业的发展并不是以独自、单一方式发展的，而是镶嵌在不同的复杂关系之中。但是，企业的关系网络却有着较高的不稳定率，[③] 调查显示，以联盟网络为例，国际联盟的平均年限只有3—5

---

① Fombrun, C. J. Strategies for Network Research in Organizations [J]. Academy of Management Review, 1982, 7 (2): 280-291.

② Nohrian, N. Networks and Organizations: Structure, Form and Action [M]. Boston: Harvard Business School Press, 1992.

③ Das, T. K., Teng, B. S. Instabilities of Strategic Alliances: An Internal Tensions Perspective [J]. Organization Science, 2000a, 11 (1): 77-101.

年，近 2/3 的联盟在 5 年内解体。① 以柯达与乐凯 2003 年备受瞩目的"跨国联姻"为例，最终由于缺乏战略目标一致性、双方信任程度递减，其合作关系仅仅维持四年便结束。因此近几年来，战略网络的稳定性问题日益受到关注，很多学者开始从交易费用理论②、资源基础理论③（Das，Teng，2000）、组织学习理论④、社会资本理论⑤⑥⑦等不同角度对以战略联盟为主要形式的企业间关系网络的不稳定性进行研究，但值得注意的是，企业间关系网络合作形式并非只有战略联盟一种，企业间的非正式关系网络可能对企业的可持续发展的影响更大。

　　与此同时，来自不同学科的国外学者开始强调关系解体的重要性。⑧⑨ 一些学者从关系解体的现象入手对其进行研究，另一些学者则从诸如服务市场、市场渠道及行业差异的角度对其进行分析。但是对于关系解体的定义不同，学者都持有不同的态度。IMP 组织中互动网络流派将关系解体定义为关系成员之间的行为联系、资源联系以及契约联系均被断裂的过程。Haokansson 和 Snehota（1995）基于定制软件行业背景下，认为在定制软件过程中与第三方建立的行为联系形成的互动过程、资源链以及成员之间缔结的契约，三者之间任意要素产生缺失，那么关系的持久性特征即受到巨大影响，即意味着双方关系由于行为、承诺以及信任的缺失，从而关系进入解体阶段。⑩ 其中，互动过程是指那些包含具有经济性质和社会性质的重复性交易行为，其重复性使企业间相互依赖并产生利润；同时在重复性互动行为过程中，关系双方会在承诺和信任的基础上制定共同契约，并根据契约相互适应，将自身持有的资源投入关系网络中。Tahtinen 和 Halinen-Kaila 也给出了关系解体的定义，即当所有的行为联系都断裂，并且不存在任何资源上的联系或者企业之间行为契约也终止

---

　　① ［美］赛德斯·弗赖德海姆著. 顾建光译. 万亿美元的企业：企业联盟的革命将如何转变全球工商业［M］. 上海：上海译文出版社，2001.

　　② Williamson，O. E. Markets and Hierarchies：Analysis and Antitturst Implications ［M］. New York：Macmillan Publishing，1975.

　　③ 巫景飞. 企业战略联盟：动因、治理与绩效究 ［M］. 北京：经济管理出版社，2007.

　　④ Doz，Y. L. The Evolution of Cooperation in Strategic Alliances：Initial Conditions or Learning Processes ［J］. Strategic Management Journal，1996，17：55 – 83.

　　⑤ Ireland，R. D.，Hitt，M. A.，Vaidyanath，D. Alliance Management as a Source of Competitive Advantage ［J］. Journal of Management，2002，28（3）：413 – 446.

　　⑥ Tasi，W.，Ghoshal，S. Social Capital and Value Creation：The Role of Inter firm Networks ［J］. Academy of Management Journal，1998，41（4）：464 – 476.

　　⑦ 张延峰. 战略联盟中信任、控制对合作风险的影响及其组合绩效研究 ［M］. 上海：上海财经大学出版社，2007.

　　⑧ Dwyer，F. R.，Schurr，P. H.，Oh，S. Developing Buyer Seller Relationships ［J］. Journal of Marketing，1987，51（2）：51 – 27.

　　⑨ Haokansson，H.，Snehota，I. Developing Relationships in Business Networks ［M］. London：Routledge，1995.

　　⑩ Halinen，A. Relationship Marketing in Professional Services：A Study of Agency-Client Dynamics in the Advertising Sector ［M］. London：Routledge，1997.

的时候，关系即进入解体阶段。① 综上所述，所谓关系解体，是指关系网络成员之间终止任何具有重复性的行为、资源及契约层面的所有联系的过程。

虽然国外一些学者已经开始对关系解体进行定量与定性的研究，但是这些研究完全建立在契约理论的基础上，而在我国，由于"差序格局"和"拟似机制"等影响，企业间的关系网络的演变行为并不是完全建立在市场交易的基础上的，大部分关系网络也并不是完全按照契约、合同这些规范性的条款存在，而是依附于错综复杂的人际关系存在，故我国企业关系网络的解体路径具有独特性特征。

一　理论基础与研究假设

阮平南、姜宁认为，在复杂的企业网络中，关系质量是关系主体根据一定的标准对关系满足各自需求程度的共同认知评价，通过共同利益的追求能够为企业带来收益，并加强关系双方的信任与承诺，维持长久关系的一组无形利益联系。② Wilson 和 Jantrania 最先从战略视角对关系价值进行定义，认为关系价值是提高双方竞争能力的合作关系的结果。③ 由此可见，企业间的关系网络的成长情况，很大程度上取决于网络内成员对于现存网络的共同认知与评价，如果网络内成员均对现存网络具有共同的正面评价，则能够很大程度上延长关系网络的寿命；反之，当企业网络内的大部分成员对于现存网络的认知与评价逐渐衰减，甚至认为无法再为自身企业发展带来任何收益时，那么企业网络将处于分崩离析的境地。可见，企业网络成员对于所处关系网络的关系质量评价是造成关系网络解体的重要表现。因此，本研究将以阮平南、姜宁构建的组织间关系质量评价模型为基础，基于关系质量评价衰减的视角，对影响企业间关系网络解体的影响因素进行分析。④

（一）利益与价值观念与关系解体

价值是企业市场的基础，任何关系构建都应当以价值创造作为出发点。⑤ 企业关系网络作为一种经济活动和利益关系联结起来的组织，⑥ 共同的经济利益是企业构建关系网络的根本原因。杨志勇、王永贵根据企业实践提出，企业间关系能否持续，很大程

① Tahtinen, J., Halinen-Kaila, A. The Death of Business Triads. The Dissolution Process of a Net of Companies [C]. In Mazet, F., Salle, R. & Valla, J. P. (eds.), Interaction Relationship and Networks, Proceedings of 13th International Conference on Industrial Marketing and Purchasing, Lyon, 1997：553 – 590.

② 阮平南，姜宁. 组织间合作的关系质量评价方法研究[J]. 科技管理研究，2009，4：197 – 199.

③ Wilson, D. T., Jantrania, S. Understanding the Value of a Relationship [J]. Asia-Australia Marketing Journal, 1995, 2 (1)：55 – 66.

④ 阮平南，姜宁. 组织间合作的关系质量评价方法研究[J]. 科技管理研究，2009，4：197 – 199.

⑤ Anderson, J. C., Narus, J. A. Business Market Management, Understanding, Creating and Delivering Value [M]. New Jersey：Prentice Hall, 1999.

⑥ Nohrian, N. Networks and Organizations：Structure, Form and Action [M]. Boston：Harvard Business School Press, 1992.

度上取决于关系双方是否在构建网络的过程中受到了奖励或者得到了与事先期望相符合的价值，否则，它们不会再维持关系或者选择开始探寻新的合作伙伴。[1]　因此，当关系成员无法从现有关系网络中获取相应的价值利益时，企业将会选择退出关系。

　　Ping 提出关系双方的管理者是否志同道合，是否拥有相同的价值观、期盼、需求和行为方式都会对双方关系的走向产生影响。[2]　陈红、刘晶在对社会资本对关系质量的影响进行研究时发现，当企业间建立起价值观念、行为方式等认知性社会资本，意味着双方愿意共享愿景，对企业未来发展具有共同价值取向，这些行为均有助于企业更全面认知其他网络成员包括竞争优势、价值取向、未来愿景、信誉等相关信息，企业间从而建立起以认同为基础的强关系，以此提高其关系网络的持久性。[3]　另外，关系成员之间存在共同的价值观念有助于企业找寻互补性资源，合理开展投资合作项目。由此可见，基于企业家个人层面的共同价值观念会在一定程度上影响企业关系网络的存在。

（二）信任满意与关系解体

　　信任是企业关系网络成员之间的关系属性。[4]　组织间信任是企业相信其他企业进行的活动对本企业有积极的影响，并且不会做出难以预料的并给企业带来负面影响的行为。[5]　作为企业社会关系网络的核心，[6]　信任的最大的价值是作为企业的社会资本而发挥作用。[7]　中小企业间的协作网络关系更是建立在网络成员之间彼此的承诺与信任关系之上的，而这种承诺与信任关系则是需要依靠企业主之间的社会关系来建立，因此企业主之间基于血缘、地缘、学缘以及业缘所建立的社会关系是维持网络安定的主要力量，并在无形中规范、维持了企业关系网络的运作次序。[8]　此外，李孔岳通过实证研究证明了信任机制对于企业网络化成长的重要性影响。[9]　可见，企业关系网络成员的高信任度降低了其选择解体网络的可能性。

　　除了信任程度外，满意程度也是影响企业间关系网络质量的重要因素之一。Naude

　　① 杨志勇，王永贵. 关系利益对关系质量影响的实证研究——基于银行服务业背景下客户性别的调节效应 [J]. 山西财经大学学报，2011，12：37－45.

　　② Ping，R. A. Some Uninvestigated Antecedents of Retailer Exit Intention [J]. Journal of Business Research，1995，34（3）：171－180.

　　③ 陈红，刘晶. 基于社会资本视角的企业关系价值分析 [J]. 企业活力，2009，4：81－83.

　　④ Banrey C.，Hanse，D. M. Trustworthiness as a Source of Competitive Advantage [A]. Paper Given at the Australian Graduate School of Management [C]. University of New South Wales，Sydney，1995.

　　⑤ Anderson，J. C.，Narus，J. A. A Model of Distributor Firm and Manufacturer Firm Working Partnerships [J]. Journal of Marketing，1990，54（1）：42－58.

　　⑥ Lane，C.，Bachmann，R. Trust Within and Between Organizations：Conceptual Issues and Empirical Applications [M]. New York：Oxford University Press，1998.

　　⑦ 李风华. 谈信任机制对集群企业网络化成长的影响 [J]. 企业管理，2010，4：72－73.

　　⑧ 陈介玄. 协力网络与生活结构——台湾中小企业的社会经济分析 [M]. 台北：联经出版社，1994.

　　⑨ 李孔岳. 私营企业关系网络与企业成长 [J]. 学术研究，2007，12：57－62.

和 Buttel 认为信任和满意是多数文献所公认的关系质量的重要维度。[①] Crosby 等人从关系质量的角度出发，将高信任感和高满意度作为衡量关系质量的重要维度。[②] Dwyer 等提出了由满意、信任以及减少机会主义行为的模型。[③] 企业间关系网络的满意度主要通过其对其他网络成员之间各方面的正面感情状态的评价，较高关系满意程度能够增加网络成员之间的忠诚度、降低机会成本、减少关系失败成本并提高声誉，从而有利于延长整个关系网络的寿命和价值贡献。[④] 由此可见，企业关系网络成员之间的关系满意度越高，企业可能越愿意继续维持现有网络，则其选择解体的可能性越小。

（三）机会主义与关系解体

机会主义行为是指各种各样的追求自我利益的行为，这些行为已经超越了简单形式的追求自我利益，而达到了为了实现自我利益而"耍手段"的程度。[⑤] 从本质上来看，机会主义行为是以联盟与合作伙伴的利益损失为代价的企业自利性行为，[⑥] 具体表现为基于信息不对称的"道德风险"和"逆向选择"行为、基于集体行动的"搭便车"行为、基于资产专用性投资的"敲竹杠"行为以及基于零和博弈的短期化行为。[⑦]

许多学者的研究表明投机主义会降低关系顾客对满意的正面效果，[⑧⑨] 而满意度的降低会造成交易双方不信任的情形发生，甚至造成合作关系的终止。[⑩] 机会主义行为被认为是我国联盟解体与失败的最主要原因之一。[⑪] 国外学者 Moorman[⑫]、Grayson 和 Ambler[⑬] 等从客户关系质量的角度发现，预期期望过高、失去客观性与机会主义盛行是客

① Naude, P., Buttle, F. Assessing Relationship Quality [J]. Industrial Marketing Management, 2000, 29 (4): 351 – 361.

② Crosby, L. A., Kenneth, R. E., Deborah, C. Relationship Quality in Services Selling: An Interpersonal Influence Perspective [J]. Journal of Marketing, 1990, 54 (7): 68 – 81.

③ Dwyer, F. R., Schurr, P. H., Oh, S. Developing Buyer Seller Relationships [J]. Journal of Marketing, 1987, 51 (2): 51 – 27.

④ Crosby, L. A., Kenneth, R. E., Deborah, C. Relationship Quality in Services Selling: An Interpersonal Influence Perspective [J]. Journal of Marketing, 1990, 54 (7): 68 – 81.

⑤ Williamson, O. E. The Economic Institutions of Capitalism [M]. New York: Free Press, 1985.

⑥ Moorman C., Zaltman G., Deshpande R. Relationships between Providers and Users of Market Research: The Dynamics of Trust Within and between Organizations [J]. Journal of Marketing Research, 1992: 314 – 328.

⑦ 刘燕. "机会主义行为"内容与表现形式的理论解析[J]. 经济问题探索, 2006, 5: 122 – 125.

⑧ Grayson, K., Ambler, T. The Dark side of Long-term Relationships in Marketing Services [J]. Journal of Marketing Research, 1999, 36 (1): 132 – 141.

⑨ Moorman, C., Zaltman, G., Deshpande, R. Relationships between Providers and Users of Market Research: The Dynamics of Trust Within and between Organizations [J]. Journal of Marketing Research, 1992, 29 (3): 314 – 328.

⑩ Doney, P. M., Cannon, J. P. An Examination of the Nature of Trust in Buyer-seller Relationships [J]. Journal of Marketing, 1997, 61 (4): 35 – 51.

⑪ 陆奇岸. 战略联盟中机会主义行为的成因及治理对策 [J]. 现代管理科学, 2005, 3: 33 – 35.

⑫ Moorman, C., Zaltman, G., Deshpande, R. Relationships between Providers and Users of Market Research: The Dynamics of Trust Within and between Organizations [J]. Journal of Marketing Research, 1992, 29 (3): 314 – 328.

⑬ Grayson, K., Ambler, T. The Dark Side of Long-term Relationships in Marketing Services [J]. Journal of Marketing Research, 1999, 36 (1): 132 – 141.

户关系断裂的主要原因，Jap 和 Anderson 的研究则指出，企业关系网络成员若具有机会主义行为的动机，则会采取欺骗或扭曲的信息以达成其结果，将对双方的关系造成冲突，进而对双方的财务与非财务绩效产生冲击，甚至造成负面影响。① 而由于网络契约的自身不完整所带来的机会主义，使得网络不可能完全阻止具有不良企图和没有合作价值的企业进入联盟，从而影响企业关系网络的质量（陆奇岸，2005）。②③④ 另外，由于机会主义的存在，网络内成员各自追求自身利益最大化而忽视关系网络成员之间的共同利益，从而影响成员之间的信任和满意程度，从不同层面逐渐降低企业网络的关系质量，最终导致企业间关系网络解体。由此可见，机会主义的盛行是企业间关系网络解体的重要原因之一。

（四）网络结构维度与关系解体

Granovetter 界定了网络结构的关系嵌入与结构嵌入二维划分，并对关系嵌入和结构嵌入进行了解释。⑤ 其中关系嵌入是基于互惠预期发生的二元关系，从关系内容、方向、延续性及强度等方面来度量，即是对嵌入网络中人际社会二元关系特征（包括关系疏密和关系质量等）的刻画，而结构嵌入是对行动者嵌入关系构成的网络总体结构描述，主要从关系联结在整个网络联结中的位置、规模和密度等方面来度量，具体来说，网络结构可以通过网络中心性、网络密度以及网络强度三个维度进行测量。

企业家与其他关系网络成员之间的联结数量越多，则该企业家越可能拥有越多的选择来满足其自身需要，则企业需求在网络中得到满足的可能性越大，相比孤立成长，企业肯定更愿意选择继续在现有网络中持续发展。对于关系网络内部来说，如果企业在其关系网络中的权力地位越高，则代表其行为选择对其他网络成员的影响程度越高。而从外部层面来说，企业家与网络中的其他成员交换意见或者与其他成员共享资源的意愿程度越高，代表企业愿意与其他成员进行资源与信息共享的意愿越强烈。

当企业间建立起结构性社会资本时，有助于企业间工作流、人员互换；有助于企业间提供核心产品和技术，进行合作开发，激发企业创新能力；有助于企业间共享市场信息，开展协同设计；有助于企业间资源互补，实现知识共享，同时，业务单位间强连接能促进复杂知识的转移；有助于企业获取更多的社会支持。⑥

---

① Jap, S. D. , Anderson, E. Safeguarding Inter-organizational Performance and Continuity Under Expost Opportunism [J] . Management Science, 2003, 49（12）：1684 –1701.

② 胡继灵，陈荣秋. 供应链企业合作中的机会主义及其防范 [J] . 工业技术经济，2005, 1：44 – 46.

③ 杨波，张卫国，石磊. 企业战略联盟中的机会主义行为及其控制分析[J]. 现代管理科学，2008, 7：5 – 7.

④ 林建宗. 机会主义治理：基于组织间关系的分析[J]. 商业研究，2009, 8：30 – 33.

⑤ Granovetter, M. Economic Action and Social Structure: The Problem of Embeddedness [J] . American Journal of Sociology, 1985, 91（3）：481 –510.

⑥ 陈红，刘晶. 基于社会资本视角的企业关系价值分析 [J] . 企业活力，2009, 4：81 – 83.

（五）网络成员压力与关系解体

一方面，网络组织是一个利益整体，每一个成员企业只是网络组织的一个组成部分，成员企业的行为会受到多方面的约束。[①] 因此企业关系网络能否保持长寿，其关系网络内环境也会产生固有影响。若其网络环境相当简单，那么双方可以任意选择终止彼此之间的关系而选择和第三者建立关系，但是如果情况相反，关系中的一方或者双方都存在于甚为复杂的关系网络中，那么终止一段关系就非易事，网络成员之间必须反复衡量轻重，并与其他相关利益者进行沟通和协调，才可以决定是否采取终止现有关系网络的策略。例如在供销市场上，关系双方必须根据顾客满意度来判断市场上消费者对于该段合作关系的满意程度，关系双方必须适时对该段关系进行调整，才能更好地适应多方的网络环境。

另一方面，企业选择关系网络解体战略也是需要成本的，由于解体关系而带来的一系列大于收益的未来收入的租金贴现流量以及建立相应的声誉机制，会造成企业基于自我层面的约束机制而谨慎决定是否退出现有关系网络。[②] 企业在其关系网络中需要受到群体层面的规范与约束，企业一旦加入关系网络，就不再是完全独立的市场主体，其任何战略行为选择都受到网络组织总体战略的影响，此外，当企业加入关系网络即产生"关系锁定效应"，由于资源有限，企业不能再与其他企业建立关系，由于关系网络承诺也不能再与其他联盟建立关系，即实现"一荣俱荣，一损俱损"，[③] 因此，企业选择退出现有关系网络或现有关系网络主动实施解体战略都不可能是其中单一网络成员就可以决定，必须受到网络组织内部的正式与非正式行为规范的约束。

可见，关系参与者也不能把该段关系的解体看作只是参与双方的事情，而是整个关系网络成员的共同利益。如果关系参与者为了退出该段关系所采取的行动会影响整个关系网络中的其他成员，那么他就必须调整自身的战略或者与其他利益相关者进行协调。同时随着关系解体过程的不断变化，关系网络中的每个成员都应当根据关系解体而调整自身的战略和行为，调整关系基础或者寻找新的关系合作伙伴，以保证自身最重要的未来意义（Tähtinen，Halinen-Kaila，1997）。

基于以上文献研究，我们提出如下假设：

H1：企业间的利益与价值观念一致性程度降低会促使企业关系网络的解体。

H2：企业间信任满意程度降低会导致企业间关系网络解体。

H3：企业网络成员之间机会主义行为会导致其关系网络解体。

---

① 喻卫斌. 机会主义、纵向一体化和网络组织 [J]. 中央财经大学学报，2007，7：64-68.

② Kreps，D. M. Markets and Hierarchies and（Mathematical）Economic Theory [J]. Industrial and Corporate Change，1996，5（2）：561-595.

③ Dyer. J. H. & Singh，H. The Relation View：Cooperative Strategy and Sources of Interorganizational Competitive Advantage [J]. Academy of Management Review，1998，23（4）：660-679.

H4：企业间关系网络结构可能影响关系网络解体。

H5：企业间关系网络内成员压力越大对关系网络解体的影响程度越大。

二　模型检验

（一）理论模型与研究方法

基于前面的理论基础与研究假设，确定本研究框架如图 9 - 3 所示：利益价值观、信任满意度、机会主义、网络结构与网络成员压力五个因素可能导致企业关系网络解体。由于上述变量之间的因果关系较为复杂，以及问卷调查所收集的数据难免存在误差，常见的典型相关分析、联立方程模型等多元传统计量方法不能明确地解释测量误差，而结构方程模型（Structural Equation Model，SEM）不仅可以同时估计和处理多个因变量之间的结构关系，还能容许自变量和因变量存在测量误差。因此，本研究拟采用结构方程模型对各变量之间的关系做进一步的检验与分析。

操作化定义和测量上，本研究主要在阮平南、姜宁对组织间合作关系质量评价的测量题项与量表的基础上，[①] 结合国外关于关系解体影响因素的测量量表进行设计，根据本研究目的进行了适当的修改，以作为搜集实证资料的工具，问卷采用李克特五分量表，"完全不同意""不同意""一般""同意""完全同意"依次记为 1 至 5。具体问卷设计如表 9 - 1 所示。

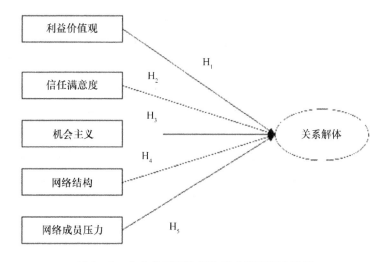

图 9 - 3　企业关系网络解体影响因素概念模型

资料来源：笔者整理。

---

① 阮平南，姜宁. 组织间合作的关系质量评价方法研究[J]. 科技管理研究，2009，4：197 - 199.

表 9 - 1   问卷设计题项及文献来源

一级指标	二级指标	题项代码	文献来源
利益价值观	共同收益	A1	Ping①、Nohria②、杨志勇和王永贵③、陈红和刘晶④
	紧密联系程度	A2	
	价值观念一致性	A3	
	个人素质一致性	A4	
信任满意度	能力	B1	Ping⑤、Lane and Bachmann⑥、李风华⑦、李孔岳⑧、Dwyer⑨ 等
	善意	B2	
	可信性	B3	
	满足	B4	
	融洽	B5	
机会主义行为	资金投入	C1	Rokkan（2000）
	资源配置	C2	
网络结构	资源异质	D1	罗家德和王竞⑩，Tähtinen and Halinen-Kaila（1997）
	相互依赖	D2	
	网络位置	D3	
	共同第三方	D4	
网络成员压力	对象锁定	E1	克莱因（1999）；Kreps, D. M.（1996）Dyer. J. H. &Singh, H.（1998）Tahtinen, J., Halinen-Kaila, A.（1997）
	负面舆论	E2	
	网络锁定	E3	

---

① Ping, R. A. JR. A Parsimonious Estimating Technique for Interaction and Quadratic Latent Variables [J]. Journal of Marketing Research, 1995, 17 (8): 336 - 347.

② Nohrian, N. Networks and Organizations: Structure, form and Action [M]. Boston: Harvard Business School Press, 1992.

③ 杨志勇，王永贵. 关系利益对关系质量影响的实证研究——基于银行服务业背景下客户性别的调节效应 [J]. 山西财经大学学报，2011，12：37 - 45.

④ 陈红，刘晶. 基于社会资本视角的企业关系价值分析 [J]. 企业活力，2009，4：81 - 83.

⑤ Ping, R. A. JR. A Parsimonious Estimating Technique for Interaction and Quadratic Latent Variables [J]. Journal of Marketing Research, 1995, 17 (8): 336 - 347.

⑥ Lane, C., Bachmann, R. Trust Within and between Organizations: Conceptual Issues and Empirical Applications [M]. New York: Oxford University Press, 1998.

⑦ 李风华. 谈信任机制对集群企业网络化成长的影响 [J]. 企业管理，2010，4：72 - 73.

⑧ 李孔岳. 私营企业关系网络与企业成长 [J]. 学术研究，2007，12：57 - 62.

⑨ Dwyer, F. R., Schurr, P. H., Oh, S. Developing Buyer Seller Relationships [J]. Journal of Marketing, 1987, 51 (2): 51 - 27.

⑩ 罗家德，王竞. 圈子理论——以社会网的视角分析中国人的组织行为 [J]. 战略管理，2010，2 (1)：12 - 24.

续表

一级指标	二级指标	题项代码	文献来源
关系解体	资源收益	Z1	Tahtinen, Jaana, 2001；Jaana Tähtinen Aino Halin-en, 2000；Duck, Steven, 1981；Alajoutsijärvi, K. K. Möller and J. Tähtinen, 2000；Järvelin, A-M, 2001；Bonoma, T. V. and Zaltman, G., 1978；Campbell, N. and Cunningham, M., 1983；Christo-pher, M., Payne, A. and Ballantyne, D., 1993；Ping, R. A., Jr., 1997；Ping, R. and Dwyer, F. R., 1992
	资源联系	Z2	
	资源异质程度	Z3	
	契约终止	Z4	
	新契约意愿	Z5	
	契约事实	Z6	

资料来源：笔者整理。

（二）研究样本

本研究选取 300 个企业作为研究样本。2012 年 11 月至 12 月期间，以邮寄与电子邮件两种方式在山东淄博高新技术开发区、天津、驻马店、安阳、无极进行选取。其中 100 个来自工业行业；25 个来自农、林、牧、渔业；25 个来自建筑业行业；50 个来自批发业行业；以及来自其他行业的 100 个企业。山东共发放问卷 50 份，回收 26 份，有效问卷 19 份。在驻马店、安阳、无极的调研，委托合作银行进行，从客户名单中随机选择了 200 家成长型中小企业并向其高层管理者发放问卷，回收 198 份，有效问卷 79 份。天津地区利用 MBA 和 EMBA 学员发放问卷 50 份，回收 25 份，有效问卷 18 份。共发放问卷 300 份，其中回收问卷 249 份，问卷回收率为 83%；有效问卷共计 116 份，有效回收率为 38.7%。而对于研究样本的基本特性，包括企业成立时间、企业规模、关系网络类型，本部分主要使用频数分配等方法进行统计分析，具体如表 9-2 所示。

表 9-2　　　　　　　　　研究样本基本特征

基本特征	类别	企业数量	有效百分比（%）	累计百分比（%）
成立时间	1 年以内	3	2.6	2.6
	1—5 年	40	34.5	37.1
	5—10 年	54	46.6	83.6
	11—15 年	13	11.2	94.8
	15 年以上	6	5.2	100.0
企业规模	0—50	62	53.4	53.4
	50—100	33	28.4	81.9
	100—300	15	12.9	94.8
	300—1000	6	5.2	100.0

续表

基本特征	类别	企业数量	有效百分比（%）	累计百分比（%）
关系网络类型	政府部门	10	8.6	
	周边高校、科技园区	12	10.3	
	行业内外其他企业	77	66.4	
	银行等金融机构	30	25.9	
	其他合作伙伴	25	21.6	

资料来源：笔者整理。

（三）量表的信度与效度分析

为了更好地验证假设，本研究运用 SPSS16.0 软件对问卷调查所得数据进行了统计分析，结果如表 9 - 3 所示：利益价值观、信任满意度、机会主义行为、网络结构、网络成员压力与关系解体的均值和标准差表明被调查者在填写问卷时始终保持着较为一致的态度，而利益价值观、信任满意度、机会主义行为、网络结构、网络成员压力与关系解体之间的相关系数则说明两两变量之间存在着显著的相关关系。

表 9 - 3　　　　　　　　　　　　变量的描述性统计表

	Mean	S. D.	利益价值观	信任满意度	机会主义行为	网络结构	网络成员压力	关系解体
利益价值观	3.56	0.579	1					
信任满意度	3.53	0.639	0.207 *	1				
机会主义行为	3.46	0.610	0.524 **	0.382 **	1			
网络结构	3.34	0.529	0.300 **	0.410 **	0.397 **	1		
网络成员压力	3.42	0.592	0.267 **	0.350 **	0.352 **	0.586 **	1	
关系解体	3.38	0.668	0.570 **	0.221 *	0.531 **	0.340 **	0.317 **	1

注：* 表示在 0.05 水平（双侧）上显著相关；** 表示在 0.01 水平（双侧）上显著相关。

资料来源：笔者整理。

在量表的信度检验方面，本研究主要采用 Cronbach's α 系数和因素分析累计解释量来进行检验。对于 Cronbach's α 系数，Nunnally（1978）表明应不低于 0.70；而对于因素分析累计解释量，张世勋（2002）指出应大于 0.40。

在量表的效度检验方面，由于本研究所依赖的问卷重点参考了过去学者的相关研究成果，且根据试测的结果和相关专家建议进行了部分修改，说明本问卷具有较好的内容效度。同时，本研究所使用的量表都是相关研究所发展出来的，已获得大部分学者的认同和采用，能够符合准则效度的要求。但考虑文化等因素的影响以及本土的适用性，本部分运用 SPSS16.0 软件进行问卷效度 KMO 和 Bartlett 球形度检验分析，结果为问卷的 Kaiser-Meyer-Olkin 度量为 0.801，SPSS 分析结果如表 9-4 所示。

表 9-4　　　　　　　　　　　　旋转成分矩阵

	成分					
	关系解体	网络结构	信任满意度	机会主义行为	网络成员压力	利益价值观
A1	0.268	0.046	0.131	0.626	0.088	0.776
A2	0.446	0.398	0.115	0.294	0.095	0.796
A3	0.095	0.164	0.101	0.197	0.182	0.791
A4	0.445	0.116	0.077	0.197	0.007	0.723
B1	0.017	-0.024	0.618	0.338	0.244	0.283
B2	-0.020	-0.229	0.865	0.202	0.045	0.099
B3	0.014	0.131	0.772	0.297	-0.112	0.136
B4	0.030	0.069	0.370	0.785	0.033	0.024
B5	-0.190	0.382	0.535	0.237	0.359	-0.289
C1	0.325	0.225	0.150	0.656	0.288	0.098
C2	0.211	0.317	-0.143	0.627	0.536	0.386
D1	0.417	0.656	0.179	0.443	0.116	0.243
D2	0.092	0.624	0.159	-0.134	0.165	0.504
D3	0.194	0.790	-0.128	0.130	0.014	0.220
D4	-0.099	0.777	-0.067	0.053	0.228	0.215
E1	0.596	0.593	0.041	0.068	0.630	0.028
E2	0.611	0.594	0.261	0.054	0.815	-0.032
E3	0.252	0.358	0.640	-0.249	0.653	-0.148
Z1	0.815	0.066	0.047	0.153	0.351	0.106
Z2	0.729	0.077	-0.120	0.198	0.388	0.106
Z3	0.504	0.200	0.062	-0.024	0.626	0.181
Z4	0.753	0.037	-0.095	0.100	0.083	0.269
Z5	0.622	0.114	0.274	0.071	0.516	-0.096
Z6	0.811	0.058	0.033	0.170	0.309	0.179
Cronbach's Alpha	0.886	0.817	0.815	0.70	0.765	0.79

提取方法：主成分。旋转法：具有 Kaiser 标准化的正交旋转法。

资料来源：笔者整理。

（四）研究结果

1. 模型拟合优度检验

本研究使用 Amos7.0，采用最大似然法估计模型。表 9-5 拟合结果表明，CMIN/DF 值为 1.943 ＜5，表明拟合效果较好；模型的 RMSEA 值为 0.067，小于 0.08 且接近 0.05，在可接受的区间内，说明模型拟合较好。GFI、NFI 和 CFI 的值分别为 0.918、0.902 和 0.967 均大于 0.80 且接近 1。

表 9-5　　　　　　　　　　模型拟合优度统计值

指标值	卡方检验		GFI	NFI	IFI	CFI	RMSEA	RMR
数值	CMIN	CMIN/DF	0.918	0.902	0.947	0.967	0.067	0.032
	339.122	1.943						

资料来源：笔者整理。

2. 路径系数显著性检验

表 9-6 反映出紧密程度（A2）标准化系数为 0.654，C. R. 值为 5.440（$p < 0.01$）、价值观念一致性（A3），标准化系数为 0.713，C. R. 值为 5.756（$p < 0.01$）与个人素质一致性（A4），标准化系数 0.795，C. R. 值为 6.051（$p < 0.01$），而共同利益（A1）的标准化系数分别为 0.623，相对共同利益来说，价值观念的差异更容易影响我国中小企业间关系网络的解体行为。能力、善意、可信度、满足及融洽程度（B1—B5）对企业间关系网络的解体行为影响性较大，标准化系数均在 0.5—0.9 之间，C. R. 值在 4.9—7.3（$p < 0.01$）。企业网络中成员之间资金配置（C1）方面的差异对企业间关系网络的解体行为有很大影响，标准化系数分别为 0.688，C. R. 值分别为 5.070（$p < 0.01$），而资源投入（C2）的差异程度的标准化系数 0.761。网络结构层面，资源异质性（D1）、成员间相互依赖程度（D2）、依赖程度以及网络位置（D3）、共同第三方（D4）的标准化系数在 0.5—0.8，C. R. 值在 4.5—5.2（$p < 0.01$），反映出网络结构的各个维度均会对企业间关系网络的解体行为产生影响。网络成员压力方面，网络内其他成员的负面舆论（E2）的标准化系数为 0.931，来自成员（E1）和网络（E3）的锁定因素的标准化系数分别为 0.504 和 0.601，C. R. 值在 5.2—5.4（$p < 0.01$），则网络成员压力因素对企业间关系网络的解体行为存在重要影响。

表 9－6　　　　　　　　　　　　变量间路径关系检验

			标准化路径系数估计	S. E.	C. R.	p	假设检验
关系解体	< - - -	网络结构	0.344	0.122	2.813	***	支持
关系解体	< - - -	网络成员压力	0.609	0.158	3.855	***	支持
关系解体	< - - -	利益价值观	0.765	0.102	5.563	***	支持
关系解体	< - - -	信任满意度	0.632	0.172	3.827	***	支持
关系解体	< - - -	机会主义行为	0.626	0.110	4.239	***	支持
A1	< - - -	利益价值观	0.623				
A2	< - - -	利益价值观	0.654	0.215	5.440	***	
A3	< - - -	利益价值观	0.713	0.192	5.756	***	
A4	< - - -	利益价值观	0.795	0.240	6.051	***	
B1	< - - -	信任满意度	0.672				
B2	< - - -	信任满意度	0.809	0.212	7.131	***	
B3	< - - -	信任满意度	0.589	0.204	7.220	***	
B4	< - - -	信任满意度	0.527	0.163	5.524	***	
B5	< - - -	信任满意度	0.830	0.190	4.995	***	
C1	< - - -	机会主义行为	0.761				
C2	< - - -	机会主义行为	0.688	0.180	5.070	***	
D1	< - - -	网络结构	0.511				
D2	< - - -	网络结构	0.628	0.302	4.651	***	
D3	< - - -	网络结构	0.799	0.342	5.209	***	
D4	< - - -	网络结构	0.760	0.324	5.079	***	
E1	< - - -	网络成员压力	0.504	0.328	5.255	***	
E2	< - - -	网络成员压力	0.931				
E3	< - - -	网络成员压力	0.601	0.379	5.235	***	
Z1	< - - -	关系解体	0.809				
Z2	< - - -	关系解体	0.725	0.226	6.709	***	
Z3	< - - -	关系解体	0.710	0.192	6.232	***	
Z4	< - - -	关系解体	0.713	0.204	6.138	***	
Z5	< - - -	关系解体	0.885	0.200	6.156	***	
Z6	< - - -	关系解体	0.623	0.231	7.075	***	

注："***"表示 0.01 水平上显著，C. R. 值即 T 值。A1—A4 为利益价值观问卷项目，B1—B5 为信任满意度问卷项目，C1、C2 为机会主义行为问卷项目，D1—D5 为网络结构问卷项目，Z1—Z6 为关系解体问卷项目。

资料来源：笔者整理。

利益价值观、信任满意度、机会主义行为、网络结构、网络成员压力与企业间关系网络的解体行为的回归分析显示所有变量的 C. R. 值均大于 1. 96，与零存在显著差异，支持全部假设 H1—H5。其中网络成员压力与企业关系网络解体行为高度相关。而利益价值观、信任满意度、机会主义行为与网络结构和企业关系网络解体行为的相关性一般。

三　研究结论

根据 Caplow（1968）的研究，企业间关系网络的解体行为因其原关系的不同本质可以区分为不同类型。Tähtinen 和 Halinen-Kaila（1997）根据关系的本质将关系的解体行为分为渐进型解体、突变型解体；自愿选择型解体、强迫型解体以及预期型解体。本研究通过理论假设与实证研究，证实了利益价值观、信任满意度、机会主义行为、网络结构、网络成员压力对企业间关系网络的解体行为的影响程度，具体结论如下。

第一，利益价值观对企业间关系解体行为的影响程度最为显著。企业加入网络归根结底的原因仍是利益的驱动，但是不同企业由于其经营背景不同，代表企业文化的企业家的个人修养不同，造成网络中的企业可能拥有截然不同的利益观、价值归因或公平感知，因此，当企业在现有的关系网络中无法获得预期收益，与网络中其他成员不再存在任何共同利益时，此时，企业在衡量退出现有网络成本的前提下，会出现渐进性关系解体。但值得注意的是，网络中的企业不会因为单一的交易损失而选择退出网络，当企业决定退出网络时，必然是在其无法在网络中获得持续性收益或预期收益的前提下进行的。另外，在我国社会文化驱动下，不同于西方契约社会，一切以契约作为行为标准，企业发现与网络中的其他成员存在"道不同"时，则会选择"不相为谋"，即主动实施关系解体战略，但作为网络中的中小企业来说，由于其资源禀赋等方面的先天不足，无法总是处于关系网络中的核心地位，因此，中小企业与网络成员之间价值观念的差异性对于企业关系网络的解体行为影响程度相比大企业来说要小一些。以柯达—乐凯为例，当双方均无法从联盟网络中获得持续的预期收益时，那么联盟自然不再持续。

第二，信任满意度对企业间关系网络的解体行为的影响性的显著程度较大。国内外相当多的学者经过研究均提出，企业间构建网络除了共同的利益驱动外，情感层面的信任满意度也是驱使其网络化成长的重要因素，这一点也在本研究中再次得到印证。但是，当企业关系网络中的成员出现"搭便车"等机会主义行为或者出现可能对其他网络成员的利益造成损害的行为和意图时，网络成员之间的信任感知必然被削减，当这种情况屡次出现时，就会造成关系网络成员之间的信任感降到临界值，这时可能出现两种情况，一种是具有机会主义行为的网络成员由于无法得到其他网络成员的信任而逐渐被"边缘化"，从而被迫退出关系网络，另一种则是网络中的其他成员由于机会主义存在，信任感知削弱，不再愿意继续向现有网络中投入相关资源，从而主动逐渐退出网络。

第三，机会主义行为对企业间关系网络的解体行为同样存在较为显著的影响。首先，对于基于信息不对称的"道德风险"和"逆向选择"和集体行动的"搭便车"行为的机会主义行为来说，企业选择构建关系网络的重要原因之一即从网络当中获取有利于经营的相关信息与资源，当网络中信息不对称，成员之间无法公平、公开地分享有益信息，长久下去，该网络便会陷入企业不愿分享优质信息，其他企业同样无法通过获取信息而获得相应的网络福利，则更加不愿与他人分享信息的恶性循环，从而导致由于网络成员无法从网络中获取相关收益而逐渐主动退出网络。其次，对于基于资产专用性投资的"敲竹杠"的机会主义行为来说，当交易中包含某种性质的专用性投资，事先的竞争将被事后的垄断或买方垄断所取代，从而导致网络中将专用性资产的"准租金"为己有或利用合约的不完全性，寻找种种借口"敲竹杠"，使自己在交易中处于有利的位置，一旦这种现象得到滋生，网络内其他成员则会由于利益受损而选择退出关系网络。最后，机会主义行为在零和博弈的短期环境中更加突出，网络内的某些成员可能只注重自身的短期利益而无视网络的长期整体利益，但值得注意的是，当双方只进行一次性交易或短期交易时，成员采取机会主义行为的可能性更高，以此追求自身效用最大化目标，但其结果只能是非合作均衡。当企业加入网络并与其中成员之间进行重复交易时，为了获取长期利益，企业通常需要在网络内建立良好的声誉机制，并不会因小失大。

第四，网络成员压力对企业间关系网络的解体行为具有一定程度的显著性影响。企业是否继续采取退出网络的行为不单单是其自身决定，网络中的第三方约束同样起到至关重要的作用。企业间关系网络作为一种特殊的非正式组织形式，其内部成员必须受到网络中某些有形或无形规则的约束，即"网络文化"。当网络成员内某一成员违反现有网络中成员所认可的规则时，可能出现两种情况：一种情况是当其他网络成员认为违反规则成员的行为使其利益受到影响时，由于受到其他网络成员的共同压力，该企业必须退出现有网络，即被动退出网络；另一种情况是网络中大部分成员由于无法接受居于核心地位成员所制定的网络规则而违反规则时，规则制定者则会受到网络内其他成员的压力而被动退出现有关系网络。

第五，网络结构对企业间关系网络的解体行为具有一定程度的显著性影响。根据前面的研究结论，企业构建关系网络的根本需求即获取收益，换一个角度说，企业之所以能够进入某一网络的前提必然是其可以向网络内的其他成员贡献价值。当企业不再具备现有网络所需的价值贡献能力或无法再为网络内其他成员提供异质性资源时，就会逐渐偏离网络的核心位置，甚至被网络内的其他成员"边缘化"，从而被迫退出现有网络；或者此时该企业很可能由于无法继续在网络中处于优势地位，无法再从网络中汲取营养，因此选择主动退出现有网络；另外，企业主动构建及融入相关网络的目的之一即为获取异质性资源，当企业当前所处的网络位置无法再为企业继续提供异质性资源，甚至企业投入大量成本所获得的依旧与自身资源无所异处时，企业也会选择主动退出网络。

四　研究意义及探讨

企业间的关系网络并非一成不变的，对于关系的战略管理不应只聚焦于如何探索与建立关系，如何完美地退出一段关系也是企业应当予以重视的。但是，值得注意的是，关系解体并不等同于关系网络失败，关系网络失败是指关系成员之间由于无法达到预期目标而造成现有网络分崩离析；而关系解体是指当现有关系网络受到各层面因素的影响，无法再为企业带来预期的经济价值与情感价值，企业不愿再与其中网络成员进行行为链与资源链的相互联系，或者退出现有关系网络需求新网络或直接以独立主体运营可以获得更大的边际收益，从而选择退出现有关系网络的战略行为。目前国内虽然对战略联盟的稳定性研究较多，但战略联盟因其自身特点并不同于普遍意义的企业间关系网络，同时，这些研究大多集中于定性分析，很少通过实证研究真正对关系解体的影响因素进行深入研究，本部分基于关系质量递减的视角，提出除信任、满意等情感因素对关系网络解体的影响，从不同角度探讨了不同因素对企业间关系网络的解体行为的影响，并通过结构方程模型获得了上述实证检验结果，在为企业间关系解体的理论研究提出新视角的基础上，同时也为企业在关系管理过程中提出了崭新的实践意义，在此基础上，本部分将对企业关系管理战略提出几条合理化建议。

第一，去其糟粕，提高成员之间的兼容性。企业选择加入网络组织的根本原因是通过现有网络获取预期收益，因此当企业关系网络成员之间不再追求共同的经济利益时，其关系网络即有可能发生解体。当企业无法在现有网络中获取其所需要的价值或利润时，则不愿再投入相关资源或建立契约以维护现有网络；因此企业在维护与其他网络成员之间的关系网络的过程中，在坚持以获取价值为导向，避免不能带来持续利润的"冗余"关系占用过度的基础上，企业必须及时退出那些无法再为自身提供可持续收益却占用大量资源的"负面"关系网络，将这些资源投入边际利润较大的新关系中。另外，由于中国社会长久以来的"道不同不相为谋"的观念影响，使基于企业家个人层面的价值观差异成为企业间关系网络能否持续的重要影响因素之一。故关系网络成员之间的适应性是其网络不至于由于个人因素而解体的重要保证，因此，企业在与关系网络内其他成员联系过程中需要提高不同价值观念的相互适应能力与兼容能力，以求关系网络的健康发展。

第二，加强信任机制，减少机会主义。企业相互间的信任和承诺是战略联盟存在的基础。[①] 不同于西方完全契约社会，由于我国"低信任"的差序格局的影响，情感因素对我国企业间关系网络的影响性更大，关系网络能否保证其持续性很大程度上取决于网络成员之间的信任感与满意度。信任感与满意度是衡量关系质量的重要评价指标，如果网络内成员无法通过网络获得预期收益或者相应的公平感知，而网络内其他成员又无法满足企业的要求，那么企业则会在网络中产生不信任或不满意的情绪，这会对现存网络的持续性造成致命影响。另外，加强构建信任机制是减少网络成员机会主义行为的重要途径。信任机制意味着网络成员之前具有很强的承担风险的意愿，愿意相信彼此不会利用自己的弱点而做出损害网络整体利益的事情（Sabe，1992），基于信任和互动为主的关系资本能够阻止网络成员的机会主义行为。[②]

因此，企业在网络化成长过程中需要不断探寻建构与其他网络成员的信任机制的不同途径，首先，选择相适应的合作伙伴是维护关系网络的首要条件，[③] 因此，要加强网络成员间的信任机制，搜寻合适的合作伙伴是至关重要的；其次，加强网络成员间的交往频率与强度，将信任从计算基础加强至认知基础，从而建立以认同为基础的信任机制；[④] 再次，将强文化、价值观念层面的交流，做到求同存异，实现以社会文化为基础的信任生产；最后，完善网络内正式契约，以有形规则与无形规则两方面同时对网络成员进行约束，以降低机会主义产生的可能性。

第四节　小结

首先，企业间关系网络解体的影响因素众多，本部分通过实证研究对利益价值观、信任满意度、机会主义行为、网络结构以及网络成员压力五个因素对其影响程度进行验证，是否存在其他因素对关系网络的集体存在影响需要进一步验证。其次，Jaana Tähtinen（2000）提出了关系休眠的概念，他认为，关系休眠不同于关系解体是指关系双方行为契约的完全破裂，而是指关系双方之间不存在为了某一个项目而进行重复性的交换行为，但是仍然存在社会交换或者具有重要意义的个人联系，并且关系双方都希望可以继续保持这种关系。同时，企业间关系网络解体可能是关系一方选择性发生，

---

① Cullen，J. B.，Johnson，J. L.，Sakano，T. Success Through Commitment and Trust：The Soft Side of Strategic Alliance Management［J］. Journal of World Business，2000，35（3）：223 – 240.

② Kale，P.，Singh，H.，Perlmutter，H. Learning and Protection of Proprietary Assets in Strategic Alliances Building Relational Capital［J］. Strategic Management Journal，2000，21：217 – 237.

③ Kumar，N. The Power of Trust in Manufacturer-Retailer Relationships［J］. Harvard Business Review，1996，74（6）：92 – 109.

④ Lewicki，R. J.，Bunkerk，B. B. Trust in Relationship：A Model of Development and Decline［M］. San Francisco：Jossey-bass，1995.

也可能是强迫发生，也可能是自然而然地发生关系解体。在选择型关系解体情况下，由于关系一方对关系现状产生不满，希望结束双方的关系，即采取关系解体的选择；在强迫型关系解体情况下，关系解体在以下情况下发生：关系一方突然破产或者无法持续经营或者是发生其他不可逆转的情况造成关系不得不解体；在自然终止型关系解体情况下，由于关系双方的交换不再频繁甚至停止，即需要终止双方的关系。因此，是否不同影响因素会驱动现有关系网络走向不同的态势，需要我们进一步研究。最后，由于本研究的目的是分析影响企业间关系网络影响因素，故模型中并没有表示出各因素之间的关联，但是事实上，这些因素之间是相互影响的，例如提升网络成员之间的信任满意度不仅可以减少机会主义行为的产生，还可以增强现有网络密度，减少网络压力，加之由于样本量选取具有一定的局限性，故需要将模型放入更普遍的环境下进行验证。

第十章　差序情景下中小企业网络关系资本分布及应用

"差序格局"不同于西方"团体格局"，是数千年文化积淀的企业根植的土壤，其中孕育的关系资本，其构建机制及路径有着鲜明的"差序"特色。但目前为止，国内外学术界对关系资本的研究多直接套用格兰诺维特的镶嵌理论、伯特的结构洞理论以及科尔曼的封闭网络理论等，缺乏对理论适用情境的研究。本章从两个方面进行了解析：一是不同行业情景下的关系资本获利机会，二是差序格局文化下，关系差序性如何影响关系资本稳定性，以及价值补偿机制如何强化关系资本等。

第一节　网络关系资本分布与行业获利机会：中国情景考察

对网络关系资本理论的检验最重要的应用领域是经济交易市场。中小企业如果想拥有关系资本优势，并形成对战略网络的转译，增加网络福利收益权，就必须要尝试在各个可能的行业中开展关系资本建构和治理活动，提高自己与供应商、消费者、政府、中介组织等众多关系主体的博弈优势，并获得更高的网络福利。本节主要借助二维拓扑图分析，强化对关系资本分布与行业获利机会的分析，这将有助于中小企业开展合理的战略网络嵌入活动，对各个细分行业开展竞争操作，理解自身关系资本在不同行业的表现力和市场盈利潜力。

一　关系资本与双边市场套利机会

选择在哪些行业的战略网络中投资建设自己的关系资本，并在积极嵌入该网络中实现自身网络化成长机制的同时，提高自己在该产业市场的预期获利能力，是每一个中小企业想要搞清楚的重大命题。市场当中对于关系资本及相关命题的关注，会影响中小企业的精力和财力投放，如果市场中决定获利的最关键关系资源难以获得，那么接近该关系网络并构建"群己"角色就将是绝对有利可图和值得未雨绸缪的。

但这样的关系运作并不一定意味着收获丰厚，网络累积福利最大化的思想告诉我们，中小企业要想真正在网络中成长，必须获取"网络成员"资格，并且获得网络创造价值的内部补偿机会，否则就只能成为网络结构等值关系丛的牟利工具。而中小企业可能永远无法靠近差序网络的核心圈，游离在网络边界的外围甚至逃逸。在同等产业生产条件下，获取超额利益的机会就来自对行业内部非冗余关系断裂的控制，并随之获取行业内部的稀缺获利机会。有眼光的中小企业会将这种机会构建起新的双边市场，在一方面实现"免费"或"低价"机制，而在另一方面网络双边市场获得价值补偿，"失之东隅，收之桑榆"。

如果战略网络中，核心企业和网络成员并没有严密和富有凝聚力地组织起来，就会有丰富的结构洞探寻机会和获利潜在空间。这些网络就成为中小企业的战略性网络空间，积极谋求嵌入，并保证自己在关系网络中拥有结构自主性，实现良好的谈判机会，享受一个高度信息剩余的控制收益。如果能够在这个网络中，更好地形成结构洞富余和关系冗余，不仅可以获得很好的提升机会、市场收益，还能为未来的战略机会提前做好准备。

对于关系资本分布的把握，还可以带来新的成长空间。对于可以实现自主性网络控制力的产业，中小企业可以积极谋求在优化结构洞之后，实现逆向网络建构，变被动为主动，实现对网络的控制，并完成自身的发展壮大。将整个价值创造的网络置于自己控制之下，是中小企业加入战略网络的另一重要动机。总之，了解了哪些行业对关系资本具有更大的操作空间，也就意味着为中小企业实现网络化成长降低了准入的门槛和市场拓展的难度，对高边际利润的获取也就是自然而然的事情了。然则，更为有益的事情是，中小企业可以尝试在这样的市场通过网络共同价值创造的方式，改变游戏规则，形成新的商业模式。

二 研究样本与行业分布拓扑图

传统问卷对高度复杂和本身存在争议问题的一次性判断可能产生谬误；德尔菲法的反复性给予被试根据反馈信息做出再次判断的机会，减少被试仓促判断的潜在可能；德尔菲法不是对具有统计学严密性和基于模型的程序替代，而是作为不适应传统方法的使用解决方案；边缘研究领域才是德尔菲法的用武之地。本研究具备上述研究性质，因此，研究中邀请 10 名行业专家对关系资本作用的有效性开展专业评估。

德尔菲法是"一种通过一系列问卷从一组专家中搜集意见的系统研究方法，在问题回合间向各个专家反馈整个小组的意见分布状况，并保证各成员回答的匿名性"。[①]具体包括：选择协调组的成员；制定评价小组潜在候选人的标准；制定潜在候选人，

---

① Olaf Helmer. Problems in Futures Research: Delphi and Causal Cross-impact Analysis [J]. Futures, 1977, 9 (1): 17 - 31.

可在文献/专业协会的综述提出；请求候选人参与（可能由富有声望的人协助）；最终确定小组成员组成；确定研究的问题，制定初步问卷（界定回合）；发送第一轮问卷；收集整理答复；设计第二轮（收敛）问卷，加入所有新的项目，可能采用数量分等或分级系统来使回答标准化；发送第二轮问卷；收集整理答复；进行更多必要的重复（直到达到可接受的意见统一程度为止）；发送结果摘要给所有被试专家；将结论性判断应用于解决德尔菲法研究的问题。

第一，专家小组规模方面，Smith 提出小组规模应由可参与的专家数目确定，典型地来说有 40—50 人；成功的德尔菲研究有少至 4 人的专家小组，也有多达 904 名成员的专家小组；[①] 平衡各专家成员的背景和能力，并自始至终保持这种平衡，本课题选择 10 名行业专家应该是足够的。第二，界定回合。鼓励专家确定要解决的核心问题；小组成员对未在截止日期完成者将收到提醒；研究开始通常为小组成员提供一份资料，以确保他们都在同一个起点上，提供其判断力。第三，收敛回合。行业专家会收到一份上一回合调查的相关问题的小组意见汇总摘要；提供一份新的问卷，收到一次或多次提醒仍没有答复的专家组员，进入下一轮之前需要退出研究，其意见也不会加入下一轮问卷。本环节中有 3 位专家被剔除。第四，意见集中环节。多数情况下，用集中趋势量数（measure of central tendency）和概率分布量数（measure of spread）就足够体现判断结果了。本研究采用专家评估分数的平均值进入制图环节。绘图方法为，求得各组观测值的平均值，以均值为原点，以均值 ±1.5 为绘图边界，来描绘观测值的分布。

检验中国情景下的产业分布数据可以利用中国国家统计年鉴中列示的行业分类标准。狭义的产业分布是个体产品、品牌市场和消费市场都可以加入关系资本可用性的分布研究。如图 10 - 1、图 10 - 2 和图 10 - 3 所示，利用经验数据，将关系资本属性在行业中的分布状态是很容易确定的。这里采用 95 个具有广义意义的产业市场数据。在总体上，通过加权平均值对产业中关系资本评估变量的分布位置加以确定。

（一）网络结构—关系强弱的行业拓扑分析

如图 10 - 1 所示，依据"网络结构—关系强弱"考察了关系资源状态属性对行业获利机会的影响：（1）处于第一象限的为行业需要较多的关系资源，并且需要建立强关系才能实现对战略网络的控制和实现网络收益。具体包括：7. 黑色金属矿采选业、16. 纺织服装、鞋、帽制造业、17. 皮革、毛皮、羽毛（绒）及其制品业、19. 家具制造业、26. 化学纤维制造业、30. 黑色金属冶炼及压延加工业、32. 金属制品业、33.

①　Smith，R. E.，Schutz，R. W.，Smoll，F. L.，& Ptacek，J. T. Development and Validation of a Multidimensional Measure of Sport-specific Psychological Skills：The Athletic Coping Skills Inventory ［J］. Journal of Sport and Exercise Psychology，1997，17：379 - 398.

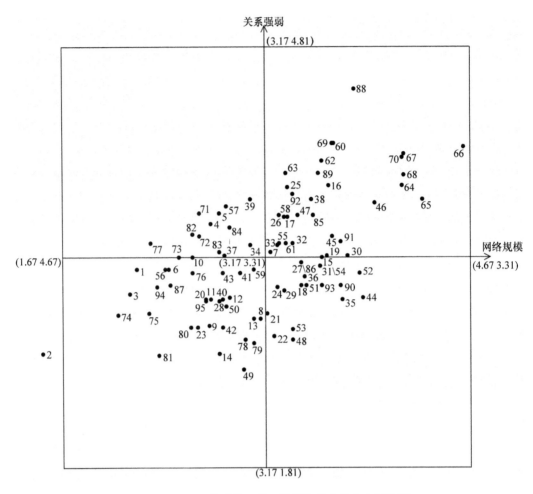

图 10 - 1　"网络结构—关系强弱"的产业分布拓扑图

资料来源：笔者整理。

通用设备制造业、45. 建筑安装业、46. 建筑装饰业、55. 仓储业、58. 计算机服务业、60. 批发业、61. 零售业、62. 住宿业、63. 餐饮业、64. 银行业、65. 证券业、66. 保险业、67. 其他金融活动、68. 房地产业、69. 租赁业、70. 商务服务业、80. 教育、89. 中国共产党机关、91. 人民政协和民主党派。（2）处于第二象限的为需要很强的关系，但规模可以较小。具体包括：4. 农、林、牧、渔服务业、5. 煤炭开采和洗选业、10. 其他采矿业、34. 专用设备制造业、37. 通信设备、计算机及其他电子设备制造业、39. 工艺品及其他制造业、57. 电信和其他信息传输服务业、71. 研究与试验发展、72. 专业技术服务业、73. 科技交流和推广服务业、77. 公共设施管理业、82. 社会保障业、83. 社会福利业、84. 新闻出版业。（3）处于第三象限的行业不需要较大的关系规模，也不需要加强的关系，关系需求不明显。具体包括：1. 农业、3. 畜牧业、6. 石油和天然气开采业、8. 有色金属矿采选业、9. 非金属矿采选业、11. 农副食品加工业、12.

食品制造业、13. 饮料制造业、14. 烟草制品业、20. 造纸及纸制品业、23. 石油加工、炼焦及核燃料加工业、28. 塑料制品业、40. 废弃资源和废旧材料回收加工业、41. 电力、热力的生产和供应业、42. 燃气生产和供应业、43. 水的生产和供应业、49. 道路运输业、50. 城市公共交通业、56. 邮政业、59. 软件业、75. 水利管理业、76. 环境管理业、78. 居民服务业、79. 其他服务业、81. 卫生、87. 体育、94. 军工业、95. 航空航天。（4）第四象限的行业需要较多的关系，但是不需要强关系。具体包括：2. 林业、15. 纺织业、18. 木材加工及木、竹、藤、棕、草制品业、21. 印刷业和记录媒介的复制、22. 文教体育用品制造业、24. 化学原料及化学制品制造业、25. 医药制造业、27. 橡胶制品业、29. 非金属矿物制品业、31. 有色金属冶炼及压延加工业、35. 交通运输设备制造业、36. 电气机械及器材制造业、38. 仪器仪表及文化、办公用机械制造业、44. 房屋和土木工程建筑业、47. 其他建筑业、48. 铁路运输业、51. 水上运输业、52. 航空运输业、53. 管道运输业、54. 装卸搬运和其他运输服务业、85. 广播、电视、电影和音像业、86. 文化艺术业、88. 娱乐业、90. 国家机构、92. 群众团体、社会团体和宗教组织、93. 基层群众自治组织。

（二）关系投资—关系多样的行业拓扑分析

如图10-2所示，依据"关系投资—关系多样"考察了关系投入产出属性对行业获利机会的影响。（1）第一象限中，需要中小企业投入大量的投资建立关系，并且关系类型多样，相对较为复杂，处理难度大。具体包括：8. 有色金属矿采选业、15. 纺织业、16. 纺织服装、鞋、帽制造业、17. 皮革、毛皮、羽毛（绒）及其制品业、27. 橡胶制品业、30. 黑色金属冶炼及压延加工业、32. 金属制品业、35. 交通运输设备制造业、36. 电气机械及器材制造业、37. 通信设备、计算机及其他电子设备制造业、38. 仪器仪表及文化、办公用机械制造业、39. 工艺品及其他制造业、45. 建筑安装业、55. 仓储业、56. 邮政业、59. 软件业、60. 批发业、61. 零售业、64. 银行业、65. 证券业、67. 其他金融活动、68. 房地产业、69. 租赁业、88. 娱乐业、70. 商务服务业、54. 装卸搬运和其他运输服务业。（2）第二象限中，企业需要多样的关系，但是无须太大的投入。具体包括：5. 煤炭开采和洗选业、7. 黑色金属矿采选业、10. 其他采矿业、12. 食品制造业、13. 饮料制造业、18. 木材加工及木、竹、藤、棕、草制品业、20. 造纸及纸制品业、31. 有色金属冶炼及压延加工业、44. 房屋和土木工程建筑业、46. 建筑装饰业、47. 其他建筑业、48. 铁路运输业、50. 城市公共交通业、51. 水上运输业、58. 计算机服务业、62. 住宿业、63. 餐饮业、79. 其他服务业、84. 新闻出版业、86. 文化艺术业。（3）第三象限只需简单关系和少量投资。具体包括：1. 农业、2. 林业、3. 畜牧业、4. 农、林、牧、渔服务业、9. 非金属矿采选业、11. 农副食品加工业、14. 烟草制品业、19. 家具制造业、23. 石油加工、炼焦及核燃料加工业、21. 印刷业和记录媒介的复制、41. 电力、热力的生产和供应业、42. 燃气生产和供应业、

43. 水的生产和供应业、71. 研究与试验发展、72. 专业技术服务业、73. 科技交流和推广服务业、74. 地质勘查业、75. 水利管理业、76. 环境管理业、77. 公共设施管理业、78. 居民服务业、80. 教育、83. 社会福利业、85. 广播、电视、电影和音像业、87. 体育、95. 航空航天。（4）第四象限需要为少数关系进行大量投资，才能构建关系资本的优势。具体包括：6. 石油和天然气开采业、22. 文教体育用品制造业、24. 化学原料及化学制品制造业、25. 医药制造业、26. 化学纤维制造业、28. 塑料制品业、29. 非金属矿物制品业、33. 通用设备制造业、34. 专用设备制造业、40. 废弃资源和废旧材料回收加工业、49. 道路运输业、52. 航空运输业、53. 管道运输业、57. 电信和其他信息传输服务业、66. 保险业、81. 卫生、82. 社会保障业、89. 中国共产党机关、90. 国家机构、91. 人民政协和民主党派、92. 群众团体、社会团体和宗教组织、93. 基层群众自治组织、94. 军工业。

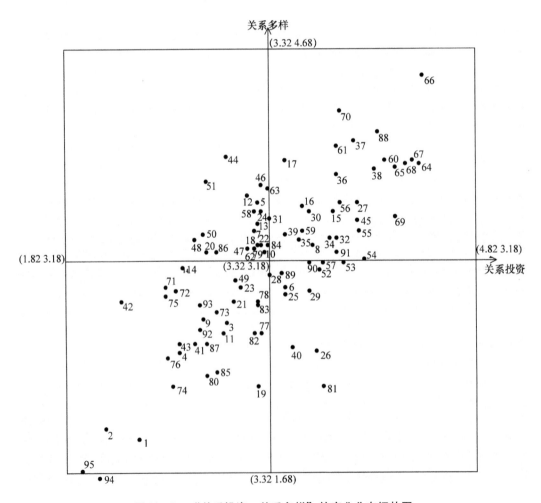

图 10 - 2　"关系投资—关系多样"的产业分布拓扑图

资料来源：笔者整理。

（三）依赖程度—关系冗余的行业拓扑分析

如图 10 - 3 所示，依据"依赖程度—关系冗余"考察了关系外部拓展属性对行业获利机会的影响。（1）第一象限意味着关系依赖程度高，并需要不断拓展新建的关系，才能发挥关系资本的作用。具体包括：5. 煤炭开采和洗选业、6. 石油和天然气开采业、7. 黑色金属矿采选业、18. 木材加工及木、竹、藤、棕、草制品业、9. 非金属矿采选业、22. 文教体育用品制造业、24. 化学原料及化学制品制造业、25. 医药制造业、26. 化学纤维制造业、30. 黑色金属冶炼及压延加工业、33. 通用设备制造业、37. 通信设备、计算机及其他电子设备制造业、39. 工艺品及其他制造业、40. 废弃资源和废旧材料回收加工业、52. 航空运输业、54. 装卸搬运和其他运输服务业、55. 仓储业、56. 邮政业、58. 计算机服务业、59. 软件业、60. 批发业、61. 零售业、63. 餐饮业、64. 银行业、65. 证券业、66. 保险业、67. 其他金融活动、68. 房地产业、69. 租赁业、70. 商务服务业、88. 娱乐业。（2）第二象限，企业需要新拓展关系，但是对关系的依赖程度不强。具体包括：11. 农副食品加工业、20. 造纸及纸制品业、31. 有色金属冶炼及压延加工业、44. 房屋和土木工程建筑业、49. 道路运输业、51. 水上运输业、62. 住宿业、72. 专业技术服务业、73. 科技交流和推广服务业、85. 广播、电视、电影和音像业、86. 文化艺术业。（3）第三象限，企业发展不需要依赖关系，也缺乏拓展关系的动力。具体包括：1. 农业、2. 林业、3. 畜牧业、4. 农、林、牧、渔服务业、10. 其他采矿业、12. 食品制造业、13. 饮料制造业、14. 烟草制品业、15. 纺织业、16. 纺织服装、鞋、帽制造业、17. 皮革、毛皮、羽毛（绒）及其制品业、19. 家具制造业、23. 石油加工、炼焦及核燃料加工业、27. 橡胶制品业、28. 塑料制品业、41. 电力、热力的生产和供应业、42. 燃气生产和供应业、43. 水的生产和供应业、47. 其他建筑业、48. 铁路运输业、50. 城市公共交通业、71. 研究与试验发展、74. 地质勘查业、75. 水利管理业、76. 环境管理业、77. 公共设施管理业、80. 教育、82. 社会保障业、83. 社会福利业、87. 体育、93. 基层群众自治组织、94. 军工业、95. 航空航天。（4）第四象限，对关系具有较高的依赖程度，但无须拓展新关系，主要是维护老关系。具体包括：8. 有色金属矿采选业、21. 印刷业和记录媒介的复制、29. 非金属矿物制品业、32. 金属制品业、34. 专用设备制造业、35. 交通运输设备制造业、36. 电气机械及器材制造业、38. 仪器仪表及文化、办公用机械制造业、46. 建筑装饰业、45. 建筑安装业、53. 管道运输业、57. 电信和其他信息传输服务业、78. 居民服务业、79. 其他服务业、81. 卫生、84. 新闻出版业、89. 中国共产党机关、90. 国家机构、91. 人民政协和民主党派、92. 群众团体、社会团体和宗教组织。

图中各个产业之间对关系资本的需求具有多样性，三个关系拓扑图旨在弄清楚关系资本和产业发展潜力之间的关系，为中小企业选择性地开展战略网络嵌入和关系合作提供指引。

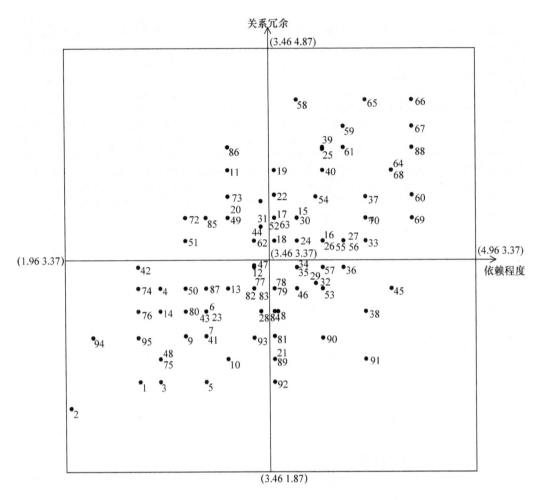

图 10 - 3　"依赖程度—关系冗余"的产业分布拓扑图

资料来源：笔者整理。

第二节　差序格局与网络关系资本构建：机制与路径

一　问题提出

　　企业是嵌入经济社会的一个主体，其经营活动必然受到社会观念、伦理行为、制度规范等文化因素的影响。在以关系导向为主的中国文化社会，不同关系格局会采取不同关系合作模式和信任模式，正如费孝通在其《乡土中国》一文中所言，差序格局是中国关系文化的基本特征。现有国内外学者多套用格兰诺维特的镶嵌理论、伯特的结构洞理论以及科尔曼的封闭网络理论解释中国关系逻辑与关系合作模式，但是，基于契约关系导向和个人文化为主的西方文化难以解释中国特殊的关系文化，也弄不清为什么西方是"生意就是生意"，中国人"先朋友，后生意"的合作逻辑。这些在西方国家经过验证的理论应用于中国情境时的诸多"变异"现象引起了学者们的关注。罗珉、高强基于中国网络组织的人伦关系和儒家文化背景，反思网络封闭与结构洞的悖论，提出了影响企业社会资本的广泛解释模型；[①] 肖知兴对四家强调合作文化的中国高科技公司中的"结构洞"的效应进行研究，认为在国家文化层面上，中国典型的"集体主义"文化将削弱"结构洞"的效应，因此，结构洞理论不适用于儒家文化背景下集体主义的价值观。[②]

在全球经济化、信息化、网络化和知识化发展时代，企业的竞争已经从个体企业向网络联盟模式转换，产业集群、技术合作网络、服务联盟等战略性网络组织已经成为当今企业发展的主流；企业网络化成长成为企业获取资源和竞争优势理性的战略选择。目前学界对于关系网络结构、关系合作模式和关系行为选择研究较多，而对于差序格局对团队合作模式和行为选择研究较少。本研究以中国文化为背景，从关系公平预期与差序公平感知、关系的稳定性、关系价值补偿与网络关系资本互动关系四个维度研究差序格局对中国中小企业关系合作行为的影响，为中国中小企业网络化提供理论和现实指导。

二　理论推演与假设开发

（一）关系公平预期与差序公平感知

对公平感知问题的研究一直是组织理论研究中的一个热点话题。在西方经典公平理论中，公平与绩效是一种投桃报李式的对等承诺，[③] 研究者可以利用公平感知对组织行为进行有效的预测。[④] 但西方研究结论是建立在团体格局"公平交换法则"上的工具性交换关系利用，对差序格局情境下以"人情交换法则"为核心的社会性交换关系难以解释。费孝通曾用"束柴成捆"隐喻西方文化的团体格局，认为西方的团体每一个个体都是独立的、界限分明的，同时又是团体整体中不可或缺的，所有制度都是围绕人格平等的个体中心展开，[⑤] 在合作与竞争过程中，公平感知主要来自社会比较。西方企业的评价与决策更为注重严谨的结构化设计和程序公平，而人格平等的观念使得网络成员对评价结果偏离自己期望的容忍度相对较低，由此反作用于制度设计，使网络

①　罗珉，高强. 中国网络组织：网络封闭和结构洞的悖论 [J]. 中国工业经济，2011，（11）：90-99.

②　姜卫韬. 基于结构洞理论的企业家社会资本影响机制研究 [J]. 南京农业大学学报（社会科学版），2008，8（2）：21-28.

③　Guest D. E. Human Resource Management and Performance: StillSearching for Some Answers [J]. Human Resource Management Journal, 2011, 21（1）: 3-13.

④　刘亚、龙立荣、李晔. 组织公平感对组织效果变量的影响 [J]. 管理世界，2003，（3）：126-132.

⑤　Hsu F. L. K. The Self in Cross-cultural Perspective [C]. Marsella A. J., DeVos G. A., Hsu F. L. K. Culture and Self: Asian and Western Perspectives [M]. New York: Tavistock, 1985: 24-55.

中显性规则的设计更趋于刚性化。而本土情境则是费孝通所论述的"差序格局"。费孝通认为，中国的"差序格局"呈现立体的结构，既包含"亲疏"维度上横向的、弹性的以自我为中心的"差"，也包含"尊卑"维度上纵向的、刚性的等级化的"序"，由"亲疏""尊卑"界定角色关系后的个体不再是独立的个体，而是"群己"。① 在此，公平感知的来源不是单一维度的社会比较，而是复合维度下的参照认知。企业在合作与竞争中评价与决策时，更多地关注显性规则的解释弹性以及权力距离下的复合公平。网络成员间的承诺不再是对等承诺，而是差序承诺。差序格局下的"群己"观念使得网络成员内化和顺从权威的倾向更显著，② 因此对评价结果偏离自己期望的容忍度相对较高。

针对中西方对公平感知内涵的不同，本部分中国情景下的公平感知定为差序公平感知，更多地反映的是在差序格局下组织成员对分配结果的主观感受。Morris M. W. 和 Williams K. 等人研究发现，个体的公平感知是由某种基于特定情境的信念间接决定，③ 而关系公平预期则是一种基于中国"差序格局"情境的具体信念，这种信念影响人际关系，也对关系公平的差序感知产生影响。

据此本部分提出假设 H1：关系公平预期会影响差序公平感知。

综合表 10 - 1 对公平感知来源的分析可知，在差序格局情境下，关系公平预期可分为参照认知、关系成熟度和实力预期三个维度。参照认知是指在更优选择出现前，即使某一既有事实从社会比较角度看是难以容忍的，但仍能够给予个体以公平感的现象。④ 参照认知与中国人特有的人格特质相吻合，体现了一种权变思想，在关系公平预期中普遍存在。关系成熟度是指关系层面的成熟程度，体现为网络中各节点企业的亲密融洽程度和关系持续合作的意愿，主要测评管理者之间的交情、组织文化认同感和对环境变化的反应三个要素，⑤ 是管理者在做出关系预期时必然考虑的基本问题。实力预期是指管理者在做出关系预期时不仅考虑外部因素，还会反思自身实力，进而通过对优势劣势的分析在差序格局的网络中明确自己所属地位，形成相应的预期。

① 阎云翔. 差序格局与中国文化的等级观 [J]. 社会学研究, 2006, (4): 201 - 213.

② Cheng B. S., Chou L. F., Wu T. Y., Huang M. P., Farh J. L. Paternalistic Leadership and Subordinate Responses: Establishing a Leadership Model in Chinese Organizations [J]. Asian Journal of Social Psychology, 2004, 7 (1): 89 - 117.

③ Michael W. Morris, Katherine Y. Williams, Kwok Leung, Richard Larrick, M. Teresa Mendoza, DeeptiBhatnagar, Jianfeng Li, Mari Kondo, Jin-LianLuo and Jun-Chen Hu. Conflict Management Style: Accounting for Cross-National Differences [J]. Journal of International Business Studies, 1998, 29 (4): 729 - 747.

④ Folger R. The Road to Fairness and Beyond [C]. Smith K. G., AHitt M. A. Great Minds in Management: The Process of Theory Development [M]. Oxford: Oxford University Press, 2009: 55 - 83.

⑤ 杨洪涛, 石春生, 蒋莹. "关系"文化对创业供应链合作关系稳定性影响的实证研究 [J]. 管理评论, 2011, (4): 115 - 121.

表 10 - 1　　　　　　　　　不同情境下的公平感知比较

	背景	个体	交换关系	公平感知来源		资源分配机制设计	公平感知标准
西方团体格局	宗教文化背景	独立、平等的个体	公平交换法则下的工具性交换关系	社会比较	社会认知	刚性的显性规则设计	对等承诺
					结构化设计与程序公平		
					关系成熟度：对偏离公平预期的容忍度低		
中国差序格局	儒家文化背景	群己	人情交换法则下的社会性交换关系	复合比较	参照认知	显性规则的柔性解释	差序承诺
					权力距离与复合公平		
					关系成熟度：对偏离公平预期的容忍度高		

资料来源：笔者整理。

（二）关系稳定性

合作关系稳定性是指合作各方共同选择一种最有利于合作关系未来发展的行为，进而保持合作关系的动态平衡，合作成员相对固定，具有较为明确的分工组合以及较长时间的合作关系。[1] 一般说来，关系能否稳定地持续发展，取决于网络成员的反哺行为以及网络成员的非替代性。网络成员的反哺行为主要考虑网络中是否存在机会主义的"搭便车"现象。如果网络成员缺乏反哺、分享的意识和境界，只想在网络中获利，则网络很难长期维持下去。Kumar 通过对供应链成员企业的研究发现，网络成员企业间合作过程中，感知到不公平待遇所采取的报复行为，可能是合作关系破裂的重要原因。[2]

网络成员的非替代性是指其团体身份和地位，一般来说，如果网络成员在本网络中非替代性较低，意味着在团体中地位较低，为了谋求自身发展，该企业可能会强化自身能力，谋求更高的地位，也有可能会加强与外部网络的联系探寻新的发展机会。一旦与外部网络交往频繁且关系密切，则该成员与原有网络的关系稳定性就会变得脆弱。Lind 和 Tyler 的群体价值模型（group value model）也指出，网络成员企业自身有归属于网络团体的需求，[3] 而满足其关系公平预期的网络公平感知显示了其在网络团体中的身份和地位，有助于加强成员企业的归属感和合作关系的稳定性。

根据上述分析，本部分提出假设 H2、H3：

H2：关系公平预期影响网络成员间的合作关系稳定性。

---

① 卢洁. 供应链联盟在我国的发展 [J]. 经济论坛，2004，(3)：68 - 69.

② Kumar N. The Power of Trust in Manufacturer Retailer Relationships [J]. Harvard Business Review, 1996, 74 (6)：92 - 106.

③ Lind E. A., Tyler R. The Social Psychology of Procedural Justice [M]. New York：Plenum Press, 1988.

H3：差序公平感知影响网络成员间的合作关系稳定性。

（三）关系价值补偿与网络关系资本

对帕累托边界外推所产生的超额租金的追求是网络间关系得以形成的主要动因。超额租金产生后必然面临租金在网络成员间的分配即关系价值补偿问题，① 而维持企业间网络组织中的关系稳定性是关系价值补偿的直接原因。如果网络成员间关系长期稳定，彼此间能够在结构上互利、在情感上互惠、形成"群己"互融的关系资本，就能更好地实现和创造企业网络价值。反之，如果企业间网络不稳定，则为了避免关系断裂、突变造成的损失，则需要进行关系价值补偿，进而构建关系资本。由于企业间网络组织具有利润分配权分散的特点，这导致了关系价值补偿形式的多样性。按照关系的结构维度可以将关系价值补偿形式划分为"情义"补偿和"利益"补偿两种形式。② 由以上分析，本部分提出假设 H4、H5、H6、H7。

H4：关系稳定性影响网络成员间的关系资本的构建。

H5：关系稳定性影响网络成员间的关系价值补偿。

H6：关系价值补偿能影响网络成员间的关系资本的构建。

H7：关系稳定性在差序公平感知和关系资本构建之间起中介作用。

三 样本与变量度量

（一）样本与数据收集

中小企业由于在资源、信息等诸多方面的先天性不足，使其在生存、发展过程中对所在企业网络环境更为敏感。尤其是成长型中小企业对网络的依赖程度更高，企业间关系复杂，网络稳定性、关系价值补偿以及网络关系资本的构建对其影响更大，因此本部分以成长性中小企业为调研对象。问卷设计是在广泛国内外文献阅读的基础上，经过团队讨论、重点企业的深度访谈和小规模试调研等环节反复修改而成，用SPSS20.0 和 AMOS7.0 对收回问卷数据的分析。问卷大规模发放在山东淄博高新技术开发区、天津、驻马店、安阳、无极，涉及制造业、建筑业、金融业、批发零售业以及医药等行业。山东淄博共发放问卷 100 份，回收 26 份，有效问卷 19 份。在驻马店、安阳、无极的调研，委托合作银行进行，从客户名单中随机选择了 300 家成长性中小企业并向其高层管理者发放问卷，回收 198 份，有效问卷 162 份。天津地区利用 MBA 和EMBA 学员发放问卷 200 份，回收 157 份，有效问卷 92 份。

本调研共发放问卷 600 份，回收有效问卷 273 份，有效回收率为 45.5%。在对调

---

① 罗珉，赵亚蕊. 组织间关系形成的内在动因：基于帕累托改进的视角 [J]. 中国工业经济，2012，(4)：76 – 88.

② 翟学伟. 人情、面子与权力的再生产——情理社会中的社会交换方式 [J]. 社会学研究，2004，(5)：48 – 57.

研数据进行分析前非回应偏差问题（non-response bias）和共同方法偏差问题（common method variance）值得讨论。本部分对来自山东、河南、河北以及天津的不同来源样本进行 t 检验，发现样本间无显著性差异，可以合并分析。对 273 份有效问卷和 108 份无效问卷进行 t 检验，结果表明非回应性偏差不显著。此外，采用 Harman 单因子检验，没有发现能解释所有测量指标大部分方差的主导单因子，因此认为数据不存在明显的共同方法偏差问题。

（二）变量度量

关系公平预期有三个变量需要测度，即关系成熟度、参照认知和实力预期。关系成熟度借鉴了杨洪涛、石春生（2012）等人的研究，参照认知借鉴了 Smith 和 Hitt 等人的研究，实力预期题项来自实地调研，Cronbach'α 值分别为 0.833、0.880 和 0.865；差序公平感知有差序位置、差序归因、差序关系三个变量需要测度，相关题项设计参考了 Thibaut 和 Walker 的"双因素论"的思想，[①] 同时借鉴了彭雷清、李泉泉[②]，梁向东[③]以及陈灿、罗必良[④]等人的研究，Cronbach'α 值分别为 0.813、0.771 和 0.776；关系稳定性有反哺和替代两个变量需要测量，量表设计在实地调研的基础上参考了杨洪涛、石春生等人的研究，陈耀等人的量表[⑤]，Cronbach'α 值分别为 0.811 和 0.828；关系价值补偿有情义补偿和利益补偿两个变量，主要参考沈毅[⑥]、罗珉等人的研究成果，Cronbach'α 值分别为 0.696 和 0.733；关系资本有结构互利、情感互惠和群己互融三个变量，量表设计主要来自实地调研和专家讨论，Cronbach'α 值分别为 0.713、0.697 和 0.739。量表设计都经过调研、征求专家意见、团队讨论、修改、试调研等多个环节，主要变量信度效度检验结果见表 10-2，只有差序公平感知和关系稳定性的 RMR 值略大于 0.05，其他指标都在适配范围内，整体看来，各模型的拟合优度较为理想，表明各项指标的信度和效度基本满足要求。

上述各变量基本上通过信度和效度检验，可以认为在模型中以单一衡量指标取代多重衡量指标应是可行的。[⑦] 而 Edwards 研究发现，无论是利用变量间的绝对差、交互项，还是加总之和来构建一个单独的指标，都会导致某种程度的信息流失。但是 Lubatkin 等人利用回归方程对三种方法进行比较，结果发现唯有加总方法导致的信息流失不

---

① Thibaut. J.，Walker L. Procedural Justice：A Psychological Analysis［M］. Hillsdale, NJ：Erlbaum, 1975.

② 彭雷清，李泉泉. 经销商公平感知对关系承诺影响的实证研究——以广东家电业为例［J］. 广东商学院学报，2010，（4）：31 – 37.

③ 梁向东. 差序格局与中小企业融资［J］. 武汉科技大学学报（社会科学版），2007，（4）：357 – 360.

④ 陈灿，罗必良，黄灿. 差序格局、地域拓展与治理行为：东进农牧公司案例研究［J］. 中国农村观察，2010，（4）：44 – 53.

⑤ 陈耀，生步兵. 供应链联盟关系稳定性实证研究［J］. 管理世界，2009，（11）：178 – 179.

⑥ 沈毅. "差序格局"的不同阐释与再定位——"义""利"混合之"人情"实践［J］. 开放时代，2007，（4）：105 – 115.

⑦ 谢洪明，罗惠玲，王成，李新春. 学习、创新与核心能力：机制和路径［J］. 经济研究，2007，（2）.

显著。因此，本部分在关系公平预期、差序公平感知、关系稳定性、关系价值补偿和关系资本的衡量模式上，对相应的二阶构念进行了加总处理，即将其所有题项加和然后进入模型分析。因此，以各个子变量的测度题项得分之和作为该变量的值，再由第一级变量作为第二级变量的多重衡量指标。如关系公平预期为潜变量时，其观测变量为参照认知、关系成熟度和实力预期三个因素，从而有效地缩减观测指标的数目，同时也能确保测度的有效性和结果的可信度。

表 10 - 2　　　　　　　　　　主要变量信度效度检验的统计值

	χ^2（p 值）	χ^2/df	RMR	GFI	AGFI	CFI	NFI	RMSEA
判断标准	$p > 0.05$	< 2.00	< 0.05	> 0.900	> 0.900	> 0.900	> 0.900	< 0.08
关系公平预期	24.437（$p = 0.180$）	1.286	0.039	0.985	0.907	0.960	0.957	0.031
	KMO 值为 0.778，Bartlett 检验值为 473.046，并显著异于 0（$p < 0.001$）累积解释变量为 69.578%							
差序公平感知	23.146（$p = 0.185$）	1.285	0.059	0.922	0.932	0.941	0.963	0.071
	KMO 值为 0.848，Bartlett 检验值为 536.833，并显著异于 0（$p < 0.001$）累积解释变量为 66.780%							
关系稳定性	19.613（$p = 0.051$）	1.783	0.051	0.978	0.921	0.975	0.992	0.079
	KMO 值为 0.854，Bartlett 检验值为 321.014，并显著异于 0（$p < 0.001$）累积解释变量为 66.233%							
关系价值补偿	13.068（$p = 0.109$）	1.633	0.013	0.996	0.956	0.927	0.982	0.063
	KMO 值为 0.699，Bartlett 检验值为 288.066，并显著异于 0（$p < 0.001$）累积解释变量为 59.299%							
关系资本	19.279（$p = 0.115$）	1.483	0.037	0.967	0.950	0.908	0.912	0.077
	KMO 值为 0.634，Bartlett 检验值为 347.113，并显著异于 0（$p < 0.001$）累积解释变量为 74.356%							

资料来源：笔者整理。

四　实证检验与数据分析

本研究的对象是整体模型，因此采用 Anderson 和 Gerbing 所建议的方式，进行两阶段的线性结构关系分析。[①] 第一阶段先针对各个变量及其衡量题项进行 Cronbach'α 系数分析及验证性因子分析，以了解信度和效度，如上已经分析完成；第二阶段则将多个衡量题项缩减为少数或者单一的衡量指标，再利用 AMOS7.0 结构方程软件来进行结构分析，以验证各项假设。

---

① Anderson, J. C. and Gerbing, D. W. Structural Equation Modeling in Practice: A Review and Recommended Two-step Approach [J]. Psychological Bulletin, 1988, 103 (3): 411 - 423.

（一）变量间的两两相关系数检验

根据变量间关系以及整体模型分析可知，本研究既有观测变量又有潜变量，既有变量间的直接作用，又有变量间的间接作用，因此本部分用结构方程模型来检验模型与数据的拟合情况。如表10-3所示，各变量间相关系数均显著，且相关系数均小于0.7的临界值，整个模型的方差膨胀因子小于10，因此，各变量间多重共线性问题并不显著，[①] 不会影响后续的分析。

表10-3　　　　　　变量间相关系数矩阵、方差膨胀因子与多重共线性检验

	1 参照认知	2 关系成熟度	3 实力预期	4 差序位置	5 差序归因	6 差序关系	7 替代	8 反哺	9 情义补偿	10 利益补偿	11 结构互利	12 情感互惠	13 群己互融
1	1.77												
2	0.45**	1.23											
3	0.33**	0.23*	1.63										
4	0.34**	0.57**	0.38**	1.82									
5	0.49**	0.69**	0.32**	0.39**	1.75								
6	0.31**	0.37**	0.17*	0.15*	0.31**	1.87							
7	0.19	0.33**	0.39**	0.43**	0.26**	0.52**	1.76						
8	0.37**	0.41**	0.12**	0.33**	0.45**	0.54**	0.31*	0.89					
9	0.12**	0.16*	0.15**	0.11*	0.26**	0.44**	0.37**	0.25*	1.92				
10	0.24*	0.19*	0.38**	0.12*	0.38**	0.36**	0.55**	0.49**	0.21*	1.67			
11	0.27**	0.21*	0.12*	0.29**	0.26**	0.32**	0.54**	0.168	0.15*	0.43**	1.95		
12	0.13*	0.12*	0.10*	0.37**	0.16*	0.29**	0.43**	0.58**	0.27**	0.33**	0.39**	1.89	
13	0.22*	0.11*	0.21**	0.33**	0.40**	0.16**	0.44**	0.21*	0.51**	0.30**	0.36**	0.27*	1.70
μ	13.19	12.32	9.86	11.49	13.51	14.05	9.42	10.81	10.88	7.36	10.05	9.86	8.83
σ	0.602	1.103	0.782	0.772	0.759	1.863	0.805	0.663	2.493	0.814	1.838	1.54	0.98
N	273	273	273	273	273	273	273	273	273	273	273	273	273

注：μ 表示均值，σ 表示标准差，N 表示样本量，相关系数矩阵对角线上加粗显示的数字表示方差膨胀因子，左下方显示相关系数，$*p<0.05$，$**p<0.01$。

资料来源：笔者整理。

（二）整体模型的关系分析

本部分运用AMOS7.0结构方程软件进行整体理论模型评估与假设关系检验。整体

[①] Hair, J. F., Anderson, R. E., Tatham, R. L. and Black, W. C. Multivariate Data Analysis, Upper Saddle River [M]. Nj: Prentice-hall, Inc., 1998.

理论模型评估是指参照多重指标，对理论模型与观察到的数据的适配度进行合理的判断，主要是 χ^2 检验方法、基本拟合指标、整体模型拟合度和模型内在结构适配度等四个方面的考察。[①] 由图 10 - 4 及表 10 - 3 可以看出，模型中因子载荷没有太低（<0.5）或太高（>0.95）的数值出现，拟合优度指数 GFI 值 0.973 >0.90、调整后拟合优度指数 AGFI 值 0.993 >0.90、标准拟合指数 NFI 值 0.913 >0.90、相对拟合指数 CFI 值 0.989 >0.90、增值适配度指数 IFI 值 0.971 >0.90、近似误差均方根 RMSEA 值 0.063 <0.08 以及残差均方根 RMR 值 0.049 <0.05。同时，卡方值 71.068，自由度 59，卡方自由度之比 1.204 <2，p 值 0.135 >0.05，相关指标均达到理想水平，表明整体理论模型与观察数据的匹配度是合理的。依据图 10 - 4 所示的假设检验结果可知，关系公平预期负向影响网络成员间的合作关系稳定性，差序公平感知正向影响网络成员间的合作关系稳定性，关系稳定性对网络成员间关系资本的构建有显著的正向影响。关系稳定性对关系价值补偿有显著影响，恰当的关系价值补偿能影响网络成员间的关系资本的构建。假设 H1、H2、H3、H4、H5 及 H6 获得支持。

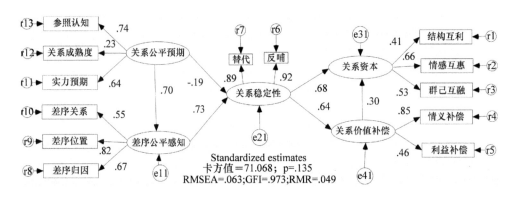

图 10 - 4　整体理论模型实证检验结果

资料来源：笔者整理。

此外，在整体模型分析的基础上，可进一步分析各变量对关系资本构建的直接效应、间接效应以及总效应，而总效应等于直接效应与间接效应之和。依据图 10 - 4 和表 10 - 4 所示的假设检验结果可以看出，关系公平预期、差序公平感知对关系资本构建有正向的间接效应，即关系公平预期、差序公平感知对关系资本构建并无显著的直接影响，但会经由关系稳定性、关系价值补偿对关系资本构建产生间接影响。关系稳定性对关系资本构建既有正向的直接效应，也会通过关系价值补偿对关系资本构建产生间接效应，因此，关系稳定性对关系资本的总效应值为 0.876。Baron 和 Kenny 认为

① Bagozzi, R. P. and Yi, Y. On the Evaluation of Structural Equation Models [J]. Academic of Marketing Science, 1988，(16)：74 - 94.

若变量 A 既对 C 有直接影响，又能够通过变量 B 影响 C，那么 B 在变量 A 和 C 之间存在部分中介作用。[①] 因此，关系价值补偿在关系稳定性和关系资本构建之间的部分中介作用成立，完全中介作用不成立，因此，假设 H7 获得部分支持。

表 10 - 4　　　　　　　　**各变量对关系资本构建影响效果分析**

	直接效应	间接效应 （经由关系稳定性、关系价值补偿）	总效应
关系公平预期		0.278	0.278
差序公平感知		0.637	0.637
关系稳定性	0.684	0.192	0.877
关系价值补偿	0.301		0.301

资料来源：笔者整理。

五　研究结果讨论

通过理论假设与实证研究，选取津、冀、鲁、豫四地 273 家成长性中小企业的有效问卷，本研究打开了关系公平预期、差序公平感知到关系资本构建之间的黑箱，从"差序感"这一视角探究了差序公平感知、关系稳定性、关系价值补偿之间的关系，建立了变量间的传导机制和影响路径。

整体结构模型研究发现，第一，关系公平预期负向影响关系稳定性，正向影响差序公平感知，而差序公平感知正向影响关系稳定性。这表明，关系稳定性取决于行动者内生和外生两种要素。

内生要素是指关系公平预期，主要包含对实力、关系成熟度以及行动者对公平判定标准的认知三个方面。网络成员实力越强，关系公平预期越高，"希望越大失望越大"，网络成员由于对网络感到失望而退出，从而影响网络的稳定性。关系成熟度主要用来表示与关系成员间关系的密切程度，如果网络成员间关系密切，则往往生出"求全之虞"，反而导致"间隙暗生"，影响网络关系的稳定性。同样，在根据参照认知进行评判时，这种自我认知越高，网络越不稳定。

外生要素是指差序公平感知，是在差序氛围中网络成员对关系公平的感知，公平感知是相对的，主要包含差序位置、差序关系和差序归因三个层次。在关系网络中，企业所处的位置不同，某一位置与资本相结合，共同决定网络成员在某一特定位置的

---

① Baron R., Kenny D. The Moderator-mediator Variable Distinction in Social Psychological Research: Conceptual, Strategic, and Statistical Consideration [J]. Journal of Personality and Social Psychology, 1986, 51 (6): 1173 - 1182.

得益权，在差序氛围下，权力不同，对公平的感知也就不同，如果这种感知超出了网络成员容忍度范围，则可能导致关系破裂，网络趋于不稳定状态。同理，网络成员间的关系远近不同而导致的差序公平感知差异也会影响网络关系的稳定状态。根据归因理论，可分为内归因、外归因和综合归因三种情况，内归因的行动者会把不公平的原因与个体内部的原因，如动机、态度、心境以及努力程度等个人特征相联系，对网络不公的容忍度相对较高，由此导致较高的网络稳定性。而外归因的行动者则往往把不公平的原因归结为背景、机遇、他人影响、工作任务难度等外部条件，容易产生愤愤不平，对网络不公的容忍度相对较低。差序归因是一种综合归因，行动者认识到在差序情境中，出现关系不公平现象的原因在于内因和外因共同作用的结果，因此会产生较高的容忍度，从而影响关系的稳定性。

综上所述，关系稳定性是关系公平预期和差序公平感知共同作用的结果。只有引导网络成员企业建立恰当的公平预期，并将差序公平感知内化为网络场域的某种惯习，才能维系网络的持久稳定。

第二，关系稳定性对关系资本构建既有正向的直接效应，也会通过关系价值补偿对关系资本构建产生间接效应，关系价值补偿在关系稳定性和关系资本构建之间的部分中介作用成立。这是因为长期稳定的关系降低企业的伙伴搜寻成本，所以对关系资本构建具有正向的直接效应。当出现网络关系不稳定现象时，网络成员会将关系维持成本与新关系搜寻成本及新关系构建成本之和进行比较。如果关系维持成本小于新关系搜寻成本及新关系构建成本之和，此时网络成员即使感觉到网络不公也会努力维持关系稳定，否则就可能会选择退出网络。然而网络中的关系节点之间存在错综复杂的关系，"牵一发而动全身"，退出会引发网络群体效应，如共同第三方的制约机制等。此时，为了避免网络成员退出，企业可以通过情义或利益方面的关系价值补偿，从而构建长期稳定的关系资本。

回顾我国儒家文化背景下的商业历史，无论是古代晋商的相与机制还是近现代浙商的呈会机制，都表明动荡的网络环境不利于网络关系资本的构建，网络成员宁可损失眼前的利益，也会维持网络的相对持续稳定。因此，对关系资本构建机制的研究有必要从网络稳定性的视角进一步扩充和深化，进而实现企业的网络化成长。由此来看，本研究获得的研究成果是有价值的。本研究打开了网络成员间差序公平感知到网络关系资本构建的黑箱，从网络稳定性的视角探究了差序公平感知、关系稳定性、关系价值补偿与关系资本构建的关系，建立了变量间的传导机制与影响路径。

第三，由于受到一些主客观条件的限制，在有些方面还存在一定的局限性。目前差序氛围下关系资本构建的相关实证研究较少，部分量表来源于实地访谈以及案例资料梳理，尽管在正式应用前执行了严格的量表开发程序，但其适用性仍需进一步检验；本部分样本选择存在明显的地域性，而且相对于南方发达地区，整体经济发展水平及企业发展层次相对落后，因此研究结果的一般性问题值得商榷，后续研究中应进一步扩大样本容量，对本模型提出的研究假设进行更大范围的验证。

第三节　小结

本章主要探讨了"网络结构—关系强弱""关系投资—关系多样""关系投资—关系多样"三组关系维度对于关系资本行业分布状态的描绘，对不同行业关系资本的配置、投资和拓展情况进行了分析，指出了行业的可进入性和可获利性前景，有助于深化对网络环境下行业关系资本构建的深入研究，也揭示了中国情景下不同行业的关系嵌入机会。其次，为了进一步了解中国文化元素，尤其是差序关系的本土根植效果，本研究还建立了关系价值补偿和关系资本建构之间的逻辑模型，经过实证检验，指出了关系差序感知、关系稳定和关系资本之间的路径关系，并考察了价值补偿的中介调节作用。

参考文献

Achim Walter, Michael Auer. Thomas Ritter. The Impact of Network Capabilities and Entrep Reneurial Orientation on University Sprin-off Performance［J］. Journal of Business Venturing, 2006,（21）.

Ahuja, G. Collaboration Networks, Structural Holes, and Innovation: A Longitudinal Study ［J］. Administrative Science Quarterly, 2000, 45（3）.

Alchian, A. , Demsetz, H. Production, Information Costs and Economic Organization ［J］. American Economic Review, 1972,（62）.

Alvarez, S. A. , Barney, J. B. How Entrepreneurial Firms can Benefit from Alliances with Large Partners ［J］. Acad Management Executive, 2001, 15（1）.

Amit, R. , Schoemaker, P. J. H. Strategic Assets and Organizational Rent ［J］. Strategic Management Journal, 1993,（1）.

Anderson M. H. The Effects of Individual's Social Network Characteristics and Information Processing Characteristics on Their Sense Making of Complex, Ambiguous Issues ［D］. U. S. A. : University of Minnesota, 2002.

Anderson, J. C. and Gerbing, D. W. Structural Equation Modeling In Practice: A Review and Recommended Two-step Approach, ［J］. Psychological Bulletin, 1988, 103（3）.

Anderson, J. C. , Narus, J. A. Business Market Management, Understanding, Creating and Delivering Value ［M］. New Jersey: Prentice Hall, 1999.

Anheir, H. K. , Gerhards, J. , Romo, F. Forms of Capital and Social Structure in Cultural Fields: Examining Bourdieu's Social Topography ［J］. American Journal of Sociology, 1995, 100.

Bagozzi, R. P. and Yi, Y. On the Evaluation of Structural Equation Models ［J］. Academic of Marketing Science, 1988,（16）.

Banrey C. , Hanse, D. M. Trustworthiness as a Source of Competitive Advantage ［A］. Paper Given at the Australian Graduate School of Management ［C］. University of New South Wales, Sydney, 1995.

Barney, J. B. Organisational Culture: Can it be a Source of Sustained Competitive Advantage?

[J] . Academy of Management Review, 1986, 11 (3) .

Barney, J. B. Strategic Factor Markets: Expectations, Luck and Business Strategy [J]. Management Science, 1986, (10) .

Barney, J. Firm Resources and Sustained Competitive Advantage [J] . Journal of Management, 1991, (17) .

Baron R. , Kenny D. The Moderator-mediator Variable Distinction in Social Psychological Research: Conceptual, Strategic and Statistical Consideration [J] . Journal of Personality and Social Psychology, 1986, 51 (6) .

Bathelt H. , Taylor M. Clusters, Power and Place: Inequality and Local Growth In Time-Space [J] . Geografiska Annaler, 2002, 84 (2) .

Benjamin, Gomes-Casseres. Group Versus Group: How Alliance Networks Compete [J]. Harvard Business Review, 1994, 72 (4) .

Best, M. The New Competition [M] . Massachusetts: Harvard University Press, 1990.

Bhide, A. The Origin and Evolution of New Businesses [M] . Oxford: The Oxford University Press, 1999.

Biggart, Hamilton. On the Limit of a Firm-Based Theory to Explain Business Networks: The Western Bias of New Classical Economics [M] . New York: Harvard Business Press, 1992.

Bob Hanek. Trust or Hierarchy? Changing Relationships Between Large and Small Firms in Franee [J] . Small Business Economics, 1998, (11) .

Bonds, N. Intellectual Capital: An Exploratory Study that Develops Methods and Models [J]. Management Decision, 1998, 3 (2) .

Bontis, N. Managing Organizational Knowledge by Diagnosing Intellectual Capital: Framing and Advancing the State of the Field [J] . International Journal of Technology Management, 1996, (18) .

Bourdieu, P. Le Capital Social: Notes Provisoires [J] . Actes De La Rechereheen Sciences Sociales, 1980, (31) .

Bourgeois, L. J. On the Measurement of Organizational Slack [J] . Academy of Management Review, 1981, 6 (1) .

Brass, D. J. , Burkhardt, M. E. Potential Power and Power Use: An Investigation of Structure and Behavior [J] . Academy of Management Journal, 1993, 36 (3) .

Brennan, D. R. Dyadic Adaption in Business-to-business Markets [J] . European Journal of Marketing, 2003, 37.

Brüderl, J. , Preisendrfer, P. Network Support and the Success of Newly Founded Business

［J］. Small Business Economics, 1998, 10.

Burt Ronald S. Structural Holes: The Social Structure of Competition ［M］. Harvard University Press, 1992.

Burt, R. S. The Network Structure of Social Capital ［C］. Sutton, R. I., Staw, B. M. Researchin Organizational Behavior ［M］. JAI Press, Greenwich, CT, 2000.

C. Namara, G., Deephouse, D. L., Luce, R. A. Competitive Positioning Within and Across a Strategic Group Structure: The Performance of Core, Secondary and Solitary Firms ［J］. Strategic Management Journal, 2003, 24 (2).

Cabrera-Suarez, K. Leadership Transfer and the Successor's Development in the Family Firm ［J］. The Leadership Quarterly, 2005, 16.

Capello R., Faggian, A. Collective Learning and Relational Capital in Local Innovation Processes ［J］. Regional Studies, 2005, (39).

Carroll G. R., Teo A. C. On the Social Networks of Managers ［J］. Academy of Management Journal, 1996, 39 (4).

Cheng B. S., Chou L. F., Wu T. Y., Huang M. P., Farh J. L. Paternalistic Leadership and Subordinate Responses: Establishing a Leadership Model in Chinese Organizations ［J］. Asian Journal of Social Psychology, 2004, 7 (1).

Cheng, J. L. Organizational Slack and Response to Environmental Shifts: The Impact of Resource Allocation Patterns ［J］. Journal of Management, 1997, (23).

Chien, Ting-Hua, Chung-Shan. Competition and Cooperation Intensity in A Network: A Case Study in Taiwan Simulator Industry ［J］. The Journal of American Academy of Business, 2005, 7 (9).

Christian Lechner, Michael Bowling, Isabell Welpe. Firm Networks and Firm Development: The Role of the Relatonal Mix ［J］. Journal of Business Venturing, 2006, (21).

Coase, R. H. The Nature of the Firm ［A］. 1937. In: Williamson, O. E., Winter S. G. (ed.) The Nature of the Firm ［C］. New York: Oxford University Press, 1993.

Coase. R. H. The Problem of Social Cost ［J］. Journal of Law and Economics, 1960, (3).

Cohen W., Levinthal D. Absorptive Capacity: A New Perspective on Learning and Innovation ［J］. Administrative Science Quarterly, 1990, 35 (1).

Cohen, W., Levinthal, D. Absorptive Capacity: A New Perspective on Learning and Innovation ［J］. Administrative Science Quarterly, 1990, 35 (1).

Coleman, J. S. Social Capital in the Creation of Human Capital ［J］. American Journal of Sociology, 1988, 94 (1).

Coleman, James. Foundations of Social Theory ［M］. Cambridge, MA: Belknap Press of

Harvard University Press, 1990.

Colombo, M. , Grilli, L. Founders' Human Capital and the Growth of New Technology-based Firms: A Competence-based View [J]. Research Policy, 2005, 34 (6).

Contractor, F. , Lorange, P. Why Should Firms Cooperate? The Strategy and Economics Basis for Cooperative Ventures [A]. Cooperative International Business [C]. Lexington, MA: Lexington Books, 1988.

Crosby, L. A. , Kenneth, R. E. , Deborah, C. Relationship Quality in Services Selling: An Interpersonal Influence Perspective [J]. Journal of marketing, 1990, 54 (7).

Cullen, J. B. , Johnson, J. L. , Sakano, T. Success Through Commitment and Trust: The Soft Side of Strategic Alliance Management [J]. Journal of World Business, 2000, 35 (3).

Das, T. K. , Teng, B. Between Trust and Control: Developing Confidence in Partner Cooperation in Alliances [J]. Academy of Management Review, 1998, 23 (3).

Das, T. K. , Teng, B. S. Instabilities of Strategic Alliances: An Internal Tensions Perspective [J]. Organization Science, 2000a, 11 (1).

Das, T. K. , Teng, B. S. A Resource-based Theory of Strategic Alliances [J]. Journal of Management, 2000b, 26 (1).

Dasher, P. E. , Jens, W. G. Jr. Family Business Succession Planning [J]. Business Horizons, 1999, 42 (5).

De CDM, Saparito P. Social Capital, Cognition, and Entrepreneurial Opportunities: A Theoretical Framework [J]. Entrepreneurship: Theory and Practice, 2006, 30 (1).

Desirée Blankenburg Holm, Kent Eriksson, Jan Johanson. Creating Value Through Mutual Commitment to Business Network Relationships [J]. Strategic Management Journal, 1999, (5).

Dierickx, I. , Cool, K. Asset Stock Accumulation and Sustainability of Competitive Advantage [J]. Manage Science, 1989, (35).

Dimaggio, P. Structural Analysis of Organizational Fields: A Block Model Approach [J]. Research in Organizational Behavior, 1986, (8).

Doney, P. M. , Cannon, J. P. An Examination of the Nature of Trust in Buyer-seller Relationships [J]. Journal of Marketing, 1997, 61 (4).

Dovev, Lavie. The Competitive Advantage of Interconnected Firms: An Expansion of the Resource-based View [J]. Academy of Management Review, 2006, 31 (3).

Doz, Y. L. The Evolution of Cooperation in Strategic Alliances: Initial Conditions or Learning Processes [J]. Strategic Management Journal, 1996, 17.

Dunning, J. H. Relational Assets, Networks and International Business Activity [A]. Entrepreneurial Cooperation in Knowledge-Based Economies, 2003.

Dunning, J. H. The Selected Essays of John Dunning [M]. Edward Elgar, 2002.

Dwyer, F. R., Schurr, P. H., Oh, S. Developing Buyer Seller Relationships [J]. Journal of Marketing, 1987, 51 (2).

Dyer, J. H., Singh. The Relational View: Cooperative Strategies and Sources of Inter-organizational Competitive Advantage [J]. Academy of Management Review, 1998, 23 (4).

Dyer, J. H., Kale, P. & Singh, H. How to Make Strategic Alliances Work [J]. Salon Management Review, 1998, 23 (4).

Dyer, J., Nobeoka, K. Creating and Managing a High Performance Knowledge-sharing Network, the Toyota Case [J]. Strategic Management Journal, 2000.

Dyer, J. H. Specialized Supplier Networks as A Source of Competitive Advantage: Evidence from the Auto Industry [J]. Strategic Management Journal, 1996, 17 (4).

Economides, N. The Economics of Networks [J]. International Journal of Industrial Organization, 1996, 16 (4).

Edvinsson, J., Roos, L. G. Intellectual Capital: Navigating in the New Business Landscape [M]. New York: New York University Press, 1998.

Edwards J R. Problems with the Use of Profile Similarity Indicts in the Study of Congruence in Organizational Research [J]. Personnel Psychology, 1993, (46).

Emerson, Richard M. Power-Dependence Relations [J]. American Sociological Review, 1962, 27.

Eren Ozgen, Baron R. A. Social Sources of Information in Opportunity Recognition: Effects of Mentors, Industry Networks, and Professional Forums [J]. Journal of Business Venturing, 2007, 22.

Fama, E. Agency Problems and the Theory of the Firm [J]. Journal of Political Economy, 1980, (88).

Folger R. The Road to Fairness and Beyond [C] //Smith K G, A Hitt M A. Great Minds in Management: The Process of Theory Development Oxford: Oxford University Press, 2009.

Fombrun, C. J. Strategies for Network Research in Organizations [J]. Academy of Management Review, 1982, 7 (2).

Ford, D., Håkansson, H. Some Things Achieved: Much More to Do [J]. European Journal of Marketing, 2006, 40 (3/4).

Frank Moulaert, Farid Sekia. Territorial Innovation Models: A Critical Survey [J]. Regional Studier, 2003, (37).

Freeman, L. C. Centrality in Social Networks Conceptual Clarification [J]. Social Network, 1979, S1 (1978/79).

Freyman, J. D, Huer, K. R., Paturel, R. Condition Model for Transferring Social Capital In Family Business Succession [J]. Family Enterprise, 2006, 1.

Fukuyama F. Social Capital and the Modem Capitalist Economy: Creating a High Trust Workplace [J]. Stem Business Magazine, 1997.

Fukuyama, F. Trust: The Social Virtues and the Creation of Prosperity [M]. New York, Free Press, 1995.

Gautam Ahuja. The Duality of Collaboration: Inducements and Opportunities in the Formation of Inter-firm Linkage [J]. Strategic Management Journal, 2000, (21).

Geletkanycz M. A., Hambrick D. C. The Externalties of Senior Managers: Implications for Strategic Choice and Performance [J]. Administrative Science Quarterly, 1997, 42 (4).

Gomes, L. Ramaswamy, K., An Empirical Examination of the form of the Relationship Between Multinationality and Performance [J]. Journal of International Business Studies, 1999, (30).

Grabher, G. The Weakness of Strong Ties: The Lock-in of Regional Development in the Ruhr Area [C]. In: The Embedded Firm, ed. G. Grabher. London: Routledge, 1993.

Granovetter, M. Economic Action and Social Structure: The Problem of Embeddedness [J]. American Journal of Sociology, 1985, 91 (3).

Granovetter, M. Economic Institutions as Social Constructions: A Framework for Analysis [J]. Acta Sociologica, 1992, (35).

Granovetter, M. S. The Strength of Weak Ties [J]. American Journal of Sociology, 1973, 78 (6).

Granovetter, M. The Strength of Weak Ties: A Network Theory Revisited [J]. Sociological Theory, 1983, 1.

Grayson, K., Ambler, T. The Dark Side of Long-term Relationships in Marketing Services [J]. Journal of Marketing Research, 1999, 36 (1).

Gregorio Martín de Castro, Pedro López Sáez, José Emilio Navas López. The Role of Corporate Reputation in Developing Relational Capital [J]. Journal of Intellectual Capital, 2004, 5 (4).

Guest D. E. Human Resource Management and Performance: Still Searching for Some Answers [J]. Human Resource Management Journal, 2011, 21 (1).

Gulati R, Nohrian, Zaheer A. Strategic Networks [J]. Strategic Management Journal,

2000, 25 (2).

Gulati, R., Dialdin D. A. & Wang, L. Organizational Networks ［A］. in Baum, J. A. C. (ed.) The Blackwell Companion to Organizations ［M］. Australia, Blackwell Publishing, 2002.

Gulati, R. & Gargiulo, M. Where do Inter-organizational Networks come from ［J］. American Journal of Sociology, 1999, 104 (5).

Hagedoom, J., Roijakkers, N., Van Kranenburg, H. Inter-firm R&D Networks: The Importance of Strategic Network Capabilities for High-tech Partnership Formation ［J］. British Journal of Management, 2006, (17).

Hagedoorn, J. Understanding the Cross-level Embeddedness of Interfirm Formation ［J］. Academy of Management Review, 2006, 31 (3).

Hair, J. F., Anderson, R. E., Tatham, R. L. and Black, W. C. Multivariate Data Analysis, Upper Saddle River ［M］. NJ: Prentice-hall, Inc. 1998.

Håkansson, H., Snehota, I. Developing Relationships in Business Networks ［M］. London, UK: Routledge, 1995.

Håkansson, H. Industrial Technological Development: A Network Approach ［M］. London: Croom Helm, 1987.

Halinen, A. Relationship Marketing in Professional Services: A Study of Agency-Client Dynamics in the Advertising Sector ［M］. London: Routledge, 1997.

Hambrick D. C., Mason P. A., Upper Echelons. The Organization as A Reflection of Its Top Managers ［J］. Academy of Management Review, 1984, 9 (2).

Hamilton, G. Business Networks and Economic Development in East and Southeast Asia ［Z］. Hong Kong: Centre for Asian Studies, 1991.

Hamilton, Gary G. Asian Business Networks ［M］. New York: De Gruyter, 1996.

Handler, W. C. Succession in Family Firms: A Mutual Role Adjustment Between Entrepreneur and Next-generation Family Members ［J］. Entrepreneurship Theory & Practice, 1990, 15 (1).

Hansen, M. T. The Search-transfer Problem: The Role of Weak Ties in Sharing Knowledge Across Organization Subunits ［J］. Administrative Science Quarterly, 1999, 44 (1).

Hawkins, T. G., Wittmann, C., Michael, Beyerlein, M. M. Antecedents and Consequences of Opportunism in Buyer-supplier Relations: Research Synthesis and New Frontiers ［J］. Industrial Marketing Management, 2008, 37 (8).

Helen McGrath. Developing a Relational Capability Construct for SME Network Marketing Using Cases and Evidence from Irish and Finnish SMEs ［D］. Waterford Institute of Technology, 2008, (10).

Herold, D. M. What is the Relationship between Organizational Slack and Innovation? [J]. Journal of Managerial Issues, 2006, 53 (3).

Hite, J. M., Hesterly, W. S. The Evolution of Firm Networks: From Emergence to Early Growth of the Firm [J]. Strategic Management Journal, 2001, 22 (9).

Hoffmann W. H. Strategies for Managing a Portfolio of Alliances [J]. Strategic Management Journal, 2007, (28).

Holm, D B., Eriksson, K., Johanson, J. Creating Value through Mutual Commitment to Business Network Relationships [J]. Strategic Management Journal, 1999, 20 (5).

Holm, D. B., Eriksson, K., Johanson, J. Business Networks and Cooperation in International Business Relationships [J]. Journal of International Business Studies, 1999, 27 (5).

Humphrey J., Schmitz H. The Triple C Approach to Local Industrial Policy [J]. World Development, 1996, 24 (12).

Inkpen, A. C., Tsang, E. W. K. Social Capital, Networks, and Knowledge Transfer [J]. Academy of Management Review, 2005, 30 (1).

Ireland, R. D., Hitt, M. A., Vaidyanath, D. Alliance Management as a Source of Competitive Advantage [J] Journal of Management, 2002, 28 (3).

Iyer, D. N. Performance Feedback, Slack and the Timing of Acquisitions [J]. Academy of Management Journal, 2008, 51 (4).

James F. Moore. Business Ecosystem and the View from the Firm [J]. Auti-trust Bulletin, 2006, 51.

James S. Coleman, Social Capital in the Creation of Human Capital [J]. American Journal of Sociology, 1988, 94.

Jansen J. J. P., Van den Bosch F. A. J., Volberda H. W. Exploratory Innovation, Exploitative Innovation and Ambidexterity: The Impact of Environmental and Organizational Antecedents [J]. Schmalen-bach Business Review, 2005, 57.

Jap, S. D., Anderson, E. Safeguarding Inter-organizational Performance and Continuity Under Expost Opportunism [J]. Management Science, 2003, 49 (12).

Jarillo. On Strategic Networks [J]. Strategic Management Journal, 1988.

Jauch, Glueck. Short Term Financial Success in Large Business Organizations: The Environment Strategy Connection [J]. Strategic Management Journal, 1980, 1 (1).

Jay B. Barney. Firm Resource and Sustained Competitive Advantage [J]. Journal Management, 1991, 3.

Jeffrey Pfeffer, Geraldr, Salancik. The External Control of Organizations: A Resource Dependence Perspective [M]. New York: Harper and Row, 1978.

Jensen, M. C., and Meckling, W. H. Theory of the Firm: Managerial Behavior, Agency Costs and Ownership Structure [J]. Journal of Financial Economics, 1976. 3 (4).

Johannisson, B. Business Formation: A Network Approach [J]. Journal of Management, 1988, 4 (3/4).

Johanson, J., Mattsson, L. G. Interorganizational Relations in Industrial Systems: The Network Approach Compared with the Transaction Cost Approach [J]. International Studies of Management and Organization, 1987, 17 (1).

John H. Dunning, Relational Assets, Networks, and International Business Activity [J]. The Academy of Management, 2002, (8).

Johnson, J. L. Strategic Integration in Industrial Distributionchannels: Managing Theinter-Firm Relationship as a Strategic Asset [J]. Journal of Academy of Marketing Science, 1999, 27 (1).

Kale, P., Singh, H., Perlmutter, H. Learning and Protection of Proprietary Assets in Strategic Alliances Building Relational Capital [J]. Strategic Management Journal, 2000, 21.

Kalish, Yuval, Bridging in Social Networks: Who are the People in Structural Holes and Why are They There? [J]. Asian Journal of Social Psychology, 2008, 11.

Kartik Kalaignanam, Venkatesh Shankar, Rajan Varadarajan. Asymmetric New Produc Development Alliances: Win-Win or Win-Lose Partnerships? [J]. Management Science, 2007, 53 (3).

Kilduff, M., Tsai, W. P. Social Networks and Organizations [M]. London: Sage Publications, 2003.

Kim, T. Y., Oh, H. Framing Inter Organizational Network Change: A Network Inertia Perspective [J]. Academy of Management Review, 2006, 31 (3).

Kirzner, I. Competition and Entrepreneur Ship [M]. Chicago: University of Chicago Press, 1973.

Kogut, B., U. Zander. Knowledge of the Firm, Combinative Capabilities, and the Replication of Technology [J]. Organization Science, 1992, (3).

Koka, B. R. & Prescott, J. E. Designing Alliance Networks: The Influence of Network Position Environmental Change and Strategy on Firm Performance [J]. Strategic Management Journal 2008, 29 (6).

Koka, B. R., Prescott, J. E. Strategic Alliances as Social Capital: A Multidimensional View [J]. Strategic Management Journal, 2002, 23 (9).

Krackhardt, D. and L. W. Porter. The Snowball Effect: Turnover Embedded in Communication Networks [J]. Journal of Applied Psychology, 1986, 71.

Kreps, D. M. Markets and Hierarchies and (Mathematical) Economic Theory [J]. Industrial and Corporate Change, 1996, 5 (2).

Kumar, N. The Power of Trust in Manufacturer-Retailer Relationships [J]. Harvard Business Review, 1996, 74 (6).

Kumar, N., Scheer, L. K., Benedict, J. et al.. The Effects of Supplier Fairness on Vulnerable Resellers [J]. Journal of Marketing Research, 1995, 4.

Lane, C., Bachmann, R. Trust Within and between Organizations: Conceptual Issues and Empirical Applications [M]. New York: Oxford University Press, 1998.

Lansberg, I. Succeeding Generations: Realizing the Dreams of Families in Business [M]. Boston: Harvard Business School Press, 1999.

Lavie, D. The Competitive Advantage of Interconnected Firms: An Expansion of the Resource-based View [J]. Academy of Management Review, 2006, 31 (3).

Leana, C. R., van Buren, H. J. III. Organizational Social Capital and Employment practices [J]. Academy of Management Review, 1999, 24 (3).

Lechner, C., Frankenberger, K., Floyd, S. W. Task Contingencies in the Curvilinear Relationships between Intergroup Networks and Initiative Performance [J]. Academy of Management Journal, 2010, 53 (4).

Leibenstein, H. Organizational or Fractional Equilibriums, X-efficiency, and the Rate of Innovation [J]. Quarterly Journal of Economies, 1969, (83).

Lenders, R. A. J., Gabbay, S. M. Social Capital of Organizations [M]. Amsterdam, JAI Press, 2001.

Levin, D. Z., Cross, R. The Strength of Wek Ties You Can Trust: The Mediating Role of Trust in Effective Knowledge Transfer [J]. Management Science, 2004, (11).

Levinson, A. Cross National Alliances and Inter-organizational Learning [J]. Organizational Dynamics, 1996, 24 (7).

Levitt, B., March, J. Organizational learning [J]. Annual Review of Sociology, 1988, (14).

Lewicki, R. J., Bunkerk, B. B. Trust in Relationship: A Model of Development and Decline [M]. San Francisco: Jossey-bass, 1995.

Lin, N. and Dumin, M., Access to Occupations Through Social Ties [J]. Social Networks, 1986, (8).

Lin, N. Social Networks and Status Attainment [J]. Review of Sociology, 1999, (25).

Lind E. A. , Tyler R. The Social Psychology of Procedural Justice ［M］. New York： Plenum Press. 1988.

Longenecker, J. , Schoen, J. Management Succession in the Family Business ［J］. Journal of Small Business Management, 1978, 16 （3）.

Lorenzoni, Lipparini. The Leveraging of Interfirm Relationships as a Distinctive Organizational Capability： A Longitudinal Study ［J］. Strategic Management Journal, 1999, 20.

Lorenzoni, G. , Ornati, O. Constellations of Firms and New Ventures ［J］. Journal of Business Venturing, 1988, 3.

Lubatkin, Simsek. Ambidexterity and Performance in Small-to Medium-Sized Firms： The Pivotal Role of Top Management Team Behavioral Integration ［J］. Journal of Management, 2006, （10）.

Macneil, I. R. The New Social Contract： An Inquiry Into Modern Contractual Relations ［M］. London： Yale University Press, 1980.

Magart A. Peteraf. The Cornerstones of Competitive Advantage： A Resource-based View ［J］. Strategic Management, 1993, 14.

Mark Granovetter. Problems of Explanation in Economic Sociology ［C］. Boston： Harvard Business School Press, 1992, 91.

Marsden, P. , Hurlbert, J. Social Resources and Mobility Outcomes： A Replication and Extension ［J］. Social Forces, 1988, 67.

Martínez-Torres, M. R. A Procedure to Design Structural and Measurement Model of Intellectual Capital： An Exploratory Study ［J］. Information & Management, 2006, 43 （5）.

McEvily and Zaheer. Bridging Ties： A Source of Firm Heterogeneity in Competitive Capabilities ［J］. Strategic Management Journal, 1999, （20）.

McEvily, B. , Marcus, A. Embedded Ties and the Acquisition of Competitive Capabilities ［J］. Strategic Management Journal, 2005, （26）.

McEvily, B. , Zaheer, A. Bridging Ties： A Source of Firm Heterogeneity in Competitive Capabilities ［J］. Strategic Management Journal, 1999, 20 （12）.

Michael W. Morris, Katherine Y. Williams, Kwok Leung, Richard Larrick, M. Teresa Mendoza, Deepti Bhatnagar, Jianfeng Li, Mari Kondo, Jin-Lian Luo and Jun-Chen Hu. Conflict Management Style： Accounting for Cross-National Differences ［J］. Journal of International Business Studies, 1998, 29 （4）.

Mohr, J. , Spekman, R. Characterisitics of Partnership Success： Partnership Attributes, Communication Behavior, and Conflict Resolution Techniques ［J］. Strategic Management Journal, 1994, 15.

Moller, K. K. , Halinen A. Business Relationships and Networks: Managerial Challenge of Network Era [J] . Industrial Marketing Management, 1990, (54) .

Möller, Kristian, Arto Rajala, Senja Svahn. Strategic Business Nets: Their Type and Management [J] . Journal of Business Research, 2005, (58) .

Moor James, F. The Death of Competition: Leadership and Strategy in the Age of Business Ecosystems [M] . New York: Harper Business, 1996.

Moorman, C. , Zaltman, G. , Deshpande, R. Relationships between Providers and Users of Market Research: The Dynamics of Trust Within and between Organizations [J] . Journal of Marketing Research, 1992, 29 (3) .

Morgan, R. M. , Shelby, D. H. The Commitment-Trust Theory of Relationship Marketing [J]. Journal of Marketing, 1994, 58 (3) .

Mowery, D. C. , Oxley, J. E. Strategic Alliances and Interfirm Knowledge and Interfirm Knowledge Transfer [J] . Strategy Management Journal, 1996, 17.

Nahapiet, J. , Ghoshal, S. Social Capital, Intellectual Capital, and the Organizational Advantage [J] . Academy of Management Review, 1998, 23 (2) .

Naude, P. , Buttle, F. Assessing Relationship Quality [J] . Industrial Marketing Management, 2000, 29, (4) .

Nelson, R. E. The Strength of Strong Ties: Social Networks and Intergroup Conflict in Organizations [J] . Academy of Management Journal, 1989, 32 (2) .

Nelson, R. R. , Winter, S. G. An Evolutionary Theory of Economics Change [M]. Cambridge: Belknap Press, 1982.

Noble, C. H. , Sinha, R. K. , Kumar, A. Market Orientation and Alternative Strategic Orientations, A longitudinal Assessment of Performance Implications [J] . Journal of Marketing, 2002, (66) .

Nohria, N. , Gulati, R. Is Slack Good or Bad for Innovation? [J] . Academy of Management Journal, 1996, 39 (5) .

Nohria, Nitin, Eccles, Robert Cx, Networks and Organizations: Structure, Form, and Action, Boston [M] . Harvard Business School Press, 1992.

Olaf Helmer. Problems in Futures Research: Delphi and Causal Cross-impact Analysis [J] . Futures, 1977, 9 (1) .

Olkkonen, R. , Tikkanen, H. & Alajoutsijarvi, K. The Role of Communication in Business Relationships and Networks [J] . Management Decision, 2000, 38.

Paloma Sánchez, Cristina Chaminade, Marta Olea, Management of Intangibles: An Attempt to Build a Theory [J] . Journal of Intellectual Capital, 2000, 1 (4) .

Park, S. O. , Ungson, G. R. Interfirm Rivalry and Managerial Complexity: A Conceptual Framework of Alliance Failure [J] . Organization Science, 2001, 12 (1) .

Parkhe, A. , Wasserman, S. , Ralston, D. A. New Frontiers in Network Theory Development [J] . Academy of Management Review, 2006, 31 (3) .

Peng, M. W. , Heath P. The Growth of the Firm in Planned Economies in Transition, Institutions, Organizations, and Strategic Choice [J] . Academy of Management Review, 1996, 21 (2) .

Penrose, E. T. The Theory of the Growth of the Firm [M] . New York: John Wiley, 1959.

Ping, R. A. J. R. A Parsimonious Estimating Technique for Interaction and Quadratic Latent Variables [J] . Journal of Marketing Research, 1995, 17 (8) .

Ping, R. A. Some Uninvestigated Antecedents of Retailer Exit Intention [J] . Journal ofBusiness Research, 1995, 34 (3) .

Portes, A. Senbrenner, J. Embededdedness and Immigration: Notes on the Social Determinants of Economics Action American [J] . Journal of Sociology, 1993, 98 (6) .

Powell, W. W. Neither Market Nor Hierarchy: Network Forms of Organization [J]. Research in Organizational Behavior, 1990, 12 (S 295) .

Powell, W. W. , Koput, K. W. , Smith-Doerr, L. Interorganizational Collaboration and the Locus of Innovation: Networks of Learning in Biotechnology [J] . Administrative Science Quarterly, 1996, 41, (1) .

Powell, W. Learning from Collaboration: Knowledge and Networks in the Biotechnology and Pharmaceutical Industries [J] . California Management Review, 1998, 40.

Powell. W. W. Neither Market Nor Hierarchy: Network Forms of Organization [A] . Staw R Cummings. L. L. Research in Organizational Behavior [C] . Greenwich, CT: JA I Press, 1990.

Prabakar Kothandaraman, David, T. WILSON. The Future of Competition Value-creating Networks [J] . Industrial Marketing Management, 2001, 4.

Prahalad, C. K. , Hamel, G. Core Competence of the Corporation [J] . Harvard Business Review, 1990, (66) .

Ranjay Gulati. Does Familiarity Breed Trust? The Implications of Repeated Ties for Contractual Choice in Alliances [J] . Academy of Management Journa, 1995, 38 (1) .

Ranjay. Gulati. Alliances and Networks [J] . Strategic Management Journal, 1998, 19.

Reagans, R. , McEvily, B. Network Structure and Knowledge Transfer: The Effects of Cohesion and Range [J] . Administrative Science Quarterly, 2003, 48 (2) .

Reagans, R. , Zuckerman, E. W. Networks, Diversity, and Productivity: The Social Capital of Corporate R & D Teams［J］. Organization Science, 2001, 12（4）.

Renzulli, L. A. , Aldrich, H. , Moody, J. Family Matters: Gender, Networks, and Entrepreneurial Outcomes［J］. Social Forces, 2000, 79（2）.

Richard Normann Ramirez. From Value Chain to Value Constellation: Designing Interactive Strategy［J］. Harvard Business Review, 1993, 71.

Ritter, T. , Georg, H. Network Competence: Its Impact on Innovation Success and its Antecedents［J］. Journal of Business Research, 2003, 56（3）.

Rodríguez Díaz, Espino Rodríguez. Redesigning the Supply Chain: Reengineering, Outsourcing, and Relational Capabilities［J］. Business Process Management Journal, 2006, 12.

Rogers, E. , Kincaid, D. L. Communication Networks: Toward a New Paradigm for Research ［M］. New York: Free Press, 1981.

Ronald S. Burt. Secondhand Brokerage: Evidence on the Importance of Local Structure for Managers, Bankers and Analysts［J］. Academy of Management Journal, 2007, 50 （1）.

Ronald S. Burt. Structural Holes: The Social Structure of Competition［M］. Cambridge, MA: Harvard University Press, 1992.

Rowle, H. , Baluja, S. , Kanade, T. Neural Network-based Face Detection［J］. IEEET Ran's on Pattern Analysis and Machine Intelligence, 1998, 1（20）.

Rowley, T. , Behrens, D. , Krackhardt, D. Redundant Governance Structures, An Analysis of Structural and Relational Embeddedness in the Steel and Semiconductor Industries ［J］. Strategic Management Journal, 2000.

Stohl M, Stoh l C. H um an Rights, Nation States, and NGOs: Structural Holes and the Emergence of Global Regimes［J］. Communication Monographs, 2005,（4）.

S. Breschi, F. Lissoni. Knowledge Spillovers and Local Innovation Systems: A Critical Survey ［J］. Industrial and Corporate Change, 2001.

Sachs, Jeffrey. Poland's Jump to the Market Economy［M］. Cambridge, MA: MIT Press, 1993.

Sandnes, R. , Mahoney, J. T. Modularity, Flexibility and Knowledge Management in Product and Organization Design［J］. Strategic Management Journal, 1996,（17）.

Seibert S. E. , Kraimer M. L. , Linden R. C. A Social Capital Theory of Career Success［J］. Academy of Management Journal, 2001, 44（2）.

Shipilov A. V. , Li S X. Can You Have Your Cake and Eat it Too? Structural Holes' Influence on Status Accumulation and Market Performance in Collaborative Networks［J］. Administrative Science Quarterly, 2008, 53（1）.

Simonion, B. L. Ambiguity and the Process of Knowledge Transfer in Strategic Alliances [J]. Strategic Management Journal, 1999, (20).

Singh, H., Zollo, M. Globalization Through Acquisition and Alliances: An Evolutionary Perspective [M]. Cambridge, Cambridge University Press, 2004.

Smith A. Power Relations, Industrial Clusters, and Regional Transformations: Pan-European Integration and Outward Processing in the Slovak Clothing Industry [J]. Economic Geography, 2003, 79 (1).

Smith, R. E., Schutz, R. W., Smoll, F. L., Ptacek, J. T. Development and Validation of a Multidimensional Measure of Sport-specific Psychological Skills: The Athletic Coping Skills Inventory [J]. Journal of Sport and Exercise Psychology, 1995, 17.

Spekman, Strauss, D. An Exploratory Investigation of a Buyers Concern for Factors Affecting More Co-operative Buyer-seller Relationships [J]. Industrial Marketing and Purchasing, 1986, 1.

Steier, L., Greenwood, R. Entrepreneurship and the Evolution of a Angel Financial Networks [J]. Organization Studies, 2000, 21 (1): 163 – 192.

Stroper M. The Transition to Flexible Specialization in Industry: External Economies, the Division of Labor and the Crossing of Industrial Divides [J]. Cambridge Journal of Economics, 1989, (13).

Stuart Toby E., H. Hoang, Ralph Hybels. Interorganizational Endorsements and the Performance of Ereneurial Ventures [J]. Administrative Science Quarterly 1999, 44 (2).

Suarez, F. F. Network Effects Revisited: The Role of Strong Ties in Technology Selection [J]. Academy of Management Journal, 2005, 48 (4).

Susanna, S., Nicole, C. Entrepreneurship Research on Network Processes: A Review and Ways Forward [J]. Entrepreneurship Theory and Practice, 2010, (1).

Tan, W. L., Fock, S. T. Coping with Growth Transitions: The Case of Chinese Family Businesses in Singapore [J]. Family Business Review, 2001, 14 (2).

Tasi, W., Ghoshal, S. Social Capital and Value Creation: The Role of Inter Firm Networks [J]. Academy of Management Journal, 1998, 41 (4).

Taylor, Francis. Spatial and Sectoral Characteristics of Relational Capital in Innovation Activity [J]. European Planning Studies, 2002, 10 (2).

Thibaut J., Walker L. Procedural Justice: A Psychological Analysis [M]. Hillsdale, NJ: Erlbaum, 1975.

Thomas Powell. Competitive Advantage: Logical and Philosophical Considerations [J]. Strategic Management, 2001, 22.

Thomas Ritter, Hans Georg Gemunden. The Mi Pact of a Companys' Business Strategy on its Technological Competence, Network Competence and Innovation Success [J] . Journal of Business Research, 2004, (57) .

Thomson, N. The Role of Slack in Transforming Organizations [J] . International Studies of Management& Organization, 2001, 31 (2) .

Thorelli, Hans B. Networks: Between Markets and Hierarchies [J] . Strategic Management Journal, 1986, (1) .

Tiwana, A. Do Bridging Ties Complement Strong Ties? An Empirical Examination of Alliance Ambidexterity [J] . Strategic Management Journal, 2008, 29 (3) .

Tolstoy, D. , Agndal, H. Network Resource Combinations in the International Venturing of Small Biotech Firms [J] . Technovation, 2010, 30 (1) .

Tung, R. L. , Worm, V. Network Capitalism: The Role of Human Resources in Penetrating the China Market [J] . International Journal of Human Resource Management, 2001, (12) .

Ulaga, W. , Eggert, A. Value-based Differentiation in Business Relationships: Gaining and Sustaining Key Supplier Status [J] . Journal of Marketing 70, 2006, (1) .

Uzzi, B. Social Structure and Competition in Interfirm Networks: The Paradox of Embeddedness [J] . Administrative Science Quarterly, 1997, 42 (1) .

Uzzi, B. The Sources and Consequences of Embeddedness for the Economic Performance of Organizations: the Network Effect [J] . American Sociological Review, 1996, (61) .

Van de Ven, A, Poole, M. S. Explaining Development and Change in Organizations. [J]. Academy of Management Review, 1995, 20 (3) .

Vander Aa, W. , Elfring, T. Realizing Innovation in Services [J] . Scandinavian Journal of Management, 2002, 18 (2): 155 – 171.

Venkataraman, S. , Van de Ven, A. Hostile Environmental Jolts, Transaction Set, and New Business [J] . Journal of Business Venturing, 1998, (13) .

Verna Allee. Reconfiguring the Value Network [J] . Journal of Business Strategy, 2000, 21.

Wally, S. Effects of Firm Performance, Organizational Slack, and Debt on Entry Timing: A Study of Ten Emerging Product Markets in USA [J] . Industry and Innovation, 2000, 7 (2) .

Walter, A. , Auer, M. , Ritter, T. The Impact of Network Capabilities and Entrepreneurial Orientation on University Spin-off Performance [J] . Journal of Business Venturing, 2006, 21 (4) .

Wasserman, S. , Katherine F. Social Network Analysis: Methods and Applications [M].

Cambridge：Cambridge University Press，1994.

Watson，J. Modeling the Relationship between Networking and Firm Performance［J］. Journal of Business Venturing，2007，22（6）.

Watts D. J.，Strogatz S. H. Collective Dynamics of "Small World" Networks［J］. Nature，1988，（393）.

Wernerfelt，B. The Resource-Based View of the Firm ［J］. Strategic Management Journal，1984，（2）.

William H. A. Johnson，J. L. Strategic Integration in Industrial Distributionchannels：Managing Theinter-Firm Relationship as a Strategic Asset［J］. Journal of Academy of Marketing Science，1999，27（1）.

William H. A. Johnson，An Integrative Taxonomy of Intellectual Capital：Measuringthe Stock and Flow of Intellectual Capital Components in the Firm ［J］. International Journal of Technology Management，1999（18）.

Williamson，O. E. Markets and Hierarchies：Analysis and Antitturst Implications［M］. New York：Macmillan Publishing，1975.

Williamson，O. E. The Economic Institutions of Capitalism：Firms，Markets，Relational Contracting［M］. New York：The Free Press，1985.

Wilson，D. T.，Jantrania，S. Understanding the Value of a Relationship ［J］. Asia-Australia Marketing Journal，1995，2（1）.

Xiao Z，Tsui A S. When Brokers May Network：The Cultural Contingency of Social Capital in Chinese High-tech Firms［J］. Administrative Science Quarterly，2007，（52）.

YANG. C. F. Psychocultural Foundations of Informal Groups：The Issues of Loyalty，Sincerity，and Trust. Informal Politics in East Asia ［M］. New York：Cambridge University Press，2000.

Zaheer，A.，Bell，G. G. Benefiting from Network Position：Firm Capabilities，Structural Holes，and Performance［J］. Strategic Management Journal，2005，26（9）.

Zander，U.，Kogut，B. Knowledge Transfer and the Speed of the Transfer and Imitation of Organizational Capabilities：An Empirical Test［J］. Organization Science，1995，（6）.

［美］理查德·R. 纳尔逊，悉尼·G. 温特著. 胡世凯译. 经济变迁的演化理论［M］. 北京：商务印书馆，1997.

［美］弗朗西斯·福山著. 彭志华译. 信任：社会美德与创造经济繁荣［M］. 海口：海南出版社，2001.

［美］迈克尔·波特著. 陈小悦译. 竞争优势［M］. 北京：华夏出版社，2005.

［美］小艾尔弗雷德·D. 钱德勒著. 张逸人等译. 企业规模经济与范围经济：工业资

本主义的原动力［M］．北京：中国社会科学出版社，1992.

［美］小艾尔弗雷德·D. 钱德勒著．重武译．看得见的手——美国企业的管理革命［M］．北京：商务印书馆，1997.

［美］约瑟夫·阿洛伊斯·熊彼特著．叶华译．经济发展理论：对利润·资本·信贷·利息和经济周期的探究［M］．北京：中国社会科学出版社，2009.

［英］阿尔弗雷德·马歇尔著．彭逸林，王成辉，高金艳译．经济学原理［M］．北京：人民日报出版社，2009.

［英］亚当·斯密著．郭大力，王亚南译．国富论［M］．上海：上海三联书店，2009.

［美］R. 科斯，A. 阿尔钦等著．刘守英译．财产权利与制度变迁——产权经济学与新制度经济学派译文集［M］．上海：上海三联书店，上海人民出版社，1994.

Ronald S. Burt. 结构洞：竞争的社会结构［M］．上海：格致出版社，2002.

埃里克·冯希皮尔．"粘滞信息"和问题解决轨迹——对创新的启示［C］．载［美］阿尔弗雷德·D. 钱德勒．透视动态企业［M］．北京：机械工业出版社，2005.

宝贡敏，余红剑．网络关系与创业互动机制研究［J］．研究与发展管理，2005.

边燕杰，丘海雄，企业的社会资本及其功效［J］．中国社会科学，2000，（2）.

［法］布迪厄等．李猛，李康译．实践与反思——反思社会学导引．［M］．北京：中央编译出版社，1998.

蔡莉，杨阳，单标安，任萍．基于网络视角的新企业资源整合过程模型［J］．吉林大学社会科学学报，2011，51（3）.

蔡宁，潘松挺．网络关系强度与企业技术创新模式的耦合性及其协同演化——以海正药业技术创新网络为例［J］．中国工业经济，2008，（4）.

蔡双立，刘杰．组织合作关系强度的柔性调节：客户关系动态管理的艺术［J］．中央财经大学学报，2006，（10）.

蔡双立．企业并购中的关系资源动态整合研究［M］．天津南开大学出版社，2008.

蔡矗．社会转型期家族与现代性的交互性生长：安徽省宅坦村调查［J］．合肥教育学院学报，2002，（4）.

曹荣湘．走出囚徒困境：社会资本与制度分析［M］，上海：上海三联书店，2003.

常荔，李顺才，邹珊刚．论基于战略联盟的关系资本的形成［J］．外国经济与管理，2002，（7）.

陈灿，罗必良，黄灿．差序格局、地域拓展与治理行为：东进农牧公司案例研究［J］．中国农村观察，2010，（4）.

陈传明，周小虎．关于企业家社会资本的若干思考［J］．南京社会科学，2001，11.

陈红，刘晶．基于社会资本视角的企业关系价值分析［J］．企业活力，2009，4.

陈红琴．论大企业角色定位及其对中小企业的影响［J］．改革探索，2001，（7）.

陈介玄. 协力网络与生活结构——台湾中小企业的社会经济分析 [M]. 台北：联经出版社, 1994.

陈金梅, 赵海山. 高新技术产业集群网络关系治理效应研究 [J]. 科学与科学学管理, 2011, (6).

陈莉平, 万迪. 嵌入社会网络的中小企业资源整合模式 [J]. 软科学, 2006, (6).

陈晓红, 彭子晟, 韩文强. 中小企业技术创新与成长性的关系研究——基于我国沪深中小上市公司的实证分析 [J]. 科学学研究, 2008, (5).

陈耀, 生步兵. 供应链联盟关系稳定性实证研究. 管理世界, 2009, (11).

陈莹. 基于嵌入视角的企业关系资本形成机制研究 [J]. 学术界, 2008, (5).

程恩富, 彭文兵. 社会关系网络：企业新的资源配置形式 [J]. 上海行政学院学报, 2002, 2.

董保宝, 葛宝山, 王侃. 资源整合过程、动态能力与竞争优势：机理与路径 [J]. 管理世界, 2011, (3).

董雅丽, 薛磊. 战略联盟中关系资本管理体系的构建 [J]. 科技进步与对策, 2009, (9).

窦军生, 贾生华. "家业"何以长青？——企业家个体层面家族企业代际传承要素的识别 [J]. 管理世界, 2008, (9).

杜运周, 任兵, 张玉利. 新进入缺陷, 合法化战略与新企业成长 [J]. 管理评论, 2009, 21 (8).

方润生, 杨垣. 基于价值网络的企业产出优势：特点与构成 [J]. 科研管理, 2002, 23 (2).

方兴, 林元增. 企业联盟中关系资本的形成机制及维护 [J]. 华东经济管理, 2006, (3).

费孝通. 乡土中国 [M]. 上海：观察社, 1949.

费孝通. 乡土中国·生育制度 [M]. 北京：北京大学出版社, 1998.

付宏, 苏晓燕. 企业家社会网络与中小企业成长——结合华中地区的实证分析 [J]. 湖北经济学院学报, 2005, (1).

高维和, 黄沛. 战略信息分享、信任与关系质量研究 [C]. 北京：JMS 中国营销科学学术会议论文集, 2010.

何红渠, 沈鲸. 环境不确定性下中国国际化企业双元能力与绩效关系 [J]. 系统工程, 2012, (8).

胡继灵, 陈荣秋. 供应链企业合作中的机会主义及其防范 [J]. 工业技术经济, 2005, 1.

胡蓉, 邓小昭. 基于结构洞理论的个人人际网络分析系统研究 [J]. 情报学报, 2005

（4）．

黄光国．人情与面子：中国人的权力游戏［M］．台湾：巨流图书公司，1988．

黄江泉．企业内部人际关系价值管理［M］．北京：经济科学出版社，2010，6．

黄江泉．湖南科技创新型企业竞争优势的构建：一个关系资本的分析视角［J］．湖南
工业大学学报（社会科学版），2010，（05）．

黄锐．家族企业代际传承中的社会资本传承——一个代际传承的多案例研究［J］．中
国企业管理案例论坛（2008 年）暨"第二届中国人民大学管理论坛"论文
集，2008．

黄振辉．多案例与单案例研究的差异与进路安排——理论探讨与实例分析［J］．管理
案例研究与评论，2010，（2）．

黄中伟，王宇露．位置嵌入，社会资本与海外子公司的东道国网络学习——基于123 家
跨国公司在华子公司的实证［J］．中国工业经济，2008，12（12）．

贾生华．家族企业代际传承理论研究前沿动态［J］．外国经济与管理，2007，29
（2）．

江积海．企业网络中知识传导绩效的影响因素及其机理——TD – SCDMA 产业联盟的案
例研究［J］．科学学研究，2010，28（9）．

姜翰，杨鑫，金占明．战略模式选择对企业关系治理行为影响的实证研究——从关系
强度角度出发［J］．管理世界，2008，（03）．

姜卫韬．中小企业自主创新能力提升策略研究——基于企业家社会资本的视角［J］．
中国工业经济，2012，（6）．

姜卫韬．基于结构洞理论的企业家社会资本影响机制研究［J］．南京农业大学学报
（社会科学版），2008，（6）．

金耀基．人际关系中人情之分析［C］．载杨国枢．中国人的心理［M］．南京：江苏
教育出版社，2006．

克莱因．契约与激励条款在确保履约中的作用［C］．载［美］科斯，［瑞典］拉斯·
沃因，［瑞典］汉斯·韦坎德编．契约经济学［M］．北京：经济科学出版社，1999．

雷卫．民营企业家能力与企业成长关系的实证［J］．统计与决策，2012，（19）．

李大元，项保华，陈应．企业动态能力及其功效：环境不确定性的影响［J］．南开管
理评论，2009，（6）．

李芳．家族企业网络化建构过程与演化传承之经济学解析［J］．现代财经，2009，
（4）．

李风华．谈信任机制对集群企业网络化成长的影响［J］．企业管理，2010，4．

李焕荣，林健．战略网络研究的新进展［J］．经济管理，2004，（4）．

李剑力．探索性创新、开发性创新与企业绩效关系研究［M］．北京：经济管理出版

社，2010.

李健，陈传明．家族企业何以长青——基于企业家社会资本传承的研究［J］．现代经济探讨，2010，（7）．

李景海，陈雪梅．社会资本视角的产业集聚根植性和主动性诠释［J］．现代财经，2010，（06）．

李孔岳．私营企业关系网络与企业成长［J］．学术研究，2007，12.

李沛良．论中国式社会学研究的关联概念与命题［J］．东亚社会研究，1993.

李维安等．网络组织：组织发展新趋势［M］．北京：经济科学出版社，2003.

李新春．企业联盟与网络［M］．广东：广州人民出版社，2000.

李新春．企业战略网络的生存发展与市场转型［J］．经济研究，1998，（4）．

李玉辉．中小企业网络的战略价值［J］．生产力研究，2002，（6）．

李跃宇．交易费用决定家族企业的传承方式［J］．商业研究，2009，1（138）．

廉如鉴．"差序格局"概念中三个有待澄清的疑问［J］．开放时代，2010，（7）．

梁钧平．企业组织中的"圈子文化"——关于组织文化的一种假说［J］．经济科学，1998，（5）．

梁鲁晋．结构洞理论综述及应用研究探析［J］．管理学家学术版，2011，（4）．

梁漱溟．东西文化及其哲学［M］．北京：商务印书馆，1999.

梁向东．差序格局与中小企业融资．武汉科技大学学报（社会科学版），2007，（4）．

梁小民．小民话晋商［M］．北京：北京大学出版社，2007.

林建宗．机会主义治理：基于组织间关系的分析［J］．商业研究，2009，8.

林竞君．网络社会资本与集群生命周期研究——一个新经济社会学的视角［M］．上海：上海人民出版社，2005.

林南．张磊译．社会资本——关于社会结构与行动的理论［M］．上海：上海人民出版社，2005.

林曦．网络视角下的利益相关者管理：结构嵌入及其拓展［J］．现代管理科学，2011，（9）．

刘冰，符正平，邱兵．冗余资源、企业网络位置与多元化战略［J］．管理学报，2011，8（12）．

刘海潮．不同战略变化路径下冗余资源的角色差异性——基于竞争视角的研究［J］．科学学与科学技术管理，2011，32（1）．

刘兰剑．网络嵌入性：基本研究问题与框架［J］．科学进步与对策，2010，27（13）．

刘仁杰，谢章志．台湾机械产业网络的类型与特质［J］．机械工业杂志，1997，（6）．

刘晓斌．也谈资源投入适合度［J］．当代财经，1988，（3）．

刘雪锋．网络嵌入性与差异化战略及企业绩效关系研究［D］．博士学位论文，浙江大学，2007.

刘亚，龙立荣，李晔．组织公平感对组织效果变量的影响［J］．管理世界，2003，（3）．

刘燕．"机会主义行为"内容与表现形式的理论解析［J］．经济问题探索，2006，5.

卢福财，胡平波，黄晓红．交易成本，交易收益与网络组织效率［J］．财贸经济，2005，（9）．

卢福财，胡平波．全球价值网络下中国企业低端锁定的博弈分析［J］．中国工业经济，2008，17（10）．

卢洁．供应链联盟在我国的发展［J］．经济论坛，2004，（3）．

陆奇岸．战略联盟中机会主义行为的成因及治理对策［J］．现代管理科学，2005，3.

吕一博，苏敬勤．企业网络与中小企业成长的关系研究［J］．科研管理，2010，（04）．

罗家德，王竞．圈子理论——以社会网的视角分析中国人的组织行为［J］．战略管理，2010，2（1）．

罗家德，赵延东．如何测量社会资本：一个经验研究综述［J］．国外社会科学，2005，（2）．

罗家德．中国人的信任游戏［M］．北京：社会科学文献出版社，2007.

罗家德．社会网分析讲义［M］．北京：社会科学文献出版社，2005.

罗珉，高强．中国网络组织：网络封闭和结构洞的悖论［J］．中国工业经济，2011，（11）．

罗珉，夏文俊．网络组织下企业经济租金综合范式观［J］．中国工业经济，2011，（1）．

罗珉，徐宏玲．组织间关系：价值界面与关系租金的获取［J］．中国工业经济，2007，（1）．

罗珉、赵亚蕊．组织间关系形成的内在动因：基于帕累托改进的视角［J］．中国工业经济，2012，（4）．

马洪佳，董保宝，葛宝山．高科技企业网络能力、信息获取与企业绩效关系实证研究［J］．科学学研究，2010（1）．

孟繁强．战略人力资源管理的匹配与冗余——两种逻辑的形成与耦合［J］．经济管理，2010，32（3）．

孟庆红，戴晓天，李仕明．价值网络的价值创造、锁定效应及其关系研究综述［J］．管理评论，2011，23（12）．

彭雷清，李泉泉．经销商公平感知对关系承诺影响的实证研究——以中国家电业为例．

广东商学院学报，2010，（4）．

彭庆恩．关系资本和地位获得［J］．社会学研究，1996，（4）．

彭伟，符正平．联盟网络对企业竞争优势的影响——知识资源获取的中介效应与环境不确定性的调节效应［J］．软科学，2012，（4）．

彭星闾，龙怒．关系资本——构建企业新的竞争优势［J］．财贸经济，2004，（5）．

钱穆．现代中国学术论［M］．北京：生活·读书·新知三联书店，2001.

秦铁辉，孙琳．试论非正式网络及其在知识共享活动中的作用［J］．情报科学，2009，27（1）．

［日］青木昌彦，安藤晴彦．模块时代：新产业结构的本质［M］．上海：上海远东出版社，2003.

邱鹏远．嵌入性与企业网络影响力的关系研究［D］．西安理工大学，2008.

任道纹．中小企业集群国际竞争力的提升［J］．经济导刊，2008，（5）．

任胜钢．企业网络能力结构的测评及其对企业创新绩效的影响机制研究［J］．南开管理评论，2010，13（1）．

阮平南，姜宁．组织间合作的关系质量评价方法研究［J］．科技管理研究，2009，4.

阮平南，武斌．企业战略网络生成机理研究［J］．企业经济，2007，（3）．

赛德斯·弗赖德海姆著．顾建光译．万亿美元的企业：企业联盟的革命将如何转变全球工商业［M］．上海：上海译文出版社，2001.

沈毅．"差序格局"的不同阐释与再定位——"义""利"混合之"人情"实践［J］．开放时代，2007，（4）．

盛乐．信任资源、产权制度和家族企业代际传承的演化［J］．社会科学战线，2006，6.

盛亚，范栋梁．结构洞分类理论及其在创新网络中的应用［J］．科学学研究，2009，27（9）．

盛昭瀚，蒋德鹏．演化经济学［M］．上海：上海三联书店，2002.

寿至刚．基于网络的组织间信任研究——中小企业的社会资本与银行信任［J］．中国工业经济，2011，（9）．

孙国东．一个不可忽视的"斯芬克斯之谜"——邓正来先生前提性判准的文化缺位［J］．河北法学，2007，（10）．

孙立平．关系、社会关系与社会结构［J］．社会学研究，1999，（5）．

石秀印．中国企业家成功的社会网络基础［J］．管理世界，1998，（6）．

汤普森·J. 敬乂嘉译．行动中的组织——行政理论的社会科学基础［M］．上海：上海人民出版社，2007.

王福胜，王摄琰．CEO 网络嵌入性与企业价值［J］南开管理评论，2012，1（15）．

王海岳. 家族企业创始人社会资本的代际正效接续与调适——利益相关者管理方法 [J]. 经济问题探索，2008，11.

王珺，姚海琳，赵祥. 社会资本结构与民营企业成长 [J]. 中国工业经济，2003，（9）.

王琴. 基于价值网络重构的企业商业模式创新 [J]. 中国工业经济，2011，（11）.

王修猛. 企业关系资本对企业绩效的作用机理研究 [M]. 长春：东北师范大学出版社，2008.

王志敏. 基于冗余资源的企业创新行为特征分析 [J]. 企业经济，2008，（3）.

邬爱其. 企业网络化成长国外企业成长研究新领域 [J]. 外国经济与管理，2005，27，（10）.

巫景飞. 企业战略联盟：动因、治理与绩效究 [M]. 北京：经济管理出版社，2007.

吴光飙. 企业发展的演化理论 [M]. 上海：上海财经大学出版社，2004.

吴家喜. 企业关系能力与新产品开发绩效关系实证研究 [J]. 科技管理研究，2009，11.

吴剑峰，吕振艳. 资源依赖，网络中心度与多方联盟构建——基于产业电子商务平台的实证研究 [J]. 管理学报，2007，（4）.

吴向鹏. 产业集群与区域经济发展——区域创新网络的视角 [J]. 重庆工商大学学报，2004，（2）.

武立东，王凯，黄海昕. 组织外部环境不确定性的研究述评 [J]. 管理学报，2012，9（11）.

肖冰，李从东. 运用灰色多层次方法的中小企业集群资源整合能力评价 [J]. 工业工程，2010，（6）.

谢洪明，罗惠玲，王成，李新春. 学习、创新与核心能力：机制和路径 [J]. 经济研究，2007，（2）.

谢洪明. 战略网络结构对企业动态竞争行为的影响研究 [J]. 科研管理，2005，26（2）.

谢一风，林明，万君宝. 交易成本、结构洞与产业创新平台的运作机理 [J]. 江西社会科学，2012，（2）.

徐国君，韩斌. 客户关系资本出资研究 [J]. 财会通讯，2011，（1）.

许冠南. 关系嵌入性对技术创新绩效的影响研究——基于探索型学习的中介机制 [D]. 博士学位论文，浙江大学，2008.

许秋红. 信任与家族企业的可持续成长 [J]. 中国人口·资源与环境，2011，（4）.

薛卫，雷家骕，易难. 关系资本、组织学习与研发联盟绩效关系的实证研究 [J]. 中国工业经济，2010，（4）.

阎云翔. 差序格局与中国文化的等级观［J］. 社会学研究，2006，（4）.

杨波，张卫国，石磊. 企业战略联盟中的机会主义行为及其控制分析［J］. 现代管理科学，2008，7.

杨光飞. "关系资本"升格之合法性质疑［J］. 人文杂志，2006，（2）.

杨国枢. 中国人的社会取向：社会互动的观点［M］. 台北：桂冠图书公司，1993.

杨洪涛，石春生，蒋莹. "关系"文化对创业供应链合作关系稳定性影响的实证研究［J］. 管理评论，2011，（4）.

杨龙志. 家族企业代际传递的原则及其实证研究［J］. 经济管理，2004，6（12）.

杨善华，侯红蕊. 血缘、姻缘、亲情与利益［J］. 社会学，2000.

杨小凯，黄有光. 专业化与经济组织［M］. 北京：经济科学出版社，1999.

杨栩，黄亮华. 社会资本和家族企业代际传承的关系研究［J］. 科学学与科学技术管理，2008，10.

杨玉秀. 家族企业代际传承中的社会资本及其继承与发展［J］. 南方论丛，2012，2.

杨志勇，王永贵. 关系利益对关系质量影响的实证研究——基于银行服务业背景下客户性别的调节效应［J］. 山西财经大学学报，2011，12.

姚小涛，席西民. 高层管理人员的咨询网络结构洞与企业竞争优势［J］. 管理学家，2008，（04）.

殷国鹏，莫云生，陈禹. 利用社会网络分析促进隐性知识管理［J］. 清华大学学报：自然科学版，2006，46（S1）.

于康，宋晓琼. 透过人情看中国的熟人社会和市民社会［J］. 法制与社会. 2009. （4）.

余东华，芮明杰. 基于模块化网络组织的知识流动研究［J］. 南开经济评论，2007，10，（4）.

俞达，梁钧平. 对领导者—成员交换理论（LMX）的重新检验——一个新的理论模型［J］. 经济科学，2002，（1）.

喻卫斌. 机会主义、纵向一体化和网络组织［J］. 中央财经大学学报，2007，7.

岳敏，许新. "场域—惯习"理论下"感情常在"与"人走茶凉"的比较［J］. 法制与社会，2009，（11）.

曾伏娥，严萍. "新竞争"环境下企业关系能力的决定与影响：组织间合作战略视角［J］. 中国工业经济，2010，11.

翟学伟. 人情、面子与权力的再生产——情理社会中的社会交换方式［J］. 社会学研究，2004，（5）.

张广利，陈仕中. 社会资本理论发展的瓶颈：定义及测量问题探讨［J］. 社会科学研究，2006，2.

张韬. 创新绩效整合模型企业文化对创新的功效研究［J］. 商业时代，2010，（16）.

张延峰. 战略联盟中信任、控制对合作风险的影响及其组合绩效研究［M］. 上海：上海财经大学出版社，2007.

张玉利，田新，王晓文. 有限资源的创造性利用——基于冗余资源的商业模式创新：以麦乐送为例［J］. 经济管理，2009，31（3）.

张书军、李新春. 企业衍生、资源继承与竞争优势[J]. 学术研究，2005，（4）.

赵炎，周娟. 企业合作网络中关系强度和结构对等性对创新绩效影响的实证研究——以中国半导体战略联盟网络为例［A］. 第七届中国科技政策与管理学术年会论文集，2011.

郑伯埙. 企业组织中上下属的信任关系［J］. 北京：社会学研究，1999，（2）.

郑健壮，姚岗. 基于资源整合理论的战略实质——企业租金的新解释［J］. 财会研究，2005，（8）.

周建国. 紧缩圈层结构论：一项中国人际关系的结构与功能分析［M］. 上海：上海三联书店，2005.

周小虎，陈传明. 企业社会资本与持续竞争优势［J］. 中国工业经济，2004，（5）.

周晓宏，郭文静，基于社会网络的隐性知识转移研究［J］. 中国科技论坛，2008，（12）.

朱彤. 网络经济、信息技术、信息技术产业与经济学：不同研究视角的比较［J］. 政治经济学评论，2003，1.

朱秀梅，陈琛，蔡莉. 网络能力、资源获取与新企业绩效关系实证研究［J］. 管理科学学报，2010，13（4）.

姜卫韬. 基于结构洞理论的企业家社会资本影响机制研究［J］. 南京农业大学学报（社会科学版），2008，8（2）.